Für
den Ehrwürdigen Ajahn Chah,
seinen Dharma-Bruder,
den Ehrwürdigen Ajahn Buddhadasa,
und die Schule
der Älteren des Waldes

Inhalt

Eine Verbeugung zu Anfang

Als ich vor über dreissig Jahren in einem thailändischen Waldkloster als buddhistischer Mönch aufgenommen wurde, musste ich das Verbeugen lernen. Das fiel mir zunächst schwer. Beim Betreten der Meditationshalle hatten wir niederzuknien und mit dem Kopf dreimal ehrerbietig den Steinboden zwischen den Händen zu berühren. Es war eine Aufmerksamkeits- und Respektsübung, mit der wir unsere mönchische Verpflichtung zu Schlichtheit, Mitgefühl und Achtsamkeit körperlich zum Ausdruck brachten. Dieselbe Verbeugung gehörte sich, wenn wir zur Übung in Anwesenheit des Meisters Platz nahmen.

Nachdem ich ein oder zwei Wochen im Kloster war, nahm mich einer der älteren Mönche zu einer weiteren Instruktion beiseite: »Hier im Kloster hast du dich nicht nur beim Betreten der Meditationshalle und vor den Belehrungen des Meisters zu verbeugen, sondern auch jedes Mal, wenn du einem Älteren begegnest.« Als einziger Westler wollte ich mich korrekt verhalten und fragte, wer denn meine Älteren seien. »Traditionell sind das alle, die vor dir ordiniert worden sind, denn sie sind schon länger Mönch als du und damit deine Älteren«, erfuhr ich. Mir war sofort klar, dass das für mich alle waren.

Also fing ich an, mich vor jedermann zu verbeugen. Manchmal war das ganz in Ordnung – in der Gemeinschaft gab es doch einige weise und würdige Ältere. Aber manchmal kam ich mir lächerlich vor. So musste ich mich zum Beispiel vor einem einundzwanzigjährigen Mönch verbeugen, der ziemlich viel auf sich hielt und seinen Eltern zuliebe oder vielleicht auch nur der besseren Kost wegen im Kloster war, bloß weil er eine Woche vor mir ordiniert worden war. Oder ich musste mich vor einem alten ungepflegten Reisbauern verbeugen, der vor einem Vierteljahr im Zuge der Ruhestandsregelung für Bauern ins Kloster gekommen war, der ständig Betelnuss kaute und noch nie in seinem Leben meditiert hatte. Es fiel mir schwer, diesen Mitbewohnern in der Waldeseinsamkeit solchen Respekt zu zollen, als wären sie große Meister.

Trotzdem verbeugte ich mich weiter, während ich in meiner Not nach einer Lösung suchte. Und als ich mich wieder auf einen Tag voller Verbeugungen vor meinen »Älteren« gefasst machte, kam ich schließlich auf die Idee, meine Verbeugung einem würdigen Aspekt des Betreffenden zu widmen. Ich verbeugte mich vor den Lachfalten des alten Bauern dafür, dass er all die Schwierigkeiten durchgestanden hatte, denen er in seinem Leben begegnet war. Ich verbeugte mich vor der Lebensfreude und Tatkraft der jungen Mönche, vor den unglaublichen Chancen, die das Leben für sie noch bereit hielt.

Mir begann das Verbeugen Spaß zu machen. Ich verbeugte mich vor meinen Älteren. Ich verbeugte mich beim Betreten und Verlassen der Meditationshalle, ich verbeugte mich, bevor ich in meine Waldklause ging, und vor der Quelle, bevor ich ein Bad nahm. Bald hatte ich mich an das Verbeugen richtig gewöhnt – es war mir zur zweiten Natur geworden. Was immer sich bewegte, ich verbeugte mich davor.

Aus diesem Mut zur Verbeugung ist das Buch hervorgegangen. Die wahren Aufgaben des spirituellen Lebens liegen nicht in weiter Ferne und sind auch nicht in außergewöhnlichen Bewusstseinszuständen zu finden: Sie warten hier und jetzt auf uns. Man muss dem Leben, so wie es ist, auf kluge, achtsame und freundliche Art begegnen. Alles verdient diese Art Verbeugung, Schönheit und Leiden, Verstrickung und Verwirrung, Ängste und weltliche Ungerechtigkeit.

Wenn man der Wahrheit derart aufrichtig begegnet, dann ist man auf dem Weg zur Freiheit. Es ist nicht unbedingt leicht, sich statt vor Idealen vor dem zu verbeugen, was *ist*, aber ungeachtet dessen ist es eine der nützlichsten und würdigsten Übungen überhaupt.

Wer sich vor den Leiden und Enttäuschungen seines Lebens verbeugt, akzeptiert sie; und aus dieser aufrichtigen Geste erwächst die Einsicht, dass jedes Leben seinen Wert hat. Wer lernt, sich zu verbeugen, entdeckt, dass er über mehr Freiheit und Mitgefühl verfügt, als er sich jemals vorgestellt hat.

Der persische Dichter Rumi fasst dies in folgende Worte:

> Der Mensch gleicht einem Gästehaus.
> Jeden Tag neue Gesichter.
> Augenblicke der Freude, der Niedergeschlagenheit,
> der Niedertracht, alles
> unerwartete Besucher.
>
> Heiße sie willkommen,
> selbst den puren Ärger,
> der die Einrichtung deines Hauses
> kurz und klein schlägt.
>
> Vielleicht räumt er dich leer für
> eine neue Freude.
> Behandle jeden Gast respektvoll.
>
> Den finsteren Gedanken, die Scham,
> die Bosheit, begrüße sie mit einem Lachen
> an der Tür und bitte sie herein.
>
> Danke jedem für sein Kommen,
> denn sie alle haben dir etwas
> Wichtiges mitzuteilen.

Einleitung

Ein paar ehrliche Fragen

Zwitschert der Vogel anders als das Buch,
glaube immer dem Vogel.
James Audubon

Es gibt die Erleuchtung. Ein Erwachen ist möglich. Grenzenlose Freude und Freiheit, Einheit mit dem Göttlichen, die Bewusstwerdung ewiger Gnade – diese Erfahrungen treten häufiger auf, als man denkt, und sie liegen ganz nah. Allerdings halten sie nicht ewig an, und das ist ebenso wahr. Erkenntnisse und Erleuchtungen mögen uns die Wirklichkeit der Welt offenbaren und verändern, aber sie vergehen.

Wer hat nicht schon traditionelle Berichte über vollkommen erleuchtete Weise in Asien oder über makellose Heilige und Mystiker im Westen gelesen. Aber diese Heiligengeschichten können in die Irre führen. Tatsächlich ist das Erwachen des Herzens niemals abgeschlossen. Einen Erleuchteten-Ruhestand gibt es nicht. Wir erleben etwas anderes.

Nach den Flitterwochen setzt der Ehealltag ein, nach der Wahl das harte Regierungsgeschäft, wer wüsste das nicht. Und im spirituellen Leben ist es genauso: Nach der Ekstase, der Erleuchtung, kommt das Wäschewaschen, wartet der Haushalt.

Die meisten spirituellen Erfahrungsberichte enden mit der Erleuchtung oder Illumination. Doch was geschieht danach? Wie verhält sich der Zen-Meister zu Hause bei Frau und Kindern? Wie kommt der christliche Mystiker beim Einkaufen zurecht? Wie sieht das Leben nach der Erleuchtung aus? Werden die Einsichten auch im Alltag umgesetzt?

Um das herauszufinden, habe ich mit einer Reihe von Menschen gesprochen, die seit 25, 35, 40 Jahren auf dem spirituellen Pfad unterwegs sind, besonders mit jenen, die heute Meditationsmeister und Äbte, die Lehrer und Lamas im Westen sind. Sie erzählten mir, wie es zu ihrem Erwachen kam und welche Erfahrungen sie in den Jahren danach machten, als sie den alltäglichen Weg echter Anteilnahme weitergingen.

Hier ist ein Bericht über das erste Satori (Erleuchtungserlebnis) eines westlichen Zen-Meisters und was daraus folgte. Solche Berichte werden selten veröffentlicht, denn nur allzu leicht entsteht der falsche Eindruck, dass jemand, der so etwas erlebt, etwas Besonderes sei. Mag die Erfahrung auch außergewöhnlich sein, die Person ist es nicht. Jeder kann Erleuchtung erfahren, sobald er nur gelassen und aufgeschlossen genug ist, um die Welt auf radikal neue Weise zuzulassen.

Dieser Lehrer hatte sein Erleuchtungserlebnis mit 58 Jahren, nach jahrelanger Praxis unter verschiedenen Meditationsmeistern. Er war berufstätig und hatte eine Familie:

> *Mir brachten die einwöchigen Zen-Sesshins immer viel. Die Meditation löste tiefe Gefühle und starke Erinnerungen in mir aus. Es war wie eine Geburt – schmerzlich und befreiend zugleich. Und diese Katharsis hielt dann noch wochenlang im Alltag an.*
>
> *Dieses Sesshin begann wie alle anderen. Während der ersten Tage hatte ich es mit heftigen Emotionen und freigesetzten Energien zu tun, die meinen Körper überfluteten. Und jedes Mal, wenn ich beim Meister war, saß er ruhig wie ein Fels da und stabilisierte mich durch seine Gegenwart wie ein Steuermann auf stürmischer See. Mir war, als müsste ich sterben, als würde es mich jeden Augenblick zerreißen. Er riet mir, ich solle mich in meinen Koan vertiefen und möglichst selbst vergessen. Ich wusste nicht mehr ein noch aus.*
>
> *Dann wurde ich plötzlich auf den süßen Duft aufmerksam, der durchs Fenster hereinkam. Mir fielen draußen drei*

junge Birken auf, die mir plötzlich wie meine Familie vorkamen. Ich begab mich im Geiste zu ihnen, streichelte ihre glatte Rinde und wurde selbst der berührte Baum. Meine Meditation ging in helle Freude über.

Ich hatte schon vorher in einigen Retreats Glückserlebnisse gehabt – große Wellen der Seligkeit, nachdem sich körperliche Verkrampfungen gelöst hatten –, aber das hier war anders. Der Kampf hatte aufgehört, mein Geist strahlte, war klar und weit wie der Himmel und schmeckte derartig süß nach Freiheit und Wachheit, dass es sich nicht beschreiben lässt. Ich fühlte mich wie der Buddha, der mühelos Stunden über Stunden dasaß, geborgen im Schoß des Universums. Es war eine Welt unendlichen Friedens und unsäglicher Freude.

Die großen Wahrheiten des Lebens lagen vor mir ausgebreitet – dass das Festhalten Leiden hervorbringt; dass die Identifizierung mit unserem kleinen Selbstbild, dem falschen Ich, uns wie spitzfindige Vermieter herumlaufen lässt, die sich über alles aufregen. Ich weinte über all das unnötige Leid. Dann konnte ich stundenlang nicht aufhören zu lachen und zu lächeln. Ich sah, wie perfekt alles ist, wie jeder Augenblick Erleuchtung bringt, wenn man sich nur zu öffnen weiß.

Ich verweilte tagelang in dieser zeitlosen Seligkeit, mein Körper war leicht, mein Geist leer. Ich wachte auf, und Wellen der Liebe und Lebenslust strömten durch mein Bewusstsein. Dann kam eine Einsicht und Offenbarung nach der anderen. Ich sah, wie sich der Lebensstrom in karmisch bedingten Mustern entfaltet, die wir gestalten. Ich durchschaute die Idee des Sichkasteiens als einen Aberwitz, mit dem man sich das normale Leben und dessen Freuden vergällt. In Wirklichkeit ist das Nirwana so offen und voller Freude, so viel mehr als jedes der kleinen Vergnügen, nach denen man greift. Man entsagt nicht der Welt, man gewinnt sie.

Normalerweise steht ein großes Erwachen wie dieses am Schluss einer spirituellen Biographie. Die erleuchtete Person gehört nun zur Gemeinschaft der weisen Wesen, ist aller Probleme ledig und lebt glücklich bis an ihr Ende. So jedenfalls hat man den Eindruck. Doch wie ging es in Wirklichkeit danach weiter?

> *Einige Monate nach dieser Ekstase bekam ich eine Depression. Gleichzeitig musste ich beruflich ziemliche Enttäuschungen verkraften. Ich hatte auch Probleme mit meinen Kindern und der Familie. Mein Unterricht war in Ordnung, das ja. Ich war durchaus inspiriert. Wenn du aber meine Frau fragst, wird sie dir sagen, dass ich mit der Zeit wieder genauso mürrisch und ungeduldig wurde wie eh und je. Obwohl mir die Wahrheit meiner großen spirituellen Intuition bewusst war und mich innerlich trug, musste ich erfahren, dass sich äußerlich vieles überhaupt nicht geändert hatte. Um ehrlich zu sein, mein Geisteszustand und mein Charakter waren fast unverändert und meine Neurosen auch. Es ist sogar härter, weil ich sie nun klarer sehe. Da waren diese kosmischen Offenbarungen, und trotzdem brauchte ich eine Therapie, damit ich meine alltäglichen Fehler erkannte und ein menschliches Leben führen lernte.*

Was kann man aus dieser Geschichte lernen? Sie zeigt, dass Erleuchtung eine Fortsetzung hat, ein Spiegel der Selbsterkenntnis ist. Religiöse Lehren wurden schon immer großenteils durch Geschichtenerzählen überliefert. Die Geschichte Noahs, Bal Shem Tovs, der heiligen Theresa, Mohammeds, Milarepas, Krishnas und Arjunas, die Suche des Buddha, die Berichte über Jesus werden nach wie vor erzählt und wieder erzählt. Heute lernen wir auch aus dem Leben Thomas Mertons, Suzuki Roshis, Anne Franks und Martin Luther Kings. Das spirituelle Leben anderer kann auf die eigenen Möglichkeiten aufmerksam machen und zu einer klugen Lebensführung anregen.

Auf Menschenkenntnis wird auch in meiner Gemeinschaft, meiner Übertragungslinie Wert gelegt. Mein Lehrer Ajahn Chah wusste, dass unser Charakter sowohl die Ursache des Leidens als auch der Schlüssel zur Befreiung ist. Er pflegte sein Gegenüber stets genau anzusehen, so wie ein Uhrmacher das Gehäuse öffnet, damit er das Räderwerk arbeiten sieht.

Als spiritueller Lehrer war ich in der glücklichen Lage, mit vielen Zeitgenossen des modernen spirituellen Lebens engen Kontakt zu haben. Ich habe zusammen mit Nonnen und Mönchen christlicher Klöster praktiziert und gelehrt, mit jüdischen Mystikern, mit hinduistischen, sufistischen und buddhistischen Meistern und mit führenden Persönlichkeiten Jungianischer und Transpersonaler Gesellschaften. Dabei konnte ich viel über die Art lernen, wie sich das spirituelle Leben heute entfaltet und welche Schwierigkeiten es mit sich bringt, auch für die engagiertesten Menschen. Folgendes Beispiel erläutert das.

Seit Beginn der 1990er-Jahre bin ich an der Organisation regelmäßiger Treffen buddhistischer Lehrer aus allen Schulen beteiligt. Eine Reihe davon fand auf Einladung des Dalai Lama in seinem Palast in Dharamsala statt. Hier diskutierten asiatische und westliche Lehrer miteinander über die Möglichkeiten, die buddhistische Praxis für das moderne Leben fruchtbar zu machen, aber auch über die Probleme, denen sie dabei begegneten. Im Raum hatten sich aufrichtige, aufgeschlossene Zen-Meister, Lamas, Mönche und Meditationsmeister versammelt, deren Weisheit, Arbeit und Gemeinschaften Tausenden nützlich waren. Wir sprachen über die vielen Erfolge und freuten uns gemeinsam darüber. Als dann aber die Probleme offen zur Sprache kamen, wurde klar, dass das spirituelle Leben nicht nur Schokoladenseiten hat; es spiegelten sich darin auch gesellschaftliche Schwierigkeiten und individuelle Neurosen wider. Selbst in dieser illustren und engagierten Runde gab es Vorurteile und ausgeklammerte Bereiche.

Sylvia Wetzel, eine buddhistische Lehrerin aus Deutschland, sprach davon, wie hart es Frauen und weibliche Weisheit innerhalb der buddhistischen Gemeinschaft haben, wenn es um öffentliches Ansehen geht. Sie verwies auf die vielen goldenen Buddhas und exquisiten tibetischen Rollbilder im Raum mit der

Bemerkung, dass sie alle nur Männer darstellten. Dann bat sie den Dalai Lama und die anderen Lamas und Meister, die Augen zu schließen und sich folgende veränderte Situation vorzustellen: Die Versammlung hätte noch nicht begonnen, und sie beträten den Raum, wo sie sich vor der vierzehnten weiblichen Inkarnation des Dalai Lama verbeugten. Sie wäre wie eh und je nur von Beraterinnen umgeben, an den Wänden hingen Buddha- und Heiligenbilder, alle selbstverständlich in weiblicher Gestalt. Natürlich würde nie die Unterlegenheit des Mannes gelehrt. Trotzdem würden Männer ganz selbstverständlich gebeten, sich nach hinten zu setzen, still zu sein und nach dem Treffen die Küchenarbeit zu erledigen. Nach dieser Meditation sah man unter den Männern verdutzte Blicke.

Dann übernahm Ani Tenzin Palmi, eine tibetische Nonne englischer Abstammung, die seit zwanzig Jahren praktiziert hatte (zwölf davon in Höhlen an der tibetischen Grenze), ganz ruhig das Wort und beschrieb die spirituellen Bedürfnisse und unglaublichen Entbehrungen frommer Frauen, die nur am Rande der Klöster leben dürften, oft ohne Unterricht, ohne Essen, ohne Unterstützung. Als sie ausgesprochen hatte, stützte der Dalai Lama den Kopf in die Hände und weinte. Er versprach, nach besten Kräften für eine größere Gleichberechtigung der Frau in seiner Gemeinschaft zu sorgen. Und trotzdem haben sich in sämtlichen buddhistischen Ländern in den seither vergangenen Jahren viele ältere Lehrer gegen diese Veränderungen mehr oder weniger vehement gewehrt, manchmal im Namen der Tradition und manchmal aufgrund ihrer psychologischen und kulturellen Konditionierung. Bei dem Treffen beim Dalai Lama gab ein älterer Zen-Abt zu, dass er aufgrund seines schwierigen Verhältnisses zu seiner Mutter nicht in der Lage sei, mit den wenigen Priesterinnen in seinem Tempel angemessen umzugehen. Auch andere gaben ihre Probleme auf diesem Gebiet zu.

Wir kamen auf weitere Formen der Blindheit zu sprechen: auf das Sektierertum und die destruktiven Machtkämpfe zwischen gewissen buddhistischen Meistern und Gemeinschaften; auf die Isolation und Einsamkeit, die die Lehrerrolle mit sich bringt; auf die Lehrer, die durch den Missbrauch von Macht, Geld und Sex wiederum ihre Schüler ausnützen. In zwanglosen Gesprächsrunden kamen auch intimere Probleme ans Licht: Da wurden schmerzliche Scheidungen geschildert, Depressionen und Angstphasen, Familienkonflikte und Streitereien mit Mitgliedern der Gemeinschaft. Meditationslehrer berichteten über Stress und Krankheit, über Selbstmordandrohungen ihrer halbwüchsigen Kinder und über aufmüpfige Teenager, die nachts nicht nach Hause kommen wollen und ihre Eltern vor den Kopf stoßen mit einem »Du bist doch Zen-Meister, schau nur, wie verhaftet du bist!«. Wir sahen, dass jeder seine körperlichen, persönlichen, familiären und sozialen Probleme hat. Das ist einfach menschlich.

Zum Glück hatten wir uns auch Erfreuliches mitzuteilen, Einsichten und Fähigkeiten, die aus der spirituellen Praxis erwachsen waren, die Freude und Freiheit, die der Alltag trotz der schwierigen und wechselnden Umstände bot.

Bemerkenswert und neu war die Offenheit, mit der gesprochen wurde. Die Bescheidenheit und Einfühlsamkeit des Dalai Lama, der stets dazulernen will, auch aus seinen Fehlern, inspirierten uns. Wir merkten, dass wir voneinander lernen und gemeinsam der Frage nachgehen konnten, wie man nicht immer wieder dieselben leidigen Fehler begeht und Ideale menschlich lebt. Es war als würden uns im Kollektiv die individuellen Einsichten leichter fallen.

Die Schwierigkeiten einer angemessenen Spiritualität im modernen Alltag sind nicht auf die östlichen Traditionen beschränkt. Eine Mutter Oberin, die beliebte Äbtissin eines hundert Jahre alten römisch-katholischen Frauenklosters in Maine, hatte seit ihrem siebzehnten Lebensjahr bis Anfang der 1960er-Jahre die Schweigepraxis ihres Klosters miterlebt. Dann kam die große Reform Papst Johannes' XXIII., die Messe wurde nun auf Englisch und nicht mehr auf Latein gehalten, und das strenge Redeverbot der klösterlichen Orden war aufgehoben. Das traf jene unglaublich hart, die seit Jahrzehnten an das heilige Schweigen gewöhnt waren und deren Tage bislang von Gebet und Kontemplation geprägt waren. Sie wussten schlichtweg nicht, was sie sagen sollten, und wenn sie etwas sagten, war das oft äußerst konfliktgeladen.

Neben ihrer Liebe kamen auch viele Vorurteile zum Vorschein, aufgestaute Ressentiments, Kleinlichkeiten und Ängste, die bisher durch Gebet und Schweigen zugedeckt worden waren. Die Schwestern mussten mit ihrer Frömmigkeit laut zurechtkommen, ohne vorher gelernt zu haben, wie. Viele verließen den Konvent. Es dauerte einige Jahre, bis die Gemeinschaft im Gespräch zu einer ähnlichen Verbundenheit gefunden hatte wie zuvor im Schweigen. Doch beides gehört zum spirituellen Leben. Inneres Wissen und äußerer Ausdruck sind zu einem Ganzen zu integrieren, so wie auch die Atmung ein Ein und Aus kennt. Es genügt nicht, dass man mit dem Erwachen in Berührung kommt. Man muss es als ganzer Mensch leben lernen.

Von der vollkommenen Erleuchtung wird oft geschrieben, doch ist sie, soweit es mir bekannt ist, noch bei keinem der westlichen Meister und Lehrer vorgekommen. Phasen tiefer Einsicht, großen Mitgefühls und wirklich erfahrener Freiheit wechseln sich mit Perioden der Angst und Verwirrung, mit Neurosen und Existenzkämpfen ab. Die meisten Lehrer werden das offen zugeben. Leider behaupten ein paar Westler, dass sie unfehlbare Vollkommenheit und Freiheit erlangt haben. In ihren Gemeinschaften sind umso mehr Schattenseiten vorhanden. Ihre Selbstinflation führte in vielen Fällen zu äußerst machtzentrierten und destruktiven Gemeinschaften.

Die Weisen legen eine größere Bescheidenheit an den Tag. Äbte, wie Vater Thomas Keating vom Kloster Snowmass und Norman Fischer vom Zen-Zentrum in San Francisco zum Beispiel sagen regelmäßig: »Ich bin am Dazulernen« und »Das weiß ich nicht.« Im Sinne Gandhis, Mutter Teresas, Dorothy Days und des Dalai Lama wissen sie, dass einem Vollkommenheit nicht zufliegt, sondern dass spirituelle Reife der Geduld und Liebe bedarf, die aus dem Wissen um die größere Gemeinschaft erwachsen; und dass zur spirituellen Vollendung und Freiheit die Beachtung alles Menschlichen gehört.

Jetzt könnte man fragen, was mit den alten Meistern aus Asien sei? Könnte es nicht sein, dass die westlichen Zen-Meister und Lamas für die Verkörperung echter Erleuchtung einfach zu jung und unreif sind? Viele westliche Lehrer dürften dem unter Hinweis auf sich selbst beipflichten. Doch auch wenn da jemand weit Entferntes wäre, den man für vollkommen erleuchtet halten könnte, dürfte dieser Eindruck eher auf einer Verwechslung der archetypischen und menschlichen Ebene beruhen. In Tibet sagt man, dass der eigene Guru mindestens drei Täler entfernt wohnen sollte. Diese Täler sind von riesigen Bergen getrennt, so dass man eine anstrengende mehrtägige Reise unternehmen muss, um seinen Lehrer zu sehen. Gemeint ist also, dass man nur bei dieser Distanz von der Vollkommenheit des Gurus inspiriert sein kann.

Als ich mich bei meinem Abt Ajahn Chah, den Millionen Menschen für einen Heiligen halten, beschwerte, er wirke nicht immer wie ein Erleuchteter, lachte er und antwortete: »Das ist gut so, sonst würdest du immer noch meinen, du könntest den Buddha außerhalb von dir finden. Und dort ist er nicht.«

Tatsächlich gibt es viele beliebte und hoch angesehene asiatische Meister, die sich selbst noch als Schüler bezeichnen und zugeben, dass sie aus Fehlern lernen. Einige, wie Zen-Meister Shunryu Suzuki, bezeichneten sich nicht einmal als erleuchtet. Stattdessen sagte Suzuki Roshi: »Streng genommen gibt es überhaupt keine erleuchteten Menschen, nur erleuchtetes Handeln.« Diese ungewöhnliche Äußerung erinnert daran, dass sich Erleuchtung nicht festhalten lässt. Sie existiert einfach in Augenblicken der Freiheit.

Pir Vilayat Khan, das fünfundsiebzigjährige Oberhaupt des Internationalen Sufi-Ordens, ist der folgenden Meinung:

> *Was die vielen großen Lehrer betrifft, denen ich in Indien und Asien begegnet bin, bring sie nach Amerika, gib ihnen ein Haus, zwei Autos, eine Ehefrau, drei Kinder, einen Beruf, lass sie mit Versicherungen und Steuerzahlungen zu tun haben ... sie hätten es allesamt schwer.*

Welches spirituelle Leben man sich auch vorstellt – es muss sich dort entfalten, wo man lebt, soll es authentisch sein. Wie sieht also der Weg eines Westlers inmitten komplexer gesellschaftlicher Verhältnisse aus? Wie meistern diejenigen ihr Leben, die seit fünfundzwanzig, dreißig, vierzig Jahren auf dem spirituellen Pfad unterwegs sind? Diese Fragen interessierten mich, als ich das Gespräch mit westlichen Zen-Meistern, Lamas, Rabbis, Äbten, Nonnen, Yogis, Lehrern und deren älteren Schülern suchte.

Um ihren spirituellen Weg von Anfang an zu verstehen, fragte ich zunächst nach den Motiven und Vorfällen, die zu dem Entschluss geführt haben, ein spirituelles Leben zu führen. Weiterhin fragte ich nach den Schwierigkeiten, die zu bewältigen waren, welche Fähigkeiten und Einsichten errungen wurden und was sich über die Erleuchtung sagen lässt. Schließlich fragte ich auch nach den Erfahrungen nach der Ekstase, denn die spirituelle Entwicklung vollzieht sich zyklisch. Gibt es eine innere Reife, die sowohl die Ekstase als auch die Läuterung mit einbezieht?

1

Die Vorbereitung der Ekstase

I

Baba Yaga und die Sehnsucht nach dem Ganzen

Gleich nach der ersten Geschichte begann
ich nach dir zu suchen ...
Rumi

Inmitten auf des Lebens Reise erwachte
ich in einem finstern Wald ...
Dante Alighieri

Warum fühlen wir uns zum spirituellen Leben hingezogen? Ist es nicht ein Wunder, dass wir am Leben sind? Darüber staunen wir immer wieder von neuem. Das Wunder des Lebens wird in der Gegenwart eines neugeborenen Babys greifbar oder wenn ein geliebter Mensch stirbt. Es ist zu spüren, wenn man einen herrlichen Sonnenuntergang sieht oder inmitten unserer hektischen Zeit Momente der Stille genießt. Es gibt wohl kein größeres und tieferes Bedürfnis als die Sehnsucht nach Ganzheit und Vollkommenheit.

Das Erwachen ruft uns auf tausenderlei Art. Wie der Dichter Rumi singt: »Die Trauben wollen zu Wein werden.« Unser Drang zur Ganzheit, zum erfüllten Leben existiert, selbst wenn wir ihn nicht beachten. Die Hindus erzählen, Kinder würden im Mutterleib singen: »Lass mich nicht vergessen, wer ich bin«, aber nach der Geburt wandelt sich das Lied zu »Ach, jetzt habe ich es vergessen«.

Doch aus jedem Irrweg gibt es ein Zurück.

Geschichten über diese Heimreise finden sich überall auf der Welt. Die Sehnsucht nach dem Erwachen wird in vielen Farben geschildert: Man erfährt von Abenteuern, die unterwegs zu bestehen sind, von der Stimme, die einen leitet, von der Wucht der Erweckung, die überwältigend sein kann, vom Mut, der nötig ist. In jedem Menschen gibt es den aufrichtigen Sucher, der sich eingesteht, wie wenig er angesichts der endlosen Weiten des Alls eigentlich weiß.

Von der Aufrichtigkeit, die einem die spirituelle Suche abverlangt, handeln die russischen Initiationsgeschichten über Baba Yaga. Baba Yaga ist eine alte Frau mit einem wilden, hexenähnlichen Gesicht, die in ihrem Kessel rührt und alles weiß. Sie lebt mitten im Wald. Wer sie finden will, bekommt es mit der Angst zu tun, denn dazu muss man sich mit dem Dunklen auseinander setzen, gefährliche Fragen stellen und die erquickliche Welt der Logik verlassen.

Als der erste junge Sucher bei ihrer Hütte ankommt und zitternd an die Tür klopft, fragt Baba Yaga: »Bist du aus eigenem Antrieb hier oder hat dich jemand geschickt?« Der junge Mann, der von seiner Familie zur Suche ermutigt wurde, antwortet: »Mein Vater hat mich geschickt.« Baba Yaga wirft ihn prompt in den Kessel und kocht ihn. Als Nächstes findet schließlich ein junges Mädchen zur Hütte, weil es das Feuer qualmen sieht und Baba Yaga lauthals lachen hört. Wieder fragt Baba Yaga: »Bist du aus eigenem Antrieb hier oder hat dich jemand geschickt?« Die junge Frau war aus reiner Neugier in den Wald gegangen. »Ich bin aus eigenem Antrieb hier«, antwortet sie. Baba Yaga wirft sie in den Kessel und kocht auch sie.

Als Drittes gerät wieder eine junge Frau tief in den Wald und findet sich vor der Hütte Baba Yagas ein. Als sie den Rauch sieht, weiß sie um die Gefahr. Baba Yaga fragt sie: »Bist du aus eigenem Antrieb hier oder hat dich jemand geschickt?« Die junge Frau antwortet aufrichtig: »Einerseits bin ich aus eigenem Antrieb da, andererseits aber anderer wegen. Ich bin auch deinetwegen da und wegen des Waldes und wegen etwas, das ich vergessen habe, und teilweise weiß ich überhaupt nicht, warum.« Baba Yaga schaut sie kurz an und sagt dann: »Du bist in Ordnung, komm herein.«

Im Wald

Wir kennen nicht alle Gründe, die uns auf den spirituellen Weg bringen, aber irgendwie treibt einen das Leben dazu. Etwas in uns weiß, dass wir nicht nur zur Arbeit geboren wurden. Dieser geheimnisvolle Drang ruft sich in Erinnerung. Manchmal ist es eine Reihe von Ereignissen, die einen hinaus in den dunklen Wald der Baba Yaga führen. Vielleicht ist es ein Kindheitswunsch oder eine »zufällige« Lektüre oder Begegnung. Manchmal erwacht man auf Reisen, wenn man fremden Kulturen begegnet. Die unbekannten Rhythmen, Düfte, Farben und Verhaltensweisen holen uns aus dem gewohnten Trott. Oder es ist einfach eine Bergwanderung bei herrlichem Wetter. Oder man hört einen Chor, dessen Gesang einen zutiefst bewegt. Manchmal vollzieht sich ein geheimnisvoller Umschwung, wenn man am Bett eines Sterbenden wacht, bis er dann plötzlich nicht mehr da ist, nur noch ein lebloses Stück Fleisch, das beerdigt werden muss.

Tausend Wege führen zum Geist. Von der freudestrahlenden Welt der Schönheit bis zum dunklen Wald der Verwirrung und des Leids – überall führt uns eine Kraft zu uns selbst, als wäre das Herz die Anziehungskraft selbst.

Die Leidensboten

Das am weitesten offen stehende Tor zum Heiligen ist unser Leiden und Unglück. Zahllose spirituelle Reisen setzten durch Schwierigkeiten im Leben ein. Bei vielen westlichen Meistern ist es eine leidgeprägte Kindheit gewesen: Eltern, die Alkoholiker waren oder ihre Kinder missbrauchten, schwere Familienkrankheiten, der Verlust eines geliebten Verwandten, die dauernde Abwesenheit der Eltern oder ständiger familiärer Streit sind häufig genannte Faktoren. Bei einem weisen und angesehenen Meditationsmeister waren es Isolation und Einsamkeit.

Meine Kindheit verlief sehr unglücklich. Es gab ständig Streit zu Hause und ich hatte das Gefühl, am falschen Platz zu sein. Ich fühlte mich wie ein Fremder. Als Neunjähriger begann ich mich dann sehr für UFOs zu interessieren. Jahrelang stellte ich mir nachts vor dem Einschlafen vor, dass ein UFO landet und ich zu einem anderen Planeten entführt werde. Das war mein innigster Wunsch, denn ich wollte endlich aus der Einsamkeit heraus und verstanden werden. Ich glaube, damit begann meine jetzt schon über vierzigjährige spirituelle Suche.

Wir alle wissen, wie sehr man sich in schweren Zeiten nach Liebe und Verständnis sehnt. »Nimm dich dieser Sehnsucht an«, sagt Rumi, »Sei jenen dankbar, die dich aus welchem Grund auch immer zum Nachdenken bringen. Hüte dich vor denen, die dich derart verwöhnen, dass du nicht mehr ans Beten denkst.«

Bei einem anderen spirituellen Lehrer, Arzt und Heiler stand ebenfalls eine harte Kindheit am Anfang seiner nunmehr dreißigjährigen inneren Arbeit:

Meine Eltern stritten sich entsetzlich und ließen sich scheiden, als ich noch jung war. Ich wurde auf ein schreckliches Internat geschickt. Meine Kindheit war grausam, ich fühlte mich im Stich gelassen und war nur noch traurig, nervös und unglücklich. Ich wusste nicht, was ich mit meinem Leben anfangen sollte.

Eines Tages begegnete ich einem orange gewandeten, glatzköpfigen Mann, der auf der Treppe des Stadtplatzes »Hare Krishna« sang. Ich dachte ganz naiv, es sei ein indischer Weiser. Er sprach mit mir über Karma, Reinkarnation, Meditation und die Möglichkeit der Befreiung. Es klang durch und durch überzeugend. Ich war so begeistert, dass ich meine Mutter anrief und sagte: »Ich verlasse die Schule und werde Hare-Krishna-Mönch.« Sie regte sich fürchterlich auf, und so einigten wir uns schließlich, dass ich anderswo das Meditieren lernte. Es eröffnete mir eine neue Welt. Ich lernte meine Vergangenheit loszulassen und auf mich selbst zu achten. Die Meditation rettete mein Leben.

Nicht nur Kindheitskrisen sind ein Tor zum Herzen, sondern alle Leidensphasen im Leben. Viele Meister beschritten den Weg zur Welt des Geistes, als Verlust und Verzweiflung, Leid und Verwirrung sie seelischen Trost suchen ließen. Die weite Reise eines Lehrers begann im Erwachsenenalter, in Übersee:

Ich war in Hongkong. Meine Ehe lief schlecht, meine jüngste Tochter war zwei Jahre zuvor an plötzlichem Kindstod gestorben und ich war in jeder Hinsicht unglücklich. Nach Amerika zurückgekehrt, sah ich an der Stanford-Business-School einen Tai-Chi-Kurs angekündigt und schrieb mich ein. Ich wurde dadurch körperlich ruhiger, aber mein seelisches Leid und meine Verwirrung blieben. Ich trennte mich von meiner Frau und probierte verschiedene Meditationsmethoden aus, um gelassener zu werden. Dann stellte mich eine Freundin ihrem Meditationslehrer vor, der mich auf ein Retreat einlud. Der Raum war nackt und still, während wir Stunde über Stunde saßen. Am zweiten Morgen sah ich mich plötzlich vor dem Grab meiner Tochter stehen, auf das ich gerade eine Schaufel rote Erde geworfen hatte. Mich überkam die Trauer und ich musste bitterlich weinen. Die anderen Schüler neben mir zischten: »Sss, Ruhe!«, aber der Leiter kam herbei und sagte, sie sollten damit aufhören, und hielt mich eine Weile in seinen Armen. Ich weinte und schluchzte den ganzen Morgen vor Kummer. So fing es an. Jetzt, dreißig Jahre später, bin ich derjenige, der die anderen umarmt, wenn es nötig ist.

Dass einen die Begegnung mit dem Leiden auf die Suche führt, ist eine alte Geschichte. In der Lebensgeschichte des Buddha als Prinz Siddhartha wurde der zukünftige Buddha von seinem Vater vor allen Unannehmlichkeiten der Welt abgeschirmt. Er wuchs in jedem erdenklichen Luxus auf, den ein Palast bieten konnte. Schließlich bestand der junge Prinz darauf, dass er das Leben außerhalb der Palastmauern kennen lernen wolle. Als er mit seinem Wagenlenker Channa durchs Königreich fuhr, erschütterten ihn vier Anblicke zutiefst. Erst sah der Buddha einen klapprigen, buckligen Alten, der sich vor Schwäche kaum noch auf den Beinen halten konnte. Dann sah er, wie sich die Freunde eines Schwerkranken um diesen kümmerten. Dann erblickte er eine Leiche. Jedes Mal fragte er seinen Wagenlenker: »Wem widerfährt Derartiges?« Und jedes Mal antwortete Channa: »Jedem, Herr.«

Diese Anblicke werden »die himmlischen Boten« genannt, denn genauso wie sie den Buddha wachrüttelten, ermahnen sie jeden Menschen, nach Befreiung zu streben und zwar noch in diesem Leben.

Können Sie sich noch daran erinnern, wie es war, als Sie zum ersten Mal eine Leiche oder eine schwer kranke Person gesehen haben? Der Schreck dieser ersten Begegnung mit Krankheit und Tod ging Siddharta durch Mark und Bein. »Wie soll man ein von Krankheit und Tod bedrohtes Leben meistern?«, fragte er sich. Der vierte Bote kam, als er einen Mönch vor dem Wald stehen sah, einen Einsiedler, der sein Leben ganz der Frage widmete, wie sich das Leiden auf der Welt beenden lässt. Bei dieser Begegnung erkannte der Buddha, dass auch er diesen Weg gehen sollte, dass er sich den Leiden des Lebens direkt stellen musste, um einen Ausweg daraus zu finden.

Wie einem modernen Siddhartha erging es einer Lehrerin, die bei ihrer Rundreise durch verschiedene Länder ihren Weg gefunden hat:

> *Nach dem College arbeitete ich für einen Sozialdienst in Philadelphia, was bedeutete, dass ich einer Reihe verzweifelter Familien zu helfen versuchte. Keine Arbeit, viele Kinder, schlechte Unterkunft, Drogenprobleme. Einmal kam ich abends von der Arbeit heim und weinte bitterlich. Dann fuhr ich mit einer Freundin nach Mittelamerika – El Salva-*

dor und Guatemala –, um dort zu arbeiten. Die Campesinos ertranken schier in Problemen. Sie wurden in regelmäßigen Abständen von Militärs überfallen und das, was sie erwirtschafteten, reichte gerade, um ihre Familie zu ernähren. Es war sehr hart. Als ich zurückkam, ging ich für vier Jahre ins Kloster, nicht um davonzulaufen, sondern um in aller Ruhe herauszufinden, wie ich der Welt wirklich nützlich sein konnte.

Die himmlischen Boten kommen in irgendeiner Form zu jedem von uns, verweisen auf eine Harmonie, die unserem Leben fehlt. Sie kommen nicht nur in Gestalt unserer eigenen Schwierigkeiten, sondern auch in Gestalt des allgemeinen Leids auf der Welt. Auch dieses geht einem zu Herzen, man braucht sich nur einmal die Nachrichten gründlich anzuschauen. Die alljährlichen Überschwemmungen in Bangladesh; die Hungersnöte und Kriege in Afrika, Europa, Asien; die weltweiten Umweltkrisen; Rassismus, Armut und Gewalt in unseren Städten – sie alle sind Boten. Ihr Anblick ist bestürzend, das hat sich seit Buddhas Zeiten nicht geändert. Sie sind ein Grund zum Erwachen.

Zurück zur Herzenseinfalt

Damit es nicht so klingt, als gäbe es nur Schwierigkeiten: Auch andere Kräfte locken in den Wald. Viele von uns ruft eine Schönheit, eine Ahnung der Ganzheit. Die Sufis sprechen von »der Stimme des Geliebten«. Man wird mit seinem Lied geboren, doch wird man vielleicht erst darauf aufmerksam, wenn man es nicht mehr hört.

Ohne diese innere Verbundenheit, ohne geistige Perspektive fühlt man sich wie ein verlorenes Kind. Man hat dann eine leise Sehnsucht in sich, als wüsste man, dass etwas Wesentliches fehlt, etwas, das sich am Horizont bewegt, das stets da ist wie die Luft, die man zu vergessen pflegt, bis der Wind bläst. Es ist dieser flüchtige Geist, der uns völlig umgibt, unser Herz nährt und zur Suche nach dem Sinn des Lebens aufruft. Man fühlt sich zu seiner wahren Natur, seinem einsichtigen Herzen hingezogen.

Diese Sehnsucht nach Ganzheit kann erstmals in der Kindheit auftreten, wie das bei dem Zen-Meister einer großen europäischen Gemeinschaft der Fall war:

> *Als Kind staunte ich oft über die Welt, mit der ich mich eins fühlte. Ich wurde zu den Hügeln, sah sie und die Flüsse dazwischen tanzen. Einmal erlebte ich mich als Teil eines schweren Sommergewitters, das über der Stadt niederging. Mit ungefähr zwölf Jahren wurde mir die unglaubliche Komplexität des Lebens klar, ein Spiel, dem nichts gleichkam. Dann vergaß ich und ging wieder Fußball spielen und traf mich mit Freunden, bis ich neue Augenblicke puren Staunens erlebte. Später hörte ich einen indischen Swami an der Universität über die geheimnisvolle Welt der Natur sprechen, und er weinte ganz offen. Ich war so ergriffen, als hätte Jesus gesprochen, und ich musste wieder an meine kindliche Verbundenheit von damals denken. Wenn man einmal erkennt, was man verloren hat, kann man gar nicht anders, als wieder nach diesen Augenblicken reinster Freude zu suchen.*

Durch die Anforderungen einer materialistischen Gesellschaft kann im Laufe der Jahre der Urquell kindlicher Freude verschüttet werden. Man wird früh zur Schule geschickt, damit man »etwas Gescheites lernt« und den »Ernst des Lebens« begreift, und wenn man sich dagegen wehrt und seine Kindlichkeit bewahren will, wird sie einem oft gewaltsam ausgetrieben. Vor hundert Jahren bekam das der amerikanische Maler James McNeill Whistler in der Ingenieurklasse der West-Point-Military-Akademie zu spüren. Die Studenten wurden aufgefordert, eine genaue Brückenzeichnung anzufertigen, und Whistler reichte eine wunderschön gezeichnete malerische Steinbrücke ein, auf der Kinder beim Angeln zu sehen waren. Der Dienst habende Leutnant befahl: »Sie sind beim Militär. Nehmen Sie die Kinder von der Brücke.« Als Whistler die Zeichnung erneut vorlegte, angelten die beiden Kinder jetzt am Flussufer. »Ich sagte, nehmen sie die Kinder aus dem Bild«, regte sich der Leutnant auf. So waren auf Whistlers letzter Version der Fluss, die Brücke und zwei kleine Grabsteine am Ufer zu sehen.

Wie der existenzialistische Schriftsteller Albert Camus bemerkte: »Das Leben eines Menschen ist ein einziger Versuch, über die Umwege der Kunst wieder die wenigen Minuten wach werden zu lassen, in denen sich sein Herz zum ersten Mal öffnete.«

In der Zen-Tradition wird diese Reise in der Geschichte vom heiligen Ochsen dargestellt. Der Ochse verkörperte im alten Indien die in jedem Wesen schlummernden wunderbaren Kräfte, die erwachen, wenn man zu seiner wahren Natur findet. Auf dem ersten Rollbild mit der Geschichte vom Hüten des Zen-Ochsen ist ein Mann abgebildet, der durch dicht bewaldetes Bergland zieht. Das Bild ist untertitelt mit »Die Suche nach dem Ochsen«. Hinter dem Mann liegt ein Gewirr sich kreuzender Wege: die alten Bahnen des Ehrgeizes und der Angst, der Verwirrung und des Verlusts, des Ruhms und der Schande. Lange Zeit hatte dieser Mann die Flüsse in den Tälern und die herrlichen Aussichten vergessen, die die Gipfel bieten. Aber noch am selben Tag, als ihm das alles wieder einfällt, macht er sich auf die Suche nach den Spuren des heiligen Ochsen. Er weiß im Innersten, dass der Ochse niemals verloren gehen kann, mögen die Schluchten noch so tief sein und die Berge noch so hoch. Die Schönheit des Waldes lädt ihn zur Rast ein. Und als er sich umschaut, entdeckt er die ersten Spuren.

Für eine Meditationslehrerin in den Sechzigern begann die Suche nach dem Ochsen im mittleren Alter, nachdem sie drei Kinder großgezogen hatte:

Ich wuchs in einer intellektuellen Umgebung auf, wo von Spiritualität niemals die Rede war, außer vielleicht zu Weih-

nachten. Es schien, als hätten meine Eltern keine Religion mehr nötig. Ich war so eifersüchtig auf meine Freunde, die in die Kirche gingen! Mit sieben Jahren schnitt ich die Abbildungen von Maria, den Engeln und Jesus aus den Weihnachtskarten. Ich bastelte daraus einen kleinen Altar, den ich in meiner untersten Kommodenschublade versteckte. Sonntags holte ich ihn hervor und feierte meine eigene Messe.

Dann, mit dreiundvierzig Jahren, besuchte ich während einer Geschäftsreise eine berühmte Kathedrale. Ich ging in das kühle, weite Innere und sah das Sonnenlicht durch die bunten Glasfenster fluten. Ein Chor setzte mit gregorianischen Gesängen ein, zur Abendandacht. Das Altarbild zeigte eine wunderschöne Maria, wie ich sie von meinen Weihnachtskarten her kannte. Ich musste mich hinsetzen. Ich fühlte mich wieder wie mit sieben Jahren, mir kamen die Tränen und mein Herz schien zerspringen zu wollen. Dieses arme kleine Mädchen war dabei, geistig zu verhungern. Die Woche darauf besuchte ich einen Yogakurs, und dann meldete ich mich für ein Meditations-Retreat an.

Die Frage nach dem Heiligen

Die erste Sichtung der Spuren des Ochsen wird von dem bedeutenden Mythologen Joseph Campbell als ein Hellhörigwerden, ein innerer Ruck beschrieben. Man fragt nach dem Heiligen. Diese Frage nach dem Heiligen sieht bei jedem anders aus. Einige fragen sich nach dem Grund des Schmerzes, andere wollen einfach wissen, worauf es im Leben ankommt oder welchen Sinn es hat. Andere fragen nach dem Grund der Liebe oder wer sie sind oder nach der Möglichkeit der Freiheit. Andere fragen sich inmitten der Hektik des Alltags schlicht und einfach: »Warum die Eile?« Einige der befragten Meister wandten sich der Philosophie zu, damit sie eine Antwort auf ihre Fragen finden, andere versuchten sich in der Dichtung oder bildenden Kunst. Viele Gedichte beruhen auf der Frage nach dem Heiligen. »Die Rhetorik betrifft die zwischenmenschliche Auseinandersetzung«, schrieb Yeats, »die Dichtung diejenige mit sich selbst.« Die Berufung zum eigenen Weg gleicht einem halb fertigen Gedicht, das zu Ende geschrieben werden will. Der indische Mystiker Kabir fragt: »Kannst du mir sagen, wer diesen Leib hier geschaffen hat? Und wohin eilst du, Sterblicher? Gibt es in dieser Welt etwas Wesentliches?«

Ganz gleich, wie sich einem die Frage nach dem Ursprung stellt, man muss sie weiterverfolgen.

Einer buddhistischen Lehrerin kamen weiterführende Fragen, als sie gerade ihre Ausbildung in Klinischer Psychologie abgeschlossen hatte:

> *Ich hatte gerade meinen Ph.D. in Psychologie gemacht und arbeitete in der Abteilung für Jugendliche und in der Suizidprävention. Jahrelang hatte ich geglaubt, dass die Psychologie alle meine Fragen beantworten kann. Aber durch die Arbeit begannen sich in mir Zweifel zu regen. Durch das viele ungelinderte Leid, das mir begegnete, kam mir die Vorstellung von einer allmächtigen Psychologie lächerlich vor. Wie ließ sich dieses Leben nur verstehen?*
>
> *1972 besuchte ich dann eine Freundin in Berkeley, und beim Spazierengehen lief uns einer ihrer Bekannten über den Weg, ein heiterer, intelligent aussehender junger Mann, mit dem sie kurz plauderte. Sie erklärte mir später, er sei ein tibetischer Lama, und lud mich mit zu seinem Vortrag über Träume ein. Ich verstand von dem Vortrag kaum etwas, aber als ihn zum Schluss eine Frau fragte, worin mitfühlendes Handeln bestehe, antwortete er in einer Art, dass ich plötzlich begriff, worum es ging. Seine Antwort war ein Beispiel an Einfühlsamkeit. Sie traf mich ins Herz. Ich war völlig überrascht. Bis dahin war für mich Mitgefühl ein bloßes presbyterianisches Wort gewesen, ohne Bezug zur Wirklichkeit; Sie wissen schon, ein hübscher Begriff. Hier*

war es eine lebendige Kraft. Ich war fasziniert. Darüber wollte ich mehr wissen. Meine spirituelle Tür war geöffnet.

Eine Geschäftsfrau aus Chicago, die in einem engen Familienverband aufgewachsen war, lebte ganz konventionell, bis ihr plötzlich ihr ganzer äußerer Erfolg unerträglich leer vorkam und sie alles in Frage stellte:

Ich war ein Kind der Mittelklasse, eines von fünf Geschwistern, die sich gut vertrugen, jeden Tag in die Kirche gingen und die gesamte Schulzeit in katholischen Mädchenschulen verbrachten. Als Mädchen betete ich oft und hingebungsvoll. Ich brachte Opfer für die armen Seelen dar, dachte mir verschiedene harmlose Jesus-Rituale aus, damit ich in Erinnerung behalte, wie lieb er mich hat. Dann heiratete ich. Es waren die wilden 1960er-Jahre und meine Ehe brach bald auseinander. Nun, das Leben war abenteuerlicher und schrecklicher, als ich gedacht hatte. Ich absolvierte die Wirtschaftsschule in Chicago und ging während der Studienzeit gleichzeitig in Therapie. Meine Dreißiger waren die Hölle ... ich hatte ständig mit Depressionen zu tun und keine Ahnung, wer ich war oder was ich mir vom Leben erwarten sollte. Mir blieb nicht anderes übrig, als mich Tag und Nacht in die Arbeit zu stürzen, und nach zehn Jahren wurde ich bei einer Feier im Ballsaal des Carlton Hotels zur ersten Vizepräsidentin unserer Firma ernannt. Dieser Erfolg war zunächst berauschend – er machte viele andere Verluste wett. Aber schließlich verlor er seinen Reiz für mich und ich kam mir äußerst egoistisch vor. Zweifellos trug ich mit meiner Arbeit dazu bei, dass die Reichen immer reicher und die Armen immer ärmer wurden. Und die Arbeit machte mir noch nicht einmal Spaß.

Dann starben zwei meiner besten Freundinnen. Meine Mutter war die Nächste. Zuvor kündigte ich bei meiner Firma, damit ich für sie da sein konnte, und stellte fest, dass es bisher das Befriedigendste in meinem Leben war, erst ihr und dann meinem Vater in seinem Schock und seiner Fassungslosigkeit beistehen zu können. Ich arbeitete nun als freiwillige Helferin in einem Hospiz mit und begann zu meditieren. Die direkte Auseinandersetzung mit meiner Angst vor der Leere empfand ich als eine Wohltat. Ich hätte das früher nie für möglich gehalten, aber jetzt fühle ich mich am meisten zu Hause, wenn ich still dasitze und lausche. Nach all den Jahren habe ich endlich wieder zu mir gefunden; und durch die Unterstützung von Freunden fand ich bislang den Mut, mir treu zu bleiben.

Rufe aus dem Jenseits

Manchmal kommt der Anstoß für die spirituelle Öffnung wie ein Ruf der Götter von außerhalb der Alltagswelt. Es ist so, als würde man von unbekannten Kräften zur Suche der Baba Yaga gezwungen und förmlich in den Wald gedrängt. Rumi rät uns in seinem Gedicht vom Gästehaus, das am Anfang dieses Buches zitiert ist, zur Dankbarkeit jedem Gast gegenüber, »denn sie alle haben dir etwas Wichtiges mitzuteilen«.

Tausende von Amerikanern haben durch erschütternde Nahtoderfahrungen eine spirituelle Öffnung erfahren. In seinem Buch *Closer to the Light* dokumentiert Dr. Melvin Morse die Nahtoderfahrungen von Kindern. Ein vom Ertrinken gerettetes Mädchen, das im Koma gelegen hatte, erzählte nach dem Aufwachen dem erstaunten Arzt von einer goldenen Gestalt, einem Engel, der sie aus dem dunklen Wasser gezogen und durch einen Tunnel geführt habe, an dessen Ende ihr zunächst der Großvater begegnet sei, der zwei Jahre zuvor gestorben war, und dann der Himmelvater. In all diesen kindlichen Berichten kommt das Licht vor, »das alles erschafft und alles Gute verkörpert«. Weiter heißt es einstimmig: »Man braucht überhaupt keine Angst zu haben.« Ein Sufi-Meister erzählt von seinem Motorradunfall, den er mit neunzehn Jahren hatte:

Ich schwebte mit meinen gebrochenen Knochen und inneren Verletzungen in Lebensgefahr. Als ich wieder zu mir kam, erinnerte ich mich, dass ich mich kurz nach dem Unfall einen Augenblick aus einiger Höhe unten dortliegen sah. Ich konnte wahrnehmen, aber ich war unkörperlich. Ich war ruhig und gelassen, fühlte mich völlig frei. Mir war bewusst, dass ich entweder in meinen Körper zurückkehren oder ihn in die wundervolle dunkle Leere entlassen konnte. Aber als ich die Szene dort unten betrachtete, erwachte in mir eine unfassliche Liebe zu diesem Körper und diesem Leben. Diese Liebe und Lebensfreude ließen mich zurückkommen. Man erzählte mir wiederholt, dass ich im Krankenwagen lachte und weinte. Ich fühlte mich so frei und glücklich in meinem Körper. Dieses Erlebnis habe ich auf meinem nun schon fünfunddreißigjährigen spirituellen Weg nie vergessen. Ich liebe diese Wirklichkeit; ich bin ihrem Ruf gefolgt.

Jeder Ruf aus dem Jenseits zwingt zum Verlassen der gewohnten Bahnen. Für eine Kundalini-Yoga-Lehrerin kam dieser Aufruf während der Presswehen:

Meine Atmung wurde immer schneller. Mein Körper fing zwischen den Kontraktionen an zu zittern und wurde licht. Nicht nur mein Becken, auch mein Herz, mein Kopf, jeder Teil von mir wollte sich ausdehnen. Ich hatte das Gefühl, als hätten ich und das Baby die ganze Kraft der Welt. Später erzählte mir mein Arzt, er sei wegen meines Verhaltens sehr besorgt gewesen. Er wollte mir ein Beruhigungsmittel geben, denn ich hätte so große Augen gemacht. Aber ich wollte nicht. Seitdem befasse ich mich mit dieser Energie.

Obwohl unsere Kultur materialistisch und naturwissenschaftlich geprägt ist und von daher die Lebendigkeit des Kosmos abwegig erscheint, kann sie doch nicht aus der Welt geredet werden. Es gibt unzählige Geschichten, große und kleine, die vom Erwachen des Herzens künden, davon, wie Geist und Seele zu einer größeren Wirklichkeit zusammenfinden.

Die Berufung kann auch durch eine Krankheit stattfinden. Ein westlicher Lama berichtet:

> *Ich kam nach Kalifornien und schloss mich einer Kommune an, wo ich in den Tag hinein lebte. Dann bekam ich Gelbsucht und zog mich in den Bergen von Santa Cruz in eine Hütte zurück, die ich umsonst bewohnen durfte. Ich musste mich jede Nacht übergeben. Meine Haut war gelb und ich war physisch wie psychisch völlig am Ende. Ich hatte alles aufgegeben und wusste nicht mehr ein noch aus.*
>
> *Dann, eines Nachts, hörte ich einen Gesang. Ich wachte auf und sah durch das regennasse Fenster neben meinem Bett. Draußen saß ein beleibter Mann, der seinen schwarzen Hut mit einer Hand festhielt. Ich hörte in den Ohren laut vernehmbar Gongschläge und Gesang. Er stand lange dort. Schließlich schlief ich wieder ein. Am nächsten Morgen wachte ich auf und schaute in den Spiegel. Meine Haut war weniger gelb und ich fühlte mich besser. Ich ging zum ersten Mal seit Wochen wieder im Wald spazieren und setzte mich neben einen Bach und weinte.*
>
> *Dann lernte ich einige an Tibet interessierte Hippies kennen, die Theater spielten. Ich begleitete die Gruppe nach Nepal. Dort besuchte der 16. Karmapa erstmals seit dreizehn Jahren Katmandu und ich und zwei andere Westler gingen zu ihm. Er sagte, er hätte unseren Besuch erwartet. Ich war verblüfft. Denn er war der Mann, den ich in Santa Cruz draußen vor dem Fenster gesehen hatte! Wir erfuhren, dass er uns in unseren Träumen besuchen konnte und dadurch geheilt hätte.*
>
> *Er freute sich über unseren Besuch, und nach vielen gemeinsam verbrachten Tagen erzählte er uns, dass wir alle in einem früheren Leben Tibeter gwesen und alte Freunde von ihm seien. Einer der älteren Lamas zeigte mir ein Foto von unserem Kloster. Das mag stimmen oder nicht, ich jeden-*

falls hatte das Gefühl, zu Hause angekommen zu sein. Jetzt, dreißig Jahre später, sind wir alle drei längst selbst Lamas geworden.

Die Rufe aus dem Jenseits können in tausenderlei Form kommen. So darf auch nicht verschwiegen werden, dass viele moderne Meister durch Psychedelika zu ihrem Weg gefunden haben. Andrew Weil, der Havard-Arzt, der den Gebrauch von heiligen Substanzen weltweit untersucht hat, schreibt: »Zur Tradition der meisten alten Kulturen gehörte die positive Nutzung psychoaktiver Substanzen, von China über Indien und Griechenland bis Amerika.« Viele, die sich einem spirituellem Leben verpflichtet haben, öffneten die Tore ihrer Wahrnehmung auf dem psychedelischen Weg. Tatsächlich ist die Mehrheit der heutigen spirituellen Lehrer im Westen zumindest kurzfristig diesen Weg gegangen. Der Missbrauch dieser Substanzen ist sehr gefährlich und jeder hat schon von den tragischen Folgen einer Überdosierung gehört, dennoch sind sie ein Teil unseres Erbes. Von den Zen-Beats der 1950er- über die Blumenkinder der 60er- und 70er-Jahre bis zu den Schamanennachfolgern der 80er-Jahre – viele spirituelle Lehrer, denen ich begegnet bin, sprachen von ihren bewusstseinserweiternden Entdeckungsreisen.

Ein französischer Meditationsmeister, der Jahre in Indien und Tibet verbracht hat, interessierte sich zunächst herzlich wenig für Spiritualität:

Ich war ein junger Draufgänger und Lebenskünstler. Dann verließ mich meine Freundin, und ein paar Freunde, die gerade aus Mexiko zurückkamen, drückten mir zwei LSD-Tabletten in die Hand und sagten: »Iss das. Danach bist du ein anderer.« Und sie hatten Recht. Ich hatte Visionen, sah Geisteswelten und kunstvolle Ornamente, die ich mir selbst nie hätte ausdenken können. Und dann erlebte ich jene große Erweiterung, bei der ich förmlich starb und im Geschehen der Welt aufging – erst Agonie, dann Ekstase und dann nichts mehr. Ich erkannte, dass jedes Leben letzten

Endes eine spirituelle Reise war, eine Reise zur Selbsterkenntnis. Sobald es ging, fuhr ich daraufhin nach Indien.

Ein anderer Lehrer, der in New York an der Columbia-Universität Mathematik studiert hat, erinnert sich:

Die Gesetze der Logik interessierten mich schon immer. Deshalb studierte ich auch Mathematik. Eines Tages gab mir mein Zimmergenosse ein Riesenomelette mit psychedelischen Pilzen zu essen, und in den folgenden Stunden wurden die Farben und Töne immer klarer, bis ich das Gefühl hatte, noch nie vorher gehört zu haben. Irgendwie wurde mir das Herz weit und ich erkannte die Welt gefühlsmäßig, genauer gesagt durch Liebe. Ich erkannte, wie die Liebe alles miteinander verband.

Ich spazierte zum alten Kloster im Fort Tryon Park hinauf und hörte dort die Steine singen. Ich besuchte Meron. Jetzt lebe ich bereits seit einundzwanzig Jahren in einem Trappistenkloster, und das war der Tag, an dem alles begann.

Eine bekannte Zen-Lehrerin, deren spirituelle Suche psychedelisch begann, war mit ihren anfänglichen Visionen nicht zufrieden. Sie ging nach Korea und Japan, um einen Zen-Meister zu finden, besuchte viele Tempel, aber nirgends schien es sie zu halten. Zurück in Kyoto, der Geburtsstadt des Zen, kam sie auf die Idee, den heiligsten Tempel der Stadt nach der Einnahme von LSD zu besuchen:

Ich war dorthin unterwegs, als mich eine Kraft am Weitergehen hinderte, so, als hielte mich eine riesige unsichtbare Hand fest. Ich war verdutzt. Es war, als wollten mich die Götter keinen Schritt weitergehen lassen. Was sollte ich tun? Ich kehrte um und ging in einen Tempel, dessen Türen direkt neben mir auf die Straße führten. Innen saß ein schmächtiger Mann mit überkreuzten Beinen da und er-

teilte in schlichtem Englisch Unterricht. Es waren die klarsten Dinge, die ich bezüglich der Natur des Geistes je zu hören bekommen hatte. Das war genau das, wonach ich suchte. Ich stellte mein Gepäck ab und blieb zwölf Jahre lang.

Die meisten Lehrer erkannten sofort, dass Psychedelika auch im günstigsten Fall nur einen sehr begrenzten Weg darstellten, da sie zu keiner dauerhaften Bewusstseinserweiterung führten. Wie ein buddhistischer Lehrer berichtet:

Psychedelika brachten mich mit auf den Weg, aber ich wusste, dass das allein nicht genug war. Ich fuhr also in den Himalaya. Ich wurde zu einer Feuerpûjâ (Feuerzeremonie, Anm.d.Ü.) eingeladen, die ein alter tibetischer Lama außerhalb von Dharamsala abhielt. Mein Freund und ich marschierten zwei Kilometer durch einen blühenden Rhododendronwald, bis wir an einer Lichtung mit einem tosenden Wasserfall ankamen. Die schneebedeckten Berge ragten vor uns auf. Sechs oder acht Lamas saßen um ein großes Feuer und gossen Butteropfer auf es, läuteten Glocken, schlugen Handtrommeln, rezitierten Gesänge und vollzogen Mudras. Und in einem zweiten Kreis um sie herum hockten an die sechzig Amseln. Ich war fassungslos. Mir war, als bezeugte ich eine alte Zeit, in der Mensch und Tier noch harmonisch miteinander lebten. Ich erkannte, dass ich an einem großen Mysterium teilnahm und dass ich zukünftig mit Lehrern zusammenarbeiten wollte, die derart in der Wirklichkeit lebten.

Der Ruf aus dem Jenseits hat viele heutige Lehrer durch Abenteuer geführt, die sie sich nie hätten träumen lassen. Pir Vilayat Khan, ein Meister des Internationalen Sufi-Ordens, erzählt, was sein Vater, Hazrat Inayat Khan, auf dem Sterbebett zu ihm gesagt hatte. Pir war damals erst zehn Jahre alt. Hazrat bat seinen Sohn, er solle in Indien einen großen Weisen aufsuchen, und zwar zwischen den Quellen des heiligen Ganges und des Flusses Jamuna:

Mit neunzehn Jahren reiste ich auf allerbilligstem Weg über Land nach Indien. Es war hart. In einer Stadt warf man mich als angeblichen pakistanischen Spion ins Gefängnis. Als ich den Ganges entlangreiste, begegnete ich oberhalb des bezaubernden Dorfes Gangotri einem ungewöhnlichen Weisen in einer Eishöhle. Von diesem Weisen erfuhr ich, dass die Quelle des Ganges und auch des Jamuna-Flusses geheim waren, und er beschrieb mir, wie ich hinter Jamnotri zu jenem hoch oben im Himalaya gelegenen Gletscher komme.

Ich hielt mich an seine Beschreibung. Als ich im Schnee, weit entfernt von irgendwelchen menschlichen Behausungen dahinstapfte, fielen mir auf einmal Fußspuren auf. Sie waren ziemlich groß, was mir zunächst Angst machte. Ich dachte, es sei ein Bär. Dann folgte ich den Spuren einige Stunden lang und kam schließlich zu einer großen Höhle, in deren Eingang ein wild aussehender Rishi (Sanskrit = Weiser, Heiliger, Anm.d.Ü.) wie ein König dasaß. Er gab mir ein Zeichen, das mir zu besagen schien, ich solle nicht eintreten.

Also setzte ich mich mit überkreuzten Beinen in den Schnee und schloss die Augen. Als ich sie nach einiger Zeit wieder öffnete, lächelte er. Dann sagte er auf Englisch zu mir: »Warum bist du von so weit hergekommen, nur um von mir zu erfahren, wer du sein sollst?« Ich antwortete: »Es ist wunderbar hier bei dir.« Woraufhin er sagte: »Du brauchst keinen Guru.« Ich erwiderte: »Mein Vater ist mein Guru. Ich suche keinen Guru.« Er sagte: »Nun, wenn das so ist, komm herein.«

Der Rishi sprach: »Es gibt dort drüben noch eine Höhle, die kannst du benützen.« Dann gab er mir eine Übung, die darin bestand, dass ich so lange mit dem dritten Auge in mein Herz schauen sollte, bis es sich wie ein Lotus öffnete.

Das tat ich. Dann sagte er: »Verweile beim Licht, nicht dem physischen, auch nicht bei jenem der Reflexion. Suche das wirkliche Licht auf. Allein darauf kommt es an.«

Er war niemand, mit dem man einfach hätte plaudern können. Er war erleuchtet, weilte gänzlich im Samadhi (einem Zustand höchster Konzentration, Anm.d.Ü.). Er sagte: »Bald werden keine Rishis mehr in Höhlen wohnen, so wie ich. Nun wird es nötig, dass erleuchtete Wesen mitten unter den Menschen leben.«

Nach einigen Tagen sagte er zu mir: »Du hast genug gelernt.« Ich erkannte, dass meine Unabhängigkeit, mein Abstand und meine Perspektive extrem zugenommen hatten. Ich wollte nicht gehen, aber ich wusste, dass ich wieder in die Welt zurückmusste. Es war ein großer Schritt vorwärts auf meiner lebenslangen Reise.

Offensichtlich gibt es immer irgendeine spirituelle Kraft, eine Fügung, die einen wachrüttelt, wenn der richtige Zeitpunkt gekommen ist.

Lama Govinda erzählte in *Der Weg der weißen Wolken* (Scherz Verlag, München 1975) viel aus seinem Leben. Später berichtete er noch Folgendes:

Ich war noch nicht lange in Indien, da sah ein alter tibetischer Pilger, der über den Himalaya gekommen war, die Gebetsfahnen an meiner Unterkunft in den Bergen und klopfte an. Ich war nicht da, aber er gab meiner geliebten Haushälterin ein Geschenk für ihren »Sohn« und setzte seine Jahreswanderung zu den geheiligten Stätten fort. Da ich das Buch, das mir der Tibeter geschenkt hatte, weder lesen noch verstehen konnte, verstaute ich es auf dem Dachboden. Jahre später, nach einem eingehenden Studium des tibetischen Buddhismus, war ich ein Lama, doch unsicher, was ich als Nächstes tun sollte. Dann wurde ich gefragt, ob ich das Tibetische Totenbuch nicht neu übersetzen wolle. Unglücklicherweise waren keine Kopien außerhalb von Ti-

bet aufzutreiben. Drei Tage später stieß ich dann zufällig auf das alte Geschenk. Es war ein originaler, aus Lhasa stammender Blockdruck des Tibetischen Totenbuchs! Ich benachrichtigte Evans-Wentz und begann sofort mit der Arbeit. Dass ich später Bücher schrieb, dort, wo ich lebte, mein ganzes Lebenswerk, alles kam nur so, weil mir ein alter Pilger »zufällig« dieses Geschenk gemacht hatte.

Spirituelle Heimkehr

Bisher war in vielen Geschichten von äußeren Reisen die Rede, doch ihr eigentliches Thema ist die spirituelle Heimkehr. Diese Reisen wurden hier nicht wiedergegeben, weil sie exotisch und märchenhaft anmuten. Jeder hat eine einmalige Lebensgeschichte und wird auf seine ureigenste Weise nach Hause gerufen. Doch solche Berichte können einem schlagartig in Erinnerung bringen, welche große Chance einem dieses Leben bietet.

Irgendwann ist es für jeden Zeit zum Aufwachen. Man mag es jahrelang aufschieben, es in die dunkelste Ecke verfrachten, bis die Kinder groß geworden sind oder der berufliche Alltag vorbei ist. Doch plötzlich wird es nicht mehr aufzuhalten sein, man wird zur Tür hereinstürmen und sagen: »Ob du nun dazu bereit bist oder nicht, hier bin ich.«

Dass man am Leben ist, ist an sich schon ein Wunder. Die Hinweise auf unsere wahre Natur sind allgegenwärtig. Wenn sich der Geist öffnet, der Körper verändert oder das Herz gerührt ist, werden alle Elemente des spirituellen Lebens offenbart. Große Fragen, unerwartetes Leiden, ursprüngliche Einfalt – alles das kann einen aus der alltäglichen Routine herausholen, »aus der Bürokratie des Ego aussteigen« lassen, wie es der tibetische Lehrer Chogyam Trungpa nannte.

Ein älterer Zen-Schüler war 1969 als junger Rechtsanwalt und Vater auf die Zen-Bücher von Alan Watts gestoßen. Die Lektüre machte ihn neugierig, und er erinnerte sich, dass es noch mehr in diesem Leben gab. Also schlug er im Telefonbuch den Buchstaben Z auf und fand eine Nummer. Kurz darauf sprach er mit dem Roshi (respektvoller Titel für einen Zen-Lehrer, Anm.d.Ü.) des Zen-Zentrums von San Francisco. Er besorgte sich den Veranstaltungskalender des Zentrums und begann unter Ermutigung des Meisters zu meditieren. Dreißig Jahre später, immer noch begeistert dabei, sagt er: »Seit jenem ersten Anruf hat sich mein Leben verändert.«

Noch gewöhnlicher ist die Geschichte eines anderen Meditationsmeisters, der vor dreißig Jahren ein begeisterter Sportler war. Sein Lieblingssport war Golf. Einmal wurde ihm während einer Partie bewusst, wie sehr sein Denken das Spiel bestimmte:

> *Ich versuchte mich zu beruhigen. Ich war erschrocken, wie hektisch und außer Kontrolle mein Denken war. Eine Bekannte schlug mir vor, doch ihren Yoga- und Meditationskurs zu besuchen, und obwohl mir das Stillsitzen schwer fiel, hatte ich das Gefühl, endlich zu Hause anzukommen.*

Obgleich es täglich an Hinweisen wimmelt, ist man durch seine Herkunft und Erziehung vielleicht daran gewöhnt, sie absichtlich zu übersehen. Eine Jüdin, heute Rabbinerin, sagte, ihre Familie hätte sich nicht um religiöse Inhalte gekümmert. Die gelegentlichen Besuche im Tempel der Reform geschahen hauptsächlich aus gesellschaftlichen Gründen und wegen der jüdischen Küche. So musste sie, wie Rilke schreibt, »zu einer Kirche im Osten, die unser Vater vergaß«. Zunächst suchte sie ihren Weg zehn Jahre lang in der Kultur der amerikanischen Eingeborenen. Dann zog es sie nach Jerusalem, wo sie die Frau eines alten Chassidim kennen lernte, die sie an ihr verborgenes Erbe einer jahrtausendealten Geistestradition erinnerte:

> *Nach meinem Besuch der Klagemauer bat mich Miriam, die Frau des Rabbis, ins Hinterzimmer. Wir setzten uns hin und sprachen über ihre Großeltern und deren Frömmigkeit im Alltag, in welcher Besonnenheit sie die Kerzen anzuzün-*

den pflegten, das Brot brachen und ihre Kinder großzogen, wie jeder Teil ihres Lebens von der Torah bestimmt war. Es war genau das, was ich auch an den amerikanischen Eingeborenen so liebte. Als sie dann jedoch diese wenigen handschriftlichen Seiten eines kabbalistischen Textes hervorholte, wurde mir bewusst, dass mich das geistige Erbe dieser alten Tradition aus Leib und Seele ansprach.

Baba Yaga lebt in unserer Nachbarschaft und auch im Wald. Sie ist ein Teil unserer Familiengeschichte. Man kann natürlich nach Indien oder Jerusalem fahren – und einige wirklich märchenhafte Geschichten der Meister vermitteln vielleicht den Eindruck, dass jedes spirituelle Leben exotisch beginnt. Es kann aber auch bei der Gartenarbeit beginnen oder mit der Heimkehr von einer Reise, die einen alles mit anderen Augen sehen lässt, oder wenn eine Musik, ein Gedicht oder ein Singvogel uns begeistert. Aus allen Augen, in die man sieht, kann einen plötzlich die und der Geliebte ansehen.

Da ich an der Ostküste aufwuchs, gehörten für mich Leuchtkäfer zu den großen Freuden des Sommers. Meine Tochter hingegen, die in Kalifornien geboren ist, hatte noch nie welche gesehen. Als wir einmal auf Bali waren, entdeckten meine Frau und ich eines Abends Leuchtkäfer. Unsere Tochter schlief schon. Ich hängte rasch ihr Moskitonetz auf, ging dann hinaus und fing ein paar. Sie schlief selig, als ich sie ins Netz entließ. Dann weckte ich sie ganz leise auf. Sie war von den Leuchtkäfern völlig fasziniert, die in ihrem Netz herumschwirrten, bis wir sie freiließen. Was das für ein Wunder war – Käfer, die ein wunderschönes grünliches Licht anzünden konnten und blinkten! Unsere liebenden Herzen sind ein ähnliches Wunder. Sie leuchten genauso wie die Sonne und der Mond, und die Leuchtkäfer.

Eine geheime Sehnsucht erinnert jeden Menschen an dieses Licht, ruft ihn aus seinen Zukunftsplänen auf seinen wahren Platz in diesem Weltgeschehen. Man kehrt dahin zurück, woher man kam.

Ob man es bis zuletzt aufschiebt oder sich jetzt schon darauf einlässt, das Wunder der Gegenwart lädt uns beständig ein. Wie Mary Oliver schreibt:

> Wenn der Tod im Herbst
> wie ein hungriger Bär daherkommt,
> und für mich alle herrlichen Augenblicke hinlegt,
> bevor er seine Börse schließt ...
> möchte ich neugierig durchs Tor gehen und fragen:
> Dunkelheit, wie geht es dir, altes Haus?
> Darum behandle ich alles geschwisterlich ...
> Darum liebe ich jedes Leben wie ein
> zartes kleines Gänseblümchen ...
> Darum, meine ich, hat jeder Löwenmut und der Erde
> etwas Wichtiges zu geben.
> Am Ende meines Lebens möchte ich sagen können:
> Mein Staunen glich einer Braut.
> Und wie ein Bräutigam habe ich die Welt umarmt.

2

Die Wächter des Herzens: Lichtblicke im Tränenmeer

Absolute Sicherheit ist ein Aberglaube. Sie wird weder von der Natur noch von irgendeiner Kultur geboten. Letzten Endes ist es genauso gefährlich, der Gefahr auszuweichen, als sich ihr auszusetzen. Das Leben ist entweder ein gewagtes Abenteuer oder nichts.
Helen Keller

Hat man sich einmal auf das innere Abenteuer eingelassen, führen einen die Spuren des heiligen Ochsen durch den Wald. Der Blick in das eigene Herz oder die Vernunft lässt uns das erkennen, was die Welt zusammenhält. Wie Teleskope die immensen Weiten des äußeren Raums mit seinen Myriaden von Galaxien und Sternengeburten verdeutlichen, so führt der innere Blick in die nicht minder unfasslichen Weiten des Bewusstsein, durch das alle Dinge entstehen. Wer dem heiligen Ochsen einmal folgt, muss auf alles gefasst sein, denn sein ganzes Leben kann in Frage gestellt werden. Und manchmal wird vor diesem Abenteuer sogar gewarnt.

Als der tibetische Lehrer Chögyam Trungpa, wie gewohnt, zu spät in den vollen Vorlesungssaal in San Francisco kam, verkündete er, dass jeder, der nicht bleiben wolle, sein Geld zurückerhalt. Er warnte diejenigen, die zum ersten Mal da waren, vor den Unbilden des echten spirituellen Wegs, der äußerst anstrengend sei und »eine Beleidigung nach der anderen« mit sich bringe. Er riet allen, die im Zweifel waren, von einem Einstieg ab. »Am besten fängt man gar nicht erst an.« Dann sah er sich ruhig im Raum um und sagte: »Doch wer sich bereits darauf eingelassen hat, sollte den Weg zu Ende gehen.«

Aufrichtig üben

Wir leben in komplizierten Zeiten massiver Ablenkung und Verwirrung, das Weisewerden verlangt jedoch beständige Übung. Der erste Schritt auf dem Weg des Erwachens ist daher normalerweise der, dass man ruhig auf die Stimme seines Herzens hören lernt und nicht mehr einfach nur den alltäglichen Anforderungen nachkommt. Ob beim Beten oder Meditieren, beim Visualisieren, Fasten oder Singen – wir müssen uns von gewohnten Rollen lösen, den Autopiloten des Alltags einmal ausklammern und zu einer wachen, lebendigen Aufmerksamkeit finden.

Das Erwecken der spirituellen Sehnsucht allein genügt nicht. Das Herz ist auf nützliche Anregungen angewiesen, wie es vergeben, zur Freiheit finden und gütig werden kann. Man braucht ein Fahrzeug, zuverlässige Übungen, die einen sicher in die Gegenwart zurückbringen und in ihr Geheimnis einweihen – und das nicht, damit man anders wird und irgendein »Ideal« erfüllt, sondern damit man erkennt, wer man wirklich ist.

Bewährte Techniken der Selbstfindung gibt es in den großen spirituellen Traditionen jede Menge. Einige Übungen sind atembezogen, damit man zu geistiger Ruhe und Unvoreingenommenheit findet. Es gibt meditative Körperübungen, die aus der Ichfixierung herausführen. Es gibt Mantras und Hingaberituale, Gebete und Gebetszyklen, alltägliche Übungen frommer Achtsamkeit; es gibt das schweigende Erforschen des Herzens. Bei einem amerikanischen Eingeborenenvolk fasten Jugendliche auf ihrer Visionssuche tagelang, während sie pausenlos einen kleineren Stein um einen größeren rollen, so wie der Mond sich um die Erde dreht, bis sie den Sinn ihrer Suche erkennen.

Man kann sich anfänglich durchaus in verschiedenen Traditionen umsehen und Übungen ausprobieren, doch am Ende muss man sich für eine Praxis entscheiden und ihr von ganzem Herzen folgen. Entscheidend ist die Aufrichtigkeit, mit der man übt, und dass man den einmal eingeschlagenen Weg beharrlich fortsetzt.

Aufrichtiges Üben führt in die Einsamkeit des Waldes. Ganz gleich, wie man beginnt, das schweigende Innehalten gehört dazu. Es gibt eine Geschichte von Bill Moyers, als er noch Pressesprecher für Präsident Lyndon Johnson war. Bei einem Kabinettlunch im Weißen Haus wurde Moyers, der schon einige Erfahrung als Minister hatte, gebeten, das Tischgebet zu sprechen. »Etwas lauter bitte, Bill«, forderte Johnson ihn auf, »ich kann Sie nicht hören.« Und Moyers antwortete ruhig: »Ich meine nicht Sie, Herr Präsident.«

Was passiert, wenn man sich in den Wald wagt und auf die Stille zu hören beginnt? Ob durch Rituale, Gebete oder Meditation – die ersten Schritte in den Wald bringen anfängliche Verwunderung und erste kleine Erkenntnisse. Sobald die gründliche Aufmerksamkeit die wirkliche Gegenwart vom Wasserfall der Gedanken unterscheidet, tritt die Welt in strahlender Schönheit zu Tage. Nun erkennt man auch langsam, wie sehr das eigene Leben von unbewussten Zuständen und Einstellungen beeinflusst ist. Man wird sich seiner Verhaltensmuster und emotionalen Neigungen bewusst. Man gewinnt Abstand zu seinen Problemen, sieht sie aus einer vernünftigeren Perspektive, je mehr Freiraum man sich durch die Übung verschafft.

Ein altes schwedisches Märchen gibt einen Eindruck von dieser Phase des Weges. Aufgrund des Ungeschicks ihrer Eltern wird Prinzessin Aris einem schrecklichen Drachen anverlobt. Sie ist zu Tode erschrocken, als der König und die Königin ihr dies endlich kundtun. Doch hat sie gleich darauf eine gute Idee. Sie besucht auf dem Markt eine weise Alte, die zwölf Kinder und neunundzwanzig Enkel großgezogen hat und sich mit Drachen und Männern bestens auskennt.

Die weise Frau verrät Aris, dass sie den Drachen zwar heiraten muss, doch sei das nicht so schlimm, wenn sie sich ihm auf die richtige Weise nähere. Dann gibt sie Anweisungen für die Hochzeitsnacht, in der die Prinzessin unbedingt zehn herrliche Kleider übereinander anziehen soll.

Die Hochzeit findet statt. Es wird im Palast bis spät in die Nacht gefeiert, und dann nimmt der Drache die Prinzessin mit auf sein Zimmer. Als er sich seiner Liebsten nähert, bremst sie ihn unter dem Vorwand, dass sie zuerst ihr Hochzeitskleid ablegen müsse, bevor sie ihm zu Willen sein kann. Und auch er müsse sich, so fügt sie hinzu, vollständig entkleiden (das hatte ihr die weise Frau geraten): »Du musst ebenso viel ausziehen wie ich.« Damit ist er einverstanden.

Also zieht sie ihr erstes Kleid aus. Dann sieht die Prinzessin zu, wie der Drache sein oberstes Schuppengewand ablegt. Es ist ihm zwar unangenehm, aber er hat das schon zuvor gelegentlich getan. Die Prinzessin zieht ein weiteres Kleid aus und dann noch eines. Jedes Mal muss der Drache eine weitere Haut abstreifen. Bei der fünften Häutung rinnen ihm vor Schmerz die Tränen nur so herunter. Doch die Prinzessin fährt fort. Die Hautschichten des Drachen werden immer feiner und seine Gestalt zartgliedriger. Er wird immer durchsichtiger. Als die Prinzessin ihr zehntes Kleid auszieht und sich der Drache ein letztes Mal häutet, verschwindet die Drachengestalt völlig und ein Mann erscheint, ein edler Prinz, dessen Augen glänzen wie die eines Kindes. Endlich ist er vom Drachenfluch erlöst. Prinzessin Aris und ihr frisch gebackener Ehemann genießen dann die Freuden der Hochzeitsnacht, womit sie auch den letzten Rat der weisen Frau mit den zwölf Kindern und neunundzwanzig Enkeln befolgen.

Irgendwo sind alle Personen dieses Märchens in uns vorhanden: der schuppige Drachen und die kluge Prinzessin, die weise Großmutter, das verantwortungslose königliche Elternpaar, der verborgene Prinz und derjenige, der ihn vor langer Zeit verwünscht hat. Und eines macht das Märchen von Anfang an klar: Diese Reise ist keine Vergnügungsreise. Die Kräfte der menschlichen Geschichte sind stark, die Verstrickungen hartnäckig. Wer zur inneren Freiheit finden will, muss sich läutern. Da mussten auch die Meister hindurch. Gnade, Erleuchtung, Weisheit fallen einem nicht einfach in den Schoß. Dazu ist eine langwierige Reinigung fällig: ein gründliches Sichten, Lockern und Loslassen. Suzuki Roshi sprach in diesem Zusammenhang vom »Hausputz des Geistes«. Es schmerzt, wenn man seine alten Schichten abträgt, und die Drachen, die den Weg bewachen, sind gefährlich. Ohne himmlischen Rat und das Vergießen bitterer Tränen geht es nicht.

Manchmal tritt einem das Ende des Weges recht schnell vor Augen. Es ist so, als würde die Intuition mit einem flirten und kurz den Schleier des Geheimnisses lüften. Ein Meditationlehrer erinnert sich folgendermaßen:

> *Man pflegt von Höhepunkten zu sprechen. Nun, bei mir war das auf meinem ersten Meditations-Retreat ... ein ganzer Tag. Nach einer schmerz- und frustrationsreichen Woche voller Kämpfe kam am letzten Tag ein Durchbruch. Die Farben der Alleebäume schienen zu leuchten, mein Herz war weit wie das der Weltmutter. Ich hatte das Gefühl, die ganze Welt zu umarmen, und alles konnte bleiben, wie es war. Alles erschien in seiner natürlichen Reinheit. Ich wusste, dass das immer so ist, auch wenn ich es vergesse. Es hielt nicht an, aber es gab mir Mut, weiterzumachen.*

Erinnerungen an solche glanzvollen Höhepunkte sind wichtig. Aber man darf dabei nicht ausklammern, dass wochenlange schmerzreiche Bemühungen vorangingen und ein lebenslanger Übungsweg nachfolgt. Wer Erleuchtung sucht und erfahren will, hat das nicht damit erledigt, dass er das Ende des Märchens aufschlägt und liest, wie der Prinz und die Prinzessin endlich zueinander finden und für ihr Lebtag glücklich sind. Dieser Blick auf das Ende des Wegs genügt nicht. Man muss den Weg der himmlischen Hochzeit ganz gehen, alle Phasen meistern, seine Angst bei der Eheschließung mit dem Drachen, die Suche nach weisem Rat und den langen Prozess der Loslösung von Leid bringenden Gewohnheiten. Es ist das hindernisreiche, langsame Loslassen, das uns aus der Verwünschung befreit.

Die Häutungen des Körpers

Die meisten Menschen berichten, dass die ersten Jahre spiritueller Praxis Häutungen des Drachen einschlossen. Es stand das Abtragen alter Schichten an, und zwar auf körperlicher, seelischer und geistiger Ebene. Als erste Schicht sind die Muster körperlicher Verspannung zu lösen, sei dies durch Andacht, Meditation oder Gebet. Wesentlich ist dabei das ruhige Verweilen, das Stillsitzen, damit einem die muskulären Verkrampfungen bewusst werden können: die Verspannungen in den Schultern oder im Rücken oder im Kiefer oder in den Beinen. Man zieht nämlich in Konflikt- und Stresssituationen seine Muskulatur auf typische Weise zusammen und erwirbt so ein individuelles Verkrampfungsmuster, das der Pionier der Körpertherapie, Wilhelm Reich, »Charakterpanzer« genannt hat.

In manchen Traditionen geht man die Auflösung dieser muskulären Blockierung des Körpers und Atems direkt an, etwa durch Yoga, Tai Chi oder Sufi-Tänze. Werden solche Übungen richtig durchgeführt, also nicht gegen, sondern *für* den Körper, beginnen sich die Verspannungen von selbst zu lösen und die chronische Steifheit weicht einer neuen Geschmeidigkeit.

Doch selbst in Traditionen ohne körperliche Übungen werden sich die körperlichen Blockaden bemerkbar machen und bedürfen unserer Aufmerksamkeit. In den Stunden des Gebets, der Meditation oder Kontemplation beginnt der Körper zu schmerzen. Jahrelang verdrängte Verspannungen treten an die Oberfläche. Ein Schüler erinnert sich:

> *Zunächst begannen meine Knie zu schmerzen, und ich schob es auf die Meditation. Aber dann breitete sich im Schulter- und Nackenbereich ein unangenehmes Gefühl aus und meine Rückenbeschwerden nahmen zu. Manchmal konnte ich kaum mehr richtig durchatmen. Alte Wunden rissen auf. Ich versuchte der unangenehmen Situation mit allen Mitteln zu entkommen. Zum Meditieren legte ich mich sogar auf ein weiches Polster, nur um die Schmerzen*

zu vermeiden. Aber zu meiner Überraschung waren auch im Liegen die Verspannungen sofort da, sobald ich mich wirklich auf mich konzentrierte. Ich kämpfte lange Zeit mit meinem Körper, Jahre. Erst als ich schließlich lernte, selbst größte Schmerzen zuzulassen und ihnen gegenüber wohlwollend zu sein, begannen die Beschwerden nachzulassen. Jetzt kommen und gehen sie. Was war das für eine Erleichterung, als ich endlich meinen Körper akzeptierte.

Mit den körperlichen Verspannungen treten auch Unruhezustände und Unlustgefühle auf. Es ist so, als müsse man sich gewaltsam davon abhalten, ganz dringende Dinge zu erledigen. Man ist ständig versucht aufzustehen – es gibt so viel zu tun, es warten so viele Pflichten. Man hat sehr viel Hektik verinnerlicht. Aber die Übungen des Gebets, der Meditation oder Andacht erfordern ausdauernde Hingabe, das Überwinden jeder Form der Ruhelosigkeit und Abneigung. Eine Lehrerin erinnert sich an den Anfang ihrer Übung der hunderttausend Niederwerfungen:

Als ich mit der traditionellen tibetischen Hingabe-Übung der Niederwerfung begann, fiel mir das jahrelang sehr schwer. Ich hatte mich immer auf Trab gehalten. Noch nie war das Stillsitzen meine Sache gewesen. Ständig war ich auf dem Sprung zum Kühlschrank, zum Fernseher, zum Telefon. Der Grund war wahrscheinlich meine Einsamkeit und der versteckte Schmerz in meinem Körper. Ich begann mit der Übung, weil ich nicht mehr vor mir selbst davonlaufen wollte. Ich dachte, das Verbeugen und Sichbewegen wären leichter als das Sitzen, doch stellten sich dieselben Widerstände ein. Ich lernte, dass man sich selbst nicht entkommen kann. Wer sich einmal für eine Übung entschieden hat, muss dabei bleiben. Es gibt harte Phasen, aber das Durchhalten lohnt sich.

Zum Glück besteht das Abstreifen der Drachenhäute nicht nur aus Schmerz. Es gibt beim Ausziehen der Hochzeitsgewänder auch Lichtblicke – so als würde man zwischen all den Tränen von Engeln getröstet. Man ist plötzlich von einer heiteren Gelassenheit erfüllt und aufnahmefähig für die kleinsten Freuden des Herzens. Ein christlicher Mönch erinnert sich:

> *Ich ging im Klostergarten in einer schlichten Gehmeditation auf und ab, betete und atmete jeweils zu den Schritten, um ruhiger zu werden. Plötzlich war ich wieder ein zweijähriger Junge, der seine ersten Gehversuche unternimmt. Es war herrlich. Ich genoss das Schrittesetzen, das weiche Gras, den Duft von Rosen und Erde. Alle Pflanzen und Insekten erschienen mir viel größer, so wie in meiner Kinderzeit. Um mich herum war alles lebendig. Wie gerne hätte ich alles getan, um in dieser reinen Herzensfreude zu verweilen.*

Die Häutungen der Seele

Sobald man sich um die Lösung körperlicher Verspannungen bemüht, wird einem klar, dass auch seelische Verhärtungen aufzulösen sind. Der Drache hat emotionale Häute, verfügt über Energien, die einem zunächst unbewusst sind. Die Sufis nennen sie »die Nafs«; die Buddhisten und Hindus sprechen von den Hindernissen des reinen Gewahrseins; die Christen ringen mit den sieben Todsünden, wie zum Beispiel Gier und Stolz. Jede Frömmigkeit erfordert, dass man sich diesen Energien der Gier, des Ärgers, des Stolzes, der Angst, der Unruhe und des Zweifels direkt stellt – dass man sich den Gewohnheiten stellt, die das Herz verschlossen halten.

Vielleicht erkennt man zuerst, wie sehr einen die Gier gefangen hält. Ständig will man etwas haben, ist unzufrieden mit dem, was man hat. Man versucht sich äußerlich von seinen eigentlichen spirituellen Bedürfnissen abzulenken. Eine Lehrerin erinnert sich nach dreißig Jahren:

Meine Eltern waren religiöse Leute, aber in den 1960er-Jahren begeisterten mich nur noch Sex und Rock'n'Roll. Gott war mir egal, solange ich auf so etwas verzichten musste. Mein Glück beruhte jahrelang auf Männern und Sex.

Ich wurde eine recht erfolgreiche Schauspielerin. Und dann hatte ich endlich genug guten Sex erlebt und erkannte, dass das nicht die Antwort war. Irgendwie war ich immer noch unzufrieden. Meine Mutter wollte, dass ich Yogakurse besuche, aber ich ging nie, weil ich befürchtete, das würde mir sexuell im Weg sein. Und genau das setzte mir auch zu, als ich ging. Ich musste mich der Begierde stellen, von der ich getrieben war. Auf diese Weise bin ich zum Yoga und zur Meditation gekommen.

Damit man die Drachenhäute des Begehrens und Habenwollens ablegen kann, muss man zuerst herausfinden, wo sie körperlich verankert sind und was sie einem zu sagen haben. Die Sehnsüchte sind zu lokalisieren und zu benennen. Und man muss erkennen, dass man sich nicht von den Begierden mitreißen zu lassen braucht.

Am Gegenpol der Begierde und des Habenwollens stößt man auf spitze Stacheln, mit deren Hilfe man die Welt in Schach hält: Man ist wütend auf die Dinge, hat dauernd an ihnen etwas auszusetzen. Neulinge, ganz gleich welcher Disziplin, sind normalerweise schockiert darüber, wie viel Kritik, Aversion und Hass sie in sich entdecken. Sooft man sich mit der Welt anlegt und sie bekämpft, lehnt man im Grunde etwas von sich selbst ab.

Alexander Solschenizyn, der in seinen Büchern über das stalinistische Russland auf das Leid von Millionen Menschen aufmerksam machte, schreibt: »Wenn es eine ganz besondere Sorte Menschen gäbe, die heimtückische Verbrechen begeht, bräuchte man sie nur vom Rest der Menschheit auszusondern und zu töten. Aber die Grenze zwischen Gut und Böse verläuft im Herzen eines jeden Menschen, und wer wollte schon einen Teil seines eigenen Herzens töten?«

Wie der Drache muss jeder seine Stacheln einmal selbst zu spüren bekommen und mit seinen Bewertungen eins werden, bevor er frei lieben kann. Man wird auf Schichten der Wut und des Hasses stoßen, die durch Enttäuschungen und Verluste entstanden sind. Man wird unzählige Abneigungen und Widerstände in sich entdecken, die einem den Blick auf die Dinge verwehren. In der meditativen Achtsamkeit wird einem die Gedankenflut der Bewertungen bewusst. Man entdeckt einen inneren Kommentar, der laufend einen selbst und alles um einen herum bewertet und sich im Widerstreit mit dem Leben befindet. Ein buddhistischer Lehrer berichtet:

> *Ich hatte keine Ahnung, wie bewertend ich war, bis ich meditierte. Es gab Beurteilungen und Meinungen über die geringsten Kleinigkeiten, ob innen oder außen – zu laut, zu weich, nicht genug, zu viel. Mein Lehrer ließ sie mich schließlich zählen – hunderte von Bewertungen in einer Stunde. Als ich erkannte, dass es sich um eine Angewohnheit handelte und ich sie nicht so ernst zu nehmen brauchte, musste ich schmunzeln. Aber nach einem weiteren Praxisjahr änderte sich meine Einstellung, und ich wurde wütend. Ich hatte die ganze Zeit über mit all jenen Bewertungen lediglich versucht, ein guter Junge zu sein. Das war hart. Ich ahnte nicht, wie viel Wut und Schmerz sich in mir angesammelt hatten. Monatelang kamen betreffende Gefühle, Bilder, Gedanken in mir hoch und körperliche Symptome.*

Eine fünfundsechzigjährige Nonne erinnert sich an eine ähnliche Phase:

> *Das Noviziat verlief ohne große Probleme, geprägt von jugendlicher Unschuld und Begeisterung. Aber bei den meisten traten Frustrationen auf, sobald sie in die Dreißiger kamen. Man hatte seine ganze Jugend über nur gebetet und gearbeitet und versucht, tugendsam zu sein, und nun war von einem selbst kaum mehr etwas übrig. Wer sich das*

schließlich ehrlich eingestand, wurde meistens sehr wütend, die Wut reichte weit zurück in die vorklösterliche Zeit.

Wut ist, wie das gierige Habenwollen oder die Tyrannei des Bewertens, eine Haut zum Abstreifen. Im Märchen müssen sich die Prinzessin und der Drache voreinander offenbaren, Schicht für Schicht. Beide werden zugänglicher und zärtlicher. Sobald die ersten Schuppen und Verkleidungen weggefallen sind, erfahren wir, was sich unter den Schichten der Wut, der Bewertung und des Habenwollens befindet. Gewöhnlich sind es neue Schichten der Verletzung, der Einsamkeit, der Angst und des Kummers.

Jetzt kommt es auf ein liebevolles Herz an. Wir brauchen Mut – Mut, um tiefsten Schmerz, tiefsten Kummer und größte Angst bewusst auszuhalten. Das ist der Zeitpunkt, an dem Vertrauen und Hingabe gefragt sind. Das Erwachen des Geistes der Güte und Freundlichkeit gleicht dem Besuch von Engeln. Es entwickelt sich eine Energie des Vergebens, eine neue Offenheit und Empfindsamkeit des Herzens.

Mein Lehrer Ajahn Chah nannte es so: »Wenn du noch nicht bitter geweint hast, hast du noch nicht angefangen zu meditieren.«

Der Kummer und Schmerz, die auftreten, wenn man sich öffnet, sind sowohl persönlicher als auch allgemeiner Art. Viele Lehrer sagen, dass sie kein solches Leid erwartet hatten, aber das Herz hat seine eigene Logik.

Ein angesehener Zen-Lehrer erinnert sich:

Nachdem ich einige Jahre mit dem Zen geliebäugelt hatte, war es Zeit, dass ich ernst machte. Ich meldete mich für das Winter-Retreat an, drei Monate intensives Training an einem Stück. Mein Sitzen war ruhig und weit geworden, und ich erwartete nur eine Zunahme dieser meditativen Klarheit. Aber es sollte anders kommen. Ich verbrachte die gesamte Übungsperiode weinend, und ich weinte auch noch das halbe Winter-Retreat des folgenden Jahres durch. Mir kamen bittere Tränen wegen der problematischen und unsicheren Verhältnisse in meiner Kindheit, wegen vergangener Liebesgeschichten, wegen der Art, wie ich mit meinem Körper umsprang, wegen meiner Sorgen, und ich trauerte um den Tod meines Vaters. Dann erst, nach zwei Jahren, war ich beim Sitzen von einer sehr viel größeren Ruhe erfüllt.

Die Drachenhaut unserer unvergossenen Tränen überdeckt das Leid im Leben überhaupt und unsere große Trauer darum. Manchmal hat der Kummer einen besonderen Anlass: den Tod eines Elternteils, Alkoholismus in der Familie, einen schweren Verlust im Leben. Manchmal ist es die Ansammlung unzähliger Momente des Übersehen- und Übergangenwerdens.

In ihrem Gedicht »Zurückversetzt in den Mai 1937« bekennt Sharon Olds die Wichtigkeit des eigenen Kummers, dem man sich stellen muss, weil er einen zu dem gemacht hat, was man ist.

> Da stehen sie vor ihrem College-Portal,
> mein Vater, der gerade durch den
> ockerfarbenen Sandsteinbogen kam ...
> meine Mutter mit ein paar Büchern unter dem Arm ...
> sie sind im Begriff zu heiraten, nur noch die Prüfungen liegen dazwischen ...
> Ich möchte zu ihnen gehen und sagen: Halt,
> tut das nicht – sie ist die falsche Frau,
> er der falsche Mann, ihr werdet Dinge tun,
> wie ihr sie euch nie habt träumen lassen,
> ihr werdet euren Kindern Schreckliches antun ...
> Aber ich lasse es sein. Ich möchte leben.
> Wie Papierpüppchen hebe ich sie auf
> und gebe ihren Hüften Applaus,
> bis die Funken fliegen wie bei Feuersteinen.
> Ich sage: Macht doch, was ihr wollt, aber ich
> werde es nicht verschweigen.

Bei einer aufrichtigen spirituellen Praxis stellt man sich den erlittenen Verlusten, man nimmt sich der eigenen Geschichte an und vergießt die Tränen, die nötig sind, um sich von seiner Vergangenheit zu befreien. So bittet der Sufi-Dichter Ghalib die Gewitterwolken, »sich so lange auszuweinen«, bis der Himmel wieder weit und klar ist.

Ob Kummer, Wut, Gier oder Unruhe, bei der Auflösung seelischer Verhärtungen geht es meist um das Erledigen von Dingen, die man bisher »unerledigt« vor sich herschob. Man begegnet den Kräften und Situationen, durch die man sich von sich selbst und von anderen abgeschnitten hat. Die Aufmerksamkeit bringt alles ans Licht, was an seelischer Arbeit ansteht. Wir müssen hier und heute den achtsamen Umgang mit den seelischen Kräften lernen, die das menschliche Leben bestimmen. Es sind unsere verhärteten Energiemuster, die uns leiden lassen, und eine Erleichterung tritt erst ein, wenn man aus ihnen erwacht.

Die Schichten des Geistes

Wie der Körper und das Gemüt hat auch der Geist seine Verhärtungen. Der Meditationsmeister Ajahn Buddhadasa beschrieb die heutige Welt als »gedankenverloren«. Der moderne Geist umfasst Schichten des Zweifels, der Ambition, der Angst und der Überzeugung, unzählige Selbstbilder, vergangene und zukünftige, die zur Verteidigungshaltung werden. Wie oft bedient man sich des gegenwärtigen Augenblicks nur deshalb, weil man anderes erreichen, ein anderer werden will. Ob man sich ins Gebet, in die Meditation oder in den selbstlosen Dienst vertieft – wir sind mit sich ständig wiederholenden Gedanken und Überzeugungen konfrontiert, die das kleine Ich hervorbringen. Der Kopf ist randvoll, kein weiterer Gedanke hat darin Platz.

Das Noviziat war mit Stunden des gemeinsamen Gebets, mit Gesang, gemeinsamen Andachten, dem Bibelstudium und dem selbstlosen Dienst für die Gemeinschaft angefüllt. In den ersten Monaten fiel mir auf, dass ich oft vor mich hin träumte und mir Geschichten ausdachte. Ich stellte mir vor, eine große Heilige zu sein oder dass ich meiner Familie viel Ehre einbringe, oder ich zahlte es denen zurück, die mich gekränkt hatten, grämte mich über die Vergangenheit, erzählte mir oder anderen, wie es besser gelaufen wäre. Ich konnte einfach nicht bei der Sache bleiben. Unsere Mutter Oberin schalt mich wegen meiner Geistesabwesenheit so sehr, dass ich das Noviziat schließlich nicht bestand.

Unsere ständigen Gedanken und Meinungen über uns selbst, die Mitmenschen und die Welt hindern uns daran, einfach da zu sein. Es ist wie mit dem Zen-Maler, der in seiner Hütte einen lebensgroßen Tiger an die Wand gemalt hatte und dann vor seinem eigenen Werk fürchterlich erschrak, als er ein paar Tage später gedankenverloren heimkam.

Wer einmal durch die Meditation oder das Gebet zur Ruhe kommt, stellt fest, wie sehr das Leben von diesen unbewussten Erzählungen geprägt ist. Carlos Castanedas Schamanenlehrer Don Juan fasste es in folgende Worte: »Du redest mit dir zu viel. Da bist du nicht der Einzige. Jeder macht das und konstruiert sich mit seinen Selbstgesprächen eine Welt. Ein Wissender oder eine Wissende sind sich bewusst, dass ihre Welt aufhört, sobald sie den inneren Dialog einstellen.«

Allmählich beginnt man, die Motive seines inneren Dialogs zu erkennen: Ehrgeiz, Unwürdigkeit, Unsicherheit, Hoffnung, Selbstverachtung, Selbstbestätigung. Die Gespräche spiegeln die eigene gesellschaftliche und persönliche Konditionierung wider. Als der Dalai Lama einmal mit einer Gruppe amerikanischer Psychologen sprach, fragte er, was den westlichen buddhistischen Schülern am meisten Schwierigkeiten mache. Unter den genannten Dingen stand der Selbsthass mit an erster Stelle. Der Dalai Lama konnte das kaum glauben, denn in der tibetischen Kultur ist Selbsthass kein Thema. Er ging im Raum umher und fragte die Anwesenden: »Ist Ihnen dieser Selbsthass bekannt?« Fast jeder antwortete mit Ja.

Typisch für diese Selbstgespräche sind die festen Meinungen, die man von sich hat. Es ist so, als spiele man in einem Film als Trauerkloß, Schönling, Kompromisseschließer oder Clown mit, als wütendes Opfer oder als Kämpfer, den niemand je mehr ausnützen wird. Und da man diese Gedanken und Überzeugungen nährt, lebt man sie immer wieder aus. Es sind diese Gedankenmuster, die zusammen mit unseren körperlichen und seelischen Panzerungen ein begrenztes Ich hervorrufen. Sie werden auch »Angstkörper« genannt. Solange man an diesem Angstkörper festhält, besteht das Leben nur aus Gewohnheiten und Reaktionen.

Eine aufrichtige Praxis entlarvt diese Gespräche und befreit von ihren beschränkten Meinungen, genauso wie sie das Herz und den Körper weitet. Man fängt an, seine Konditionierungsmuster zu erkennen, und lernt, dass sie keine absolute Wirklichkeit darstellen. Man lernt diese alten Häute des kleinen Ichs auszuziehen und die Wirklichkeit der Gegenwart wahrzunehmen. Man wird lockerer, ausgeglichener und verliert seine Voreingenommenheiten. Die Drachenhäute werden nun als das erkannt, was sie sind: ein karmischer Zauber, der nicht mehr nötig ist. Jetzt offenbaren der Prinz und die Prinzessin ihr eigenes zartes Wesen, sind offen und sensibel.

In schlichter Offenheit wendet man sich wieder der direkten Erfahrung zu. Man klammert sich an keine Gedanken mehr, lässt alles »wie es war und wie es sein sollte«, alles »anders sein wollen« los und hält sich an das ewige Jetzt.

Doch stellt dieses Abwerfen der Häute, die Öffnung von Körper, Seele und Geist, nur eine Vorbereitung, eine erste Etappe der Reise dar. Der Prinz und die Prinzessin haben sich erkannt. Jetzt heißt es, vereint dem Leben und Tod ins Auge zu sehen.

3

Die Feuer der Ermächtigung

Eigentlich sollte jeder einmal im Sterben gelegen haben.
Es ist charakterbildend. Man bekommt einen viel klareren
Blick für das, was wichtig ist und was nicht,
und was das Leben wertvoll und schön macht.
Der Astronom Carl Sagan, nachdem er eine
lebensbedrohliche Krankheit überstanden hatte

Ja, zünde deine Kerzen an, verbrenne deinen Weihrauch,
läute deine Glocken und erbitte Gottes Hilfe. Pass jedoch auf,
denn er wird kommen, seine Esse anschüren,
dich auf seinen Amboss legen und dich so lange schmieden,
bis aus dem Messing reines Gold geworden ist.
Sani Keshavadas

Es ist nun an der Zeit, tiefer in den Wald zu gehen. Was bisher geschildert wurde, stellt eine Vorbereitung dar. Wir haben begonnen, die alten Haltungsmuster des Körpers aufzulösen. Wir haben uns bewusst den tief sitzenden Gefühlen geöffnet, die unsere Erfahrung färben und uns motivieren. Wir haben mit den sich ständig wiederholenden Inhalten und Überzeugungen unseres Denkens zu arbeiten begonnen.

Durch diese Arbeit findet man vor dem heiligen Ochsen einen festen, klaren Stand, hört ihn ruhig und regelmäßig atmen. Das nächste Bild der Zen-Parabel schildert die Aufgabe, dass man jetzt den mächtigen Ochsen zähmen und dann beides – den Ochsen und das Selbst – freigeben muss, um mit der Welt in völligen Frieden zu kommen. Damit man der Lebensenergie ihren freien Lauf lassen kann, ist ein radikaler Wandlungsprozess nötig, der oft eine schwierige Initiation beinhaltet.

In der spirituellen Praxis stellt eine Initiation nicht nur eine Zeremonie dar – es ist eine schwierige Aufgabe zu bewältigen, durch die das Herz reift. Wenn man die Versuchungen und Härten einer Initiation auf sich nimmt, kann man seine Ansichten über sich und die Welt ändern. Man wird sich seiner eigenen spirituellen Autorität bewusst, lernt seinem inneren Wissen zu vertrauen, das einen in Schwierigkeiten und angesichts des Todes durchhalten lässt. Die Initiation erfordert einen Identitätswechsel, bei dem man sein kleines Ich überschreitet, den so genannten »Angstkörper« aufgibt und zu unsterblicher Weisheit, Liebe und Furchtlosigkeit erwacht.

Der Transformationsprozess der Initiation ist nicht immer augenfällig. Manch einer erfährt ihn als eine langsame Entwicklungsspirale, eine beständige innere Erneuerung. Durch die hunderttausendmal und mehr wiederholten Übungen und die aufrichtige regelmäßige spirituelle Disziplinierung nehmen das Wissen, das Mitgefühl und das Vertrauen im Herzen zu. Der Budhha verglich diesen Prozess mit dem vom Strand aus immer tiefer werdenden Meer.

Der Lehrer Dainan Katagiri Roshi wurde einmal von seinen Zen-Schülern auf die wunderbare Ruhe und Wärme hin angesprochen, die er ausstrahlte: »Das ist es, was wir von dir lernen wollen. Wie hast du das geschafft?« Der Meister antwortete: »Wenn mich die Menschen heute sehen, sehen sie nicht die vielen Jahre, die ich bei meinem Lehrer verbracht habe!« Er erzählte von seinen langen Übungsjahren, als er immer wieder die gleichen Lehren hörte, jeden Morgen saß, egal wie ihm zumute war, und die Tempelrituale einhielt.

Das ist der langsame Weg der Einweihung, bei dem man sich selbst immer und immer wieder zur Achtsamkeit anhält, sich immer wieder im Ofen bäckt, bis man gut durchgebacken, reif und transformiert ist.

Häufiger aber kommt es vor, dass bei der Einweihung eine plötzliche, große Veränderung eintritt. Solch eine Transformation findet oft im archetypischen Rahmen eines Übergangsrituals statt. Ein Übergangsritual lässt sich als eine gewollte Reise durch eine tiefe Schlucht beschreiben, die so eng ist, dass man kein Gepäck mitnehmen kann – gleich einer Wiedergeburt, bei der man sein altes Leben zurücklassen muss. Es bringt große Gefahren mit sich, wenn der Suchende manchmal von den Fittichen des Todes gestreift wird, doch nur so kann er zur Furchtlosigkeit gelangen und das in sich entdecken, was über den Tod hinaus besteht.

Manchmal tritt die Initiation spontan auf. Ein schwerer Verlust, eine schwere Krise oder eine schwere Krankheit lässt einen reifen, wenn man sie klug zu nehmen weiß. Andere Male muss man sich bewusst um eine Herbeiführung einer Initiation bemühen. Die Sehnsucht nach Einweihung ist universell, und die heutige Jugend ist damit oft allein gelassen. Wird ihr keine Form der spirituellen Initiation geboten, die ihr den Eintritt in die Erwachsenenwelt bestätigt, findet die Initiation stattdessen auf der Straße statt, bei Autorennen, durch Drogen, durch ausufernden Sex, durch Waffen. Ganz gleich, wie Besorgnis erregend dieses Verhalten auch sein mag, es wurzelt in einem echten Bedürfnis: nämlich zu wachsen. Eines der großen Motive der Initiationssuche sowie eines ihrer Mittel ist das zunehmende Wissen um den Tod.

Ein amerikanischer tibetischer Lama erzählte mir:

> *Meine Eltern starben, als ich siebzehn oder achtzehn Jahre alt war. Das Faktum ihres Todes war ein riesiger Schock für mich, und ich musste viel Trauerarbeit leisten. Durch den Tod meiner Eltern hatte ich das Gefühl, dass nichts mehr zwischen mir und meinem Tod stand. Diese Erkenntnis trieb mich zur spirituellen Praxis. Es ist erstaunlich, dass man sich den drohenden Tod nicht bewusst macht.*

Carlos Castanedas Schamane Don Juan empfiehlt den Tod als Ratgeber: »Der Tod ist unser ewiger Begleiter. Er ist immer zu unserer Linken, auf Armes Länge entfernt. Er beobachtet dich unentwegt, bis er dich eines Tages berührt.

Solltest du einmal ungeduldig sein, wende dich am besten ... nach links und frag deinen Tod um Rat. Ein ungeheures

Maß an Kleinlichkeit fällt von dir ab, wenn dein Tod dir ein Zeichen gibt, oder wenn du einen Blick auf ihn werfen kannst, oder wenn du einfach das Gefühl hast, dass dein Begleiter da ist und dich beobachtet.«

Wer spirituell orientiert ist, kommt nicht darum herum, sich mit seiner Angst vor dem Tod auseinander zu setzen. In der christlichen Mystik ist es »das Nacherleben des Mysteriums der Kreuzigung und Auferstehung«. In der buddhistischen Meditation ist es »das rechtzeitige Sterbenlernen«. Da uns der Tod auf jeden Fall ereilen wird, warum sich dann ein Leben lang davor fürchten? Warum sich nicht von seiner alten Art lossagen und frei leben?

Nachiketa und der Herr des Todes

Eine alte Parabel aus Indien handelt von einem jungen Mann, Nachiketa, der sich seinem Tod stellte. Nach dem Tod mehrerer Freunde wurde sich Nachiketa der Kürze des Lebens bewusst. Er erkannte, zu welcher Oberflächlichkeit weltliches Streben führt, wenn es von jeglichem spirituellen Verständnis getrennt wird. Als Sohn eines reichen Kaufmanns wusste er, dass das Glück nicht vom erworbenen Besitz abhing. Entsprechend reagierte er, als sein Vater von einem Brahmanen (Priester, Anm.d.Ü.) aus seiner Gemeinde zu einer großen Spende an den Tempel ermuntert wurde, damit er sich nach diesem Leben eine gute Wiedergeburt sichere. Nachiketa war entsetzt über den Gedanken, dass Tugend und Verdienst unter großem Pomp erkauft werden konnten, während die ganze Stadt zusah.

Der Tag kam. »Ich spende mein Vieh, mein Gold, alles, was von Wert ist, den Priestern des Tempels«, verkündete der Vater. »Alles, was von Wert ist? Dass ich nicht lache!«, begehrte Nachiketa auf, »und was ist mit mir, deinem Sohn?« Auf diese öffentliche Beleidigung hin wurde Nachiketas Vater wütend:

»Dich spende ich auch, und zwar dem Tod!« Nachiketas Augen blitzten und er erwiderte: »Gut!« Dann ging er.

Nachiketa ging tief in den Wald und nahm Platz, um den Tod zu erwarten. Drei Tage und drei Nächte lang saß er aufmerksam und bewegungslos da, entschlossen, dem weißen Ochsen auf die Spur zu kommen und in die Augen zu sehen. Er wollte dem Tod von Angesicht zu Angesicht gegenüberstehen. Nachiketa trotzte dem Hunger, dem Schmerz und der Erschöpfung und kam in Yamas Reich an, dem König und Richter der Toten. Dort wurde er von den drei Helfern des Todes – Krankheit, Hunger und Krieg – begrüßt, die ihm erklärten, dass König Yama unterwegs sei. »Er sammelt gerade die Pacht ein.« »Das macht nichts«, sagte Nachiketa, »ich warte.«

Als der Tod drei Tage später zurückkam, erzählten ihm seine Helfer von diesem ungewöhnlichen jungen Mann, der gekommen war, um ihn zu suchen. Normalerweise rannten die Menschen sofort davon, wenn sie vom Herrn des Todes Kunde erhielten, dieser junge Mann jedoch hatte drei Tage ausgeharrt. König Yama ging zu Nachiketa, sie begrüßten sich und der Herr des Todes entschuldigte sich für sein spätes Kommen. »Willkommen in meinem Königreich. Ich sehe, dass du für mich eine anstrengende Reise unternommen hast. Leider musstest du drei Tage warten. Zum Ausgleich dafür möchte ich dir einen Gefallen tun. Du darfst dir drei Dinge wünschen.«

Nachiketa war auf seiner Reise ins Zwischenreich der Welten gelangt, in dem sich dem Geduldigen die Wahrheit offenbart. Jetzt durfte er sich drei Dinge wünschen. In seinem erleuchteten Zustand erkannte er, was er am dringendsten benötigte. Zuallererst erbat er Vergebung für sich und alles, womit er in Berührung gekommen war. »Mach, dass sich mein Vater genauso über mich freut wie am Tag meiner Geburt.« Nachiketa wusste, dass er seine Reise nur dann fortsetzen konnte, wenn er seine Vergangenheit losließ und sich mit allen seinen Unzulänglichkeiten abfand.

Indem er Vergebung für sich erbat, verzieh Nachiketa auch seinem Vater, denn zur Vergebung gehören immer zwei Seiten.

Sie ist nicht nur reine Willenssache; und sie ist nicht immer leicht. Damit man vergeben kann, hat man sich zunächst einem vielleicht langen Prozess der Wut, Trauer und Reue zu stellen. Vergebung bedeutet nicht einfach, dass man begangenes Unrecht bedauert und vielleicht schwört: »So weit werde ich es nie mehr kommen lassen.« Vielmehr ist Vergebung im Grunde ein Loslassen der Vergangenheit und des Hasses. Durch ihre umfassende Güte befreit man sich vom wiederholten Austragen alter Schmerzen, vom blinden Fortsetzen der Vergangenheit. Vergeben bedeutet nicht einfach, dass man andere aus seinem Herzen verbannt. Nachiketa wusste, dass er seinen Vater nicht einfach vergessen durfte, wenn er auf seinem Weg weiterkommen wollte.

Neuer Lebensmut ist der Segen der Vergebung, und als diese Gunst Nachiketa gewährt worden war, hatte er ein klares, offenes Herz. König Yama sah ihn an und bemerkte: »Dein erster Wunsch war klug gewählt, Nachiketa. Nun, was wünschst du dir als Zweites? Sprich!« Nach einer kurzen Bedenkzeit antwortete Nachiketa: »Ich wünsche mir von dir das Feuer der Leidenschaft.«

Nachiketa wusste, dass er nur mit äußerstem Mut und Eifer seinem spirituellen Weg treu bleiben konnte. Also wünschte er sich diejenige Stärke, die seine Suche erfolgreich machte: Enthusiasmus – spirituelle Leidenschaft, die Kraft des ganzen Herzens, Shakti, Lebendigkeit an sich.

Dieses notwendige Feuer oder Starksein in der Initiation darf nicht mit Ehrgeiz verwechselt werden, mit dem man sich sein Ziel erzwingt. Es ist keine Form der Manipulation, um sich oder irgendeine Leistung besonders herauszustellen. Nachiketa wünschte sich nicht die Erfüllung eines erträumten Weges, sondern volle Präsenz. Nur durch sie lässt sich der heilige Ochse finden und zähmen. Wieder lobte König Yama Nachiketas Klugheit und gewährte ihm die erbetene innere Stärke.

Nachiketa war nun von den Beschränkungen des alten Konflikts befreit und voller Durchhaltemögen. Das war schon viel von dem, was er zum Bestehen seiner Initiation benötigte. Schließlich bat der Herr des Todes Nachiketa um den letzten

Wunsch. Nach einigem Nachdenken sah Nachiketa den Tod an und sagte: »Ich wünsche mir Unsterblichkeit.« Etwas überrascht erinnerte der Tod diesen waghalsigen jungen Mann daran, dass es doch sein letzter Wunsch sei und dass er sich alles wünschen könne. König Yama beschwor daraufhin Vorstellungen herrlicher Dinge herauf, die sich Nachiketa entgehen ließe: einen Harem wunderschöner Jungfrauen, die ihn auf seiner Reise begleiten könnten, einen goldenen Kriegswagen mit den schnellsten Pferden der Welt, einen Palast, wo Nachiketa König wäre.

Nachiketa betrachtete das alles und mehr. »Warum suchst du dir nicht davon etwas aus?«, ermunterte ihn der Tod. Aber Nachiketa war ein entschlossener junger Mann, der sich nicht so leicht verwirren ließ. Wenn man einmal den weißen Ochsen erkannt hat, weiß man, dass ein Flohzirkus ein Flohzirkus ist. Also stellte er die Träume in Zweifel: »Wird nicht all das, was du mir gezeigt hast, schon bald wieder in deinen Besitz fallen, König Yama?« Der Herr des Todes lächelte über Nachiketas Einsicht und erwiderte: »Ja, das stimmt.« »Dann wünsche ich mir jetzt Unsterblichkeit.«

Da sagte König Yama: »Dein dritter Wunsch soll sich erfüllen.« Und er überreichte Nachiketa – einfach und außergewöhnlich zugleich – einen Spiegel. »Wenn du das Geheimnis der Unsterblichkeit herausfinden willst, Nachiketa, kann ich dir nicht mehr geben als das. Du selbst musst direkt in dich selbst schauen. Dann musst du dir die größte aller menschlichen Fragen stellen: ›Wer bin ich?‹ Durchschaue deinen Körper und deine Gedanken, Nachiketa, dann wirst du finden, was du suchst.«

Ob in der Initiation oder Meditation – auch wir müssen König Yama ins Angesicht sehen. Wir müssen fragen, wer da geboren ist und sterben wird. Als Nachiketa in den heiligen Spiegel sah, beschritt er den zur Unsterblichkeit führenden Weg der Selbstergründung. Nachdem er alles, woran er festhielt, losgelassen und abgestreift hatte, fand er zur ewigen, reinen Vernunft – Nachiketa war frei.

Die Lektionen des Nachiketa: Erstens, Ernüchterung

Nachiketas Initiation spiegelt sich in den modernen Suchen detailgetreu wider. Es sind dieselben zeitlosen Themen: die Notwendigkeit der Todeskonfrontation und Vergebung, das Finden und Schöpfen von Mut und Kraft und die Suche nach der Wahrheit. Diese Aufgaben stellen sich jedem, der den Pfad der Erleuchtung geht.

Wie in so vielen Beispielen dieses Buches wurde auch Nachiketa durch eine große Ernüchterung zur Inititation gerufen und veranlasst, sich von jeder Oberflächlichkeit zu verabschieden. Die Ernüchterungen hinsichtlich Eltern, Staat und auch Religion sind oft der beste Antrieb auf dem Weg. Joseph Campbell klagte oft, dass die institutionalisierte Religion viel zu viele »Schutzimpfungen gegen das Unbekannte« böte, leere Rituale, die spontane Spiritualität durch eine Secondhand-Variante ersetzen. Es gibt viele Arten und Weisen, auf die sich das Herz an falsche Götter verliert.

Manchmal bringt einen erst ein Schock oder Schicksalsschlag zur Vernunft, wie der Tod von Nachiketas Freunden oder dass er die Scheinheiligkeit des Priesters durchschaute, die seinem Vater dessen Seelenheil verkauften. Gerade unsere größten Schwierigkeiten können uns den Mut geben, ehrlich nach dem Sinn des Lebens zu fragen. Ihr Wert liegt darin, dass sie wieder an die wirkliche Aufgabe hier auf Erden erinnern. Gerade wenn eine Welt für uns zusammenbricht, ist das oft eine wertvolle Gelegenheit, endlich anzufangen, sich selbst gegenüber treu zu sein.

Mein Meditationsmeister fragte bei Unterredungen oft: »Woraus habt ihr mehr gelernt, aus euren Annehmlichkeiten oder aus euren Schwierigkeiten?« Es sind die harten Zeiten der Ernüchterung, die einen trotz allen Schmerzes Wesentliches dazulernen lassen. Wie Nachiketa sind wir aufgefordert, unsere Gewissheit und Bequemlichkeit in Frage zu stellen und aufrichtig zu suchen. Nur so nimmt die Liebe zur Wahrheit zu.

Kabir, der indische Mystiker, kannte diese aufrichtige Suche. »Es ist die Sehnsucht nach der Wahrheit, die einen weiterbringt«, sagte er.

Die Betrachtung des Unbekannten

In vielen Initiationsgeschichten wird die Suche des Helden nach Unsterblichkeit als Fahrt über das große Wasser, als Erklimmen des unendlich hohen Berges, als Drachenkampf oder als Begegnung mit Mara beschrieben, der mit seinen Heerscharen das Böse verkörpert. Jedes Mal muss der Held sein Leben aufs Spiel setzen, damit er über sich selbst hinauswächst.

Diese gefährlichen Abenteuer zeigen, dass ins Neuland der Initiation nur findet, wer all seinen Mut zusammennimmt. Es ist ein freiwilliger Vertrauensakt, eine selbst verantwortete Öffnung gegenüber dem umfassenderen Sinn des Lebens. Und dann heißt es weitergehen, ganz gleich, wohin der Weg führt und wie sehr man die Dunkelheit auch fürchten mag.

Man braucht zur Betrachtung des Unbekannten große spirituelle Disziplin. Nachiketa hatte sich für die Meditation entschieden, für das beharrliche Sitzen drei Tage und Nächte hindurch. Andere mögen sich in einer Krise auf das unablässige Gebet stützen oder entscheiden sich für eine traditionelle Initiation einer bestimmten Gemeinschaft. Die Sehnsucht nach der Wahrheit und die ausdauernde Hinwendung zum Unbekannten führen schließlich in Yamas Königreich.

Die Auseinandersetzung mit dem Tod kann viele Formen annehmen. So wie sich Nachiketa in den tiefen Wald zurückzog, liegen auch die thailändischen Klöster, in denen ich als buddhistischer Mönch lebte, extra in Gebieten, die für ihre wilden Tiere, dunklen Höhlen und Geister bekannt sind. Zum Training gehörte, dass man über Nacht allein auf Waldfriedhöfen meditierte, neben verbrennenden Leichnamen, deren Feuer erst in der Morgendämmerung erlosch.

Der Lauf der Welt, Krankheit oder Entbindung können einen mit dem Tod in Berührung bringen und das Leben verändern. So wie bei Nachiketas Prüfung zogen sich die Wehen meiner Frau bei der Geburt unserer Tochter drei Tage und Nächte hin. Wir atmeten zusammen, hielten Hände, warteten. Sie gab sich Stunde für Stunde erschöpfter hin, bis schließlich die letzten schweren Wehen die Mutterschaft für sie brachten.

Bei der Initiation bringt man sich selbst zur Welt. Eine gebürtige Engländerin und tibetische Nonne, die zwölf Jahre im Himalaya in Höhlen gelebt hat, berichtet, wie sie durch ihre spirituelle Praxis überlebt hat, als einmal eine Lawine ins Tal ging und ihre Höhle verschüttete. Viele kamen damals ums Leben. Nachdem sie sich ein Luftloch gegraben hatte, meditierte sie die vielen Tage und Nächte eines langen dunklen Winters hindurch.

Jede Initiation bringt eine Prüfung mit sich, die das Loslassen alter Vorstellungen in einen größeren Zusammenhang hinein verlangt. Einweihungen geschehen nicht immer nur in einem privaten Rahmen, manchmal kann es auch nötig sein, dass man sich einem kollektiven Wandlungsritual anschließt und öffentlich Farbe bekennt. In den 1970er-Jahren lieferten sich in der prodemokratischen Bewegung in Thailand Studenten und Militärpolizei tagelange Straßenkämpfe in Bangkok, wobei hunderte von Studenten starben und verwundet wurden.

Eines Morgens, nach einer blutigen Schlacht am Vortag, rief ein Meditationsmeister aus Bangkok seine Mönche und Nonnen zusammen und sagte ihnen, jetzt sei anzuwenden, was sie gelernt hätten. Dann führte er einhundert Robenträger und -trägerinnen mit ihren Almosenschalen in der Hand im Gänsemarsch zur Konfliktstelle. Sie gingen in das »Niemandsland« zwischen den Barrikaden. Als man die Menschen in Roben so für den Frieden eintreten sah, besann man sich auf eine andere Möglichkeit der Konfliktbelegung, die Gewehre wurden gesenkt und die Spannung nahm deutlich ab. An diesem Morgen war die Voraussetzung zur friedlichen Beilegung des Streits geschaffen worden.

Vergebung und Ausgleich

Nachiketas Initiation bedurfte auch des segensreichen Ausgleichs der Vergebung. Solange er seinen Weg aus Wut auf seinen Vater ging, konnte er sich nicht auf seine eigentliche Aufgabe konzentrieren und aus seiner eigenen Angst erwachen.

Vergebung ist ein Selbstzweck des spirituellen Lebens, Weg und Ziel in einem und von daher ein immer wiederkehrendes Thema. Vergebung geschieht nur, wenn man sich trotz allen Schmerzes den eigenen bitteren Enttäuschungen stellt und aus dieser Lernbereitschaft heraus zu größerer Einsicht findet. Wie für Nachiketa kommen für jeden Zeiten auf dem Weg, wo man sich eines verschlossenen Herzens und eigener Feindseligkeiten bewusst wird.

Zum Prozess des Vergebens können die Aussprache und die gerechte Klarstellung gehören, aber am Ende ist Vergebung immer ein verständnisvolles Loslassen zum eigenen Wohl sowie zum Wohl der anderen. Es ist wie mit der Begegnung zweier ehemaliger Kriegsgefangener: Als der eine fragte: »Hast du deinen Feinden vergeben?«, antwortete der andere: »Das werde ich nie tun.« Woraufhin ihn der Erste freundlich ansah und sagte: »Nun, dann halten sie dich noch immer gefangen, nicht wahr?«

Zur Initiation reifer spiritueller Lehrer hat immer Vergebung gehört – anderen, sich selbst und dem Leben als solchem gegenüber. Ohne die Weisheit des Vergebens schleppt man die Last der Vergangenheit sein Leben lang mit sich herum.

Eine Krankenschwester und langjährige Praktikantin, die auf einer Geburtsstation arbeitet, erzählt folgende Geschichte:

> *Wehen bereiten immer Schmerzen, doch die meisten Geburten gehen gut und die Freude ist groß, wenn die Eltern das Neugeborene schließlich im Arm halten. Ich erfahre jedoch immer wieder, dass mich die anderen Krankenschwestern rufen, wenn es eine Totgeburt gegeben hat oder ein Baby gestorben ist. Wahrscheinlich deshalb, weil ich bereits selbst Derartiges durchgemacht habe. Als ich acht Jahre alt*

war, musste ich einmal einen ganzen Tag lang allein auf meine jüngere Schwester und meinen drei Monate alten Bruder aufpassen. An diesem Tag starb mein Bruder an plötzlichem Kindstod. Ich fühlte mich dafür jahrelang verantwortlich und litt furchtbar darunter. Meine Mutter machte mir nie einen Vorwurf, aber sie sagte auch nie, dass ich unschuldig war, und sie verbot mir zu weinen. Ich sei ein großes Mädchen, und große Mädchen weinen nicht.

Als ich meine Ausbildung als Krankenschwester begann, plagten mich immer noch Schuldgefühle. Ich hatte Nachtdienst auf einer Station für Krebskranke, wo einige Patienten künstlich beatmet wurden. Sie baten mich manchmal, sie sterben zu lassen. In dem, was von außen an mich herankam, spiegelte sich meine innere Verfassung. Es war einfach schrecklich. Dann nahm ich zum ersten Mal an einem Meditations-Retreat teil. In der Stille kam alles hoch. So viele Szenen – der Tod meines Bruders, die Krankenhäuser, eine Flut an Kummer und Schmerz – und ich erkannte, dass ich in all den Jahren weder meiner Mutter noch mir selbst verziehen hatte. Tagelang saß ich schweigend da, während die Wellen des Leids über mich kamen und ich weinte. Es war wie bei einer Geburt.

Und dann geschah die Vergebung, nach der ich mich mein ganzes Leben lang gesehnt hatte. Ich erfuhr meine eigene Herzensgüte. Plötzlich konnte ich mir selbst Verständnis entgegenbringen und meiner Mutter vergeben, konnte ich alles loslassen, das sich zwischen mich und meine Liebe zum Leben gestellt hatte.

Ich meditiere nun schon seit fast zwanzig Jahren. Und ich bin fähig geworden, Kummer und Schmerz wahrzunehmen, ohne sie gleich kontrollieren oder verändern zu wollen, und darum werde ich von den Ärzten und Krankenschwestern gerufen. Manchmal sitze ich bei den Eltern und wir halten Hände, beweinen das tote Kind und sehen die traurigen Schritte, die eingeleitet werden müssen. Es ist die Vergebung, die das Leben erst erträglich macht.

Es gehört zur Heilung, dass man sich selbst vergibt, doch sind auch die Wunden zu heilen, die einem andere zugefügt haben. Ein Lehrer aus einem hinduistischen Aschram beschreibt den Moment, an dem er schließlich die Strenge und das Misstrauen seines Stiefvaters verstand:

> *Er wurde mein Stiefvater als ich zwei Jahre alt war, und jahrelang stritt ich mich entweder mit ihm oder kämpfte um seine Anerkennung. Dann ging ich einmal, nach einem einmonatigen Yoga-Retreat, über die Felder hinter unserem Aschram spazieren, als mir plötzlich klar wurde, dass mein Stiefvater nicht mehr lange zu leben hatte. Ich erkannte, wie sehr er all die Jahre über versucht hatte, mir seine Liebe zu zeigen, doch war er wegen seiner eigenen strengen väterlichen Erziehung nicht dazu in der Lage gewesen; er hatte zu viel Angst. Er hatte mich auf seine unbeholfene Art als seinen Jungen großgezogen. Und ich vergab ihm auf meine unbeholfene Art. Ich kehrte um, um ihn zu besuchen. Mein Leben war danach um vieles leichter. Gott sei Dank gibt es Vergebung.*

Manchmal geht es weniger um die Vergebung schlimmer Taten als darum, dass man die Härten des Daseins eingestehen und respektieren lernt. Eine Geschichte aus dem Zweiten Weltkrieg zeigt, wozu einfühlsame Rücksichtnahme und Verständnis gut sein können.

Während des Zweiten Weltkriegs waren viele japanische Soldaten auf den Inseln des Pazifiks stationiert. Als dann die Japaner den Rückzug antraten, verließ man diese Inseln so schnell, dass hunderte von Soldaten in ihren Verstecken noch treu ihre Pflicht taten, ohne zu ahnen, dass der Krieg längst verloren war. Binnen weniger Jahre waren die meisten dieser Männer von den Einheimischen gefunden und in die Heimat zurückgeschickt worden, aber bekanntlich hielten einige wenige, die sich in den Wäldern versteckt hatten, weiter ihre Stellung. Sie kämpften trotz aller Entbehrungen nach besten Kräften weiter.

Man fragt sich wahrscheinlich, wie man mit diesen Männern umgegangen ist, wenn man sie schließlich nach zehn oder fünfzehn Jahren gefunden hatte. Sie wurden nicht als Narren oder Irre behandelt, sondern man ging vielmehr sehr rücksichtsvoll vor. Jedes Mal, wenn einer dieser Soldaten entdeckt worden war, wurde unter den ehemaligen hohen japanischen Offizieren jemand zu Hilfe gebeten. Er holte dann seine alte Uniform und sein Samurai-Schwert hervor und fuhr mit einem alten Militärboot in die Gegend, wo der Soldat gesehen worden war. Der Offizier rief im Dschungel nach dem Soldaten. Hatte er ihn schließlich gefunden, dankte er dem Soldaten gerührt, dass er sein Land so viele Jahre treu und tapfer verteidigt hatte. Dann erkundigte er sich nach seinem Befinden und hieß ihn bei den Seinen willkommen. Erst nach einiger Zeit wurde dem Soldaten behutsam mitgeteilt, dass der Krieg vorbei und in seinem Land wieder Frieden sei, so dass er nicht mehr zu kämpfen brauche. Zu seiner Rückkehr bereitete man ihm einen Ehrenempfang, bei dem sein harter Kampf und sein großes Verdienst für das Land öffentlich gewürdigt wurden.

Man hat sich selbst und andere so lange verurteilt und gegen die Vergangenheit und das Leben selbst gekämpft. Durch die Vergebung erkennt man alles in Güte und Würde an. Auf diese Weise beginnt man den weißen Ochsen zu zähmen: durch umfassende Freundlichkeit. Vergebung schafft Ausgleich, lässt einen wieder eins werden mit sich und der Welt. Der Mut der Vergebung schafft Raum für den nächsten Schritt auf dem Weg.

Enthusiasmus

Nachiketa wünschte sich als Zweites Enthusiasmus, das heißt jenen leidenschaftlichen Eifer, der ihn seinen Weg auch noch im Angesicht des Todes weitergehen ließ. Diese Art von Lern- und Entdeckungsfreude ist ein Hauptcharakteristikum all jener, die auf dem spirituellen Weg Fortschritte machen.

Enthusiasmus kann jedes Hindernis und jede Schwierigkeit in einen Bestandteil der Erleuchtung und des Erwachens verwandeln. Jeder Moment des Lebens hat etwas Wertvolles mitzuteilen, wenn man nur entsprechend achtsam ist. Ganz gleich, wo man ist, durch Enthusiasmus dient alles dem Erwachen. So antwortete mein Lehrer Ajahn Chah einem Schüler, der sich beschwerte, dass er vor lauter Alltagsarbeiten nicht zum Meditieren käme, lachend: »Aber zum Atmen reicht die Zeit noch? Dann brauchst du nichts weiter zu tun, als darauf zu achten. Das ist die eigentliche Praxis: wo immer man ist, was immer geschieht, sich seiner Atmung ganz inne sein und auf das achten, was ist.«

Eine buddhistische Lehrerin erinnert sich an ihre ersten Zen-Jahre. Sie beschreibt, wie tief beeindruckt sie von ihrem Meister war, von seiner Präsenz, seiner Anteilnahme und Spontaneität. Sie wollte genauso lebendig werden wie er:

> *Ich saß im Zendo, wusste jedoch nicht, wie das ging. Eine Anweisung, die mir noch heute in Erinnerung ist, lautete: »Stirb auf dem Kissen.« Also dachte ich beim Sitzen begeistert: »Ja, das will ich tun.« Aber ich hatte keine Ahnung, wie das funktionieren sollte. Als ich dann weitere Retreats besuchte, begriff ich langsam, dass es bedeutete, möglichst aufmerksam das zu tun, was gerade anstand. Dadurch vergrößerte sich auf natürliche Weise mein Durchhaltevermögen beim Sitzen, und ich brauchte immer weniger Schlaf, bis ich schließlich bei meinem ersten dreimonatigen Vipassana-Retreat so viel Kraft aus der Übung schöpfte, dass ich mit drei Stunden Schlaf auskam. Mein Begeisterungsvermögen stärkte mich.*

Manchmal überkommt einen dieser Enthusiasmus einfach. Dipama Barua aus Kalkutta, von der ich sehr viel lernte, war eine große Yogini. Nach dem Tod ihres Mannes und zweier ihrer Kinder zog es sie zur Meditation. Sie war gerade ein paar Tage im Tempel, als sie einen Schwächeanfall hatte, aber nichts konnte sie abhalten. Zu schwach zum Laufen, kroch sie einfach die Treppen zum Tempel hinauf, um zu sitzen – so entschlossen ging sie die Überwindung ihrer Ängste an.

Selbst Gefängnisinsassen können sich mithilfe der Meditation befreien. Angesichts der beschämenden Tatsache, dass unser Staat mittlerweile mehr Steuergelder für das Strafvollzugssystem ausgibt als für Erziehung und Bildung, haben viele spirituelle Gemeinschaften damit begonnen, den Millionen, die sich hinter Schloss und Riegel befinden, spirituelle Belehrungen zu erteilen. Diese Belehrungen werden aus der Einsicht angeboten, dass alle Menschen ein Recht auf innere Freiheit und Erlösung haben und dass niemand endgültig verloren ist. Fleet Maul, ein Gefangener, der durch Thrangu Rinpoche zur Praxis des tibetischen Buddhismus gefunden hat, schreibt:

> *Der Lärm und die fehlende Privatsphäre sind das größte Hindernis für eine formale Meditationspraxis im Gefängnis. Von 7 Uhr früh bis 11 Uhr nachts herrscht in den Aufenthaltsräumen fast nur Tumult. Um während dieser Stunden zu praktizieren, zog ich mich in einen der Wandschränke zurück, in denen die Mopps, Besen und Abfalleimer aufbewahrt werden. Um ungestört zu sein, räumte ich alles heraus, stellte einen Stuhl hinein und saß für eine oder zwei Stunden. Ich galt als etwas seltsamer Typ, weil ich im Putzschrank saß, aber mit der Zeit gewöhnten sich die anderen daran. Als ich schließlich nach Jahren qualvoller Überfüllung eine Einzelzelle zugewiesen bekam, begann ich mit der tibetischen Übung der einhunderttausend Niederwerfungen und Rezitationen. Wenn jetzt die Wärter um fünf Uhr früh zur Zählung vorbeikommen, sehen sie mich die Niederwerfungen neben meinem Bett machen.*

Es kommt der Punkt, an dem man seine Ängste und Hoffnungen und alle Vorstellungen über die Gegenwart aufgeben muss, um für ihr Geheimnis offen zu sein. Nachiketa wünschte sich nicht die Erfüllung seines vorgestellten Weges, sondern das Vermögen der Präsenz. Ob man nun im Gefängnis oder in einem Palast sitzt, der Ort des Erwachens kann überall sein.

Natürlich können auch Freude und Ekstase zur Initiation führen. Ich besuchte einmal in Benares einen Tempel am Ganges, als die Pilger gerade eine einwöchige Anrufung der Göttlichen Mutter beendeten. Sieben Tage und Nächte lang war ununterbrochen gesungen worden. Wer nicht mehr konnte, schlief einfach einige Stunden auf dem Boden und reihte sich dann wieder ein, ohne etwas zu essen, nur pausenlos den Namen der Göttin rezitierend. Die hingebungsvolle Schar pilgerte unablässig um den Altar, während sie den heiligen Namen zum Klang indischer Harfen und Tamburine sang. Eine Frau erzählte mir später, wie sie in den ersten Tagen durch Schmerzen, Hunger, Familiensorgen und Ängste innerlich vom Singen abgelenkt wurde. Aber je mehr sie sich der freudigen Anrufung ergeben habe, desto mehr Ballast sei von ihr abgefallen, bis sie schließlich ganz vom göttlichen Geist erfüllt war und sie in völliger Ekstase um das Kerzenlicht tanzte.

Ein Rabbi und Mystiker bestand die Feuerprobe nicht im Tempel, sondern in Form einer amerikanischen Scheidung. Er hatte lange Jahre bei einem Chassidim und Kabbalameister in Jerusalem gelernt und war dann als Schullehrer und Geistlicher in einer tüchtigen jüdischen Gemeinde tätig:

> *Dann verließ mich meine Frau, mit der ich vierzehn Jahre verheiratet war. Sie ließ kein gutes Haar an mir, schimpfte, dass ich mich nie wirklich für sie interessiert und sie ihr Leben und ihre Zeit in der Ehe verschwendet hätte. Sie kämpfte erbittert um das Sorgerecht unserer drei Kinder, forderte den Großteil unserer Ersparnisse und das Haus, in dem wir lebten. Sie wurde immer wütender und destruktiver. Und je mehr sie verlangte, desto lautstärker prangerte sie mich vor Freunden und in der Gemeinde an. Es war für mich die schlimmste Zeit meines Lebens als Geistlicher. Oft war mir, als müsse ich sterben. So musste ich in einer furchtbaren Zerreißprobe meine Kinder loslassen und meinen Ruf und trotzdem entgegenkommend bleiben.*

Ein paar Jahre nach dieser schrecklichen Zeit sagt der Rabbi:

> *Es war eine unvorstellbar harte Zeit, aber sie hat zu größerer Bescheidenheit und mehr Ehrlichkeit mir selbst und meinem spirituellem Leben gegenüber geführt. Ich musste meine Ansprüche zurückschrauben und mein vorschnelles Urteilen aufgeben. Glücklicherweise habe ich wieder eine gute Beziehung zu meinen Kindern. In unseren Gesprächen geht es nun oft um das Thema gegenseitige Anteilnahme. Es war eine bittere Lehre, aber ich glaube, sie war nötig.*

Darin besteht eine der Aufgaben der Einweihung. In dem Maß, in dem man sich ganz der spirituellen Arbeit hingibt, wird das Leben einheitlicher und schlichter. Rainer Maria Rilke spricht davon. (Aus: *Das Stunden-Buch,* erstes Buch; Anm.d.Ü.)

> Du siehst, ich will viel.
> Vielleicht will ich alles:
> das Dunkel jedes unendlichen Falles
> und jedes Steigens lichtzitterndes Spiel.
>
> Es leben so viele und wollen nichts,
> und sind durch ihres leichten Gerichts
> glatte Gefühle gefürstet. ...
>
> Noch bist du nicht kalt, und es ist nicht zu spät,
> in deine werdenden Tiefen zu tauchen,
> wo sich das Leben ruhig verrät.

Der Segen der Ewigkeit

Nachiketas letzter Wunsch betraf die Erkenntnis des Unvergänglichen, Ewigen. König Yama antwortete: »Wenn du das Geheimnis der Unsterblichkeit herausfinden willst, musst du direkt in dich selbst schauen.« Er gab dabei Nachiketa einen Spiegel.

Das Rätsel der Identität, die Frage »Wer bin ich?« ist eine der größten Menschheitsfragen. Ist man dieser Körper aus Fleisch und Blut? Sind das Bewusstsein, die Gedanken und die Gefühle bloß ein Produkt des Nervensystems? Verkörpert man nur seine Erbanlagen und Instinkte, oder ist man anderer, spiritueller Natur? Ist man eine Hervorbringung des Bewusstseins selbst, ein göttlicher Funke, eine Widerspiegelung des Allwissens? Das erforschen die Mystiker und Weisen.

In den Waldklöstern, in denen ich lernte, wird ein Neuankömmling in einen heiligen Hain geführt und dort ordiniert. Dann erhält jeder neue Mönch von den Älteren Anweisungen zu seiner ersten und wichtigsten Meditation: der Erforschung des Rätsels von Geburt und Tod. Man lernt systematisch über die Frage nachzudenken »Wer bin ich?«. Zuerst muss man seinen physischen Leib erforschen und lernt, dass der Körper aus Erde, Luft, Feuer und Wasser zusammengesetzt ist und wie sich daraus die verschiedenen Körperteile wie Haut, Haar, Nägel, Zähne, Körperflüssigkeit, Blut, Herz, Leber, Lungen, Nieren bilden. Wer ist man in diesem Beutel aus Haut und Knochen? Man lernt die Identitätsfrage immer detaillierter stellen, sortiert alles aus, was im Körper und Geist vergänglich ist, bis man an ein zeitloses Bewusstsein jenseits von Geburt und Tod gelangt.

Die Identitätsfrage wird auf vielerlei Art gestellt. Während einer dreimonatigen Einsichts-Meditation war einmal ein alter koreanischer Zen-Meister aus dem Neun-Berge-Kloster zu Gast. Er sagte den Schülern ohne Umschweife, dass ihre gesamte Vierteljahresdisziplin Zeitverschwendung ist. »Die einzig sinnvolle Praxis« – er klopfte auf seinen Zen-Stock und zeigte auf sich selbst – »ist die, sich zu fragen: ›Was ist das? WAS IST DAS?‹«, schrie er.

Der indische Weise Ramana Maharshi bediente sich meist dieser Identitätsfrage, um seine Schüler wachzurütteln. Wer mit Sorgen und Fragen zu ihm kam, den sah er mit einem allverständigen, gütigen Blick an, woraufhin er ihn zur Selbsterforschung ermutigte. »Wer bin ich? Wer ist in diesem Körper geboren worden?« Alle Probleme werden mit der Beantwortung dieser Frage gelöst werden. Wer sie sich stellt, schaut wie Nachiketa in den Spiegel. Und bei jeder Erkenntnis wird gefragt: »Bin ich das wirklich? Währt das ewig?« So stellt sich Erkenntnis um Erkenntnis ein – Vorstellungen über sich selbst, Ideale und Pläne, Leidenschaften und Ängste, Vorlieben und Abneigungen, der Fluss der Sinneswahrnehmungen – und alles wird als das erkannt, was es ist: vergänglich, begrenzt, wechselhaft. Und man löst sich davon, ist »weder dies, noch das«, bis schließlich das ganze Selbstkonzept abgebaut ist und man in tiefem, unsäglichem Schweigen verweilt.

Ein jüdischer Mystiker, Rabbi Mezritcher, lehrte dieselbe Wahrheit: dass man erst von seiner begrenzten Wirklichkeit loskommt, »wenn man zu Nichts wird, den wahren Zustand, der alles hervorbringt und überdauert«.

Man erwacht aus der Identität, die man zu sein glaubt. Alle Meinungen, die man von sich hat – die Urteile, die Probleme, das ganze fixierte Ich, der »Angstkörper« –, können zu nichts aufgelöst werden und einer dauerhaften Freude an der Gegenwart weichen.

Das hat wie der Blick auf den Tod seinen Preis. Das Loslassen der alten Identität kostet lieb gewonnene Gewohnheiten und Selbstgerechtigkeiten. Man streift alles ab, bis zur nackten Ewigkeit. Die Gegenwart erhält durch Öffnung, Initiation, Härte und Gnade eine andere Qualität. Ein amerikanischer Lama beschrieb seine Initiation im Interview folgendermaßen:

Meine größte Lektion erhielt ich im Drei-Jahres-Retreat. Die drei Jahre und drei Monate waren rund um die Uhr voll gepackt mit Meditationen, Gebeten und anstrengenden Übungen. Die Probe kam, als ich im letzten Halbjahr die Nachricht erhielt, dass mein jüngerer Bruder bei einem Unfall oder durch Selbstmord gestorben war. Das Telegramm riss mich aus meiner Beschaulichkeit. Es war ein riesiger Schock. Der Vorfall hatte die Familie ins Chaos gestürzt. Sie baten mich in ihrer Trauer und Verzweiflung um Hilfe. Ich sollte nach Hause kommen. Ich hatte nun zu entschei-

den, ob ich das Retreat abbreche und damit nicht beende, weil man nicht mehr zurückkehren kann, oder ob ich bleibe. Es war, als stünde ich am Rand eines Abgrunds.

Ich fragte meinen verehrten tibetischen Meister um Rat. Er antwortete mir, dass im Laufe von drei Jahren viele Menschen geboren würden und stürben und dass es laufend Hindernisse gäbe. Er sagte, ich könnte tun, was ich wollte, aber er erinnerte mich daran, dass ich die Beendigung des Retreats gelobt hatte. Es war eine sehr harte und klare Antwort. So saß ich da und wurde von Gefühlen der Hilflosigkeit, Trauer, Schuld und Angst überschwemmt. Aus jedem Winkel meiner Konditionierung rief es, jede Faser meines bis dahin selbstverständlichen Ichs schrie, ich solle nach Hause. Ich spürte den Konflikt in jeder Zelle meines Körpers. Mich zerriss es schier. Aber ich war der Praxis der unvergänglichen Wahrheit verpflichtet, hatte gelobt, Mitgefühl für jedes Lebewesen zu entwickeln. Da erkannte ich, dass mir das nur gelingt, wenn ich mein persönliches Anhaften aufgebe.

Also entschied ich mich zu bleiben. Es war, als spränge ich in einen dunklen Abgrund. Mir ging es unglaublich schlecht. Doch durch die Praxis und die Anwesenheit meines Lehrers wurde ich an die absolute Freiheit meiner wahren Natur erinnert, egal, was war. Jetzt weiß ich, dass ich richtig gehandelt habe.

Als ich ein halbes Jahr später meine Familie besuchte, waren sie froh, dass ich das Retreat zu Ende gebracht hatte, und ich konnte ganz anders mit ihnen umgehen. Ich glaube, dass das, was ich in jenem Retreat und in den harten Kämpfen mit mir selbst durchgemacht habe, letztlich auch ihnen geholfen hat.

Es gibt etwas Vergleichbares in der christlichen Tradition. Um zum Herzen Jesu zu erwachen, muss man »bereit sein, lange Zeit wie ein Blinder in der Dunkelheit zu tappen«, so schrieb der heilige Johannes vom Kreuz. In seinem kontemplativen Meisterwerk *Dunkle Nacht* betont er nachdrücklich, in der Kontemplation müsse man »sich von sich selbst lossagen und seine ausschließliche Selbstzentriertheit aufgeben, denn sie ist es, die einen von Gott trennt«.

Ein Sufi-Meister beschreibt, wie sehr ihn der Identitätsverlust am Anfang seines spirituellen Weges erschreckte:

> *Als ich auf das sah, für das ich mich hielt, begann sich das gewohnte Ich aufzulösen. Zuerst genoss ich die Leere, die sich auftat, aber dann brachen Ängste über mich herein, ein gewaltiger Existenzkampf entfesselte sich. Ich hatte das Gefühl, völlig unfähig zu sein – so, als wäre ich nicht mehr das Geringste wert. Ein Erlebnis ist mir in besonderer Erinnerung geblieben: Ich saß im Flugzeug auf einem Fensterplatz und hatte plötzlich den Eindruck, aus dem Fenster zu fallen. Dieses schreckliche Gefühl befiel mich mehrmals mit großer Heftigkeit. Ich kam mir vor wie ein fallendes Tier. Erst später, als ich gelernt hatte, mich fallen zu lassen, tat sich ein wolkenloser Himmel auf, in den ich mich auflöste.*

Dieser Sufi-Lehrer war mit Todesängsten konfrontiert. Ein hinduistischer Lehrer, mit dem ich sprach, hatte ein noch buchstäblicheres Nahtoderlebnis. Nach jahrelanger Yoga- und Meditationspraxis, meist im Westen, kehrte er mit dreiundvierzig für ein Jahr nach Indien zurück:

> *Nachdem ich einige Monate im Aschram verbracht hatte, pilgerte ich nach Benares, Allahabad und Rishikesh und wurde furchtbar krank. Ich fand mich in einem kleinen, schäbigen Krankenhaus wieder, hatte fast kein Geld, kannte niemanden und konnte vor Schwäche kaum noch ein Wort hervorbringen. Ich sah meine letzte Stunde gekommen und war mit meinem hohen Fieber auch tatsächlich dem Tode nah. Ich lag da, zitternd und voller Angst, und nach einigen wirren Tagen dämmerte es mir, dass jetzt mein*

Können gefordert war. Ich schloss die Augen und spürte mein Leben nur noch an einem Faden hängen.

Um mich kreiste mein ganzes Leben – der Schmerz, die Lust, Geburt und Tod – der Sog erfasste alle Fasern meines Daseins. Und als ich mich meiner enormen Angst stellte, war mir, als stürbe ich. Dann erkannte ich mit einem Mal ganz klar: »Das bist du nicht.« Es bestätigte sich, was die Yogis gelehrt hatten, und ich gab meinen Widerstand auf. Es gibt die Unsterblichkeit und man findet sie nur, wenn man dem Tod ins Auge blickt. Ich wurde wieder gesund und war von da an wesentlich bescheidener.

»Es war wie ein kleiner Tod«, sagte auch Ijukarjuk, ein bekannter Eskimo-Schamane, hinsichtlich seiner Initiation, die er im Winter erlebte, als er dreißig Tage lang in einer winzigen Schneehütte fastete. Dank dieser Initiation wurde Ijukarjuk ein Weiser und Heiler. Wer so frei sein möchte wie Nachiketa, muss sich die heiligen Fragen stellen und ihnen nachgehen, auch wenn sie ins Totenreich zu König Yama führen. Denn nur dort findet man den Segen der Ewigkeit.

Und noch etwas ist im Zusammenhang mit Nachiketa erwähnenswert: In der Parabel wird erzählt, dass er sich zum Abschied seelenruhig vor König Yama verbeugt. Daraufhin werden aus dem Totenreich wie durch Zauberhand die Frühjahrsreisfelder seiner indischen Heimat. So erkennt er schließlich, dass Tod und Geburt nicht voneinander getrennt sind. Wer dem Tod und der Einsamkeit einmal ins Auge gesehen hat, hat keine Lebensangst mehr. Sein Lebensweg wird bunt und vielgestaltig. Wohin er auch führt, es ist heiliger Grund.

Als Nachiketa das zutiefst begriffen hatte, ging er nach Hause, seinen Vater zu umarmen und ein neues Leben zu beginnen. Würde diese Heimkehr von einem Zen-Schüler illustriert, man sähe einen – zahmen – weißen Ochsen neben Nachiketa gehen.

2

Die Tore des Erwachens

In jeder spirituellen Tradition wird von Menschen berichtet, die aus ihrem traumähnlichen Normalzustand zur Heiligkeit erwacht sind. Durch Initiation, Reinigung, Gebet, durch liebende Hingabe ihres bewegten Lebens haben sie das erkannt, was ewig und heilig ist.

Dogen, der Begründer des japanischen Zen, erklärte: »Der menschliche Geist ist seiner Natur nach völlig frei. Das haben bereits Abertausende von Schülern in der Meditation erkannt. Zweifle nicht an den Möglichkeiten der Meditation, nur weil es eine so einfache Methode ist. Wenn du die Wahrheit nicht dort finden kannst, wo du bist, wo willst du sie dann finden?«

In jedem von uns gibt es einen Teil, der sich der Ewigkeit genauso sicher ist wie des eigenen Namens. Dieser Teil mag vergessen oder überdeckt sein, aber es gibt ihn. So wie Nachiketa braucht man nur lange genug nach der Wahrheit zu fragen, um den Spiegel zu ihrer Erkenntnis zu finden. Mein Lehrer Ajahn Chah nannte diesen Wesenskern »das Selbst, das weiß«.

Die in diesem Buch interviewten, spirituell engagierten Menschen fanden zu dieser inneren Weisheit. Aber das Selbst, das weiß, macht sich nicht nur in engagierten Spirituellen bemerkbar. Eine bekannte Umfrage über das spirituelle Leben der Amerikaner ergab, dass die Mehrheit der Interviewten irgendwann einmal in ihrem Leben ein mystisches Erlebnis gehabt hatten. Doch stellte sich auch heraus, dass die meisten Menschen sich kein solches Erlebnis mehr wünschten. Woran liegt das?

Unsagbares lässt sich nicht einordnen; es fügt sich nicht in unser normales Wirklichkeitsverständnis ein. Und wenn man davon überrascht wird, macht einem diese überwältigende Erfahrung Angst, wie die Studie zeigt. Die alten Kartographen schrieben auf die weißen Flecken ihrer Landkarten: »Land der Drachen«.

Dennoch besteht die Möglichkeit des Erwachens, so gewiss Geburt und Tod sind, so gewiss am nächtlichen Himmel die Sterne stehen, so gewiss wir auf die Liebe angewiesen sind. Auch heute noch werden in vielen Teilen der Welt viele Menschen als Erleuchtete bzw. Heilige angesehen und als Weise verehrt. Auch der Weise in uns kann erwachen; denn überall im Leben erwartet uns das wissende Selbst.

Es gibt zahlreiche Zugänge zur ewigen Weisheit des Herzen. Man kann sie »die Tore des Erwachens« nennen. Jedes Tor ist ein Weg zu sich selbst, ein Weg zur Wahrheit. Hier sind vier der wichtigsten, beschrieben von jenen, die durch ihre Pforten gegangen sind. Jeder kennt sie aus eigener Erfahrung.

4

Weltmutter Herz: Das Tor des Erbarmens

Leg deine Bitterkeit ab, denn du warst nur nicht der Größe des Schmerzes gewachsen, der dir anvertraut war. In deinem Herzen trägst du den Schmerz der Weltmutter.
Sufi

Die Tore des Erwachens erheben sich durch dieselben Lieder, dieselben Melodien der Freude und Verzweiflung, die einen zur ersten Einsicht gebracht haben. Für viele sind es die schmerzlichen Seiten des Lebens, die zum heiligen Durchgang werden und das Einfühlungsvermögen erweitern. Ein tragischer Vorfall, ein niederschmetternder Verlust hat vielleicht zur ersten Selbstbesinnung geführt. Jetzt sind es die tieferen Töne, ist es das allgemeine Leid in der Welt, das einem bewusst wird. Wer sich dieser Dimension des Erwachens annimmt, benützt das »Tor des Erbarmens«.

Es heißt, dass dem Buddha, als er sich am Morgen nach seiner Erleuchtung mit offenen, wesenswachen Augen in der Welt umsah, Tränen über die Wangen rollten. Er sah, wie die Wesen überall nach Glück strebten, doch aus Unverstand genau das taten, was ihnen und anderen Leid brachte. Manchmal heißt es, dass aus seinen Tranen, als sie die Erde berührten, Tara erstand, die Göttin des Erbarmens.

Wenn man in Jerusalem vor der Klagemauer steht, erlebt man dieselben Tränen und Rufe nach Erbarmen, nicht nur wegen des verlorenen Tempels Israels, sondern wegen des Leids der Menschen, die sich vom Göttlichen abgewendet haben. Von früh bis spät wird aus ganzem Herzen gebetet. Wie abends an

Fasttagen: »Erhöre uns, Ewiger, denn wir sind in großer Not. Verhülle nicht dein Angesicht vor uns, entziehe dich nicht unserem Flehen, deine Gnade möge doch walten, uns zu trösten! Ehe wir zu dir rufen, erhöre uns nach dem Worte, das verheißen worden: ›Ehe sie rufen, will ich antworten, noch sprechen sie, und ich erhöre.‹«

Ohne die Ursache des Leidens zu verstehen, streben die Menschen auf besitzergreifende Art nach Glück, verlassen sich auf Gier, Gewalt und Hass. Solange man aus solcher Unwissenheit heraus handelt, ist Leid die unvermeidliche Folge. Das aggressive Festhalten an den Dingen der Welt führt zwangsläufig zu Kampf und Verlust, ganz gleich, wie sehr man auch an Sicherheit und Glück interessiert ist.

Der Buddha erkannte, was jeder erkennen kann, wenn er nur die Vernunft annimmt, dass das Leben auf der Erde sowohl angenehme als auch unangenehme Seiten hat. Doch durch unvernünftige Reaktionen vermehrt man diesen grundlegenden Schmerz zu noch größerem Leid. Während ich diese Zeilen schreibe, wird aufgrund menschlicher Beschlüsse in achtundzwanzig Ländern Krieg geführt. Millionen hungern, obwohl genug Nahrung vorhanden ist. Millionen siechen in Krankenzimmern oder Hospitälern dahin, an Krankheiten, die heilbar wären oder die durch Impfung hätten verhindert werden können. Dieses Leid geht uns alle an. Die buddhistische Lehrerin Sylvia Boorstein schreibt von ihrem Synagogenbesuch am Gedenktag der Opfer des Holocaust. Als das Trauergebet gesprochen wurde, standen viele dazu auf. »Beim Anblick der vielen stehenden Menschen dachte ich: ›Sind das tatsächlich alles direkte Verwandte?‹ Dann erkannte ich, dass wir ja alle miteinander verwandt sind, und stand auch auf.«

Es gibt Zeiten im spirituellen Leben, wo einem das Leid der Welt direkt unter die Haut geht. Man ist offen und empfindsam, fühlt sich allem Leben verpflichtet. Man hört förmlich die Straßenkinder weinen, sieht sich von Terrorismus, Rassismus, Umweltverschmutzung, Armut und Sklaverei umgeben. Es ist, als würde das Bewusstsein von den Nöten der ganzen Menschheit und selbst der Erde überschwemmt. Vielleicht kommt man sich wie in einem Leichenhaus vor oder sieht das Leid zahlloser Generationen an sich vorüberziehen. Und man erkennt die Ausweglosigkeit des Ganzen.

Doch nur wenn man dem Leiden in der Welt mit offenen Augen begegnet, kann man inneren Frieden finden. Jeder von uns als Buddha in spe muss sich mit der schweren Frage auseinander setzen: Wie steht es mit dem Leiden in der Welt, und was ist die Ursache dieses Leids?

Der Buddha geht auf die Entstehung des Leids in seiner Feuerpredigt ein. »Alles brennt. Das Auge brennt und alles Sichtbare brennt. Die Ohren brennen und die vernommenen Klänge, die Nase, die Zunge, der Körper und das Denken. Welches Feuer verzehrt sie? Es sind die Flammen der Gier, des Hasses, der Unwissenheit, es züngeln die Angst, die Eifersucht, der Verlust, der Verfall und der Kummer. Wer auf dem Weg der Mitte dieses Leid betrachtet, wird solcher Flammen überdrüssig; er wird der Gier und des Hasses müde, die ihn nach Anblicken, Klängen, Gerüchen, Geschmäckern jagen lassen, ob konkret oder in der Vorstellung. Sein Überdruss lässt ihn Abstand nehmen von dieser Jagd und dieses Loslassen macht ihn frei.«

Wer sich der Wahrheit des Leidens stellt, gelangt durch das Tor des Erbarmens zur Freiheit. Man kann das Leben niemals anhalten oder völlig kontrollieren. Es ändert sich beruflich und privat – Lebenspartner und Freunde, ja selbst Kinder gehören einem nicht. Man kann sie lieben und für sie sorgen, ja; doch sobald man sie zu beherrschen versucht, schafft das nur Leid. Lachen und Weinen, Lob und Tadel, Erfolg und Misserfolg wechseln sich in unserem Leben ab. Auf der ganzen Welt gehen Freud und Leid Hand in Hand, sind untrennbar miteinander verbunden wie Tag und Nacht. Wer diese Wahrheit leugnet, gerät zwangsläufig in Schwierigkeiten.

Es gibt eine Geschichte von Ramakrishna, dessen Visionen und Frömmigkeit im 19. Jahrhundert in ganz Indien legendär wurden. Er meditierte und betete einmal tagelang am Ufer des Ganges, um der Leben spendenden Muttergöttin ansichtig zu werden. Und tatsächlich erschien sie ihm plötzlich. Sie stieg als wunderschöne Göttin aus dem Fluss und zwar riesengroß. Ihr nasses Haar tropfte und ihre Augen glichen zwei Seen, in denen die gesamte Schöpfung Platz hatte. Sie spreizte die Beine und gebar eine unglaubliche Fülle an Wesen – Kinder, Tiere, es war eine wahre Flut. Dann kam ein entsetzlicher Moment. Sie bückte sich, packte ein Neugeborenes und begann es zu essen. Das Blut rann ihr vom Mund über ihre Brüste. Sie, die Leben gibt, nimmt es auch wieder; ist Anfang, Fortbestand und Ende allen Lebens. Schließlich verschwand die Göttin wieder langsam in den Wellen und ließ einen in Gedanken versunkenen Ramakrishna zurück.

Wenn sich das Herz auf dem Weg des Erbarmens weitet, begreift man, dass Unbehagen und Unzufriedenheit zum Dasein gehören. Inmitten des Vergnügens denkt man bereits wehmütig an dessen Ende. Was man besitzt, fürchtet man zu verlieren. Selbst die leichteste Geburt und der friedlichste Tod sind schmerzhaft, denn das Eingehen in einen Körper und dessen Verlassen sind immer eine Drangsal. Jeder erfährt täglich Gemütsschwankungen von fröhlich über gleichgültig bis niedergeschlagen, in einem ständigen Auf und Ab. Dieser endlose Wechsel ist wiederum eine Leidensquelle. Unsere gewohnten Reaktionen darauf können einen Dauerkonflikt bewirken.

Befreiung geschieht demnach auch, wenn man sich auf seine Bedrängnis konzentriert. Sobald man seinen Schmerz und Verdruss genau wahrnimmt, eröffnet sich mitten darin ein Freiraum, der einen aus jeder Identifikation und jeder Verhaftung führt.

Maha Naeb aus Thailand lehrt diesen Befreiungsweg, indem sie ihre Schüler anhält, so lange bewegungslos innezuhalten, bis sie genau erkannt haben, welche Empfindung oder welcher Gedanke zu einer Handlung führt. Die Schüler lernen durch die genaue Analyse ihres Bewegungsdrangs, ihrem Trieb auf den Grund zu gehen. Wenn man morgens aufwacht, bleibt man zunächst in dieser Haltung liegen und meditiert. Nach einer Weile merkt man, dass der Körper in dieser Haltung steif wird und zu schmerzen beginnt. Also verschafft man sich durch ein Umdrehen Erleichterung. Kurz darauf drückt dann vielleicht die volle Blase, so dass man ins Bad geht, um sich diesbezüglich zu erleichtern. Doch der Toilettensitz ist hart und das Badezimmer kalt, also verlässt man es und setzt sich bequem auf einen Stuhl. Dann meldet sich der Magen und der Hunger treibt einen dazu, etwas zu frühstücken. Dann müssen die Frühstücksreste aufgeräumt werden, denn liegen gelassenes Essen verdirbt und fängt an zu riechen. Anschließend setzt man sich wieder ruhig hin, bis einen das nächste Bedürfnis zum Handeln drängt. Und so geht es weiter.

Durch die genaue Beobachtung des Handlungstriebs wird man sich bewusst, dass man ständig für die Befriedigung von Bedürfnissen sorgt. Doch ist diese Erkenntnis kein Grund zur Verzweiflung, sondern führt zur Achtsamkeit. Im Herzen werden eine Freiheit und eine Liebe gefunden, die das Leiden überragen. Indem sich der Mensch seinen eigenen Trieben stellt, kommt ihm sein universelles Geburtsrecht zu Bewusstsein: sein furchtloses und gütiges Herz.

Der Sufi-Dichter Rumi rühmt die Weisheit des Triebes, die sich in der Begeisterung erschließt.

> Gott ist rundum gegenwärtig,
> feurig zur Linken,
> abgeklärt zur Rechten ...
> Wer sich in die Glut wagt,
> taucht plötzlich im klaren Wasser auf,
> und wer in den kühlen Strom springt,
> dessen Kopf ragt plötzlich aus dem Feuer.
> Die meisten Menschen hüten sich vor dem Feuer
> und landen darin ...
> Wer Gott mag,
> dem ist die Glut der Leidenschaft Wasser.
> Du solltest dir hunderttausend Paar
> Mottenflügel wünschen
> und jede Nacht eines verbrennen.

Ein Meditationsmeister beschreibt, wie seine Bedrängnis zum Weg des Erwachens wurde und wie er durch die Annahme seiner Nöte zu innerem Frieden fand:

> *Die Meditation war für mich immer beschwerlich. Ich litt meist unter Verspannungen muskulärer und seelischer Art. Seit Jahren engagierte ich mich als Umweltschützer und wenn ich saß, wurden mir wieder all die Missstände auf der Erde bewusst. Ich hatte manchmal das Gefühl, mit dem Urwald verbrannt und niedergewalzt zu werden. Ich sah Kriege und Umweltschäden, all das Ungeheuerliche, das der Mensch der Erde antut. Ich saß und weinte, aber ich blieb standhaft, auch wenn es sehr unangenehm wurde. Man musste sich der Welt stellen, durfte nicht vor ihr davonlaufen. Das hatte ich eingesehen. Und eines Tages kam ein Durchbruch.*
>
> *Ich meditierte im Ashram, zusammen mit einigen älteren Schülern. Wie üblich hatte ich in den vorangegangenen Wochen sehr viele körperliche Schmerzen ausgestanden, ohne mich beirren zu lassen. Auch jetzt saß ich ganz ruhig inmitten meiner Nöte, als plötzlich meine Konzentration zunahm. Die Gedanken ebbten ab, bis sie fast ganz verschwunden waren, und ich wurde mir meines Daseins bewusst. Jedes Geräusch, jede Empfindung, jeder Gedanke war unmittelbar existent, machte sich als zarte Schwingung in meinem Herzen bemerkbar. Ich war ganz da. Es war so, als hätte mein ruhig horchendes Herz die ganze Welt umarmt. Jede Erfahrung war Schwingung, verursachte in dieser lebendigen, friedlichen Weite kleine Wellen.*
>
> *Dann gab ich mich einer noch größeren Versenkung hin und erfuhr eine derart unvorstellbar tiefe Ruhe, dass ich nichts Äußerliches mehr wahrnahm. Ich empfand weder meinen Körper noch einen Gedanken, sondern war reines Bewusstsein. Mein Ich hatte sich vollkommen aufgelöst. Es war so atemberaubend schön, dass es einfach unbeschreiblich ist. Ich wusste, dass ich nun keine Angst mehr vor dem*

Tod zu haben brauchte, weil im Grunde nur dieses ewige, ungewordene Bewusstsein wirklich ist.

Ich erfuhr, dass sich nichts auf der Welt mit diesem Frieden vergleichen ließ. Jeder Anblick, jedes Geräusch, jeder Gedanke, ganz gleich wie angenehm sie auch sein mochten, war eine Störung, unangenehm im Vergleich mit dieser Ruhe. Als ich wieder aus der Versenkung auftauchte, begriff ich Buddhas Aussagen vom Leiden: dass auf jede Geburt der Tod folgt, alles entsteht und vergeht, dass die Gegensätze – Tag und Nacht, Freud und Leid – notwendig sind und auf diese Weise Vergänglichkeit an sich mühsam ist.

Ich erinnere mich, dass ich kurz darauf in Indien eine Straße entlangging und die Geburt eines Lämmchens mitverfolgte. Ich war überwältigt, als ich sah, wie es mühselig herausgepresst wurde. Mir kam dabei zu Bewusstsein, dass jedes Festhalten am Prozess von Geburt, Alter und Tod leidvoll ist, ganz gleich, welche Lebensform man ergreift.

Doch es ist erstaunlich, wie schnell sich die Lebensfreude wieder meldet, wie tief sie verwurzelt ist. Einige Monate später war ich wieder zurück im Westen und sah mich nach Musik und gutem Wein um. Meine Lebenslust kam in unglaublicher Heftigkeit zurück, so, als wolle sie die vergangene Einsicht kompensieren. Doch bin ich auch meiner spirituellen Disziplin treu geblieben, denn wer einmal zur Wahrheit durchgedrungen ist, vergisst das im Grunde seines Herzens nie.

Wer das Tor des Erbarmens öffnet und sich des Leidens annimmt, findet zur Kraft wahrer Anteilnahme. Sie lässt sich als Ergriffenheit angesichts der Not eines anderen Wesens beschreiben. Es ist eine Wohlgesonnenheit allen Lebensformen gegenüber, eine Achtsamkeit gegenüber allem, das geboren wird und stirbt, gegenüber allen Geschöpfen, die voneinander leben. Und manchmal wird man daran erinnert, dass man sich selbst nicht ausschließen darf. Auf diese Achtsamkeit ist jeder Weg angewiesen, sei er buddhistisch, hinduistisch, jüdisch oder christlich. Die

Konfrontation mit dem menschlichen Leid führt zum Verlangen nach Gnade und Erlösung.

Eine Nonne berichtet:

Die vorösterliche Fastenzeit war wie immer mit zusätzlichen Nachtgottesdiensten und Gebeten angefüllt. Der Frühling beflügelte mich und so wollte ich diesmal hingebungsvoller als je zuvor sein. Ich kontemplierte stundenlang über das Mysterium von Jesu Kreuzestod. Und dann war Ostern vorbei und wir waren uns, noch von der Auferstehungsfreude erfüllt, alle sehr zugetan.

Etwa eine Woche später sah ich eines Abends in meiner Zelle auf das moderne Kruzifix, das wir als einzigen Wandschmuck haben, als mich Traurigkeit und Schmerz befielen. Ich fühlte mich plötzlich so elend, dass ich mich aufs Bett legen musste. Mir war, als müsste ich jeden Moment sterben. Es war wirklich schlimm und mir kamen die Tränen. Ich weinte über Jesus am Kreuz, über sein Leid und seinen Tod. Dann wurde ich zu Maria, die ihren gekreuzigten Sohn hielt, und erkannte, dass die Kreuzigung noch nicht vorbei war. Ich wurde zu allen Müttern, die ihre geliebten Kinder im Krieg, durch Unfall oder Krankheit verloren hatten, zu allen, die ihren hungrigen Kindern nichts zu essen geben können. Ich wurde zu der Mutter, die nach einem Erdbeben in Armenien verzweifelt ihr Kind zu retten versuchte. Ich wurde zu all den Soldaten sinnloser Schlachten. Ich wurde zu den Kühen und Schweinen auf dem Weg ins Schlachthaus. Ich wurde zu den heutigen Generälen und den römischen Soldaten, zu den Slummüttern und den Slumbanditen, zu den Opfern und den Tätern, zu allen Kranken und Sterbenden. Ich lag da, überwältigt von dem Leid dieser Welt – es war einfach zu viel. Ich schluchzte aus ganzem Herzen.

Dann offenbarte sich Jesus in mir, und wir ertrugen das Leiden der Welt gemeinsam. Ich erfuhr die Gnade der Barmherzigkeit. Mein Herz wurde weit. Es ist der heilige

Schmerz, der uns öffnet. Gott schickt uns Leiden, damit sich unsere Herzen verbinden. Die Gnade der Barmherzigkeit ist so groß, so unendlich groß.

Manchmal wird man sich der Barmherzigkeit in der Einsamkeit bewusst; andere Male braucht man einen Mitmenschen, der sie einem erfahrbar macht und Trost spendet, wenn man am Ende ist.

Ein weiser Lehrer ist fähig, im richtigen Augenblick Milde walten zu lassen und das Herz durch die Kraft des Mitgefühls zu öffnen. Ein Zen-Meister erinnert sich an seine frühen Praxisjahre:

Ich strengte mich unglaublich an und stellte mich immens viel Kummer und Leid. Dann war ich plötzlich an meine Grenzen geraten und am Rande des Zusammenbruchs. In meiner Not ging ich zu meiner Meisterin, die den Ernst meiner Lage sofort erkannte und überhaupt nicht streng reagierte. Sie erschien mir wie die Göttin der Barmherzigkeit. »Nur Mut, nur Mut« – ihr von Herzen kommender Trost ließ mich wieder Kraft schöpfen.

Die weise buddhistische Ältere und Großmutter Dipama Barua aus Kalkutta behandelte ihre Schüler ebenso milde, wenn diese sie mit Problemen besuchen kamen. Sie bot ihnen Tee und etwas zu essen an, erkundigte sich aufrichtig nach deren Befinden oder Familie. Wenn ein Schüler mitteilte, wie sehr sich seine Eltern aufregten, dass er in Indien Meditation lerne, konnte es passieren, dass sie unter der Matratze ein paar Scheine hervorkramte und sagte: »Geh und kauf deiner Mutter ein kleines Geschenk.« Wenn Schüler niedergeschlagen oder völlig verzweifelt zu ihr kamen, ermutigte sie sie zur Praxis. »Das wird schon wieder, nur Mut«, sagte sie dann, wobei sie den Schützling herzlich in die Arme nahm und aufmunternd auf den Rücken klopfte, bis er genug getröstet war.

Das ist die befreiende Kraft der Barmherzigkeit. Wer sie entdeckt, kann das Leid der Welt überwinden, in Gestalt sowohl seiner eigenen Nöte als auch jener anderer. Das Leben ist eine

Verbindung aus Schönheit und Schmerz, und diese Verbundenheit will aus ganzem Herzen angenommen sein.

Wer zulässt, was der Zen-Meister John Tarrant »die Tränen des Weges« nennt, findet zur Weisheit. In seinem Buch *The Light Inside the Dark* zitiert er einen langjährigen Schüler, der ganz plötzlich von so tiefer Trauer befallen war, dass er tagelang weinte, bis er sich wieder fing: »Mir kamen lauter Erinnerungen an meinen Vater, Erinnerungen an die bitteren Jahre des Vernachlässigtwerdens, als ich von ihm in Pflegeheime abgeschoben und völlig vergessen wurde. Ich hatte mich bereits darüber hinweg gewähnt, und plötzlich ergriff dieses Trauma von mir Besitz. Ich war völlig niedergeschlagen. Ich weinte und weinte. Alles um mich herum gab Anlass zu neuen Tränen. Als ich das mehrere Tage bewusst zugelassen hatte, änderte sich mein Zustand, und das Weinen wurde weniger bitter und allgemeiner – ein Weinen vor Rührung. Sie übermannte mich besonders angesichts von Dingen, die normalerweise missachtet oder übersehen werden – mich rührte das besondere Blau der Abenddämmerung, oder ich war ergriffen, wenn eine Eule ihr Gewölle ausspie. Diese späteren Tränen sind die Tränen der Initiation. Man findet zur Großmut.«

Auch Tiefpunkte haben uns etwas mitzuteilen, wenn man nicht mehr verbissen gegen sie ankämpft. Wie ein Lehrer sagte:

> *Als ich mich an nichts mehr klammerte, wurde »mein Leid« allgemein gültiger und schließlich zum Leid der Welt. Ich dachte an die kosmischen Katastrophen und wie unser Planet innen glüht – so viel Leid – und doch wurde es ertragen, riss es nicht alles mit sich. Es gab noch einen tieferen Frieden.*

Wer durch das Tor des Erbarmens geht, befreit sich von Illusionen. Er gibt seine falsche Einteilung vom Leben auf und wird allem gegenüber aufgeschlossen. Wir können zur Weitherzigkeit Buddhas und Jesu finden und lernen, in dieser Weitherzigkeit des wissenden Selbst zu weilen.

5

Alles und Nichts: Das Tor der Leere

Man gibt sich Illusionen und der Erscheinung der Dinge hin. Darüber verkennt man die Wirklichkeit, die es aber gibt. Wer zu ihr erwacht, erkennt, dass er nichts ist. Und wer nichts ist, ist zugleich alles. Das ist alles.
KALU RINPOCHE

WENN MAN DEN URSPRUNG der Schöpfung personifiziert, lässt sich sagen, dass sich unser in Freud und Leid abspielendes Leben in Gott, Allah oder Brahma gründet. Doch kann der Urgrund der Schöpfung auch unpersönlich erfahren werden. Mystiker und Meditierende beschreiben den kosmischen Quell als ein umfassendes Nichts, eine große Leere. In der jüdischen Mystik heißt es: »Gott hat die Welt aus dem Nichts erschaffen, sie existiert nur in seinem Herzen. So müssen wir wieder zu nichts werden, damit wir unseren Platz finden. Dann wird uns das Heilige durchströmen und unser ganzes Tun erleuchten.«

»Zu Nichts werden« – wie soll das gehen? Leere und Selbstlosigkeit lassen sich schwer beschreiben. Ihre Begrifflichkeit verwirrt. Es ist so, als wolle man einem Fisch das Wasser erklären. Und doch sind sie erfahrbar und tragen wesentlich zu unserem Frieden und Glück bei. Angelus Silesius, ein christlicher Mystiker aus der Renaissance, erklärte:

Gottes allgegenwärtige Liebe und Güte
können nicht zu dir kommen
wenn du sie nicht empfängst.

Als Nachiketa einen Spiegel vom Todesgott erhielt, sollte er damit den Ursprung seines Seins erforschen. Und auf dieser Suche können die Meditierenden die Erfahrung der Leere machen. Diese Leere hat zwei Enden: das leere Selbst und den leeren Raum.

Die Leerheit des Selbst zeigt sich zunächst darin, dass sich das angebliche, feste »Ich« unserer Kontrolle entzieht. Jeder, der sich der Meditation oder dem Gebet zuwendet, wird sich eines Gedankenflusses bewusst und unaufhörlicher Gefühls- und Stimmungsschwankungen, die das Erleben färben. Beides hat sein Eigenleben. Es kann sich vor dem inneren Auge in wenigen Augenblicken die ganze Kindheit abspielen oder es offenbaren sich komplexe Zusammenhänge des Erwachsenenlebens und verschwinden ebenso schnell wieder. Gewöhnlich hält man sich für die Summe dieser Gedanken, Bilder, Gefühle und Körperempfindungen, aber sie haben keinerlei Bestand. Wie kann man behaupten, man sei seine Gedanken, Meinungen, Gefühle und sein Körper, wenn sie nie gleich bleiben? Gehen wir doch einmal einen Schritt weiter und fragen, wer sich alles dessen bewusst ist, und wodurch.

In der Meditation kann man sich allmählich von dem Gefühl befreien, dass alles auf unsichtbare Weise zusammenhängt, und so zu einer gelasseneren, unbefangeneren Wahrnehmung übergehen. Dieses ruhige Wahrnehmen erlaubt einem, den ersten Aspekt der Leere zu erkennen, die Selbst- oder Egolosigkeit. Die Annahme, man wäre irgendetwas Festes, Beständiges, wird als solche entlarvt. Alan Watts hat sie in seinem Buch *On the Taboo Against Knowing Who You Are* unser bestgehütetes Geheimnis genannt.

Ein Weststaatler, der seit zwanzig Jahren tibetischer Mönch ist, war in den 1960er-Jahren ein erfolgreicher Filmemacher und TV-Produzent, als er seinen Lehrer Lama Yeshe kennen lernte. Nachdem die beiden einander vorgestellt worden waren, plauderten sie ein wenig und Lama Yeshe erfuhr, dass sein angehender Schüler Filme machte. »Oh, sie machen Fernsehsendungen und Filme? Ich bin ein guter Schauspieler. Der beste, den es gibt!«, lachte Lama Yeshe. »Ich kann alles sein, weil ich leer bin, verstehen Sie. Ich bin nichts.« Dann lachte er wieder.

Auch Emily Dickinson spielt auf unser intuitives Wissen dieser Wahrheit an: »Ich bin niemand! Und wer sind Sie? Vielleicht auch – niemand?«

Was besagen diese rätselhaften Bekenntnisse? Für eine Meditierende war die Einsicht in die Leerheit des Selbst ein einschneidendes Erlebnis auf dem spirituellen Weg. Sie hatte bei Meistern und Lamas in ganz Indien gelernt. Als sie nach vielen Jahren aus Asien zurückkehrte, setzte sie ihre tägliche Meditationspraxis fort:

> *Ich begann in meiner Bergeseinsamkeit jeden Morgen noch vor dem Morgengrauen mit dem Meditieren. So saß ich Tag für Tag ganz still, bis sich etwas höchst Wunderbares und Erschreckendes zugleich ereignete. Ich löste mich auf. Meine gesamte Identität wurde weggewaschen. Ich hatte zunächst keine Worte dafür, und es lässt sich auch nicht mit Worten erklären, auch nicht als Nirwana, denn es übersteigt jeden Begriff. Was für eine Seligkeit. Das waren nicht mehr mein Herz und mein Körper, es war das Universum.*

In der Leere des Selbst wird die Welt transparent, klar, unkompliziert. Man erkennt, dass die Annahme eines getrennten Selbstseins nicht der Wahrheit entspricht. Das konventionelle Ich löst sich in die Stille der reinen Seinserfahrung auf. Und indem man die Leere des Selbst erfährt, gelangt man zu ihrer zweiten Dimension, zur Einsicht in die Leerheit aller Erscheinungen. Ein buddhistischer Text, die Samutta Nikaya, erläutert das so: »Denk dir, jemand mit scharfen Augen säße am Ganges und beobachtete eingehend die vielen Schaumbläschen, die laufend neu entstehen und wieder zerplatzen. Genauso eingehend können wir die Sinneseindrücke beobachten, die Wahrnehmungen, Gefühle und Gedanken, und entdecken, dass alles, was man erfährt, leer und substanzlos ist.«

Das unverstellte Selbst führt zur Bewusstwerdung des Nichts, der dynamischen Leere, aus der alles hervorgeht. In der buddhistischen Tradition ist das der Weg des Nirwana, der Erfahrung der Freiheit des Herzens, im Ungeborenen, Ungeschaffenen, Nichtbedingten.

Dieser Weg wurde von den Mystikern seit jeher genutzt und verkündet. Er kann auf viele Weisen beschritten werden. Zu den häufigsten Einstiegen gehören die Meditation, die Begegnung mit einem Erwachten und die einsame Versenkung, durch die man transparent wird.

Durch Meditation zur Gewissheit

Folgende Erfahrung machte ein Lehrer während eines langen Einsichtsmeditations-Retreats:

> *Nach einigen Monaten brauchte ich nur noch drei bis vier Stunden Schlaf pro Tag. Wir sollten einfach nur möglichst präsent sein und auf alles achten, was hochkam. Die Gedanken und Gefühle kamen und gingen. Es gab Tage voller Einsamkeit, Kummer und Tränen, dann wieder stundenlange Begeisterung. Manchmal hatte ich das Gefühl, mein Körper fiele auseinander und ich müsse sterben. Alles um mich herum bedeutete Tod und Zerstörung. Dann gab es wieder Phasen der Ruhe. Die Meditationsstunden vergingen wie im Flug, mein Körper wurde leicht und weit wie der Himmel, ein grenzenloses Meer voll Wellen der Verzückung.*
>
> *Je ruhiger ich wurde, desto rascher folgten die Erkenntnisse aufeinander. Mir wurden Gedankenmuster bewusst. Aus jeder Vorstellung erwuchs eine ganze Welt von Ideen, Erinnerungen oder Zukunftsplänen, die, sobald sie bewusst geworden war, wieder verschwand. Und mit wachsender Aufmerksamkeit bemerkte ich, wie diese Vorstellungswel-*

ten im Geist aufkeimten. Geräusche, Gerüche, Gefühle – worauf die Aufmerksamkeit auch fiel, alles durfte so sein, wie es war, schwirrte herum wie Leuchtkäfer in der Nacht. Ich hielt eifrig meine Disziplin, und manchmal empfand ich die Stille beim Sitzen und Gehen so, als wäre ich unter Wasser.

Einmal legte ich mich nachmittags zum Meditieren hin. Es war ein heißer Tag und ich konzentrierte mich mit geschlossenen Augen auf die Empfindungen in dieser neuen Haltung. Die Wahrnehmungen stiegen auf wie Sprudelbläschen. Ich vertiefte mich völlig in den Vorgang und sie folgten immer schneller aufeinander, so, als pulsierte das Universum – lauter Lichter, die wie Leuchtkäfer blinkten. Es kam kurz Angst auf, und dann verschmolz die Aufmerksamkeit mit dem Sein und alles war still, völlige innere Ruhe. Es gab kein Subjekt und Objekt mehr, nichts. Nur noch unbeschreibliche Gegenwart. Die Welt war von einer Stille durchtränkt, barst vor lebendiger Leere, in der alles entstand und verging. Es war überwältigend. Das Bewusstsein dieser Leere gab mir die Gewissheit, dass alles, was entsteht und vergeht, alles, was geboren wird und stirbt, Erscheinungsformen dieser ewigen Gegenwart sind, mich selbst eingeschlossen. Natürlich kam mein Subjekt-Objekt-Empfinden zurück, aber alles war leuchtender, transparenter, freudiger.

Die Erfahrung der Selbstlosigkeit kann sich auch schlichter ereignen. Ein anderer Lehrer schildert seine erste Begegnung mit der Leere so:

Es war während einer Gehmeditation im Tempelgarten. Ich weiß noch genau wo. Ich setzte den Fuß auf und nahm plötzlich nur mehr die Bewegung als solche wahr, und NIEMAND, zu dem sie gehörte. Mir kam der Gedanke »Es ist ein leeres Geschehen« und dieser Gedanke war genauso leer wie der Schritt.

Eine Zen-Lehrerin erlebte die Leere ganz dezent. Sie nennt ihren Weg »sanftes Beharren« und erklärt: »Ich gehörte noch nie zu den Zen-Kriegern.«

> *Ich saß in unserer Zazengruppe und war mit dem Koan MU befasst. Ich war recht entspannt und mit der Zeit gewann MU ein Eigenleben, es wiederholte sich von selbst. Und plötzlich hatte ich mich in MU aufgelöst. Es existierten nur noch Geräusche, das Sitzen, das Atmen und MU. Ich war nichts und zugleich MU, und als ich zum Meister ging, musste ich lachen. Ich war alles.*

Auch wenn man vom Kissen aufsteht, soll man den Geist der Achtsamkeit bewahren. Ein Meditationslehrer bekam den Anstoß zu seiner Erleuchtung in Indien, während eines langen Retreats, als er sich im Tempelhof um einen Wurf kranker Welpen kümmerte:

> *Unerwünschte Hunde werden meist am Tempel ausgesetzt, und während dieses Retreats war ein neuer Wurf aufgetaucht, mit einigen sehr kranken Welpen. Ich kümmerte mich tagelang um die winselnden Geschöpfe, die mir einfach Leid taten. Gut, Hunde werden geboren und sterben, aber damals wurde mir bewusst, dass sich das Leben im Grunde nicht mit den wechselnden Körpern ändert. Ich betrachtete die Welpen noch eine Weile in ihrem Schmutz und ging dann in die Halle zurück.*
>
> *Ich wurde sehr still. Die Gedanken und Pläne kamen und gingen, ohne dass ich sie weiterverfolgt hätte. Und dann nahm meine Sammlung einen anderen Charakter an, wurde weit und leer. Es war plötzlich kein Ich mehr da, das plante und alle möglichen Dinge erledigte. Da war nur noch ein Lächeln seligen Glücks. Ich schwebte auf meinem Kissen. Diese Leere war so lebendig, so grenzenlos. In ihrer Gegenwart waren das Leben, das »Ich« und auch kranke Hunde kein Problem mehr.*

Durch lebendige Leere eines anderen zur Gewissheit

Die Erfahrung der Leere ist ansteckend: Man kann sie offenbar übertragen. Dass Wut und Trauer ansteckend sein können, ist allgemein bekannt. Warum sollte sich also nicht auch die Anwesenheit eines Lehrers, der leer, offen und erleuchtet ist, auf eine andere Person entsprechend auswirken, besonders wenn diese reif dafür ist? In jeder Tradition gibt es immer wieder Erzählungen darüber, wie Schüler durch die Begegnung mit ihrem Meister erwachen.

Ein Meditations- und Raja-Yoga-Lehrer hatte bei einem Vortrag in Kalifornien ein einschneidendes Erlebnis, das zu einem zehnjährigen Praxisaufenthalt in Indien führte:

> *Ich hörte Krishnamurti bei seinem Vortrag im Ojai Valley zu. Es war ein herrlicher Frühlingstag. Er saß auf einem Holzstuhl, ein zierlicher alter Mann von äußerst gewinnendem Wesen. Wir saßen im Schatten alter Eichen zu tausenden im Gras und lauschten gespannt seinen Worten, die alles in Frage stellten, was wir vom Leben und über uns selbst wussten. Es ging um das Wesen der Aufmerksamkeit. »Hören Sie wirklich zu?«, fragte er. »Hört nicht nur Ihr Kopf mit seinen Vorstellungen und Erwartungen zu, sondern die Stille jenseits des Denkens?«*
>
> *Und in diesem Augenblick hielt mein Denken an. Ich erfuhr eine unglaubliche Stille. Der Hain schien sich auszudehnen und zu atmen, als wäre er der Mittelpunkt der Milchstraße. Die Worte kamen aus den Bäumen. Ich war hellwach und doch jenseits aller Einschrankungen. Es gab nur noch einen zeitlosen, grenzenlosen Raum, in dem alles leuchtete und lebte. Während mich die Worte wie im Traum anrührten, erkannte ich, dass Krishnamurti mich zum Loslassen ermutigt hatte, als wäre die Freude des Erwachens ansteckend und ich hätte sie aufgeschnappt und wäre der Leere gefolgt.*

Im Zen bezeichnet man Ausdrücke wie Krishnamurtis »Stille jenseits des Denkens«, die den Geist augenblicklich zur Erkenntnis seiner wahren Natur führen, als »entscheidende Wendung«. Solche Erleuchtungsmomente werden in hunderten von klassischen Zen-Geschichten geschildert, den so genannten Koans. Als Beispiel sei hier die Antwort des Zen-Meisters Hui Neng genannt, der bezüglich einer im Wind flatternden Fahne gefragt wurde: »Bewegt sich die Fahne oder der Wind?« Hui Neng antwortete: »Keines von beiden. Der Geist bewegt.«

In Anwesenheit eines fähigen Lehrers kann solch eine Frage das Ich zu einem Augenblick selbstlosen Wahrnehmens führen. Das Selbst, die grenzenlose Weite des Herzens, das alle Dinge enthält und doch nicht von ihnen beengt ist, ruft sich in Erinnerung. Ein westlicher buddhistischer Lehrer erinnert sich an die Zeit, die er in Indien in den Bergen verbrachte:

> *Ich hatte mich mehrere Jahre voller Eifer der Meditation gewidmet. Eines Abends ließ uns der Lehrer zur Mantra-Rezitation und einer Belehrung zusammenkommen. Ich saß in der ersten Reihe und war ganz Ohr. Mitten im Vortrag bemerkte er plötzlich mir gegenüber: »Dein Gesicht sieht aus wie eine Maske.« Es traf mich wie ein Blitz aus heiterem Himmel: Für mich brach eine Welt zusammen. Ich war plötzlich total verunsichert. Bevor ich nach Asien kam, hatte ich reichlich LSD-Trips gehabt, aber sie waren nichts im Vergleich zu dieser Verunsicherung. Ich befand mich außerhalb jeglichen Gefühls von Normalität. Mein Ich war wie weggefegt, alles, was ich zu sein glaubte, verloren. Dieser Identitätsverlust lag jenseits von Freud und Leid, Glück und Ekstase. Ich weinte angesichts seiner Schönheit lange Zeit.*
>
> *Das war vor sechsundzwanzig Jahren. Seitdem spricht sich mir diese ungewordene Wirklichkeit aus allem zu. Sie ist der alles erhellende Lichtquell. So weit zu meinem bis heute in mir lebendig gebliebenen Erleuchtungserlebnis.*

In diesen von Meistern vermittelten Erleuchtungserfahrungen sind eine Reihe von Bedingungen erfüllt. Dazu gehören die Offenheit des Schülers und seine ernsthafte Erkenntnisbereitschaft. Oft geht eine Vorbereitungsphase der Disziplin oder Läuterung voran. Im obigen Fall waren es viele Jahre strenger Vajrayana- und Vipassana-Praxis. Dazu gehört auch der große Respekt, den man einem Meister, einer Meisterin entgegenbringt. Und dazu gehört die Präsenz des Meisters, der Meisterin, der durch ihre Anwesenheit vermittelte Freiraum der Liebe.

Eine Meditationslehrerin, die nun schon seit zwanzig Jahren unter Meistern verschiedener buddhistischer Linien praktiziert, »vermisste irgendetwas in ihrem Leben«:

> *Ich plante gerade eine Pilgerreise durch Asien, als ich in der Post einen wunderbaren Einladungsbrief von einem Meister fand, dem ich geschrieben hatte. Er nahm darin auf die Geburtsstunde des Zen Bezug, als der Buddha schweigend eine Blüte in die Höhe hielt und Mahakashyapa lächelnd verstand. Aufgrund dieser Einladung fuhren meine Freundin und ich nach Indien zu diesem wenig bekannten Guru, einem alten Mann, der in seiner kleinen Wohnung in einer Nebenstraße eine Hand voll Schüler um sich versammelte.*
>
> *Mir setzten der Lärm und das Chaos in Indien zu. Die Tage verstrichen und ich dachte: »Es geschieht nichts. Ich verschwende meine Zeit.« Meiner Meinung nach schenkte er den Männern im Raum wesentlich mehr Aufmerksamkeit. »Ach, das ist auch nur wieder ein indischer Männertrip; ihm sind die Frauen doch völlig gleichgültig«, seufzte ich. Jeden Tag verbeugten sich die Schüler vor ihm und ich dachte: »Wieso verbeugen? Das brauche ich nicht. Ich bin eine Feministin aus Amerika.«*
>
> *Sein Unterricht bestand in einer Ermutigung zur Selbsterkenntnis, keiner gewaltsamen, sondern durch Loslassen. »Lass den Sucher und das Ziel los«, pflegte er zu sagen. Dann trat er eines Nachmittags vor mich hin und sah mir lange in die Augen. Ich fühlte mich wie ein Tier in die Enge*

getrieben. Es war, als stünde mir etwas ganz Unfassliches bevor, etwas, dem ich seit Ewigkeiten ausgewichen war, doch jetzt nicht mehr entkommen konnte. Die Falle war zugeschnappt.

Er sagte etwas zu mir, aber das war unwichtig. Denn plötzlich erstrahlte eine immense Leere und ich war aufgelöst, nirgends und überall. Dann folgte dieses unglaubliche Lachen und Weinen. Mein ganzes Leben, mit all seinen Kämpfen und Ängsten, schien auf diesen Moment hin angelegt gewesen. Und nun hatte es sich erfüllt. Ich war vollkommen frei, alles und nichts zugleich. So weit zu meiner Erleuchtung. Danach konnte ich mich dem Meister nicht oft genug zu Füßen werfen, so dankbar war ich. Ich hätte ihm alles gegeben, aber natürlich verlangte er nichts. Und heute erstaunt es mich immer wieder bei meinen Schülern, dass sie glauben, es gäbe etwas zu tun, etwas zu erreichen – wo doch ganz klar ist, dass es nichts anderes zu tun gibt – außer dem, was bis jetzt getan wird. Denn manche Anstrengungen sind nötig, um an den Punkt des Nichttuns zu gelangen.

Naiverweise hatte ich lange geglaubt, dass sich diese Freiheit und Fülle der Leere anderen leicht vermitteln lässt. Man braucht nicht nach Indien zu fahren, um sie zu finden. Alles, was nötig ist, ist ein aufrichtiges Verlangen danach. Wo immer du bist, wenn du wirklich nach Befreiung suchst, wird das All dir antworten. Es muss. Jeder bekommt den Weg gewiesen.

Allein zur Gewissheit

Die Leere lässt sich auch im Alleinsein zur Erfahrung bringen. Im Markus-Evangelium heißt es: »In aller Frühe, als es noch dunkel war, stand Jesus auf und ging an einen einsamen Ort, um zu beten.«

Don Jose Rios, ein angesehener Huichol-Schamane, besuchte die Vereinigten Staaten im Alter von 106 Jahren. Er sagte: »Ich habe in meinen achtzig Praxisjahren viel gelitten. Und ich habe mich oft in die Berge zurückgezogen. Das Alleinsein bleibt keinem erspart. Denn die Pfade der Götter lassen sich nicht lehren. Derartige Dinge muss jeder ganz für sich allein herausfinden.«

Das Alleinsein bedeutet nicht notwendig ungestörte Ruhe. Zunächst kann man sehr unruhig sein, durch körperliche Verspannungen und jenes ständige innere Urteilen, das Chogyam Trungpa »unterbewussten Klatsch« genannt hat. Meditationspraktiken helfen beim Zurruhekommen. Man entdeckt durch sie, dass es viele Ebenen der Stille gibt. Die erste Ebene ist einfach äußere Ruhe, die Abwesenheit von Lärm. Dann gibt es die körperliche Ruhe, ein Nachlassen der Nervosität, wodurch sich der Gedankenstrom verlangsamt. Dann entdeckt man das schweigende Denken, durch das alles wahrgenommen wird, und dann zwanzig weitere Ebenen der Versenkung. Meditation und Gebet führen noch weiter, bis man jene unbeschreibliche Stille jenseits des Verstandes erfährt, aus der alles hervorgeht. Der Vorgang der geistigen Sammlung ist in Stufen zunehmenden Schweigens gegliedert, bis man sich ganz darin aufgelöst hat.

Bernadette Roberts, eine bekannte moderne christliche Mystikerin, war zehn Jahre Nonne, bevor sie Mutter von vier Kindern wurde. In *The Experience of No Self* (deutscher Titel: *Jenseits von Ego und Selbst*) beschreibt sie ihren Weg der Versenkung, der mit großerAngst begann. Im Laufe der Zeit nahmen ihre Anfechtungen ab, und sie wurde nur hin und wieder von Unruhe geplagt. Einmal saß sie in der Kapelle, als ihr der Wert des Schweigens bewusst wurde. Das Erlebnis war Teil eines langen Prozesses von Leerwerden und stufenweisem Loslassen in ein lebendiges Ganzes hinein. Hier ihr Bericht:

> *Da war wieder diese großartige Stille ... aber dieses Mal kamen mir keine Tränen. Im Gegenteil, ich fühlte mich so leicht, dass ich mir beim Verlassen der Kapelle wie eine Fe-*

der im Wind vorkam. ... Die nächsten Tage waren etwas schwierig, denn ich ging immer wieder in dieser Stille auf. Doch dann lief der Alltag wieder gut, nur fehlte irgend etwas. ... Ich fand weder in den Schriften des heiligen Johannes vom Kreuz noch in anderen Büchern eine Erklärung dafür. Bald wurde mir bewußt, was es war. Ich war auf dem Rückweg von einem Spaziergang, genoß die hügelige Landschaft, als mich eine plötzliche Einsicht stehenbleiben ließ. Mein gewohntes, verschwommenes Ich war weg, das Zentrum leer. Aus dieser Erkenntnis erwuchs eine leise Freude, endlich wußte ich, was fehlte – mein »Ich«.

Ich hatte das Gefühl, als wäre mir eine schwere Last abgenommen worden, so leicht fühlte ich mich. Deshalb sah ich zu meinen Füßen hinunter, ob ich noch auf dem Boden stand. Später fiel mir Paulus ein – »Nicht ich lebe, sondern Christus lebt in mir« –, doch hatte niemand die Leerstelle belegt und »meinen« Platz eingenommen. So kam ich zu dem Schluß, daß Christus die Leere und Freude selbst war. Er war die verbliebene menschliche Erfahrung. Tagelang war ich von dieser Freude getragen ... Es gab kein »Mein« mehr, nur noch ein »Sein«.

Ein anderer Lehrer wurde zu Beginn seines Weges von der Erfahrung der Leere überrascht. Er hat mittlerweile dreißig Jahre buddhistischer Praxis hinter sich, weil er das Erlebte verstehen und integrieren wollte:

Es war ziemlich zu Anfang meines spirituellen Weges. Ich hatte erst eine paar Meditationskurse besucht. Jetzt lag ich allein da und meditierte seit langem wieder einmal. Ich war hellwach und konzentriert, mein Geist absolut klar und lebendig und trotzdem völlig ruhig. Dass solch eine Wachheit und Klarheit möglich waren, war mir neu. Ich nahm einen alten buddhistischen Text zur Hand und begann zu lesen: »Obwohl es Einen Geist gibt, besteht er aus nichts. Seine wahre Natur ist pure, makellose Leerheit, transparent, zeit-

los, unzusammengesetzt; er lässt sich nicht als etwas Separates erkennen, sondern ist die Gesamtheit aller Dinge, und trotzdem nicht aus ihnen zusammengesetzt. Alle Dinge gehen frei aus dieser Leerheit hervor, wie Wolken am Himmel, und lösen sich wieder in ihr auf. ... Die ganze Welt und das Nirwana sind in ihrer untrennbaren Einheit der eigene Geist.«

Das sprengte mein Weltbild. Ich hatte keine Begriffe dafür, denn mich gab es nicht mehr. Es gab nur noch ein Erleben, das vor jeder Begrifflichkeit ist. Mir wurde endgültig bewusst, dass es kein Subjekt gibt, dass jedes Ichempfinden eine Illusion ist. Wir sind leer wie ein Traum, ein Gedankenspiel. Meine Welt kam langsam zurück, doch sie hatte sich grundlegend verändert. Wochenlang empfand ich eine Art Leichtigkeit und Schock.

Wenn das Herz das Geheimnis der Stille ergründet, findet man zur direkten Erfahrung der alles hervorbringenden Leere. Wir haben gesehen, dass sich dieses Tor der Leere in der Einsamkeit öffnen kann, durch die integre Gegenwart eines Mitmenschen oder in tiefer Meditation.

Taoisten nennen es ein stilles Hören. Es ist kein reines intellektuelles Verstehen, sondern ein »geistiges Horchen«, bei dem alle Sinne offen und empfänglich sind. Erst durch ihre Leerheit kann das ganze Wesen wahrnehmen und die direkte Gegenwart erfahren, die niemals nur durch das Hörensagen erkannt wird. Das ist die Weisheit des Nichtwissens, und wer auf diese Weise leer ist, hat zur Fülle des Nichts gefunden.

Isaac Newton war sich dessen bewusst, als er schrieb: »Ich selbst halte mich nur für ein Kind, das am Strand eines weiten Meers voller unentdeckter Wahrheiten spielt.«

Für dieses Kind ist das große Unbekannte keine Quelle der Angst, sondern – durch das Tor der Leere – Grund zur Freude.

6

Wanderer Mensch, wer bist du wirklich? Satori und das Tor der Allverbundenheit

Eines Tages löschte ich alle meine Meinungen. Ich gab jeden Wunsch auf, stellte alles gedankliche Reden ein. Derart schweigend fühlte ich mich etwas seltsam – als steckte ich irgendwo fest oder stünde mit irgendeiner unbekannten Kraft in Berührung ... und Ahhh! Ich trat ein. Ich überschritt meine körperlichen Grenzen. Natürlich steckte ich noch in meiner Haut, aber mir war, als stünde ich in der Mitte des Kosmos. Ich sprach, doch die Worte hatten ihre Bedeutung verloren. Die Leute, die auf mich zukamen, waren alle einfach nur Menschen. So wie ich! Ich hatte die Welt bis dahin nicht gekannt und geglaubt, ich wäre erschaffen, aber jetzt weiß ich es besser: Ich bin nie erschaffen worden; ich war der Kosmos; da war keine Person.

Meister S.

Ziel des spirituellen Lebens ist es, sich der Realität zu öffnen, die jenseits eines Selbstkonzepts liegt. Und so wie man in diese Realität durch Bewusstmachung des Leidens oder durch die Bewusstmachung der großen Leere eintreten kann, kann man auch durch das Tor der Allverbundenheit in sie eintreten und ein »Erwachen als der oder die Geliebte« erfahren. Durch dieses Tor erfahren wir den Ozean in uns, der alles Leben umfasst, uns selbst eingeschlossen.

Das Geheimnis der Allverbundenheit umgibt uns. Jede Kultur kennt Rituale und Zeugen dieser Wahrheit. Man spürt sie, wenn eine Messe von Händel oder Mozart aufgeführt wird oder wenn man eine Kathedrale betritt und das Sonnenlicht durch die Glasfenster flutet. Sie ist spürbar, wenn in indischen Ashrams getanzt wird, in der Türkei die Derwische die ganze Nacht die Namen Gottes singen, oder beim Sonnentanz der amerikanischen Eingeborenen. Wer sich der Anwesenheit des heiligen Geistes bewusst wird, ist einfach nur noch dankbar. Wie ein amerikanischer Swami beschreibt:

> *Ein unsägliches Glücksgefühl erfüllte mich von Kopf bis Fuß, und mein Herz floss über vor Liebe zu allem und jedem. Ich fiel auf die Knie, berührte immer wieder den Boden und jubelte: »Die Erde ist meine Zeugin.«*

Tiefe Versenkung, Rituale, Gebete und religiöse Kunst dienen dazu, sich der Wesensharmonie erneut bewusst zu werden. Simon, ein Theologe aus dem 11. Jahrhundert, schreibt:

> Wir erwachen im Leib Christi ...
> Eine Bewegung der Hand und schon
> hat sie sich in die Hand Christi verwandelt ...
> Eine Bewegung des Fußes und plötzlich
> ist Christus ganz wunderbarerweise da ...
> Denn wir erwachen in seinem
> strahlenden, herrlichen Leib,
> wenn wir ihn wirklich lieben ...
> Wir erwachen mit jeder Faser
> unseres Daseins als der Geliebte.

Die Eintracht fördernde rituelle Feste stehen oft in einer generationenalten Tradition. Ein westlicher Lehrer berichtet, wie er einmal einem solchen Fest auf seiner ersten Tibetreise beiwohnte:

> *Unsere Fahrt von Katmandu nach Tibet dauerte vierzehn Stunden. Der alte Bus schlängelte sich die Serpentinen riesi-*

ger Felsschluchten hinauf und hinunter, immer weiter in das gigantische Gebirge hinein. In den darauf folgenden Tagen wurde die Fahrt noch aufreibender und gefährlicher, als wir das Hochland von Tibet durchquerten, das mit kleinen Blumen und glitzerndem Gestein übersät war. Der Himmel veränderte sich. Er war jetzt tiefblau und überspannte die Erde so weit, als wären in diesem wilden Gebirge zwischen beiden Zähler und Nenner vertauscht.

Nach langer Fahrt erreichten wir das berühmte, am Berghang gelegene Kloster Drepung, wo sich Pilger aus ganz Tibet zu einem Fest versammelten. Tagelang war der Hof vom Licht unzähliger Butterlampen und tiefen Gesängen erfüllt. In der letzten Nacht brach dann die Menge um etwa vier Uhr früh auf, um vor den Klostertoren einen Hang hinaufzueilen, wo man auf den Tagesanbruch wartete. Jeder rezitierte unermüdlich Mantras und Gebete, wegen des kalten Windes fest ins Gewand gewickelt. Von den Klostermauern tönten, unter dem Rhythmus der Zimbeln, Kupferhörner durchs Tal, die so groß waren, dass jedes von drei Männern gehalten wurde.

Mit dem Morgengrauen wurde von der großen Klostermauer gegenüber des Hangs ein riesiges, rund 50 x 80 m großes Thanka entrollt, auf dem der Buddha des Mitgefühls abgebildet war. Es erreichte kurz vor Sonnenaufgang den Boden. Die Hörner ertönten wieder.

Dann fielen die ersten Sonnenstrahlen auf das Gemälde. Der riesige goldene Buddha erglänzte in ganzer Pracht und im gleichen Augenblick fielen die Sonnenstrahlen auf meinen Rücken. Das Licht schien aus dem glorreichen Buddha zu kommen, und ich hatte das Gefühl, dass mich Buddhas eigenes Herz von innen erwärmte. Dieser Augenblick brachte eine entscheidende Wende. Ich wusste nun, dass der Buddha in mir war.

Mögen Pilgerreisen auch inspirieren, das Reisen ist nicht der Punkt. Entscheidend ist, dass man sich selbst um den Bewusstwerdungsprozess bemüht, wo immer man ist. In *Returning to the Source* erklärt Wilson Van Dusen, das Wesen der Mystik bestehe darin, dass man aus allem das Göttliche zu sich sprechen lässt: seien es Kinderaugen, ein Sonnenuntergang oder der Geschmack eines Apfels. »Was bedeutet es, ein westlicher Mystiker zu sein? Manchmal ist es eine traurige Angelegenheit. Denn trotz Gottesverbundenheit kann man lange Phasen der Unsicherheit durchmachen.

Als ich einmal einen Vortrag in einer Kirche gehalten hatte, kam hinterher eine alte Frau zu mir, die gewartet hatte, bis alle Leute gegangen waren. Sie war sehr gebrechlich und hatte sicherlich nicht mehr lange zu leben. Sie erzählte mir äußerst umständlich einen kurzen Traum, in dem ihr eine goldene Sonne erschienen war, und fragte mich, ob das Gott gewesen sei. Mir lag bereits meine Standardantwort auf der Zunge: ›Nun, man muss sich den Traum genauer ansehen‹, aber dann wurde ich mir der gegenwärtigen Lage dieser alten Frau bewusst. Sie würde bald sterben, und für sie bedeutete es viel, dass Gott ihr zumindest einmal in ihrem Leben begegnet war. Ich sagte: ›Ja, es war Gott‹, und wir beide weinten gerührt. Es war auch traurig. Offenbar führte sie ein sehr religiöses, gottergebenes Leben. Und doch fragte sie mich ganz unsicher, ob Gott ihr begegnet sei. Welch ein typischer Fall. Sie war seit langem auf ihrem Weg, erkannte jedoch die Zeichen nicht.«

Jede Tradition hat ihre Mystiker, und jede aufrechte Form der Praxis kann zur Erfahrung der Allverbundenheit führen. Ein Rabbi beschreibt, wie er auf einem Sommer-Retreat zur Gewissheit fand:

> *Das Schlüsselerlebnis meines religiösen Lebens fand auf einem einwöchigen Gebets- und Meditations-Retreat statt. Ich bereitete mich auf das Morgengebet vor, legte das Gebettuch an, band die traditionellen Kästchen mit den Thora-Abschnitten an die Stirn und den linken Arm (»Es sei dir ein Zeichen an der Hand und ein Erinnerungsmal*

an der Stirn«) und setzte mich. Und während ich so mit geschlossenen Augen betete, hüllte mich plötzlich ein transzendentes Licht ein, das aus den Tiefen der Welt kam. Als es auf mich fiel, gingen die von ihm durchdrungenen Thora-Texte direkt auf mich über. Das Licht prägte ihre Buchstaben in jede Körperzelle ein, und mein ganzes Dasein war erfüllt von dem großen Gebet: »Höre Israel, es gibt nur einen Gott.« Es bedeutet, dass überall NUR GOTT IST.

In diesem Augenblick verstand ich, warum in der mystischen Tradition so viel Wert auf die korrekte schriftliche Form gelegt wird, weshalb kein Buchstabe fehlen oder falsch sein durfte. Denn jetzt sprach ich das Gebet nicht nur, sondern ich wohnte in ihm. Ich war ein verwirklichtes Gebet. Es war wunderbar. Ich weiß nun, dass unser Leben, unser ganzer Körper ein Gebet ist.

Von da an las ich die Gebete und Schriften – von den Psalmen bis zum Talmud – mit anderen Augen. Die großen Weisen der Vergangenheit sprachen eindeutig aus einem erleuchteten Bewusstsein heraus.

Eine Geschichte über einen taoistischen Einsiedler in den Bergen verdeutlicht den Humor, der sich aus solch heiliger Eintracht ergibt. Einmal machten sich Abgeordnete eines konfuzianischen Tempels zu dem Eremiten auf, um seinen Rat einzuholen. Als sie unangekündigt in seine Hütte eintraten, fanden sie ihn zu ihrem großen Entsetzen splitternackt vor. »Was fällt dir ein, dass du hier in deiner Hütte ohne Hosen meditierst?«, fragten sie vorwurfsvoll. »Die Welt ist meine Hütte«, antwortete er, »und dieser kleine Raum meine Hose. Ich würde gerne wissen, was ihr in meiner Hose sucht?«

Man weiß um diese Allverbundenheit intuitiv. Einer der Charaktere aus Alice Walkers Romanen schildert sie so: »Als ich wieder einmal mutterseelenallein dasaß, und ich war ja auch ein Waisenkind, überkam es mich plötzlich: dieses Gefühl, dass ich ein Teil von allem war, nichts mich trennte. Ein Schnitt in einen

Baum und mein Arm hätte geblutet, das wusste ich. Ich lief im Haus umher, lachend und weinend vor Glück. Wem diese Erkenntnis einmal kommt, kann sie nicht mehr vergessen.«

Die Welt ist unsere Hütte. Wir teilen uns die Luft mit den Eichen- und Tannenwäldern, das Wasser mit den Wolken. Wir sind ein Geschenk des Ganzen, stehen mit dem gesamten Werden und Vergehen in Verbindung. Das Herz und der Verstand sind ungetrennt. Ihr Einblick in diese Allverbundenheit erweckt ein natürliches Interesse und Symmetrieempfinden, so dass man seine Umwelt achtsam behandelt. Man erkennt, dass Berge, Flüsse, Bäume, alles auf der Welt den gleichen Nachnamen hat.

Die volle Erkenntnis dieser Wahrheit wird »Satori« genannt – die erste Kostprobe der Erleuchtung. Die Erinnerung an unseren wahren Namen steht jedem frei; man braucht nur lernen, loszulassen. Ein europäischer Zen-Meister hatte seine erste Satori-Erfahrung mit siebenunddreißig Jahren. Er hatte sich dem spirituellen Weg zugewandt, teils um den ständigen familiären Querelen zu entkommen, teils um seinen Horizont zu erweitern. Er beschränkte seine Praxis jedoch nicht nur auf die traditionelle Zen-Disziplin, sondern bemühte sich darüber hinaus um eine Lösung seiner persönlichen Probleme durch Traumarbeit und therapeutische Maßnahmen. Seine Hauptdisziplin blieb jedoch der Zazen:

> *Meine erste Satori-Erfahrung hatte ich während eines Zen-Trainings, nach neunjähriger Psychotherapie und intensiver Meditationspraxis. Offenbar hatte dann genügend vorbereitende Reinigung stattgefunden – und ich war reif. Eines Nachts träumte ich von einem heiligen Berg, an dessen Fuß Grabstätten alter Heiliger lagen. Er war nur für wenige sichtbar. Während ich im Traum an einer riesigen Eistüte schleckte, stieg ich diesen Berg hinauf, von dessen Gipfel alle Kinder der Welt hinunterströmten. Freudig rannten die Kinder in die Welt, ich jedoch hatte meine Eistüte und kicherte. Überall gab es unschuldiges Gelächter – im Gegen-*

satz zu meiner eigenen Kindheit. Es war, als würde sich mir eine neue Möglichkeit eröffnen.

Kurz nach diesem Traum ging ich ins Frühjahrs-Retreat. Ich konnte in großer Klarheit meditieren und dachte, endlich käme ich ans Ziel – aber ich war klug genug, mich nicht darauf zu versteifen, sondern vertiefte das Schweigen. Am vierten Tag brach dann das Chaos in mir aus und ich dachte: »Gut, du hast dich getäuscht.« Aber statt meine Konzentration als Schwert gegen die Verwirrung zu benützen und nur den sicheren Boden zuzulassen, schloss ich das Chaos ganz in mein Herz. Darauf begannen Körper, Geist und Welt zu zerfließen. Es war, als käme eine große Welle über mich. Ich war sowohl ganz klar bei Sinnen als auch voller Freude. Es war Fülle und Leere zugleich, Winterkälte und Frühlingswärme. Mir war, als könne ich alles verstehen.

Dies hielt Tage, Wochen an. Ich denke an die Nachmittage, an denen einen beim Sitzen normalerweise Müdigkeit und Steifheit plagen, aber mir ging es sehr gut. Wenn wir uns um den Zen-Meister versammelten und er seine unmöglichen Fragen stellte, dachte ich schmunzelnd: »Oh, darauf weiß ich die Antwort.« Aber ich blieb sitzen. Ich wurde immer energiegeladener. Schließlich ging ich zum Meister, und er trug mir – unterstrichen mit einer Handgeste – einen der ältesten Koans vor. Bei dieser Geste löste sich der Raum vollständig auf. Alles war weg – der Wind, die Sterne, die Hunde draußen. Alles verschwand in einer großen Leere. Es war da und nicht da. Und ich lachte und lachte völlig überrascht. Ich konnte mich in meinen Lehrer und in das Weltalter versetzen, mein Körper war transparent, der Wind war mein Atem, meine Schritte waren die Erdbewegung selbst. Danach war das Leben so herrlich, ich war so glücklich und fidel, meine tiefsten Ängste waren wie weggewaschen. Ich war endlich ganz lebendig. Und obgleich dieses Glücksgefühl wochen- und monatelang anhielt, schwieg ich darüber. Ich sagte es niemandem aus der

Gruppe, weil ich nicht wollte, dass sie sich ausgeschlossen fühlten. Auf diese Weise lernte ich viel über die leidvollen Begrenzungen in dieser Welt und dass man sie auch in der offenen Weite absolut respektieren muss.

Die Erleuchtung bringt eine völlige Identitätsverlagerung mit sich. Das Ichbewusstsein transzendiert zu einem Bewusstsein grenzenloser Leere, aus der alles stammt. Man erlangt völlige Gewissheit darüber, dass man niemals von der Welt getrennt war. Es ist, als würde sich das Herz der Erfahrung immer weiter ausdehnen, bis man alles enthält und die Welt ist.

Ein anderer Lehrer beschreibt den schlichten Charakter dieser Gewissheit so:

Es ereignete sich während des intensiven Herbsttrainings beim Essen. Ich hatte bereits einige anstrengungsreiche Tage gesessen. Ich gab mir immens große Mühe, wollte mich durch nichts abschrecken lassen und alles begreifen – wer ich war und worum es bei dieser Disziplin ging, der ich mich aussetzte. Ich griff gerade zu meiner Schale, als mir plötzlich klar wurde: Alles passt, so, wie es ist! Die Welt ist vollkommen, und zwar zutiefst. Ich brauchte nichts zu verbessern. Ich brauchte mich auch nicht so anzustrengen. Das klingt banal, wenn ich das jetzt sage, aber es war eine erstaunliche Einsicht, die augenblicklich all mein Fragen unterband und mich von den unzähligen Veränderungsversuchen erlöste, die ich mir und der Welt ständig zumutete.

Es hatte auch eine überraschende körperliche Auswirkung. Ich fühlte mich plötzlich unglaublich leicht. Alle Verspannungen schienen sich in Luft aufgelöst zu haben, so dass ich eine unglaubliche Weite erfuhr. Es gab plötzlich keinen Unterschied mehr zwischen meiner Welt und der Welt draußen. In den folgenden Monaten änderte sich meine ganze Art, und ich wurde so viel ruhiger, dass man mich im Bekanntenkreis fragte, was geschehen sei.

Diese Erfahrung der Verbundenheit kann in jeder Situation auftreten. Eugene O'Neill schildert seinen Helden Edmund nachts auf argentinischer See: »Ich lag auf dem Bug, die Gischt unter mir, über mir die weißen Segel im Mondlicht. Ich wurde trunken von der Schönheit und dem Rhythmus dieser Nacht und vergaß mein Ich einen Moment lang völlig – mein ganzes Leben. Ich war frei ... war aufgelöst in der See, bewegte Segel und sprühende Gischt, war Schönheit und Rhythmus und der hohe sternenübersäte Himmel. ... Ich gehörte dem All und der Lebensfreude selbst.«

Wenn sich die Tiefe des Seins erschließt, ist man für einen Augenblick dessen Geheimnis. Die Sufis nennen es »Einswerden mit dem Geliebten«. Endlich wird das ersehnte Licht erkannt, das Körper und Seele erleuchtet.

Eine Dominikanerin, die seit zweiundvierzig Jahren im Orden lebt, berichtet:

> *Ich hatte schon in meiner Kindheit eine sehr innige Beziehung zu Jesus. Und als Nonne beschäftigte mich die Frage »Wo ist Jesus jetzt?«, besonders seit ich mehr Gebetserfahrung hatte. Wir beteten zu ihm, dienten ihm und versuchten unser Herz für ihn rein zu halten. Aber mir war klar, dass es um mehr ging. Jesus erfüllte mich nachts mit großem Trost. Ja, oftmals offenbarte er sich selbst in mir. Diese Begegnung mit dem Geliebten hält Stunden an. Ich kann in diesen Phasen der Ekstase nicht darüber reden, obwohl ich davon tief erfüllt bin und mein Herz vor Liebe überfließt. Dann ist Jesus überall – in den Menschen, die sich plagen, in den Armen, in den Geringsten seiner Kreaturen, in meinen Schwestern, auch in den Reichen. Und ich diene ihnen allen in Liebe als »Christus in jämmerlicher Verkleidung«.*
>
> *Manch einem mag es als Blasphemie erscheinen, aber Jesus ist in jedem Menschen, in jedem Stein, er begleitet alle unsere Taten, Erfolge und Irrtümer. Er ist die Pracht des Aprikosenbaums im Garten, das Geschenk, das ich meiner*

Nichte mache, er ist meine Hände und Augen. Ich spüre seine Anwesenheit in diesem irdischem Körper. Zu was für einem herrlichen Königreich können wir erwachen, wenn wir seine göttliche Gegenwart annehmen!

Wenn sich unsere Identität ins alles Umfassende erweitert, schließt man Frieden mit dem Treiben in der Welt. Der Ozean des Lebens wogt in uns – Geburt und Tod, Freud und Leid, alles gehört dazu. Unser Herz ist leer und voll zugleich, groß genug, um alles zu enthalten.

7

Das torlose Tor: Die ewige Gegenwart

Eigentlich gibt es nichts, das einem beigebracht werden müsste, nichts zu verdauen und zu diskutieren. Aber weil man sich selbst nicht glaubt, packt man seine Sachen und macht sich auf den Weg in anderer Leute Häuser, interessiert sich für Zen, Tao, Mysterien und Erleuchtung, wendet sich an Buddhas, Meister und Lehrer. Man glaubt sich auf der Suche nach dem Absoluten und macht daraus seine Religion. Aber im Grunde irrt man blind umher. Je angestrengter man herumläuft, desto weiter ist man vom Ziel entfernt. Man erschöpft sich nur – für nichts und wieder nichts.

Zen-Meister Foyan

Ein junger Mönch fragte den Meister:
»Wie kann ich mich nur befreien?«
Der Meister antwortete:
»Wer hat dich nur versklavt?«

Advaita-Lehre

Manchmal begegnet man sehr erfahrenen Menschen, die keine großen Reisen unternahmen, sich nie einer systematischen spirituellen Disziplin unterwarfen und nie ein mystisches Erlebnis hatten. Sie begegnen einem vielleicht in Gestalt einer großherzigen, liebenswürdigen Kinderbetreuerin, als der belesene Mitarbeiter im örtlichen Buchladen oder als die mitfühlende Großmutter, die in der ganzen Gemeinde beliebt ist. Solche Menschen haben eine direkte, kluge Art und ein aufrichtiges Herz; es sind beispielhafte Menschen, die keine Angst vor dem Leben haben, die lieben und loslassen können.

Spricht man über den spirituellen Weg, sind solche Menschen ein Phänomen. Und dass es Menschen gibt, die jahrelang praktizieren und immer klüger werden, aber selbst nie Satori, Erwachen oder Gnade erfahren, ist ebenfalls ein Phänomen. Und zwar eines, das häufig vorkommt. Wie ist das möglich?

Die letzten Kapitel könnten ein Missverständnis ausgelöst haben, das ausgeräumt werden muss. Genauso, wie es für eine Kultur eine Gefahr darstellt, wenn sie Initiationserfahrungen verdrängt und tabuisiert, so ist es auch gefährlich, wenn sich in ihr alles um Erleuchtung, Satori und Gnade dreht. Solche Erfahrungen erhalten dann ein zu großes Gewicht, und durch diese Überbetonung kann sich die Meinung verbreiten, dass sie das spirituelle Leben allein ausmachen. Wer aber besondere Heiligkeit anstrebt, sucht vielleicht jahrelang etwas außerhalb von sich, was nur in ihm selbst liegt. Oder man beginnt an sich zu zweifeln und tut seine eigenen Erfahrungen als unspirituell und irrelevant ab.

Als ich nach langer intensiver Schulung in anderen Klöstern zu meinem Lehrer Ajahn Chah zurückgekehrt war, erzählte ich ihm von meinen bisherigen Einsichten und besonderen Erfahrungen. Er hörte höflich zu und erwiderte dann: »Auch das ist wieder etwas zum Loslassen, nicht wahr?«

Man darf nicht aus den Augen verlieren, dass man zur Gegenwart unterwegs ist und jede Praxis nur so viel taugt, wie sie das Hier und Jetzt erschließt. Der Weg und das Ziel sind dort, wo wir uns befinden.

Ein Lama, der mit mir über sein Erwachen sprach, konnte den sachlichen Aspekt dieser Erfahrung gar nicht stark genug betonen. Er hatte lange Retreats und eine traditionelle Schulung hinter sich, aber das »war sein Job«, so wie ein Bäcker Brot bäckt. Als ich nachhakte und wissen wollte, ob es nicht doch einen besonderen Erleuchtungsmoment gab, lachte er und antwortete:

> *Man versucht ständig, alles größer, schöner und besser darzustellen, als es ist. Jede Einsicht bestätigt lediglich schon*

Dagewesenes. Die Lehren und das Gerede sind wahr: Wir sind intelligente Wesen, Bewusstwerdung ist unsere Natur. Wenn Sie also auf einer Geschichte bestehen: Es war nichts und doch ließe sich sagen, ich ruhte mich gerade aus, als ein Mönch hereinkam. Wie er mich sah, sagte er: »Aha, da hat sich etwas getan.« Ich hatte mich einfach entspannt gehabt, und plötzlich war die Zeit einen Moment stehen geblieben oder waren es Stunden – wer weiß? –, in denen ich wie selbstverständlich zu vollkommener Ausgeglichenheit gefunden hatte. Der Mönch bemerkte es allerdings sofort und sein Blick sagte es mir. Seitdem fand ich es mehr und mehr widergespiegelt. Und in dieser Widerspiegelung war ich völlig gelassen. Es gab nichts zusätzlich zu tun oder zu sein. Alles war ganz normal und gleichzeitig ganz klar – auf das Wachhalten dieses Moments kommt es an.

Als der Buddha über die praktische Seite des spirituellen Lebens befragt wurde, erklärte er, es könne sich auf vier Weisen entfalten: Für manche ist der Weg unproblematisch und freudvoll. Sie sind unkompliziert und kommunikativ, ihnen geht alles leicht von der Hand, sie nehmen und geben begeistert. Andere finden ebenfalls rasch auf ihren Weg, allerdings schmerzlich. Sie haben vielleicht ein Nahtoderlebnis, einen Unfall oder sind mit dem schrecklichen Verlust eines geliebten Menschen konfrontiert. Sie müssen durchs Feuer, um Loslassen zu lernen. Drittens kann man langsam und freudig auf seinem spirituellen Weg vorankommen. Hier dauert das Sichöffnen und Loslassen Jahre, wobei Leichtigkeit und Begeisterung vorwiegen. Auf dem vierten, dem am häufigsten vorkommenden Weg geht es auch langsam voran, jetzt aber hauptsächlich schmerzvoll. Es tauchen immer wieder Schwierigkeiten und Probleme auf, durch die man langsam zur Einsicht kommt.

Man hat in dieser Hinsicht keine Wahl. Das spirituelle Leben entfaltet sich entsprechend unseren Lebensmustern, die auch »Schicksal« oder »Karma« genannt werden. Ganz gleich, wie schnell es scheinbar vorangeht, erforderlich ist nur, dass man sich um Bewusstwerdung bemüht. Der Fortschritt lässt sich nicht messen. Es ist, als wäre man in einem Ruderboot auf dem Meer unterwegs. Mag man auch noch so sehr Richtung Osten rudern, die Strömung bestimmt das Vorankommen mit. Doch interessieren Geschwindigkeit und zurückgelegte Strecke nur am Anfang sehr. Später tritt der Leistungsgedanke zurück. Dann steht die Übung der Achtsamkeit im Vordergrund.

So lässt sich neben den vier vom Buddha beschriebenen spirituellen Wegen eigentlich noch von einer fünften Entfaltungsmöglichkeit sprechen, bei der es keine Entfernung zu überwinden, keine Entwicklung zu durchlaufen gibt. Uns steht nicht nur das Tor der Allverbundenheit oder das Tor des Leidens offen, sondern auch das torlose Tor – die Einsicht, dass die ganze Idee einer anstrengenden Reise überflüssig ist. Wir sind bereits am Ziel.

Dies wird verständlicher, wenn man sich klarmacht, dass Erleuchtung auf zwei sich ergänzenden Wegen gefunden wird: Man kann Erleuchtung anstreben und man kann sie geschehen lassen. Ersteres erfordert eine Reinigung, eine Überwindung momentaner Ablenkungen. Man konzentriert sich nur auf ein Ziel, lässt zugunsten der Erleuchtung alles andere in den Hintergrund treten. Schließlich sieht man sich gezwungen, auch dieses letzte Ziel, den Wunsch nach Erleuchtung, loszulassen, und gelangt dadurch zur unmittelbaren Anschauung. Auf dem Weg des Seinlassens gibt es kein Ziel. Man widmet sich der gegenwärtigen Wirklichkeit und braucht nichts weiter zu tun, als in seiner Natürlichkeit zu verweilen. Aus ihr folgt alles Verstehen und Begreifen.

Tatsächlich sind beide Wege Teil eines jeden spirituellen Lebens. Wie einer meiner Lehrer, Dipama, zu sagen pflegte: »Beides ist am besten.« Kluges Bemühen ist wichtig. Doch das allein reicht nicht aus. Mag der Weg auch noch so anstrengen, am Ende kommt das Erwachen wie ein Segen, wie eine herzerfrischende Frühlingsbrise, die alle Sorgen und Ängste wegbläst.

Das Meditieren, Beten und Zuhören gleicht dem Öffnen der Türen und Fenster. Die frische Brise lässt sich damit nicht erzwingen. Wie Suzuki Roshi sagt: »Mit der Erleuchtung kannst du dich nicht verabreden.« Ähnlich heißt es auch: »Erleuchtung ist Zufallssache. Spirituelle Disziplin vergrößert einfach die Chance.«

Verbissenheit geht am Wesentlichen vorbei. Es gibt eine Geschichte über einen Zen-Schüler, der sich beim Meister eines Tempels erkundigt: »Ich möchte mich der Gemeinschaft anschließen und Erleuchtung erlangen. Wie lange wird das dauern?« »Zehn Jahre«, antwortet der Meister. »Gut, und wie lange dauert es, wenn ich mir wirklich Mühe gebe und doppelt hart arbeite?« »Zwanzig Jahre.« »He, Moment mal. Das ist unfair! Wieso doppelt so lang?« »Es tut mir Leid«, erwidert der Meister, »aber in deinem Fall wird es dreißig Jahre dauern.«

Ein Sufi-Meister beschreibt seine Öffnung vor allem als einen schrittweisen Lernprozess und nicht so sehr als eine große einmalige Wandlung:

> *Natürlich erinnere ich mich an eine Reihe einzelner Erkenntnisse, aber im Ganzen ist es ein sich über Jahre erstreckender bewusster Öffnungsprozess. Diesen Prozess braucht man einfach nur sorgfältig weiterzuverfolgen. Wenn ich auf meine innere Entwicklung achte, treten ihre Zeichen deutlicher hervor. Und sobald sich eine neue Fähigkeit anbahnt, entdecke ich auch, was im Weg ist, was mich von der Offenheit abhält. Wenn ich also meinem Einfühlungsvermögen nachgehe, begegne ich auch immer wieder Zweifeln und Widerständen, die mich von einer wirklichen Anteilnahme abhalten. Ihre Bewusstmachung gehört notwendig zum Öffnungsprozess.*
>
> *Auch wenn man die Wahrheit kennt, muss man weiterhin Überzeugungen und Normen abbauen, die einen begrenzen. Ein Großteil des Öffnungsprozesses besteht darin, dass man ihn aufmerksam beobachtet. Schließlich erreicht man einen Punkt, an dem Achtsamkeit zur Selbstverständlichkeit wird. Ist man sich einmal seines wahren Seins bewusst geworden, gibt es trotz gelegentlicher Rückfälle kein*

Zurück mehr, nur noch ein fortgesetztes Vertrauen. Denn hat man einmal erkannt, wer man selbst ist, kann man das nicht mehr vergessen.

Statt die Erleuchtung als weit entfernten Zustand anzustreben, lernt man erkennen, dass er, wie es im Zen heißt, »näher als nah« ist. Dieses Erwachen zu unserer unmittelbaren Natur ist unser Geburtsrecht.

Ajahn Chah, der aus einer buddhistischen Kultur stammte, die den langen, harten Weg zur Erleuchtung überbetonte, pflegte seine Mönche und Nonnen in großer Regelmäßigkeit daran zu erinnern, dass das Erwachen etwas ganz Natürliches, Unmittelbares ist. Er sagte, wenn man nach den ersten sechs Monaten im Kloster noch immer keinen Vorgeschmack von der Erleuchtung habe, hätte man seine Zeit verschwendet. Erleuchtung wohnt jedem inne, erklärte er, man kann lernen, in der freien Stille seines Herzens zu verweilen, unabhängig von den Wechselfällen des Lebens. »Unsere eigene Mitte ist zeitlos, ausgewogen, unbewegt. Verweile in diesem natürlichen Zustand des Geistes. Wenn du ihn durch die wechselnden Sinneseindrücke vergisst, brauchst du dir in deiner Verwirrung und Verstrickung nur deine Lebendigkeit bewusst zu machen und zur Mitte zurückzukehren.«

Ajahn Chah erinnert uns an unsere wahre Mitte, welche Reflexion und Meditation offenbaren, wann immer man ernsthaft in sich geht. Unsere Erfahrungen sind substanzlos, haben keine unabhängige Existenz. Sie kommen wie der Wind und vergehen, je nach den Umständen. Solange man sich diese Wirklichkeit bewusst hält, lehrte er, kann man jede Ichbeschränkung überwinden und im zeitlosen, unbedingten Bewusstsein ruhen. Die schwierige Aufgabe ist also, dass man die sich wandelnde Welt wahrnimmt, ohne sich in ihr zu verlieren.

Bei diesem Ansatz sind Ausgangs- und Endpunkt der Erfahrung vertauscht. Die Erleuchtung ist unser eigentlicher Zustand und die spirituelle Praxis besteht darin, dass man sich aus den Verstrickungen löst und in der Gegenwart lebt. Wir sind das Ziel.

Eine buddhistische Meditationsmeisterin berichtet von den Veränderungen in ihrem Leben. Auch sie hat kein Meilenstein-Satori erlebt, auf das sie verweisen könnte, sondern spricht von einem unaufhörlichen Lernprozess:

> *Hier bin ich, eine Lehrerin von vielen hundert Schülern, die teilweise großartige Öffnungen in der Meditation erfahren haben. Aber bei mir war das anders. Und ich konnte mich lange Zeit am wenigsten damit abfinden, dass »nichts passiert« war. Ich persönlich habe keine dramatischen Erfahrungen gemacht. Seit dreißig Jahren praktiziere ich einfach, ohne mich in Ablenkungen oder Erfolgsprojekten zu verlieren. Selbst während Monaten intensiven Trainings ereignete sich nichts Spektakuläres. In den ersten zehn Jahren machte mir das sehr zu schaffen, aber wenigstens verfiel ich so nicht auf den Gedanken, ich könnte eine besonders spirituelle Persönlichkeit sein.*
>
> *Trotzdem änderte sich etwas. Was mich am meisten veränderte, waren die endlosen Übungsstunden der Achtsamkeit, in denen ich mir mein Tun bewusst machte. Ich begriff, dass ich meine Schwierigkeiten nicht mit einem Mal, sondern nur Schritt für Schritt loswerden würde. Ich lockerte meine Meinungen, meine Angst, mein Misstrauen mir selbst gegenüber, die Verspannungen und die Anspannungen. Irgendwann begriff ich, dass sich Verspannungen und Begierden automatisch einstellen, und diese Erkenntnis half mir, noch mehr loszulassen. Ich begann das Leben anzunehmen, Muße zu finden.*
>
> *Mir dämmerten langsam die traditionellen Lehren – dass es im Grunde kein Werden und Vergehen gibt, dass sich das Sein in Wirklichkeit nie verändert. Diese Einsichten glichen Bestätigungen von schon Gewusstem. Ich wurde humorvoller, nahm mich nicht mehr so wichtig. Meine Freundlichkeit nahm zu. Eigenartigerweise sagen manche meiner Freunde, ich würde immer mehr ich selbst. Sie sagen, ich hätte mich sehr verändert, aber das geschah nicht auf einen Schlag. Ich*

glaube, es ist einfach die Frucht meiner ständigen Achtsamkeitsübung. Mehr nicht.

Man kann leicht auf den Gedanken verfallen, dass es im spirituellen Leben ein Ziel zu erreichen gibt, einen bestimmten Zustand oder Ort. Die Berichte über außergewöhnliche Erfahrungen können einen dazu verleiten, dass man sich selbst mit anderen vergleicht und sein eigenes spirituelles Leben gering schätzt. In Tibet hatte sich einmal ein berühmter Yogi jahrelang in die Berge zurückgezogen, wo er von den Talbewohnern versorgt wurde. Irgendwann erfuhr er, dass ihn alle seine Helfer am nächsten Feiertag besuchen wollten. Der Yogi fegte seine Hütte gründlich aus, polierte die Opferschalen auf dem Altar, stellte zusätzliche Opfergaben auf und wusch seine Gewänder. Dann setzte er sich hin und wartete, aber er wurde immer unruhiger. Wer versuchte er zu sein? Schließlich stand er auf, holte wieder ein paar Hände voll Kehricht herein und bewarf damit den Altar. Es heißt, diese Hände voll Kehricht seien seine größte Opfergabe gewesen.

Wer durch das torlose Tor der Gegenwart geht, kommt ans Ende seiner Suche. Vielleicht hat man zunächst auf viele verschiedene Weisen nach Erleuchtung gesucht oder wollte etwas Besonderes sein. Die Einkehr in die eigene Mitte lässt einen erkennen, dass man bereits am Ziel ist. Man selbst ist der Ort, der einzige Ort, an dem Geduld, Frieden, Offenheit und Mitgefühl geübt werden können. Der Zen-Dichter Ryokan beschreibt diese Aufrichtigkeit als den Höhepunkt der Wahreitssuche.

Mein Leben mag trist wirken,
aber ich gehe meinen Weg in
aller Ruhe.
Ich habe drei Quart Reis in meinem Sack,
ein Bündel Feuerholz neben dem Herd.
Wenn ich gefragt werde, worin sich
Erleuchtung und Täuschung unterscheiden
lässt sich das nicht sagen –

Ehre und Reichtum sind nur Tand.
Ich sitze während des Abendregens in meiner Hütte
und strecke zur Antwort meine Füße aus.

Ryokan verweilt in der Aufrichtigkeit des Herzens. Er erwartet nichts mehr von der Welt, er vertraut dem Tao. Die Erleuchtung ist seine eigene Gegenwart, und entsprechend natürlich und wohlwollend ist sein Verhalten.

Ein christlicher Mystiker, der seit dreißig Jahren seinen Weg geht, erzählt die folgende Geschichte:

Mystiker, wie der heilige Johannes vom Kreuz und Teresa von Avila, hatten mich schon immer interessiert. Als ich dann nach einer gescheiterten Beziehung und wegen familiärer Probleme für ein Jahr ins Kloster ging, las ich dort ihre Werke wiederholt. Ich hatte die romantische Vorstellung, dass meine Seele die dunkle Nacht durchmache. Aber bei mir blieb sie, es kam kein großes Erlebnis, keine mystische Erleuchtung. Als ich das Kloster verließ und Sozialarbeiter wurde, pflegte ich weiterhin das Gebet und die Kontemplation, aber jahrelang blieb alles düster wie bisher. Heute weiß ich, dass ich einfach einsam und depressiv war – was mit Mystik wenig zu tun hatte.

Vor zehn Jahren nahm ich dann an einem Retreat teil, das Pater Bede Griffith leitete, ein charismatischer katholischer Mönch mit einem Ashram in Indien. Sein Gewand war orange wie das der Yogis, er hatte weißes Haar und seine ganze Art vermittelte eine solche Freude, als sähe man Osterglocken nach einem langen Winter. Wir unterhielten uns, und schließlich sagte er mir, ich hätte ihm nun ausführlich beschrieben, wie ein spirituelles Leben auszusehen hat. Dann nahm er mein Gesicht in seine Hände, strahlte mich unglaublich gütig an und sagte: »Warum sind Sie nicht einfach Sie selbst. Mehr will Gott gar nicht von Ihnen.« Und ich weinte und tanzte und lachte mich von allem frei, was ich zu sein versucht hatte. Mittlerweile habe ich weitere

Jahre des Gebets und der Kontemplation hinter mir, ohne dass sich etwas groß getan hätte, aber ich bin nicht mehr depressiv und mittlerweile liebe ich mein Leben. Es fand zwar kein Wandlungserlebnis statt, aber dadurch, dass ich mich liebe, veränderte sich alles.

In der Zen-Tradition gibt es viele solcher Berichte. Ein Schüler des Zen-Meisters Kassan war nach einiger Zeit mit dessen Lehrmethoden unzufrieden und ging auf Pilgerreise. Aber wohin er auch kam, überall hielten die anderen Meister Kassan für den besten Lehrer und waren des Lobes voll. Schließlich kehrte er zurück. Bei der Begrüßung fragte er seinen alten Meister: »Warum hast du mir deine tiefe Einsicht vorenthalten?« Der Meister antwortete lächelnd: »Wenn du Reis gekocht hast, habe ich dann nicht das Feuer angezündet? Wenn du das Essen ausgeteilt hast, habe ich dir dann nicht die Schale gereicht? Wann habe ich dir also etwas vorenthalten?« Bei diesen Worten begriff der Mönch völlig.

Die Vollkommenheit, nach der wir suchen, ist bereits da. Juliane von Norwich beschrieb sie in einem ihrer Gebete: »Und alles ist gut so, wie es ist, alles ist in sich vollkommen.« Die Einsicht in die Vollkommenheit der »Dinge, wie sie sind«, stellt eine grundlegende Öffnung des Herzens dar, eine Ehrfurcht vor dem heiligen Ganzen, das alle Dinge mit einschließt. Die Vollkommenheit ist immer da und man kann sich ihrer in jeder Situation bewusst werden.

Vielleicht fragt sich mancher jetzt: »Warum hat sich mir dann diese Vollkommenheit noch nie gezeigt?« Wahrscheinlich tat sie es, aber es wurde übersehen oder nicht erkannt. Es ist wie mit der Luft, sie umgibt uns und erhält uns am Leben, ohne dass wir sie sehen.

Ajahn Buddhadasa, dessen Kloster in einem Urwald der Malaien-Halbinsel lag, pflegte sich mit seinen Schülern für Unterweisungen nach draußen, in den Schatten der Bäume zu setzen. Er ermutigte seine Schüler, ganz schlicht im Alltag nach dem Nirwana zu suchen. »Nirwana«, sagte er, »ist die Besonnenheit des Loslassens, das erlebte Glück, wenn man sich weder an das Leben klammert, noch es verachtet.

Würden ein Tag und eine Nacht von Begierden und Aversionen beherrscht werden, wäre das nicht auszuhalten. Man würde daran zugrunde gehen oder wahnsinnig werden. Wir überleben nur deshalb, weil es natürliche Phasen der Besonnenheit und Ausgeglichenheit gibt. Tatsächlich dauern sie länger als unsere Begierde- und Angstanfälle. Das erhält uns am Leben. Immer wieder erfrischen und erquicken uns Ruhepausen. Warum empfinden wir für dieses alltägliche Nirwana keine Dankbarkeit?«

Loslassen ist eigentlich nichts Besonderes – man kennt es vom Einschlafen und weiß, wie köstlich die tiefe Entspannung des Schlafs ist. Wenn man sich auf diese Weise öffnet, beginnt man aus seiner Mitte heraus zu leben. Je mehr man loslässt, desto mehr kommt man zur Ruhe. Tritt man durch das torlose Tor in die Gegenwart, beginnt man die Vollkommenheit des Augenblicks zu schätzen. Man verlässt sich auf den natürlichen Rhythmus des Daseins, so, wie man sich auf seinen Schlaf und auf seine Atmung verlässt.

Auf einem Retreat hatte ein Psychologe, der sich seit fünfzehn Jahren seiner spirituellen Disziplin widmete, erneut mit Partnerwünschen zu kämpfen. Ihn plagten Phantasien und Schuldgefühle. Wir sprachen darüber und ich schlug ihm eine mehrtägige Meditation der Herzenswärme vor, die er sich selbst widmen sollte. Zunächst wehrte er ab; direkte Güte sich selbst gegenüber war ihm, wie so vielen von uns, unangenehm. Die Übung fiel ihm also außerordentlich schwer. Als er dann das Retreat fortsetzte, war er jedoch wohlwollender. Er wurde sich selbst und anderen gegenüber nachsichtiger. Die Welt begann freundlicher auszusehen. Dann hatte er eine Erkenntnis:

> *Ich bin es, der mich lieben muss. Niemand kann mir das ersetzen, auch wenn derjenige noch so um mein Wohl bemüht ist. Jetzt habe ich begriffen, dass diese Ganzheit immer in*

mir und in allen Wesen ist. Das Wissen darum erlaubt mir eine gänzlich andere Offenheit mir selbst und anderen gegenüber. Diese neue Art von Wohlwollen hat mein gesamtes Leben verändert.

Hier zeigt sich wieder einmal, dass es in der spirituellen Praxis um keinerlei Wissensanhäufung geht, sondern um das Liebenlernen. Ist man fähig, das Gegebene zu lieben, inmitten der Welt zu lieben, sich selbst und andere zu lieben? Vermag man das Sonnenlicht jeden Tag als Geschenk zu betrachten? Wenn nein – wie kann man loslassen, wie zu körperlicher, seelischer und geistiger Ausgeglichenheit finden? Durch die Bewusstmachung der eigenen Mitte. Das Tor steht offen; das Gesuchte ist unmittelbar da, heute und jeden Tag.

Der Meditationslehrer Larry Rosenberg fuhr nach Korea, um bei dem Zen-Meister Seung Sahn zu praktizieren. Auf seiner Reise besuchte er auch andere Meister und Tempel, und einmal kam er auf einer abgelegenen Straße an einer besonders schönen Pagode vorbei, die am Fuß eines Berges lag. Gleich daneben befand sich ein Schild: »Zum schönsten Buddha in ganz Korea«, und ein Pfeil deutete auf einen Stufenweg zum Gipfel. Larry beschloss, ihn zu erklimmen, und stieg die Stufen in einem Zug hoch. Die Aussicht war in jeder Richtung atemberaubend. Und die einfache Zen-Pagode dort oben nahm es an Eleganz mit der unteren auf. Aber es stand keine Buddha-Statue auf dem Altar, er war leer. Hinter ihm nur der großartige Blick auf die grüne Hügellandschaft. Als er näher herantrat, entdeckte er eine Inschrift auf dem Altar: »Wenn du hier keinen Buddha siehst, geh hinunter und übe noch ein wenig.«

3

Kein Abschied nach der Erleuchtung

8

Nach dem Satori: Die Landkarten des Erwachens

Die Tochter eines Priesters fragte ihren Vater, woher er seine Ideen für die Predigten habe. »Von Gott«, antwortete er. »Warum streichst du dann manches aus?«, fragte das Mädchen.
Fr. Anthony de Mello

Warum fällt ein wirklich erleuchteter Mensch in den Brunnen?
Traditionelles Zen-Koan

Was sollte auf das Erwachen noch folgen? Als Sokrates im Gefängnis auf seine Hinrichtung wartete, hörte er einen Mitgefangenen einen langen lyrischen Text des Dichters Stesichorus singen. Er bat den Mann, ihm das Gedicht beizubringen. »Wozu noch?«, fragte der andere. Sokrates antwortete: »Damit ich noch etwas klüger sterbe.«

Im spirituellen Leben verhält es sich genauso. Nach dem Erwachen nimmt unser Verständnis ständig zu, wir reifen in der »Weisheit danach«. Wie schon der chinesische Meister Hsu Yun sagte, als er mit einhundertzwanzig Jahren starb: »Auf dem Weg des echten Erwachens gibt es viele große Satoris, und vor jedem großen viele kleine.« Mystiker jeder Tradition lehren, dass man – ganz gleich, wie weit reichend das Erwachen auch sein mag – diese erlebte Ekstase nicht endlos aufrechterhalten kann. Zunächst mag das nicht so erscheinen. Das Verstehen und die Freiheit sind im Satori so absolut, dass man es für etwas Endgültiges und nicht nur für einen ersten Schritt hält. Und doch werden auf nahezu jedem spirituellen Weg Einsichtsstufen beschrieben, manchmal sogar ganze Landkarten des Erwachens.

Manchmal wird diese Entfaltung als Aufstieg in höhere Visionsebenen dargestellt. Der christliche Mystiker und Heilige Johannes vom Kreuz schildert seinen Aufstieg auf den Berg Karmel und die zunehmende Klarsicht, die damit verbunden ist. Manchmal wird sie als Stabilisierung der ersten Einsicht beschrieben, deren Notwendigkeit die tibetischen Dzogchen-Meister lehren. Auf dem letzten Bild der Zen-Ochsen-Bildergeschichte sind Hirte und Ochse friedlich zum Marktplatz unterwegs – doch ist das nicht das Ende ihres gemeinsamen Weges. Vielmehr ließe sich sagen, dass die Abenteuer der beiden jetzt erst anfangen. Jede Tradition hat ihre eigene Anschauung davon, wie das Herz nach dem Erwachen weise wird, aber alle stimmen darin überein, dass es mit der Öffnung des Herzens allein nicht getan ist.

Mit dem Erwachen beginnt eine Entwicklung

Eine der bekanntesten buddhistischen Landkarten des Erwachens stammt aus der Theravada-Tradition Südostasiens. Darin wird die Erleuchtung als ein Prozess beschrieben, der sich in vier Phasen »edler Einsicht« gliedert, mit jeweils tieferen Ebenen der Unabhängigkeit. Das erste Stadium wird das »Eintreten in den Strom« genannt. Dieser Eintritt findet statt, wenn man einen ersten Geschmack von der Bedingungslosigkeit der Erleuchtung erhalten hat, eine persönliche Unabhängigkeit von allen wechselnden Bedingungen der Welt.

Wie Satori oder Kensho (ein großes Erwachen) im Zen, bringt der Eintritt in den Strom einen atemberaubenden Bewusstseinswandel mit sich. Bei dieser ersten Erleuchtungserfahrung wird durch die eigene zeitlose Mitte das separate Ich als Illusion durchschaut und in der Stille des Nirwana die Identifikation mit dem Körper und der Erinnerung aufgegeben. Dies führt zu einer bleibenden Änderung der Weltsicht, und der

Strom dieses neuen Bewusstseins führt zu einer immer größeren Unabhängigkeit, so gewiss, wie ein reißender Strom ein Blatt ins Meer transportiert.

Doch selbst nach dieser Erkenntnis der Wahrheit bleibt einem eine weitere Reinigung nicht erspart, sagen die Älteren, denn zur lebendigen Umsetzung dieser neuen Einsicht muss der Charakter transformiert werden. So folgt nach dem Eintritt in den Strom die zweite Phase, die »Rückkehr des Alten«. Im Verlauf dieser Phase, die oft viele Jahre dauert, erkennt und überwindet man seine gröbsten Arten des Besitzergreifens und des Abscheus, durch die man sich immer wieder sein begrenztes, geängstigtes Ichbewusstsein aufbaut. Dazu ist die stete und aufrichtige Konfrontation mit dem Leiden nötig, das sich aus der Identifikation mit Ansichten, Normen, Ängsten und Idealen ergibt. Sobald diese menschlichen Zwänge durchschaut sind, verlieren sie die Macht über uns. All das führt schließlich zu einer großen Einsicht, bei der die ausgeprägtesten Formen der Gier, Wut und Angst von einem abfallen. Man hat das Ende der zweiten Phase erreicht.

Die dritte Phase nennen die Älteren »Keine Rückkehr«. In ihr befreit man sich unwiderruflich von jeder verbliebenen Identifikation, so dass man sich endgültig nie mehr in Wut, Gier und Angst verliert. Die wenigen, die an diesen Punkt kommen, erreichen ihn durch unerschütterliche Geduld und Anspruchslosigkeit. Mit wachsender Einsicht in die Leere werden schließlich auch kleinste Regungen des Festhaltens bewusst und überwunden, sobald sie auftreten. In dieser Phase sind wir frei und gegenwärtig und das Herz ist kaum mehr aus der Ruhe zu bringen.

Schließlich folgt die vierte und außergewöhnlichste Phase, »Großes Erwachen« genannt, in der die letzten Spuren subtilen Anhaftens – selbst an der Freude, an der Unabhängigkeit und der Meditation – verschwinden. Nun gibt es nicht mehr die geringste Ich-Identifikation und damit auch keine das reine Sein verhüllenden Spuren des Stolzes, des Urteils, der Ruhelosigkeit und der Trennung mehr. Der Glanz unserer reinen Natur strahlt ungehindert durch unser Leben.

Diese Phasenbeschreibung der Älteren erklärt, inwiefern man trotz einer echten Erleuchtungserfahrung in Gier, Wut und Täuschung verstrickt sein kann. Nach der ersten großen Bewusstwerdung, dem Eintritt in den Strom, kann man inspirierte Lehren über die Erleuchtung und das Erwachen erteilen, ohne sie ganz verwirklicht zu haben. Die weiteren Phasen des Erwachens betreffen also Fragen der Umsetzung.

Fast alle Meister stimmen darin überein, dass es nach der ersten Erleuchtung noch Phasen der Angst, Verwirrung und Versuchung gibt – und entsprechend unethische und ungeschickte Verhaltensweisen. Wie überwältigend die Einsicht und wie groß der Segen der Freiheit auch war, es muss ein Reifungsprozess folgen. In all den Jahren habe ich keinen einzigen Abendländer kennen gelernt, auf den dies nicht zugetroffen hätte, und es scheint auch für die meisten asiatischen Lehrer zu gelten. Wer diese Wahrheit leugnet, betrügt sich nur selbst. Als einmal eine Mutter stolz vor Mullah Nasruddin verkündete: »Mein Sohn ist mit seinem Studium fertig«, antwortete Nasruddin: »Gott wird ihm sicher weitere Lehren schicken.« Das gilt für uns alle.

Weil der Eintritt in den Strom sich auf unterschiedliche Weise kundtut und auch auf unterschiedliche Weise erreicht werden kann, herrschen zwischen den Älteren unterschiedliche Lehrmeinungen bezüglich der Methode. In der einen Schule wird die Erleuchtungserfahrung durch tiefe Versenkung herbeigeführt, die die Grenzen des Körpers und jegliche Identifikation mit ihm aufhebt. In einer anderen Schule ist es die Befreiung von intellektuellen Identifikationen. Und in wieder anderen Klöstern wird gelehrt, dass zum Eintritt in den Strom keine tiefe Versenkung nötig ist, sondern er spontan stattfindet, sobald man sich einige Monate im achtsamen Loslassen geübt hat. Manche Lehrer sagen, dass eine einzige Begegnung mit dem Meister oder das Gewahrwerden eines selbstlosen Augenblicks die Erleuchtung bewirken kann. Andere meinen, die Ureinsicht komme, nachdem man sich eingehend mit einem Koan befasst hat. Und selbst innerhalb der Klöster diskutieren die Meister untereinander, ob ein Schüler tatsächlich zur Verwirklichung gelangt ist.

Man sollte am besten von vielen authentischen Wegen ausgehen. Der Eintritt in den Strom hat immer damit zu tun, dass man sein Selbstkonzept loslässt und sich ganz der Freiheit des Augenblicks anvertraut. Es ist wie beim Jazz, von dem Louis Armstrong einmal gesagt hat: »Ich kann nicht erklären, was Jazz ist – du weißt es, wenn du ihn hörst.«

Noch schwieriger wird es für Schüler, nach ihrem Eintritt in den Strom präzise, unmissverständliche Unterweisungen zu erhalten. Ein älterer buddhistischer Lehrer, der als einer der größten westlichen Praktikanten angesehen wurde, erzählte mir:

Ich ging nach jahrelanger Retreat-Praxis nach Burma. Der Lehrer spornte uns zu Höchstleistungen an, und ich durchlief viele Einsichtsstufen, die in einer großartigen Dharmaverwirklichung mündeten – es war offenbar der Eintritt in den Strom, was der Sayadaw (Lehrer) zu bestätigen schien. Es war eine Ehrfurcht gebietende Erfahrung, und die Auswirkungen dieser Bewusstwerdung hielten lange Zeit an. Also wähnte ich mich der nächsten Erleuchtungsstufe nah. Ich stürzte mich das darauf folgende Jahr in die Praxis, aber es tat sich nichts Neues, mir gelang es offensichtlich immer wieder nur, an denselben Punkt zu kommen. Es war frustrierend. Ich spürte, wie stark verwurzelt die nächste Ebene des Anhaftens tatsächlich ist.

Ich gab nicht auf und versuchte von verschiedenen Meistern direkte Antworten auf die Frage zu erhalten, wie sich die zweite Stufe erreichen ließe, aber alle antworteten erstaunlich zurückhaltend und vage. Schließlich erklärte mein Sayadaw, in seinem Fall wäre die nächste Praxisstufe eine langjährige innere Reinigung gewesen. Momentan weiß ich nur, dass man dem Dharma (Lehre des Buddha, Anm.d.Ü.) treu bleiben muss, doch bin ich mir nicht sicher, ob man je genau wissen kann, wie weit man gekommen ist oder wie weit man noch zu gehen hat.

Demut und die dunkle Nacht

Auf den christlichen Landkarten der Kontemplation sind die höheren spirituellen Wege als ein Prozess der wachsenden Demut und Reinigung beschrieben. Der heilige Johannes vom Kreuz lehrt, dass nach einer Reihe erster Gnadenerfahrungen sich lange Leidensphasen anschließen, in denen man das Gefühl der Gottesverbundenheit verliert, und dass diese dunklen Nächte notwendige Stufen des mystischen Weges sind.

Zuerst kommt die »dunkle Nacht der Sinne«, in der die weltlichen Dinge ihren Geschmack verlieren. Es ist eine schwere Verlustphase, denn alles Liebgewonnene hat plötzlich keine Bedeutung mehr. Nach dem Höhepunkt der Erleuchtung findet man sich ganz unvermittelt in eine unfruchtbare Wüste versetzt, ohne klares Verständnis des weiteren Weges. In dieser Phase, so der heilige Johannes vom Kreuz, kommt es darauf an, dass man geduldig an sich selbst arbeitet und Stolz, Habsucht und Zorn ablegt. Auf diese Weise wird man sich der Leiden gewahr, die man durch seine Abkehr vom Göttlichen in der Welt verursacht.

Auf die dunkle Nacht der Sinne folgt die »dunkle Nacht des Geistes«, die einem eine noch größere Läuterung und Hingabe abverlangt. Jetzt sind Kummer und Verwirrung zu bestehen, wie das am Beispiel des Hiob deutlich wird. In dieser Phase einsichtigen Loslassens offenbart sich das ausschließliche Interesse am Göttlichen als große, innige Liebe.

Wer diesen dunklen Nächten der Seele standhält, wird belohnt: Der heilige Johannes schwärmt von einer unaussprechlichen Süße, einer ekstatischen Freude, die die Seele durchströmt, wenn sie sich dieser »großartigen Dunkelheit« hingibt. Auf dieser langen Reise sind Demut und Geduld ausschlaggebend. Der heilige Johannes sagt: »Die Herzensgüte ist die Flamme, die uns auf dem Weg durch die Dunkelheit leuchtet.«

Eine Meditationslehrerin überkam die dunkle Nacht, nachdem sie jahrelang ein kontemplatives, gottgeweihtes Leben geführt hatte:

Nach vielen Jahren sowohl katholischer als auch buddhistischer Praxis geschah auf einem langen Einzelretreat etwas Unbeschreibliches. Die Worte des Augustinus treffen es wohl am ehesten – ich erfuhr, dass mir Gott näher war als ich mir selbst. Gott umgab mich wie ein Meer, in das hinein ich mich, immer durchsichtiger werdend, auflöste. ...

Als die Seligkeit und Geistesklarheit, die mit dieser Erfahrung einhergingen, einige Monate später nachließen, verfiel ich in eine grauenvolle Schwermut. Es war die Hölle. Nach all der Leichtigkeit und Freude war alles wie abgestorben, ohne Sinn und Bedeutung. Ich war vom buddhistischen Zentrum zurück nach Ohio gezogen, um in der Nähe meiner Tochter zu sein, und nahm einen anspruchslosen Putzjob an. Zu allem Überfluss bekam ich auch noch einen Nesselausschlag und Asthma. Die endlose Bedrängnis und Sinnlosigkeit brachten mich an den Rand des Selbstmords und der Psychose, doch ließ ich mir äußerlich nichts anmerken.

Das ging Monate so weiter, bis ich schließlich wirklich nicht mehr konnte und im Badezimmer weinend zusammenbrach. Auf Knien flehte ich Gott um Gnade an. Plötzlich floss alle Gequältheit aus mir ab, wie Wasser aus einer Badewanne. Ich fand mein inneres Gleichgewicht wieder und sah klar, dass all diese Schwierigkeiten Teil des spirituellen Weges waren und dass ich weiter auf Gott vertrauen musste. So saß ich zwei Stunden auf dem Fußboden und tankte Kraft. Schließlich war ich mir sicher, dass ich es schaffe, und sei es noch so hart, solange es im Sinne Gottes war.

Nach dieser Erkenntnis kam alles wieder zurück – stieg von unten auf, so, als würde sich die Badewanne wieder füllen. Alles war genauso wie zuvor, genauso schrecklich und quälend, aber die kurze Phase göttlicher Gnade machte den Unterschied aus. Ich wusste, dass ich durchhalten werde, dass ich alles durchstehen kann, was auch immer Gott mir schickt. In mir erwachte große Dankbarkeit für den Trost, den er mir gespendet hatte, wie die zärtlichste Mutter. Gott ist stets für uns da, er tröstet uns, wann immer wir es brauchen. Man kann gar nicht anders, als mit seiner Gnade zu leben, das habe ich in größter Not am eigenen Leib erfahren.

So wie der heilige Johannes von der dunklen Nacht spricht, spricht die heilige Teresa von Avila von einer »inneren Burg«, um zu beschreiben, wie die Seele in sich gehen und in der Demut wachsen muss, bis sie »zur Wohnung Gottes in der Mitte der Burg« kommt. Sie legt die jahrelange Seelenreise in sieben Stadien bzw. als innere »Wohnungen« dar. In jedem Stadium verfeinern sich die Einsicht in die Gefahren der Angst, des Ansehens und des Besitzes sowie der Verzicht auf »weltliche Zerstreuungen«. So wie der heilige Johannes vom Kreuz schildert sie Phasen der Einsamkeit, des Leids und des Irrtums, durch die erfahrene Mystiker hindurchmüssen, was nur mit Hilfe des aufrichtigen Gebets und unerschütterlicher Liebe gelingt. »Es kommt nicht auf das Maß des Meinens, sondern auf das Maß der Liebe an.« Durch diese ausdauernde Liebe, die stets den Nächsten mit einschließt, beginnt schließlich eine spirituelle Wiedergeburt, bei der die Seele gleich einer verpuppten Raupe ihre alte Gestalt aufgibt und aus dem Kokon des Göttlichen mit Flügeln hervorgeht.

Doch selbst nach diesem Erwachen und dieser Verwandlung sind die Schatten nur blasser geworden. So erinnert uns ein anonymer englischer Mystiker aus dem vierzehnten Jahrhundert in seinem Buch *The Cloud of Unknowing* daran, dass selbst »wenn jemand ein der Kontemplation geweihtes Leben führt, er sich niemals von allem irdischen Leid befreien kann«.

Der Weg verläuft nicht geradlinig, sondern in Zyklen

Durch die systematischen Darstellungen spiritueller Entwicklungsstufen kann der Eindruck entstehen, dass man planmäßig vorankommt, so, als spiele sich das spirituelle Leben auf Instant-Wegen ab. Es stimmt zwar, dass wir uns in jahrelanger spiritueller Praxis schrittweise reinigen, öffnen, lösen und stabilisieren. Aber nichts geschieht vorhersehbar. Ob in den Klöstern Burmas und Tibets oder unter den christlichen, jüdischen und Sufi-Mystikern – ich bin im Grunde niemandem begegnet, dessen Weg völlig berechenbar gewesen wäre.

Unsere Herzen werden auf verschlungenen, geheimnisvollen Wegen weise. Man mag sich wünschen, dass Erleuchtung planbar sei, aber das Herz bahnt sich unvorhergesehen seinen Weg. Freiheit lässt sich nicht planen und befehlen. Für den reifen Geist besteht sie im Weg selbst. Es gleicht einem Labyrinth, einem Kreislauf, dem Sichöffnen einer Blüte oder einer sich verjüngenden Spirale, einem Tanz um die innerste Mitte. Die Zyklen wechseln laufend – Hochs und Tiefs, ein Sichöffnen und ein Sichschließen, ein In-Liebe-und-Freiheit-Erwachen, gefolgt von neuen subtilen Verstrickungen. Im Verlauf dieser großen Spirale kehren wir immer wieder an den Anfang zurück, aber jedes Mal mit größerer Erfahrung, mit einem weiseren Herzen.

Die jüdischen Mystiker sagen, dass die erhabensten mystischen Zustände aus der Einfachheit des täglichen Gebets erwachsen und zu ihr zurückführen. In der Kabbala (jüdische Geheimlehre, Anm.d.Ü.) steht, dass die sublimsten meditativen Zustände zeitlosen Bewusstseins, »Bina« und »Chochma« genannt, mit einem Alltag edler Taten und regelmäßigen Gebets verknüpft sein müssen. Die höchsten Verwirklichungen des Göttlichen bringen uns zwangsläufig zu unserer Familie und unseren Gebeten zurück, zum Anzünden der Sabbatkerzen und den Tugenden des Dienens und Vergebens. »Wie oben, so unten«, so lautet die mystische Formel. Auch für die heilige Teresa gilt dieser Kreislauf. Die mystische Begeisterung und Selbstlosigkeit findet ihr Ende nicht in der Vereinigung mit dem Göttlichen. Sie betont, dass man immer wieder aus der Ekstase zurückkehrt, um durch die Welt zu wirken, denn »dazu ist uns ein neues Leben gegeben«. Uns sind »die großen Gnaden des Erwachens gegeben, damit wir sie im Kleinsten verkörpern«. Die Frucht der inneren Einkehr »besteht in unseren guten Taten«.

So werden uns die Geheimnisse »nur offenbart, damit wir echten Nutzen bringen«. Wie der Zen-Ochsenhirte kehren wir mit segensreichen Händen zum Marktplatz zurück. Wir kehren zurück, um jeden am Reichtum unseres erleuchteten Herzens teilhaben zu lassen, dem wir begegnen.

Mehr Dichtung als Kartographie

Das erwachende Herz gleicht einer Lotusblüte, deren zarter Duft den Garten erfüllt, wenn sie sich in natürlicher Schönheit öffnet. Aber zum Wesen der Blumen gehört auch, dass sie ihre Blüten in der Nacht schließen. Sehen wir uns diesen Prozess einmal genauer an: Sicher gibt es die Stadien des Keimens, Knospens und Blühens. Doch damit ist noch lange nicht alles beschrieben. Da gibt es noch die Wurzeln, die die Nährstoffe aus dem Schlamm beziehen, das Sonnenlicht, das aufgenommen wird, die Befruchtung durch die Bienen und die Lotusgeschwister und -eltern, die diese Blüte umgeben und die mit ihrer Schönheit ebenfalls die Welt bereichern. Da ist noch an das Wachstum zu erinnern, das in der Nacht stattfindet, und an die winzigen Knospen unter Wasser, auf die noch kein direkter Sonnenstrahl gefallen ist.

Weil sich die mystische Erfahrung so organisch entfaltet, greift man in vielen Traditionen auf die Dichtung zurück. Sie bietet die Möglichkeit, Erfahrungen wiederzugeben, die sich nicht direkt ausdrücken lassen. In den Zen-Schriften finden sich fast keine wörtlichen Beschreibungen der Erleuchtungsstufen, nur Metaphern und Bilder, wie beispielsweise der Fingerzeig auf den Mond oder die berühmte, hier bereits erwähnte Ochsenhirtengeschichte. Die Schilderung eines weißen Kranichs im Schnee oder einer Krähe im Finstern kann das Gemeinte genauer treffen als eine hundertseitige Abhandlung über die Erleuchtung, vorausgesetzt, der Zuhörer spitzt seine Ohren.

Der Buddha erwachte beim Anblick des Morgensterns. Die Älteren sagen, seine ersten Worte seien Verse gewesen:

> Bauherr dieses Leidenshauses
> keine Sparren wirst du mehr errichten ...

Im Zen gibt es ein anderes, ebenfalls poetisches Bild:

> Beim Anblick dieses Sterns
> erwacht mit mir die Welt.

Der indische Mystiker Kabir besingt das Wunder leiblicher Bewusstwerdung:

> In diesem Tonkrug gibt es Schluchten und
> kiefernbestandene Berge und den Schöpfer dieser
> Schluchten und Höhen!
> Er umfasst die sieben Meere und die Abermillionen
> Sterne.
> Er birgt die Säure zur Goldprüfung und den Kenner
> des Geschmeides.
> Er birgt die Musik der unberührten Saiten und
> die Quelle allen Wassers.
> Ja, es ist wahr, was ich sage: Mein Freund,
> der eine unvergleichliche Geliebte ist in mir.

Im Zen dient die dichterische Sprache der Koans der Erleuchtung. Man befasst sich so lange eingehend mit einem tiefgründigen Gedicht oder Koan, bis sich der Geist radikal öffnet. Dann folgen dutzende anderer Koans, die den Schüler oder die Schülerin inspirieren, die einmal gefundene Freiheit weiter zuzulassen, oder die erhellen, in welche Richtungen man sich verlieren kann.

Zusammengenommen ergeben sie eine poetische Landkarte für die Praxis. Man lernt dadurch, die Sphären der Erleuchtung mit der Alltagswelt zu verbinden: »Hol mir eine Perle vom Meeresgrund, ohne dass du nass wirst,« kann ein Zen-Meister fordern, oder: »Wie hört sich das Klatschen einer Hand an« oder »Was ist an einer Kurve gerade?«

Diese Geschichten, Fragen und Gedichte erschließen sich kaum durch logisches Verstehen – jede nahe liegende Antwort geht ins Leere. Ihr Verständnis hängt vom augenblicklichen Wirklichkeitserleben ab, davon, wie weit man im Hier und Jetzt lebt und fähig ist, sich wie der Lotus zu öffnen und zu schließen, sich in den dunklen Wald zu wagen und auf dem Jahrmarkt zu tanzen. Sie verweisen auf keinen Idealzustand, sondern auf die Beweglichkeit des Tao, auf die Natürlichkeit des Lotus. Sie lehren ein Loslassen der Angst und Selbstbefangenheit in weltlichen und geistigen Dingen, bis man tatsächlich in sich selbst frei ist.

Folgende humorvolle Geschichte mag den Sinn der Koans noch einmal verdeutlichen. Sie handelt von einem Schüler, der seinen Meister detailliert über seinen spirituellen Fortschritt unterrichtet. Im ersten Monat schrieb er dem Meister: »Ich bin durch eine Bewusstseinserweiterung mit dem Universum eins geworden.« Der Meister überflog den Brief und warf ihn weg. Einen Monat später wusste der Schüler zu berichten: »Ich habe endlich erkannt, dass das Göttliche in allen Dingen gegenwärtig ist.« Der Meister wirkte enttäuscht.

In seinem dritten Brief erklärte der Schüler begeistert: »Mir wurde in der Kontemplation das Geheimnis des Einen und Vielen offenbar.« Der Meister gähnte. Der nächste Brief lautete: »Geburt, Leben und Tod existieren nicht, denn es gibt kein Ich.« Der Meister schlug die Hände über dem Kopf zusammen.

Darauf verging ein Monat, dann wurden es zwei, fünf und schließlich ein ganzes Jahr. Der Meister fand es an der Zeit, seinen Schüler an die Pflicht seiner Berichterstattung zu erinnern. Der Schüler schrieb zurück: »Ich lebe einfach mein Leben. Wozu noch die spirituelle Praxis?« Als der Meister das las, rief er aus: »Gott sei Dank hat er es endlich begriffen.«

In dieser Geschichte spiegelt sich die Zen-Lehre des vollkommenen Soseins wider. Der weiße Kranich im Schnee und die Krähe im Finstern sind einfach sie selbst.

Ideale sind keine Wirklichkeit

Wie steht es dann mit Texten, in denen allen Ernstes ein Aufstieg in geistige Höhen beschrieben wird und der Humor zu kurz kommt? Bei ihnen besteht die Gefahr, dass man sie allzu wörtlich nimmt und sich in einem Wust unerreichbarer Ideale verstrickt, nur weil man ihre Stufen zu erklimmen versucht. Deshalb soll hier einmal der praktische Wert solcher Texte am Beispiel der zehn Bhumis des tibetischen Buddhismus genauer untersucht werden.

Bei den Bhumis handelt es sich um die zehn Stufen des Erwachens der Buddha-Natur: Die erste Stufe gilt als »freudvoll«; die zweite Stufe als »rein«; die dritte Stufe als »licht«; die vierte Stufe als »leuchtend«; und so weiter. Das »freudvolle« Stadium beginnt nach dem Eintritt in den Strom; es zeichnet sich durch Reinheit und Erhabenheit aus, ist aber noch mit menschenmöglichen Tugenden verbunden, wie beispielsweise der Übung der Großzügigkeit und dem Wunsch, allen Wesen Erleuchtung zu bringen. Von Praktikanten der zweiten Stufe wird bereits verlangt, dass sie in die Vergangenheit und Zukunft blicken, einhundert tiefe Meditationsarten beherrschen, den Körper vervielfältigen, zur selben Zeit an vielen Orten in anderer Gestalt auftreten und hundert Buddhas und Bodhisattvas um sich herum erscheinen lassen können, wo immer sie sind. Und bei der dritten bis zehnten Stufe ist von noch wunderbareren und außergewöhnlicheren Kräften die Rede.

Als ich einmal einen alten tibetischen Lama fragte, ob diese zehn Stufen tatsächlich zur Praxis gehören, erwiderte er: »Natürlich.« Aber als ich nachfragte, wer sie innerhalb seiner Schule erreicht hat, antwortete er fast traurig: »Die Zeiten sind hart, ich kenne keinen einzigen Lama, der auch nur die zweite Stufe gemeistert hätte.«

Natürlich verbirgt sich hinter diesen Stufen eine archetypische Wahrheit. In Augenblicken der Gnade oder Erleuchtung sind wir tatsächlich von Buddhas umgeben – wir sehen die Buddha-Natur in jedem Wesen, das uns begegnet. Und wir vervielfältigen unseren Körper jedes Mal dann, wenn wir die Verbundenheit alles Seienden erkennen und uns im Netz des Lebens aufgehoben fühlen, zu dem der Regenwald, die Mammutbäume, die Pilze und auch die Zellen gehören. In anderen Worten – selbst diese offenbar wörtlichen Beschreibungen sollte man besser als eine bedeutungsvolle Dichtung lesen.

Zen-Abt Norman Fischer erklärt den Unterschied zwischen Wirklichkeit und Ideal so: »Ideale spiegeln unsere tiefreligiöse Natur wider. Aber bekanntlich können sie Gift sein, wenn man sie zu wichtig nimmt und sich von ihnen beherrschen lässt; in anderen Worten, Ideale schaden, wenn sie mit der konkreten Wirklichkeit verwechselt werden. Sie sollten nur ein Ansporn sein, denn zum wirklichen Menschsein gehört nun einmal dazu, dass man stets über sich hinauszuwachsen versucht, doch nie an ein Ende kommt. Ideale sind also Mittel der Inspiration und keine lebendigen Wesen. Dass sie vom Menschen trotzdem oft dahin gehend missverstanden werden, davon zeugt unsere traurige Religionsgeschichte. ... Richtig verstanden sind Ideale Orientierungshilfen.«

Zwei Perspektiven des Erwachens

Sehen wir uns einmal die beiden unterschiedlichen Vorstellungen spiritueller Erfüllung an, die den Ansätzen des stufenweisen Aufstiegs und der spiralförmigen Entfaltung zugrunde liegen. Im ersten Fall steht ein idealistisches Menschenbild im Vordergrund, ein Buddha, Heiliger oder Weiser. Habsucht, Wut, Angst, Irrtum und Eigensinn sind hier für immer vollständig überwunden. Der

Mensch ist nun ein völlig unerschütterliches, leuchtendes, reines Wesen, das keine Probleme mehr kennt und in seiner selbstlosen Erleuchtung nur noch den Willen des Tao oder Gottes erfüllt. Wer diesem Ideal nachstrebt, muss zugeben, dass solche Wesen außerordentlich selten sind bzw. zurzeit wohl niemand Derartiges auf Erden lebt.

Bei dem eher spiralförmigen Erleuchtungsmodell beruht die Befreiung auf einer Identitätsverlagerung. Auch hier erwacht man zu seiner wahren Natur und verweilt in geistiger Unabhängigkeit. Man weiß, dass die wahre Wirklichkeit jenseits von Körper und Anschauung liegt. Und doch bleiben die gewöhnlichen Lebensbedingungen bestehen, solange man sich in diesem begrenzten, verstandesbegabten Körper befindet. Bei den Propheten des Judentums, Christentums und Islams und den Ältesten der Eingeborenenstämme ist Erleuchtung eine komplexe Angelegenheit, bei der die Heiligkeit menschliche Schwäche nicht ausschließt. Der Unterschied ist jedoch, dass man sich nicht in seinen alten Problemen verliert, sondern bewusst mit ihnen umgeht. Wie der Weise Nisargadatta sagt: »Es kann Probleme geben, selbst Ungeduld und Ärger, aber das hat nichts mit mir zu tun. Ich wurde nie geboren und werde niemals sterben ... Auch wenn dieser Körper eigenen Bedingungen unterworfen ist, lebe ich in der Ewigkeit des Augenblicks.«

Ob man nach der Verwirklichung eines Ideals strebt oder nach Unabhängigkeit im menschlichen Dasein – das Erwachen ist eine Aufgabe, die, ganz gleich in welcher Tradition, jeder selbst lösen muss. Diese Lösung ist eine Herzenssache. Dort allein kann man sich mit den Gegensätzen konfrontieren, sie verstehen und vereinen. Nur das Herz vermag beides zu umfassen, unsere Vollkommenheit und unser Menschsein.

Wir müssen unsere Herzen unabhängig von allen Schilderungen und Erwartungen zu Liebe und Achtsamkeit anhalten, komme, was da wolle. Wenn wir aus diesem wachen Herzen heraus leben, sind wir alle Bodhisattvas, Diener des Göttlichen. An die Stelle von Ansprüchen auf irgendwelche Erleuchtungsstufen tritt das aufrichtige Bemühen um Achtsamkeit in jedem Moment, die niemand und nichts ausschließt. Das ist der Pfad der Geduld, des Einfühlungsvermögens, der Weisheit und des Großmuts, der Weg der Gegenwärtigkeit. Nur dadurch können wir Unabhängigkeit finden und vollkommen zur Ruhe kommen.

Wie Suzuki Roshi einmal gesagt hat: »Streng genommen gibt es überhaupt keine erleuchteten Menschen, nur erleuchtetes Handeln.« Wenn jemand behauptet, er wäre erleuchtet, geht das am Wesentlichen vorbei. Denn, so sagt er weiter: »Worüber wir sprechen, sind Erleuchtungsmomente, die aufeinander folgen.«

9

Erleuchtung ist kein Ruhestand

Sollte es einen Liebhaber Gottes geben, dem es immer gut gegangen ist, wäre mir das neu. Ich für meinen Teil weiß nur, dass er uns im Aufstieg wie im Niedergang mit der gleichen großen Liebe umfängt.
Juliane von Norwich

Man kann nicht ewig auf dem Gipfel bleiben. Man muss wieder heruntersteigen. ... Du erklimmst ihn und siehst; und kehrst zurück und siehst nichts mehr, aber du hast gesehen. Doch es gibt die Kunst der Erinnerung, durch die man sich an das halten kann, was man weiter oben gesehen hat. Auch wenn es nichts mehr zu sehen gibt, bleibt einem zumindest das Gesehene.
René Daumal

Der Buddha wurde am Vorabend seiner Erleuchtung, als er sein Erwachen gelobt hatte, von den Heerscharen Maras angegriffen, dem Gott der Täuschung und des Bösen. In seiner Meditation unter dem Bodhi-Baum widerstand er den stärksten Versuchungen, mochte Mara auch noch so sehr an Habgier und Vergnügen appellieren. Und schließlich überwand er auch den Ärger und die Wut, die in ihm hochgestiegen waren, und der besiegte Mara verschwand. Danach erhob sich der Erleuchtete, um fünfundvierzig Jahre durch Indien zu ziehen und zu lehren.

Aus den Geschichten über Buddhas späteres Leben geht jedoch hervor, dass Mara nur vorübergehend verschwand. Er kehrte danach viele Male zurück, um den Buddha zu bekämpfen oder zu versuchen oder zu schwächen. Es heißt, der Buddha hätte Mara jedes Mal erkannt und wäre deshalb auf keine Versuchung, keine Angst und keinen Zweifel hereingefallen. »Mara, du schon wieder?«, pflegte der Buddha zu fragen, woraufhin der Angesprochene schnell verschwand, nur um es ein anderes Mal wieder zu probieren.

In anderen Texten werden der Buddha und Mara sogar Freunde. In einer Version sitzt der Gesegnete in einer Höhle, als Mara wieder einmal auftaucht. Die Schüler, zu denen er vor der Höhle stößt, haben Angst und wollen den »Feind ihres Lehrers«, wie sie ihn nennen, fortschicken. »Hat der Buddha je gesagt, er hätte Feinde?«, kontert Mara. Als sie die Unhaltbarkeit ihrer Worte erkennen, rufen sie widerwillig den Buddha herbei, der sich über den Besuch freut.

»Oh, willkommen, alter Freund«, sagt der Buddha und lädt Mara herzlich zu einer Tasse Tee ein. »Wie geht es dir?« Als sie zusammensitzen, beklagt sich Mara darüber, wie hart ihn das Bösesein ankomme. Der Buddha hört aufmerksam zu und fragt schließlich: »Glaubst du, als Buddha habe man keine Probleme? Weißt du, wie man mit meinen Lehren umgeht, was in manchen Tempeln in meinem Namen getan wird? Ob als Buddha oder als Mara, jeder hat seine Schwierigkeiten. Sie bleiben keinem erspart.« In einem Text endet die Geschichte damit, dass Mara selbst zur Buddhaschaft erwacht.

Unvermeidliche Übergänge

Ganz gleich, welche Version man liest, Mara verschwindet nicht für immer. Es gibt keinen Erleuchtungsruhestand, kein Erwachen, das uns von der Notwendigkeit des Wandels befreit. Alles atmet und hat seinen Rhythmus. Der Mond, die Börse, unsere Herzen, die rotierenden Galaxien, alles dehnt sich aus und zieht sich wieder zusammen im Kreislauf des Lebens. Jedes spirituelle Leben umfasst Höhen und Tiefen, Freud und Leid. Nur wenn man sich, so wie auch der Buddha, dieser Wahrheit stellt, kann man zu wirklicher Ungebundenheit erwachen, die zeitlos ist.

Bei fast jedem Praktizierenden wechseln sich Phasen der Offenheit und reicher Erkenntnisse mit Phasen der Angst und Reserviertheit ab. Oft werden Zeiten tiefen Friedens und neu erwachter Liebe von Zeiten des Verlusts, des Rückzugs, der Angst oder der Ernüchterung abgelöst, um dann erneut der Gelassenheit und Freude Platz zu machen. Das Herz offenbart sich wie eine Blume, die sich auf geheimnisvolle Weise öffnet und wieder schließt. So ist seine Natur.

Das einzig Überraschende ist also nur, dass man nie weiß, wann die Phasen wechseln. Es ist, als hoffte man im Innersten, dass eine Erfahrung, eine große Bewusstwerdung oder genügend viele Jahre hingebungsvoller Praxis einen vom Auf und Ab des Lebens entbinden und über alle weltlichen Sorgen und Mühen erheben. Man hegt insgeheim die Hoffnung, dass man sich durch das spirituelle Leben von jeder menschlichen Verletzlichkeit befreien kann und niemals mehr leiden muss. Man erträumt sich einen Dauerzustand. Aber echte Freiheit besteht in keinem Dauerzustand, er widerspricht der Unabhängigkeit des Herzens.

Jeder intelligente Reisende weiß, dass er nicht plötzlich für immer an irgendeinem Ort bleiben kann, egal, wie schön es dort ist. An einer Erfahrung festhalten wollen ist dasselbe, als wolle man die Luft anhalten. Damit macht man aus seiner Vergangenheit nur ein Gefängnis.

Wie ein Zen-Meister sagt:

> *Die Erleuchtung ist nur der Anfang, nur eine Reiseetappe. Man kann daraus keine neue Identität aufbauen oder aber man gerät sofort in Schwierigkeiten. Man muss in das Gewirr des Alltags zurück und sich im Leben engagieren. Nur so kann man im Laufe der Jahre das Erkannte integrieren. Nur so lernt man Vertrauen.*

Wie der Mönch in der Ochsenhirten-Bildergeschichte müssen die meisten von uns zur Umsetzung des Erkannten zum Marktplatz zurück. Wenn man vom Gipfel zurückkehrt, ist man vielleicht schockiert darüber, wie schnell man wieder in alte Gewohnheiten schlüpft, so als wären es bequeme, vertraute Kleidungsstücke. Selbst wenn man zu einer umwälzenden Erkenntnis gelangt ist und ruhig und gelassen heimkehrt, wird sich zwangsläufig ein Teil des alten Selbst zurückmelden und einen in Versuchung bringen. Dann weiß man vielleicht nicht mehr, wie man mit seinem Leben in der Familie und Gesellschaft zurechtkommen soll. Oder man weiß zunächst nicht, wie man seine Spiritualität mit dem beruflichen Alltag verbinden soll. Man möchte dann vielleicht am liebsten fortlaufen und ein einfaches Retreat- oder Tempelleben führen. Aber etwas Wichtiges hat uns in die Welt zurückgerufen, und die schwierige Übergangsphase ist unvermeidlich.

Ein Lama erinnert sich:

> *Als ich zurückkam, erschienen mir meine zwölf Jahre in Indien und Tibet wie ein Traum. Meine Erinnerungen an jene wertvollen transzendenten Erfahrungen verblassten durch den westlichen Kulturschock, der sich familiär und beruflich einstellte. Alte Verhaltensmuster waren erstaunlich schnell wieder zur Hand. Ich war gereizt und durcheinander. Ich achtete nicht mehr auf meinen Körper, sorgte mich um Geld und Beziehungen. Der Tiefpunkt war erreicht, als ich plötzlich Angst bekam, ich könnte alles Gelernte vergessen. Schließlich wurde mir bewusst, dass ich nicht in einem erinnerten Erleuchtungszustand leben konnte. Spirituelle Praxis ist nur, was man im Augenblick tut. Alles andere ist bloße Einbildung.*

Jedes spirituelle Streben stellt ein Übergangsstadium dar, ist Vorbereitung neuen Sehens. Gute Vorbereitungen trifft, wer sich einen Anfängergeist bewahren kann. Veränderung ist an sich nichts Schlechtes. Wie Mara meldet sie sich immer wieder, fordert vom Herzen Achtsamkeit und Vertrauen auf immer subtilere Art.

Die Integration spiritueller Erkenntnisse ist ein jahrelanger Prozess. Bei jeder dreimonatigen stillen Einsichtsmeditation werden die Teilnehmer darauf aufmerksam gemacht, dass sie mit einer mindestens zwölfmonatigen Übergangszeit voller Höhen und Tiefen zu rechnen haben, in der sie lernen, das Erkannte mit ihrem Leben zu verbinden. Die Faustregel für diejenigen, die in einem Kloster lebten oder nach Asien reisten, ist, dass fünf, zehn, fünfzehn Jahre Unterwegssein auch fünf bis zehn Jahre Übergangszeit bedeuten, bis das Leben neu strukturiert ist.

Eine Einsichtsmeditations-Lehrerin berichtet von fünf Jahreszyklen. Ihre ersten fünf Jahre intensiver Praxis eröffneten ihr ein Innenleben voll weit reichender Einsichten:

> *Es ist, als hätte mein Herz zunächst unbedingt diese Kräftigung und Stabilisierung gebraucht, bevor ich mit meinen alten Wunden in Berührung kommen konnte. Als sie dann aufbrachen, waren die nächsten fünf Jahre das Gegenteil einer Ekstase. Ich litt nun ebenso stark. Ich glaube, dass beides nötig war.*

Ähnlich erfuhr die Äbtissin eines kontemplativen Ordens nach ihrem Eintritt ins Kloster zunächst starke Begeisterung, bevor ein Tief in ihrer Praxis einsetzte:

> *Das Leben in unserem Orden war einfach und gesund, und ich stürzte mich mit all meiner Liebe und Kraft hinein. Dabei mangelte es mir als starker Persönlichkeit nicht an Selbstbewusstsein. Großartige Erfahrungen beim Gebet und in der Meditation gaben mir lange Zeit Kraft. Nach einigen Jahren hatte ich mich in den Orden so weit eingefunden, dass ich eine Verschnaufpause einlegte. In dieser Zeit starb eine der älteren Schwestern, die ich sehr gern hatte. Dadurch wurden eine Reihe Erinnerungen in mir ausgelöst: an den Tod meines Zwillingsbruders, der bei unserer Geburt gestorben war, an die Nahtoderfahrung meiner Mutter, an den Verlust meines Vaters, an meine Verbitterung ihm gegenüber. Ich erkannte, wie gespalten mein Leben wegen meines Kummers war. Ich sah, wie oberfläch-*

lich ich selbst in der Ordensgemeinde gelebt hatte, weil ich vor meinem Kummer und meiner inneren Leere davongelaufen war. Damit musste Schluss sein. So begann mein jahrelanger Heilungsprozess, bei dem ich meinen persönlichen Kummer, das Klosterleben und das Leid der Welt ins selbe große Herz schloss.

Abstürze und Zusammenbrüche

All diese normalen Öffnungs- und Rückzugsphasen sind notwendige Mittel der Integration. In einigen Fällen jedoch treten nicht nur unterschiedliche Phasen auf, sondern es kommt sogar zum Zusammenbruch. Wer hoch hinaufsteigt, kann tief fallen. Auch das muss berücksichtigt werden und ist im spirituellen Leben nicht anders als im Normalfall.

Das Zen-Koan, das Kapitel 8 vorangestellt wurde, ist für Schüler gedacht, die bereits eine Erleuchtungserfahrung gemacht haben: »Warum fällt ein wirklich erleuchteter Mensch in den Brunnen?« Ein Zen-Meister mahnt seine Schüler: »Jede große spirituelle Erfahrung muss danach verarbeitet werden, und das ist nicht immer leicht.« Der Abgrund, in den man fällt, kann sich dadurch auftun, dass man an einer Erfahrung oder an spirituellen Idealen festhält, den Lehrer, den Weg oder sich selbst glorifiziert. Der Brunnen können auch die unverarbeiteten psychischen Muster oder Seelenanteile sein – die mangelnde Bereitschaft, den eigenen Schatten anzunehmen, menschliche Bedürfnisse zuzulassen, sich dem eigenen Schmerz und der eigenen Unwissenheit zu stellen, sich klarzumachen, dass man immer mit einem Fuß in der Dunkelheit steht. So hell das Licht des Universums ist, es hat auch seine Kehrseite.

Eine Lehrerin aus dem Sufi-Orden war dreiundzwanzig Jahre alt, als sie in den Orden eintrat, in dem die Ekstase zum Lob Gottes groß geschrieben wird. Sie verkaufte all ihr Hab und Gut und lebte mehr als zehn Jahre ein von Tanz und Gesang bestimmtes Leben. Es war eine herrliche und glückliche Phase in ihrem Leben. Dann beschloss sie zu heiraten und kehrte in den westlichen Alltag zurück:

Ich hatte gelernt, wie man sich in Liebe öffnet. Ich hatte großartige Ekstasen erlebt; sie waren unser normales Gebet. Als ich dann den Orden verließ, wusste ich nicht, wie ich mit der Eifersucht, der Angst und der Einsamkeit fertig werden sollte, die sich plötzlich durch den Gebetsentzug und ohne die Gemeinde zeigten. Ich hatte den Umgang mit meiner anderen Seite verlernt. Meinem Partner aus dem Orden erging es noch schlimmer. Er konnte die Wut, Frustration und den Alltagsstress nicht ertragen und verließ mich. Nun saß ich allein in dieser Miniwohnung da. Es ist nicht zum Lachen, wenn einer vom Turm fällt. Ich stürzte in tiefe Verzweiflung, es brach alles wieder auf, was ich bei den Sufis loswerden wollte – dass meine Schwester ertrunken war und meine Mutter daraufhin die Familie verlassen hatte. Mein Gott, war das hart. Es gab kein Licht am Ende des Tunnels. Es war alles finster. Egal, ob Mitternacht oder Sommer oder Winter.

Das dauerte ein Jahr. Glücklicherweise gab es Menschen, die mir beistanden, wenn ich es mit meiner Trauer und Wut allein nicht mehr aushielt. Obwohl es eine so harte Zeit war, bin ich nachträglich dankbar für diese lehrreichen Jahre. Ich hätte mir nur eine größere spirituelle Hilfestellung gewünscht.

Selbst anerkannten Lehrern bleiben seelische Erschütterungen nicht erspart. Ein Amerikaner, der zwanzig Jahre ein Suchender war, hatte schließlich sein großes Befreiungserlebnis bei einem Guru in Indien. Er war ein Jahr lang Feuer und Flamme, »ganz von Liebe und Frieden durchdrungen«. Nachdem seine Frau schwanger geworden war, kehrten sie in die Vereinigten Staaten zurück, und binnen kurzem hatte er mit seiner spirituellen Begeisterung Freunde und Sucher um sich versammelt. Zwei

Jahre später hatte er hunderte von Schülern, ein Zentrum und täglich Meditationsgruppen. Alles lief hervorragend und er glaubte, alle Schwierigkeiten endgültig losgeworden zu sein, bis eine Krise kam:

> *Ich machte mir oft Gedanken darüber, warum meine Schüler so labil waren. Sie verstrickten sich trotz tiefer Erfahrungen der Leere und Freiheit immer wieder in alten Problemen. Aber dann passierte mir dasselbe! Es war ein Crashkurs in Verwirrung, Panik und Depression. Zuerst brach die parasitäre Erkrankung, die ich mir in Indien geholt hatte, wieder in voller Stärke aus. Dann verlor ich meine gesamten Ersparnisse, die ich in zwei gut gehende Firmen investiert hatte, durch Konkursbetrug. Der »Guru« war plötzlich arm und krank. Mich befiel schreckliche Angst. Familiäre Sorgen kamen hinzu. Wir mussten aus unserem Haus ausziehen, das Geld wurde immer knapper, der Alltag wurde zum Problem. Ich bekam Schwierigkeiten mit meiner Mutter. Und währenddessen dachte ich dauernd, dass mir das eigentlich nicht passieren durfte – ich hatte schließlich den Gipfel erreicht, war der Meinung, ich hätte das ganze Spiel durchschaut.*
>
> *Schließlich musste ich das Unterrichten aufgeben. Mir entglitt alles. Ich geriet in einen Zustand, in dem ich nicht mehr alles zu verstehen versuchte; ich war völlig am Ende, lebte wie ein Kind von Moment zu Moment, und irgendwie wurde gerade dadurch mein spirituelles Leben zum ersten Mal authentisch.*

Ruhm schützt vor dieser Art Zusammenbruch keineswegs; er kann ihn sogar hervorrufen. Bhagawan Das beispielsweise, ein 1,95 m großer Yogi mit blondem Haarknoten, verbrachte sieben Jahre in Indien. Er lief barfuß herum, meditierte in Höhlen, sang ekstatisch die Namen Gottes. Er stellte Ram Dass seinem Guru Neem Karoli Baba vor, worüber Ersterer in seinem Klassiker der 1960er-Jahre, *Be Here Now* (*Denke daran, sei jetzt hier*), berichtet. Bhagawan Das reiste später mit Ram Dass durch den Westen und sang und lehrte vor großem Publikum:

> *Ich kam nach Amerika zurück und stand plötzlich vor abertausend Menschen auf der Bühne. Ich taufte Kinder, segnete Menschen und man fiel mir zu Füßen. Mich umgaben Gönner und Filmstars und ich fühlte mich wie ein König, aber im Grunde war ich noch ein Kind, das als fünfundzwanzigjähriger Guru in einem Manhattaner Stadthaus auf einem Tigerfell saß.*
>
> *Wenn du mit der Großen Mutter spielst, lässt sie sich darauf ein, denn sie verkörpert alles. ... jeden Wunsch, jede Wut, jede Lust; einfach alles. Wenn du Ruhm und Ehre willst, kannst du das haben – Mutter wird es dir geben. Aber das, was ich erreicht hatte, beruhte auf anderen Voraussetzungen. Ich war bei heiligen Männern gewesen und zehrte von ihrem Segen. Und als ich immer selbstzufriedener wurde, sägte ich am eigenen Ast und stürzte ab.*
>
> *Das spirituelle Leben ist nichts, dessen man sich ein für alle Mal sicher sein kann, es ist ein ständiger Prozess. Nach drei Jahren »spirituellen Lebens«, das eine einzige Party war, hatte ich es satt und wollte zu Hause bei meinen Kindern sein. Ich kehrte nach Santa Cruz zurück und verkaufte Gebrauchtwagen. Ich wurde Geschäftsmann und vergaß meine spirituelle Vergangenheit mit der Zeit völlig.*
>
> *Zwanzig Jahre später nahm mich ein Freund mit zu einem nach Amerika gekommenen Heiligen. Ich versank für drei Stunden in tiefe Meditation. Dann kam die Stimme meines Gurus und ich wollte wieder Gottesnamen singen. Also tue ich es. Aber jetzt bin ich vorsichtiger, ich passe auf, mit wem ich zusammen bin. Es ist gefährlich, sich etwas auf sein spirituelles Verdienst zugute zu halten, weil man es wieder verlieren kann. Man muss engagiert bleiben und die Praxis fortsetzen. Jetzt versuche ich einfach ein aufrichtiger Mensch zu sein, und wenn andere aus meinen Erfahrungen lernen können, war das Ganze nicht umsonst.*

Durch Fallen lernt man gehen

Wenn die christliche Mystikerin Juliane von Norwich sagt, sie kenne keinen Liebhaber Gottes, der nie gefallen wäre, dann bringt sie damit ihre Einsicht zum Ausdruck, dass auch der Abstieg Gottes Willen ist. Ob man es wahrhaben möchte oder nicht – Mara kehrt zurück. Das Fallen, der Abstieg und die sich daraus ergebende Demut dürfen als ein weiterer Segen angesehen werden.

Unsere Erfolge sind normalerweise einseitiger Art. Also kommen schließlich auch unsere weniger entwickelten Seiten oder »Schatten«, wie Jung es nennt, ans Licht. Es sind unsere gröberen, unkontrollierteren Aspekte. Es gibt gewisse Einsichten, die wir nur durch das Fallen gewinnen können, Wahrheiten, die unsere Hingabe vollständiger und bescheidener werden lässt. In Zeiten großer Verletzlichkeit kommen wir der heiligen Selbstlosigkeit des Lebens besonders nahe. Wir alle brauchen nicht nur fruchtbare Zeiten, sondern auch Zeiten des Fallens, hinein ins Gold der Erde. Es ist so, als riefe uns etwas zurück, als gebiete uns etwas Einhalt. Und daraus können größere Weisheit und Schönheit erwachsen. Dies ist auch das Thema des Orpheus-Mythos. Der Musensohn Orpheus ist ein begnadeter Sänger, der die schönsten Lieder kennt. Kurz nach der Hochzeit stirbt seine geliebte Frau Euridike und der traurige Orpheus nimmt seine Lyra und macht sich auf zur Unterwelt. Dort besingt er vor dem Herrn des Todes die unsterbliche Liebe. Der Dichter Rilke schreibt:

> Die So-geliebte, daß aus einer Leier
> mehr Klage kam als je aus Klagefrauen;
> daß eine Welt aus Klage ward, in der
> alles noch einmal da war: Wald und Tal
> und Weg und Ortschaft, Feld und Fluß und Tier;
> ... Diese So-geliebte.

Orpheus Gesang ist so bewegend, dass Hades Euridike in die Oberwelt zurückkehren lässt, unter einer Bedingung: Orpheus darf sich unterwegs nicht umdrehen, bis sie das Sonnenlicht erreicht haben. Geführt von Hermes, dem Mittlergott zwischen den Welten, folgt sie Orpheus in aller Stille nach, auf dem langen Weg zurück in die Tageswelt.

Und wieder Rilke (aus: *Neue Gedichte, Orpheus. Eurydike. Hermes*. Anm.d.Ü.):

> Er aber sagte sich, sie kämen doch ...
> nur wären's zwei,
> die furchtbar leise gingen. Dürfte er
> sich einmal wenden ...

Es ist die Art des Herzens und liegt in unserer menschlichen Natur, dass wir uns umdrehen – was Orpheus schließlich auch tut, obwohl er dadurch Euridike für immer verliert. Wir können nicht nur in der Welt des Lichts leben. Zur Bewusstwerdung des Herzens gehört, dass es mit allem in Berührung kommt, was wir sind, selbst wenn dies den Verlust dessen bedeutet, was wir lieben. Orpheus Musik bedarf auch des ewigen Molls der Trauer, um die gesamte Bandbreite menschlicher Erfahrung auszudrücken.

Traditionell heißt es, dass wir durch unser Karma immer wieder an unsere unbewältigten Schwierigkeiten erinnert werden, und zwar umso heftiger, je mehr wir uns gegen diese unangenehmen Arbeiten wehren. Wir werden, schlicht gesagt, immer wieder auf die Tatsache aufmerksam gemacht, dass wir Menschen sind. Unsere Tiefpunkte müssen von uns genauso gewürdigt werden wie unsere Höhepunkte. Manchmal steht einfach diese Erkenntnis an.

Wie ein Zen-Lehrer berichtet:

> *Auf das Retreat, in dem mein Zen-Meister mir ein authentisches Erwachen bestätigt hatte, folgte nach einigen glücklichen Monaten eine Depression. Dann nahm ich an einem anderen Retreat teil, bei dem mir Toni Packer zu einer Erkenntnis verhalf. Bei einem der abendlichen Gespräche*

wies sie darauf hin, dass diejenigen, die eine große Öffnung erfahren, danach oft ziemlich niedergeschlagen sind. Als ich das gehört hatte, wurde mir leichter. Es war, als hätte ich eine Erlaubnis gebraucht, um diese Tatsache anzunehmen, und dann konnte das Ganze weitergehen.

Das Fallen lädt uns zu inneren wie äußeren Veränderungen ein. Manchmal dauert ein spiritueller Tiefpunkt ziemlich lange; bis zum Eintritt der nächsten Phase können Jahre vergehen. Ein ehemaliger katholischer Mönch berichtet, wie es ihm erging, als er nach zwölf Jahren dem Klosterleben den Rücken kehrte und wieder in den normalen Arbeits- und Beziehungsalltag eintrat:

Unsere Tage im Kloster verliefen vollkommen geordnet, alles hatte seinen Rhythmus, die Gemeinschaft und Einsamkeit, das Gebet und das Schweigen. Ich verließ das Kloster, weil mir etwas fehlte. Trotz aller Annehmlichkeiten und Begeisterung war es mir nicht gelungen, meine Körperlichkeit, mein Menschsein ganz mit einzubeziehen; andere kamen damit zurecht, mir war es jedoch unmöglich. Als ich ging, folgte auf die anfängliche Euphorie bald große Niedergeschlagenheit. Ich hatte zwar das Zuhören gelernt, das Innehalten und Beten; ja, darin war ich erwachsen, aber in vielen anderen Dingen des Lebens war ich noch unreif.

Für mich gab es weder ein Zurück, noch hatte ich eigene Zukunftspläne, und so beschloss ich, anderen zu helfen. Ich fand Arbeit in einer Suppenküche. Ich fand eine Lebenspartnerin; wir zogen zusammen. Meine Verzweiflung brachte mich an den Rand des Selbstmords, dem ich nur dank meines Glaubens widerstand. Es waren die härtesten Jahre meines Lebens. Heute weiß ich, dass ich dadurch zu meiner wahren Berufung fand – dem Dienst am Nächsten. Durch ihn lernte ich, auf das Leben zu vertrauen. Ich bin dankbar für das, was ich durchgemacht habe. Es brachte mich Gott näher.

Loslassen

In dem unvermeidlichen Auf und Ab des Aus-sich-Herausgehens und Sich-wieder-Zurückziehens, durch das wir uns spirituell entwickeln, gibt es immer wieder Augenblicke, in denen gekämpft werden muss; aber wesentlich öfter als dieses Kämpfen steht das Loslassen an und ist Herzensgüte nötig, durch die Veränderung möglich wird.

Suzuki Roshi fasste die buddhistische Lehre in drei Worten zusammen: »Nicht nur so.« Die Umstände ändern sich ständig. Wir steigen wieder vom Gipfel herunter. Mara kommt wieder. Wer die Realität des Übergangs anerkennt, für den wird die Erfahrung der Finsternis und des Fallens Teil eines größeren Ganzen.

Ein westlicher Lama war nach einem siebenjährigen Schweige-Retreat weitere sieben Jahre als Lehrer auf Reisen:

> *Am meisten erstaunte mich mein mangelndes Vertrauen. Jahrelang war ich der Meinung, im spirituellen Leben gehe es um einen Zustand der Vollkommenheit oder Erleuchtung. In Wirklichkeit geht es um ein Loslassenlernen. Das Leben hängt nicht nur von unseren Taten ab. Die großen Ziele, die man verfolgt, ob weltlich oder spirituell, erweisen sich als Illusionen. Wenn man das Loslassen lernt, lernt man dem Urgrund der Dinge zu vertrauen, dem, was vor und nach all unseren Plänen ist. Alles entsteht und vergeht – das ist die wahre Vollkommenheit. Ihr kann man vertrauen.*

In allen Praktiken und Befreiungs-Traditionen steht unser Herz vor einer einfachen Aufgabe. Das Leben bietet, was es bietet, und wir haben es klug und unverkrampft dankbar anzunehmen. Es gibt keine Lorbeeren zu verdienen. Charismatische Lehrer und spirituelle Erfolge können jedoch zu Identifikations-Fallen werden, durch die wir den Blick auf unsere eigene Buddha-Natur im Hier und Jetzt verlieren. Ajahn Sumedho, der erste amerikanische Abt eines Theravada-Klosters, warnt deshalb vor übertriebenem Ehrgeiz:

»Wer nicht schnell genug zu Ergebnissen kommen kann und sich übermäßig engagiert, sollte seine Meditationsübungen auf ein Wort reduzieren: ›Loslassen‹ – statt sich *hier* und *dort* und *wieder woanders* in allen möglichen Übungen, Studien und anderen Dingen zu versuchen. Der strebende Geist möchte die Sutras lesen, den Abhidamma studieren, Pali und Sanskrit lernen, dann die Madhyamika- und Prajnaparamita-Lehren, Ermächtigungen im Hinayana, Mahayana, Vajrayana empfangen, Bücher schreiben und eine anerkannte Autorität auf dem Gebiet des Buddhismus werden.

Statt sich bereits als einen weltberühmten Buddhismusexperten zu sehen, der auf große internationale Konferenzen eingeladen wird, warum nicht einfach ›loslassen, loslassen und nochmals loslassen‹? Ich tat jahrelang nichts anderes als das. Jedes Mal, wenn ich ins Planen kam oder Dinge verstehen wollte, sagte ich mir: ›Loslassen, loslassen und nochmals loslassen‹, bis das Verlangen nachließ. Deshalb gebe ich diesen einfachen Rat, der einem eine Menge unnötiger Qualen ersparen kann. Es gibt kàum etwas Traurigeres, als internationale Buddhismuskonferenzen besuchen zu müssen. Einige möchten vielleicht Maitreya sein, der kommende Buddha und Weltenlehrer, der die allumfassende Liebe verkörpert. Auch hier sollte man sich lieber sagen: ›Loslassen, loslassen und nochmals loslassen‹, und einfach ein Erdenwurm sein. Sie merken, es geht um das kleine Fahrzeug, den Hinayana, darum haben wir nur diese armseligen Übungen zu bieten.«

Um das Loslassen geht es auch in der folgenden Geschichte über Milarepa, Tibets beliebtesten Yogi und Heiligen. Er ging einmal, lange nach seiner Erleuchtung, Feuerholz sammeln. Als er in seine Berghöhle zurückkehrte, wo er selig meditiert hatte, hantierten dort sieben riesige Dämonen herum, deren Augen tassengroß waren. Einige mahlten Gerste und machten Feuer, andere vollführten magische Tricks. Bei ihrem Anblick erschrak Milarapa fürchterlich. Er wandte sich an den Buddha, rezitierte ein Unterwerfungsmantra, konnte sie aber nicht zum Verschwinden bringen. Er dachte: »Vielleicht sind es ortsansässige Gottheiten. Obwohl ich seit mehreren Jahren hier bin, habe ich ihnen noch nie Anerkennung gezollt oder ein Torma geweiht.« Also sang er ihnen zu Ehren ein Lied.

> »Dämonen, die ihr hier in nichtmenschlicher Gestalt
> versammelt seid, ihr seid im Weg.
> Trinkt diesen Nektar der Freundschaft und des Mitgefühls
> und löst euch auf.«

Die drei Dämonen, die die Zauberkunststücke vollführten, verschwanden daraufhin. Die verbliebenen Dämonen mussten also magische Hindernisse sein, also sang er folgendes Lied des Vertrauens.

> Schön, dass ihr Dämonen heute gekommen seid.
> Kommt doch bitte morgen wieder.
> Wir sollten uns hin und wieder unterhalten.

Dabei verschwanden die nächsten drei Dämonen im Licht des Regenbogens. Der letzte Dämon machte Drohgebärden, und Milarepa dachte: »Dieser ist bösartig und mächtig.« Also sang er ein anderes Lied, das der höchsten Bewusstwerdung.

> Ein Dämon wie du jagt mir keine Angst ein.
> Könnte er es, wäre es um die Kraft des Erbarmens wirklich schlecht bestellt.
> Dämon, wenn du hier bleiben willst, stört mich das nicht weiter.
> Du kannst auch ruhig deine Freunde mitbringen.
> Wir werden unsere Meinungsverschiedenheiten ausdiskutieren.
> Herr, Vajradhara, Buddha,
> gewähre deinen Segen, so dass sich dieser Niedrige hier vollkommen erbarmt.

Dann stieg Milarepa ganz behutsam und ohne Angst um seinen Körper in das Maul des Dämons – aber der Dämon vermochte ihn nicht zu fressen und so verschwand er.

Nach tibetischer Praxis profitiert, wer die Dämonen achtet und für sie sorgt. Wenn Dämonen auftreten, sollten wir sie als zum Leben dazugehörig akzeptieren. Wenn sie uns bedrohen, sind in Wirklichkeit nur unsere Illusionen in Gefahr. Wir werden umso weiser, je tiefer wir uns vor den Ehrfurcht gebietenden Wandlungskräften des Lebens verbeugen, und wer sie umarmt, dem verwandeln sie sich in einen Regenbogen. Im erwachten Herzen leuchtet jede Farbe.

Wie Juliane von Norwich sagt: »Ich für meinen Teil weiß nur, dass er uns im Aufstieg wie im Niedergang mit der gleichen großen Liebe umfängt.« Nur in dem Ausmaß, in dem wir uns dem Wandel hingeben, können wir in Harmonie mit unseren Mitmenschen und unserer eigenen wahren Natur leben. Ganz gleich in welcher Situation, das Erwachen erfordert Vertrauen: Vertrauen auf die größeren Lebenszyklen, Vertrauen auf das werdende Neue, Vertrauen auf alles, so, wie es ist. Kluges Loslassen ist kein bloßer Rückzug aus dem Leben. Es ist die Umarmung des Lebens selbst, die vollkommene Bereitschaft, in der Gegenwart da zu sein.

Das ist die Weisheit des Tao:

> Überstürztes Handeln bringt Scheitern.
> Wer an den Dingen festhält, verliert sie.
> Deshalb handelt die Meisterin, indem sie den Dingen
> ihren Lauf lässt.
> Sie bleibt von Anfang bis Ende ruhig.
> *(nach der englischen Version von Stephen Mitchell)*

Die geheime Umarmung

Auch wenn es sich einfach anhört, das Loslassen ist eine große Kunst. Es ist in Lebenskrisen und in unseren letzten Augenblicken unumgänglich. Dann offenbart sich dem Herzen ein Geheimnis: dass das Loslassen zugleich ein Umarmen der ganzen Wahrheit ist.

Eine buddhistische Lehrerin, die Jahre in einem Kloster verbracht hatte, wurde durch eine schwierige Scheidung und den Tod eines ihrer Kinder in tiefe Trauer versetzt, die zu einer Neueinschätzung ihrer Praxisjahre führten:

> *Der Schmerz überwältigte mich. Ich weinte tagelang ohne Ende, wusste nicht mehr, wie es weitergehen sollte. Es half kein Meditieren, kein noch so langes Bemühen um Stille. Ich musste den Härten des Lebens und meiner eigenen Bedrängnis ins Auge schauen. In jenen Jahren begriff ich die Notwendigkeit des Loslassens, dass man sich der ganzen Wahrheit stellen muss und vor den Tatsachen nicht davonlaufen darf.*

Wenn es bergab geht, darf man nicht flüchten. Dem Buddha wurde die Freiheit des Herzens erst bewusst, als er Maras Situation von innen heraus verstand. Darauf beruht auch das Geheimnis der Kampfkünste wie Aikido: Man versetzt sich in die Lage des Gegners, geht auf seine Aggression ein und bewegt sich mit ihr. Durch diese versöhnliche Umarmung schließen wir Frieden mit allen Dingen. Wir und unser Gegner sind beide darin aufgehoben.

Eine witzige Bemerkung von Emerson verdeutlicht das gut: »Wenn dich ein Hund verfolgt, pfeif ihn herbei.« Es ist eine psychologische Tatsache, dass Verdrängung Ängste und Aggressionen hervorruft und unflexibel macht, aber das, was wir annehmen, kann transformiert werden.

Wenn wir Mara beim Namen nennen und ihn zum Tee einladen, werden die Angst, die Verwirrung und die Konflikte des

Abstiegs unsere Verbündeten. Die Verletzlichkeit und Empfindsamkeit unseres Herzens werden dann unser Schutz. Ohne Loslassen kein Vertrauen; ohne kluges Nachgeben keine wahre Stärke; in einem friedlichen Herzen findet sich Liebe für alle Wesen. Man kann nicht immer auf dem Gipfel bleiben, aber man kann zur umsichtigen Verbundenheit mit allen Dingen finden. Wenn man die Vergänglichkeit im Innersten würdigt, wird alles, was einem begegnet, Ursache für die Erleuchtung.

10

Die schmutzige Wäsche

Viele Menschen glauben, ich hätte nie Sorgen, sondern sei immer glücklich und zufrieden, weil ich als ein lebender Buddha anerkannt bin. So ist das leider nicht. Als hoher Lama und erleuchtete Inkarnation habe ich da andere Erfahrungen gemacht.
Kanju Khutush Tulku Rinpoche

Wenn man erfährt, dass ein Mensch, den man für wirklich groß hält, seine Größe trotz all seiner Schwächen erreicht hat, sollte einen das nicht eher rühren als enttäuschen?
Lou Andreas-Salome, Biographin von Freud

In ihrem Buch *Lives in the Shadow* gibt Radha Rajagopal Sloss Einblick in das Familienleben um Krishnamurti, bei dem sie aufgewachsen ist. Sie schildert sein Charisma, durch das er tausende von Schülern auf ihrem Weg der Erleuchtung voranbringen und ermutigen konnte, und würdigt die vielen Jahre, in denen Krishnamurti ihr ein liebevoller zweiter Vater gewesen ist. Aber sie schreibt auch, wie schockiert sie war, als sie Näheres von seiner zwanzigjährigen Affäre mit ihrer Mutter erfuhr, die stattfand, als ihr Vater Krishnamurtis Geschäftsführer und einer seiner besten Freunde war. Darüber hinaus berichtet sie von Krishnamurtis laufenden, jedoch geheim gehaltenen Verhältnissen mit anderen Frauen, von verheimlichten Abtreibungen, Doppelzüngigkeiten, von seinem wachsenden Hang zum Luxus und von seiner Arroganz und Härte, die zu langwierigen gerichtlichen Auseinandersetzungen mit einigen seiner Mitarbeiter geführt hat. (Ich habe diese Geschichten auch von anderen erfahren, die ihn gut kannten.) Als Krishnamurti von Radha zu diesen Punkten befragt wurde, protestierte er ärgerlich: »Ich habe kein Ego.«

Was soll man von dieser und vielen ähnlichen derartigen Geschichten halten? Sind solche Skandale jeweils nur Einzelfälle in der Welt des spirituellen Lebens, oder kann man von einer bestimmten, archetypischen Dynamik ausgehen, deren Erkenntnis einem erlaubt, klüger mit diesem Phänomen umzugehen?

Klug reagieren: Scharfsinn entwickeln

Bevor man sich an die Untersuchung der eigenen Schwächen und derjenigen anderer macht, sollte man überprüfen, ob man dazu in der richtigen Geistesverfassung ist, also ruhig und unvoreingenommen an die Sache herangehen kann, oder ob einem Wut, Eifersucht, Neid oder Selbstgerechtigkeit den Blick trüben. Worauf es jetzt ankommt, ist Umsicht.

In der Kalama-Sutra lehrt der Buddha die Schüler, dass sie sich unabhängig von jedem Text, jeder Lehre oder Autorität jeweils selbst aufrichtig fragen sollen, was angemessen und gesund und was unangemessen und ungesund ist. Diese »furchtlose moralische Bestandsaufnahme«, wie sie bei den Anonymen Alkoholikern genannt wird, tut Lehrern und Schülern gleichermaßen Not und sollte laufend geübt werden.

Umsicht bedeutet ein kluges Beachten sämtlicher Umstände. Genauso wie man seine Kleidung prüft, ob sie gewaschen werden muss, gehört zur Lösung jedes Problems dazu, dass man sich den Sachverhalt zunächst genau ansieht. Bei Kollektivproblemen spiritueller Art sind der eigene Glaube, die Gemeinschaft, der Lehrer und man selbst mutig zu hinterfragen. Wir müssen damit aufhören, uns und anderen gegenüber die harten Tatsachen zu verschweigen, sie gehören vernünftig besprochen. Dieser erste Schritt kann allein schon sehr heilsam sein, auch wenn er zunächst erschrecken mag. Wir müssen auf die Wahrheit vertrauen lernen und erkennen, dass nur Tatsachen zur Befreiung führen.

Umsicht zeichnet sich durch furchtlose und dadurch weit blickende Aufgeschlossenheit aus. Man sieht nicht nur die Probleme, sondern auch die Ursachen und Fehlschlüsse, die ihnen zugrunde liegen. Weil man nicht gleich alles verurteilt, lernt man, Brauchbares von Unbrauchbarem zu unterscheiden. Ja mehr noch, man kommt dadurch zu der Erkenntnis, dass jede Tradition ihre Stärken und Schwächen hat und auch jeder Lehrer. So kann man das Gute behalten und den Rest auf sich beruhen lassen.

Weisheit, die unterscheidet, ist mit Freundlichkeit und Bescheidenheit verbunden: Sie erwartet keine Vollkommenheit, sondern ist bereit, zwei Seiten zu sehen, aus jeder Situation zu lernen, Probleme wahrzunehmen und ihre Ursachen zu ergründen. Betrachten wir auf diese aufgeschlossene Art im Folgenden einmal die großen Schwierigkeiten, die sich auf spirituellem Gebiet zwischen Lehrer und Gemeinschaft auftun.

Vier Hauptgefahrenquellen

Eine große Gefahrenquelle in spirituellen Gemeinschaften ist der Machtmissbrauch. Er tritt fast immer auf, wenn ein Lehrer oder Meister die gesamte Verantwortung für die Gemeinschaft in seinen Händen hält. Wenn die Auffassungen des Meisters über alles gehen, wenn die Schüler ihm jeden Wunsch von den Lippen ablesen, wenn kritische Fragen dem Lehrer gegenüber ausgeschlossen sind und er kein sachliches Feedback erhält, kann es im Handumdrehen geschehen, dass der Lehrer das Leben seiner Schüler kontrolliert, in der Meinung, es sei zu ihrem Besten. Weisheit wird dann mit unbewusster Machtausübung verwechselt, und aus der Liebe wird ein reines Belohnungsmittel, das der Meister nach Gutdünken verteilt. Auf diese Weise nehmen Sektierertum und Rivalitäten zu. Es gibt dann plötzlich »Gerettete« und solche, die »aus eigener Schuld« verloren sind. Cliquenbildung, Doppelspiele, Intrigen und Machtkämpfe sind die Folgen.

In seinen ärgsten Ausprägungen führt Machtmissbrauch zu kultischer Paranoia, die allgemein gefährlich werden kann.

Eine zweite große Gefahrenquelle ist der Geldmissbrauch. Die im spirituellen Leben erfahrene Gunst ruft Großzügigkeit hervor, und wenn eine Gemeinschaft erfolgreich ist, fließt Geld herein: für Gott, für den Tempel, für die guten Werke des spirituellen Führers. Doch weil Religiosität oft mit weltlicher Unbedarftheit einhergeht, können die meisten Lehrer nicht mit Geld umgehen. Ohne eine kontinuierliche Hinwendung zur grundlegenden Praxis ist es in dieser materialistischen Gesellschaft daher allzu leicht, dass man trotz aller Spiritualität vom Geld überwältigt wird, nach Sicherheit greift oder geizig wird. Das kann so weit gehen, dass geheime Bankkonten angelegt werden und mit den eingegangenen Spenden ein überbordender Luxus betrieben wird, während die anderen Mitglieder der Gemeinde dazu angehalten werden, bescheiden zu leben und unentgeltlich zu arbeiten.

Eine dritte große Gefahrenquelle ist der sexuelle Missbrauch. Leider ist die Ausbeutung des Sexualtriebs in unserer Gesellschaft gang und gäbe und kann auch in spirituellen Gemeinschaften zu einem Problem werden, wenn ein Lehrer kein Verantwortungsbewusstsein auf diesem Gebiet ausgebildet hat. Steht man in einer religiösen Tradition der Sexualität zwiespältig gegenüber oder verleugnet sie gar, kann es leicht passieren, dass die Bedürfnisse des Lehrers sich geheime Wege bahnen und unter dem Deckmantel »tantrischer« oder wie auch immer genannter »Übungen« Schülerinnen sexuell ausgenutzt werden. Solche Liebesverhältnisse schaffen unnötiges Leid. Verborgene Harems, sexueller Missbrauch von Kindern und auch die Übertragung von HIV durch einen Lehrer, der seinen Schülerinnen weismachte, seine besonderen Kräfte würden eine Ansteckung verhindern, seien als extreme Fälle sexuellen Fehlverhaltens angeführt.

Die vierte große Gefahrenquelle ist der Missbrauch von Alkohol und anderen Drogen. Unsere moderne Kultur ist von Süchten geprägt und diese können auch in spirituellen Gemeinschaften ausgelebt werden. Es gibt Formen der Religiosität, in denen der Rausch als Metapher für spirituelle Transformation angesehen wird. Dies kann buchstäblich zur Entschuldigung offener oder verborgener Süchte dienen. Alkohol- oder drogensüchtige Lehrer haben ganze Gemeinschaften in den Ruin geführt und großes Leid über Schüler gebracht, die sich ihren leichtfertigen Auffassungen anschlossen.

Warum Schwierigkeiten auftreten

Weshalb kommt es in spirituellen Gemeinschaften trotz aller guten Absichten immer wieder zu solchen Schwierigkeiten? Auf die Frage, wie Dinge derart schief laufen können, geben auch die Mythen Antwort.

Die griechische Mythologie ist voll von Geschichten des Aufstiegs und Niedergangs, in denen die Folgen der Selbstüberschätzung vor Augen geführt werden. Mit am lehrreichsten ist die Geschichte von Ikarus, dessen Vater Dädalus ein genialer Erfinder und Handwerker war. Der aus Athen stammende Dädalus war nach Kreta gezogen, wo er für König Minos unter anderem das Labyrinth baute, in dem der gefährliche Minotaurus gefangen gehalten wurde. Später fiel er bei König Minos in Ungnade und wurde mit seinem Sohn Ikarus zunächst ebenfalls ins Labyrinth und dann in einen Turm am Strand eingesperrt. Dädalus hatte bald eine Idee, wie sie fliehen konnten: Vater und Sohn hoben die Krümel ihrer Mahlzeiten auf, lockten damit Möwen in den Turm und sammelten geduldig ihre Federn. Außerdem sammelten sie das von den Kerzen getropfte Wachs. Dädalus machte daraus zunächst für sich und dann für Ikarus ein Paar Flügel, indem er die Federn teils zusammennähte, teils mit dem Wachs verklebte.

Schließlich war der Tag gekommen, an dem sie ihren Weg in die Freiheit antraten. Dädalus band seinem Sohn die Flügel um und warnte ihn, er solle ja nicht zu hoch fliegen, weil sonst das Wachs in der Sonne schmelzen würde. Als die beiden dann von der Insel flogen, hielten die Fischer und Schafhirten sie für Götter.

Kreta war bereits außer Sichtweite, da erhob sich Ikarus voll Freude über die Kraft seiner großen Flügel in immer größere Höhen. Er hätte die ganze Welt umarmen können und vergaß dabei völlig die Sonne, der er immer näher kam. Es dauerte nicht lange und das Wachs war geschmolzen, die Federn fielen aus den Flügeln. Hilferufend stürzte Ikarus ins Meer und ertrank. Dädalus, der sich umblickte, sah nur noch ein paar Federn auf dem Wasser. Er flog in seine Heimat zurück, weihte seine Flügel dem Apollon, dem er einen Tempel baute, und versuchte nie mehr zu fliegen.

Auch wir können wie Dädalus im selbst geschaffenen Labyrinth unseres Lebens gefangen sein. Auch wir können uns durch eine lange, geduldige Praxis die Mittel unserer Befreiung erwerben. Der Teil von uns, der seine Grenzen kennt, vermag den Gefahren des Befreiungsfluges zu trotzen. Aber wenn wir unser Menschsein vergessen und ein Teil von uns denkt, er könne grenzenlos aufsteigen, dann wird aus dem Flug ein Absturz in die dunkle See.

Kollektiver Wahn und Identifikation mit den Göttern

Das Fliegen ist, wie wir im Mythos von Ikarus gesehen haben, eine Sache der Götter und nicht der Menschen. Während der Praxis kann unser Bewusstsein tatsächlich in das archetypische Reich der Götter vordringen und ideale Möglichkeiten verkörpern. Das kann nützlich sein, aber nur solange man sich des Gesamtzusammenhangs bewusst bleibt. Eine archetypische Identifikation bedeutet, dass man sich als ein vollkommenes Wesen erlebt, als ein völlig reiner Buddha, Christus oder Meister. Die Welt der Götter ist verlockend – doch wer die süßen Früchte der Freiheit kostet, kann sich in dieser Erfahrung verlieren. Glaubt man, es könne ewig so weitergehen und man müsse nie mehr in die Realität von Zeit und Raum zurück, nie mehr Boden unter den Füßen spüren und Mensch sein, treten Probleme auf. In der Psychologie wird diese Dynamik »Inflation der Selbstüberschätzung« genannt.

Wenn Lehrer ihre Rolle missbrauchen, tun sie das meist nicht aus böser Absicht. Umgeben von Schülerscharen, die sie für vollkommen halten, glauben sie mit der Zeit selbst an die über sie verfassten Pressemitteilungen und identifizieren sich mit der ihnen übertragenen Meisterrolle. So wächst der kollektive Wahn, von Lehrer und Schüler gleichermaßen gefördert, jeweils in bester Absicht. Aber in diesem unrealistischen Erwartungsklima kann ein Lehrer bzw. eine Lehrerin leicht über die Stränge schlagen und wie Ikarus plötzlich der Überzeugung sein, ewig aufsteigen zu können.

Isolation und Verdrängung

Wenn eine Gemeinschaft der irdischen Welt den Rücken kehrt oder sektenähnliche, alles andere abwertende Züge annimmt, gibt es keine Möglichkeit für echtes Feedback. Ähnlich dem, wenn Lehrer für völlig erhaben und vollkommen gehalten werden, kann sie das isolieren und von ebenbürtigen Partnern und spiritueller Freundschaft abschneiden. Die Mitglieder solcher Gemeinschaften können dadurch den Blick für die Realität verlieren. Lehrer, die von bewundernden Schülern umgeben sind statt von Gleichrangigen, laufen stets Gefahr, ihren unbewussten Bedürfnissen nach echter Intimität zum Opfer zu fallen, oder, schlimmer noch, blinder Selbstsicherheit, Arroganz und Intoleranz. Isolation und Inflation sind der fruchtbare Boden für Illusionen und Gedankenkontrolle und damit für das Umfunktionieren der spirituellen Praxis in einen Kult.

Unsere patriarchalen Gesellschaftsstrukturen tragen zu diesen Problemen zusätzlich bei. Wir wurden konditioniert, zu

Autoritäten aufzublicken und unserem eigenen Körper und unseren eigenen Gefühlen zu misstrauen. Selberdenken ist verpönt. Also hat man sich daran gewöhnt, denen zu folgen, die es »besser wissen«. Viele Gemeinschaften basieren auf dem Wunsch ihrer Mitglieder, in dieser verwirrenden Welt von einer starken Hand zur Wahrheit geführt zu werden, ohne selbst verstehen zu müssen wie.

Idealisierung und Isolation führen zu kollektiver Verdrängung. Das Idealisieren macht blind für die Tatsachen, und die Isolation bedingt, dass einen niemand auf diese aufmerksam macht. Manchmal ist der Grad der Verdrängung in spirituellen Gemeinschaften schockierend, insbesondere für jemanden, der von außen einen unvoreingenommen Blick auf sie wirft. Es gibt Verdrängungen bezüglich des Leiters, Verdrängungen bezüglich der sektenähnlichen Züge der Lehre und Verdrängungen bezüglich der Blindheit der Anhänger, die zugunsten des spirituellen Systems ihr eigenes Denken aufgegeben haben.

Man hat mir von einem charismatischen Meister einer alten Schule erzählt, der landesweit eine Reihe verheirateter Frauen dazu brachte, mit rasierten, eingeölten Körpern seinen Besuch und seine »höheren Einweihungen« zu erwarten, weil er ihnen jeweils einredete, nur sie seien dazu auserwählt. Und ich habe von einem weltberühmten Rabbi gehört, der stets kräftig mit Alkohol nachhalf, um beim Singen seiner frommen Lieder in Ekstase zu kommen, und vor dessen Zudringlichkeiten kein halbwegs erwachsenes weibliches Wesen sicher war.

Ob es der arrogante und tyrannische Guru ist, der seine Schüler völlig vereinnahmend herumkommandiert, um sie von »ihrem Egoismus zu befreien«, ob es der burmesische Lehrer ist, der von jüngeren Mönchen zusammengeschlagen wurde, nachdem er sie jahrelang auf skandalöse Weise misshandelt hatte, oder ob es pädophile Priester sind, deren Tun von der Kirche vertuscht wird – die schlimmen Folgen der Verdrängung und Isolation können sich über Jahre hinziehen.

Vor dem Missbrauch der Lehrerrolle wird in den meisten Traditionen gewarnt. Trotzdem können sich viele Mitglieder kaum vorstellen, dass diese Warnung auf ihre Gemeinde zutrifft. Sie sind wie Ikarus, der in seiner Flugbegeisterung die Worte seines Vaters vergaß. Der Mensch ist kaum weniger zum Selbstbetrug fähig als zum Erwachen. Da die Infragestellung des Lehrers unangenehm ist, weil sie einen mit dem eigenem Schatten konfrontiert, werden eventuelle Missstände lieber verdrängt und es wird weitergemacht wie bisher. Selbst wenn Schüler ausdrücklich auf die problematischen Seiten ihres Lehrers angesprochen werden, wenn Geldmissbrauch, sexueller Missbrauch und Machtmissbrauch offiziell nachgewiesen wurden und feststeht, dass es sich um einen gefährlichen Kult handelt, können die Schüler das nicht glauben. Und die irregeführten Lehrer kleiden währenddessen ihr Tun in schöne Worte: »Ich habe zum Wohle aller gehandelt, das Geld ist jedem zugute gekommen.« »Die tantrischen Lehren haben nichts mit Sex zu tun.« »Ich helfe so vielen Menschen, da brauche ich ein wenig Erholung.« Den Verlockungen des Fliegens ist schwer zu widerstehen.

Die Verwechslung von Charisma und Weisheit

Die Verwechslung von Charisma und Weisheit ist ebenfalls eine Quelle großer Missverständnisse. Gewisse spirituelle Lehrer können außergewöhnliche Zustände herbeiführen. Diese Glücksgefühle und Transzendenz-Erfahrungen stellen sich umso leichter ein, je mehr Hoffnungen auf die charismatischen Geistlichen, Priester, Zen-Meister, Mystiker, Rabbis und Gurus gelegt werden. Psychische Kräfte können leicht für eindeutige Zeichen der Weisheit oder Erleuchtung oder göttlichen Liebe gehalten werden. Man vergisst, dass Überzeugungskraft und Charisma einfach das sind, was sie sind, und dass diese Energien auch Demagogen, Politikern und Entertainern zur Verfügung stehen.

Wer über eine besondere Ausstrahlung verfügt, muss nicht gleich weise sein. Umgekehrt muss Weisheit nicht gleich großes

Aufsehen erregen – sie kann sich in einem ganz bescheidenen Leben manifestieren. In Gemeinschaften, in denen bestimmte psychische Kräfte hoch bewertet werden, sollten die Schüler besonders aufpassen: Wenn von geheimen Lehren oder alten Schulen die Rede ist, wenn es eine Gruppe besonders Auserwählter gibt, dann ist die Kultgrenze bald überschritten. Natürlich muss das nicht immer der Fall sein, doch birgt die glänzende Arena des Charismas große Gefahren. Deshalb gibt es Weisheitstraditionen, in denen Missbräuche bewusst zu verhindern gesucht werden, oft durch die Einrichtung eines Ältestenrats aus angesehenen Lehrern, die zu gegenseitigen Verhaltenskorrekturen in der Lage sind.

Die Versuchungen weltlicher Macht

Von den Kreuzzügen bis zu den Dschihads, von korrupten Heiligen und despotischen Bischöfen bis hin zum Verkauf von Ablassbriefen – die Geschichte des Machtmissbrauchs innerhalb organisierter westlicher Religionen ist gut bekannt. Andererseits stellt man sich vielleicht gerne vor, dass östliche Religionen und meditative Traditionen gegen diese Form der Korruption immun sind. Aber Korea, Japan, Sri Lanka, China, Tibet und Burma haben alle eine Religionsgeschichte mit Perioden schweren Machtmissbrauchs. In *The Zen of War* (dt. Titel: *Zen, Nationalismus und Krieg*) beschreibt Brian Victoria detailiert, dass während des Zweiten Weltkriegs viele charismatische japanische Zen-Meister, wie Sawaki Kodo Roshi und Harada Daiun Roshi, die Zen-Lehren verdreht und zugunsten des Krieges ausgelegt haben.

Im Namen des Buddhismus haben Zen-Lehrer ihre Anhänger jahrhundertelang dazu ermutigt, Nichtjapaner in einem »guten Krieg des Mitgefühls« zu töten. Kriegerisches Töten galt als ein Ausdruck der Erleuchtung, und große Tempel stellten Soldaten, man gab Geld für Waffen und segnete Kanonen und militärische Unternehmen. Es gibt sogar Fälle, in denen Klöster gegeneinander Krieg führten, um ihre Macht auszudehnen.

In ähnlicher Weise sind Kriege zwischen Sekten, Mönchen und Klöstern Teil der tibetischen Geschichte. Tsipon Shuguba, der ehemalige tibetische Finanzminister und Autor des Buches *In the Presence of My Enemies*, beschreibt die Machtkämpfe und kriegerischen Auseinandersetzungen in den Jahrzehnten vor der Besetzung Tibets durch das kommunistische China. Große Klöster wie Sera, hohe Lamas wie Reting Rinpoche (der Regent des Dalai Lama) und hunderte von Mönchen waren an Schlachten beteiligt, in denen es eine Artillerie und Kavallerie gab und entsprechend viele Mönchsoldaten starben. Auch im Exil blieb das tibetische Volk nicht von Sektierertum und Machtkämpfen verschont, alles im Namen »richtiger« religiöser Praxis.

Viele etablierte religiöse Institutionen haben große Besitztümer, Kunstschätze, internationales Ansehen und moralischen Einfluss erworben. Sie sollten auf eine Weise gewahrt werden, die nicht nur auf Machterhalt aus ist. Ein weiser spiritueller Führer wird sich selbst treu bleiben, ob er oder sie Brokat trägt und mit Königen spricht oder in Lumpen in der Einsamkeit der Wüste lebt. Wer einmal erfahren hat, wie reich die wahre Liebe zu allen Wesen ist, hält rein politische Macht für eitel und nichtig.

Wenn nicht der ganze Mensch sein darf

Die Verdrängung normaler menschlicher Bedürfnisse ist eine Form der Idealisierung, die in so vielen spirituellen Traditionen vorherrscht, dass sie extra angesprochen werden muss. Gewisse spirituelle Traditionen – sowohl östliche als auch westliche – lehren, dass man am besten keine persönlichen Bedürfnisse oder Wünsche haben soll. Doch dieses Ideal weltferner Vollkommenheit verkennt den Wert normaler Beziehungen und Bedürfnisse. Wenn von Lehrern, Äbten und Meistern verlangt wird, dass sie ihr ganzes Leben auf die enge Rolle heiliger Selbstgenügsamkeit und asketischer Reinheit beschränken, wird die menschliche Natur als solche zugunsten eines Ideals verleugnet. Unser Menschsein besteht nicht nur in Entsagung.

Auch wenn Selbstüberwindung von großem Wert ist, darf ein asketisches Leben doch nicht auf Verdrängung basieren. Entsagung ist eine bewusste Form der Anspruchslosigkeit. Schlichte Nahrung, Kleidung und Arbeit können – bewusst gewählt – die innere Abstandnahme erleichtern und damit aus dem Sog weltlicher Verlockungen befreien. Auch die sexuelle Enthaltsamkeit kann ein Ausdruck solcher Anspruchslosigkeit sein.

Indem die Nonne, der Priester oder der Mönch auf intime Partnerschaften verzichtet, können sie sich ganz dem Gebet und dem Dienst an der Gemeinschaft widmen. In einem solchen Zusammenhang ist eine bewusste sexuelle Enthaltsamkeit und Entsagung durchaus wertvoll und nützlich. Ein Zeichen gesunden Verzichts ist, dass die Person, die sich für diese Lebensform entschieden hat, nicht nur ihre Bedürfnisse unterdrückt. Statt die sinnliche Liebe zu verleugnen, wird sie in ihrer ganzen emotionalen Bandbreite gleichsam als innere Haltung ins spirituelle Leben eingebunden.

Probleme tauchen auf, sobald die Verleugnung unserer Sinnlichkeit zum Grundstein unserer spirituellen Weltsicht wird. Für die Schüler bedeutet das, dass sie sich durch ihre ängstliche Selbstkasteiung von ihrer eigenen Erfahrung abschneiden. Für die Lehrer können die von ihnen erwartete Selbstlosigkeit und makellose Reinheit auf die Dauer zur Verdrängung oder Verleugnung ihres eigenen Schattens führen.

Lehrern, die in solch falscher Idealisierung gefangen sind, leben deshalb ihre menschlichen Bedürfnisse, ihre Sexualität, Trauer und Verletzlichkeit oft einfach unbewusst aus. Idealistische Systeme steuern also zu einem vernünftigen Umgang mit diesen Tatsachen entsprechend wenig bei. Denn ganz gleich, wie rein und erhaben der Zustand ist, unsere verleugnete Natur wird sich eines Tages wieder rühren und uns mit allen unerfüllten Bedürfnissen konfrontieren. Ikarus' Körper hat menschliches

Gewicht; Mara stattet uns freundlicherweise immer wieder seinen Besuch ab.

Wenn unsere Sinnlichkeit nicht zugelassen wird, kann es leicht zur Dämonisierung der körperlichen Bedürfnisse kommen. Und wenn sie dann noch auf andere projiziert werden, sind Paranoia, Hexenverfolgungen, Inquisitionen die Folge. In der Gemeinschaft floriert dann mannigfaltige Lebensangst. Eine für ihre Klugheit und Weisheit bekannte katholische Äbtissin gründete vor einigen Jahrzehnten einen kontemplativen Orden. Sie legte Wert darauf, dass die Nonnen und Novizinnen auf die eigenen Körperfunktionen und Emotionen achteten. Dafür wurde sie bestraft. Man schloss das Kloster von heute auf morgen, weil an oberer Stelle bekannt geworden war, dass dort »andere Praktiken« geübt würden und neben den täglichen Gebeten und Schweigephasen auch Meditationen, Atemübungen und Einzeltherapien stattfanden. Sie sagte: »Es ist unglaublich, dass man unsere Gemeinschaft auflöste, nur weil wir die Atmung und den Körper in unsere Frömmigkeit einschlossen.«

Andererseits erhielt Thomas Merton von den Kirchenoberen eine offizielle Erlaubnis für seine buddhistischen Meditationen. Wie wir sehen, gibt es auch unter den kirchlichen Würdenträgern, wie überall, Meinungsverschiedenheiten.

Eine unkompliziertere Einstellung zu seiner Menschlichkeit legte Dainan Katagiri Roshi an den Tag, der in Minneapolis in einem Zen-Zentrum lehrte, in dem er auch mit seiner Familie lebte. Als die Ärzte bei ihm Krebs im unheilbaren Stadium diagnostiziert hatten, waren seine Schüler einerseits sehr hilfsbereit, andererseits erschreckte und verwirrte sie die Tatsache, dass ihr Lehrer einer gewöhnlichen Krankheit unterlegen war. Eines Tages rief er die Schüler zu sich ans Bett. »Ich merke, dass ihr mich genau beobachtet. Ihr fragt euch, wie einem im Sterben liegenden Zen-Meister zumute ist. Lasst es euch zeigen!« Er strampelte mit den Beinen und schlug mit den Armen wild um sich. Dabei klagte er lauthals: »Ich will nicht sterben, ich will nicht sterben!« Dann hielt er inne und sah sie an. »Ich weiß nicht, wie ich sterben werde. Vielleicht werde ich dabei Angst haben oder gequält sein. Denkt daran, es gibt keinen richtigen Weg.« Dieser Lehrer scheute sich nicht, offen vor seinen Mitmenschen zuzugeben, wie er sich in seiner gegenwärtigen Lage fühlte.

Wenn in einer Gemeinschaft menschliche Bedürfnisse und Emotionen offen eingestanden werden, trägt dies sicherlich zu einer entspannteren Atmosphäre bei. Das heißt nicht, dass es keine Probleme mehr gibt, sondern sie werden als etwas Normales angesehen, als etwas, das jeder früher oder später durchmachen muss. Aber wenn in einer Gemeinschaft der Geist der Unnahbarkeit herrscht, machen sich Angst, Heimlichtuerei und Scheinheiligkeit breit, und wenn dann die übermenschliche Fassade einstürzt, ist der Schaden wesentlich größer. Das gilt für zölibatäre Gemeinschaften ebenso wie für Gemeinschaften mit integriertem Familienleben – niemand, weder Mönch noch Laie, ist vor den emotionalen Stürmen gefeit, die das Leben mit sich bringt. Diese Stürme sind ein fruchtbares Feld unserer Praxis.

Interkulturelle Missverständnisse

Asiatischen Traditionen droht im Westen fortwährend die Gefahr des interkulturellen Missverständnisses. Lehrer, die aus einem anderen Umfeld kommen, in dem man sich dezent kleidet und die Geschlechter streng getrennt sind, können in Anstandsfragen völlig durcheinander kommen, wenn sie plötzlich und ganz direkt beispielsweise mit der amerikanischen Kultur konfrontiert sind.

Umgekehrt können auch westliche Schüler in Verwirrung geraten. Die Geschichte, die über den Ehrwürdigen Kalu Rinpoche bekannt wurde, einen weisen und angesehenen alten Lama aus Tibet, dient als Warnung. Er war in vieler Hinsicht ein ausgezeichneter Lehrer, trotzdem brachte er seine junge Schülerin und Übersetzerin, June Campbell, in langjährige Schwierigkeiten, als er sie zu seiner Sexualpartnerin machte. Sie beschreibt in ihrem Buch *Traveler in Space* (dt. Titel: *Göttinnen, Dakinis und ganz normale Frauen*), wie sie zwanzig Jahre aufgrund dieser heiklen Situation zu kämpfen hatte, die ihrer Ansicht nach auf einer Unterdrückung des Weiblichen im tibetischen Buddhismus beruhte.

Eine westliche Lehrerin und Anhängerin des tibetischen Buddhismus versuchte zu einem interkulturellen Verständnis solcher Lehrer/Schülerin-Beziehungen zu gelangen, blieb dann aber doch bei ihrer Auffassung:

> *Da ich in meiner Kindheit sexuell missbraucht worden war und bereits seit vielen Jahren für die Rechte der Frauen kämpfte, war es mir unbegreiflich. Wie konnte ein alter Lama, ein verwirklichter Meister der höchsten Vajrayana-Praxis der Mahamudra, jährlich aus dem Kloster eine dreizehn- bis vierzehnjährige Nonne zu seiner sexuellen Gefährtin auswählen? Was dachte seine Frau darüber? Dass Indien und Tibet kulturell gesehen andere Welten sind, ist klar. Die Vereinigung mit einer jungen Gefährtin gilt als eine »lange Lebenspraxis«, die dem Lama Kraft gibt. Mächtige Männer haben das immer geglaubt, und in Asien halten sich sowohl religiöse als auch politische Persönlichkeiten daran.*
>
> *Es hieß auch, in einer Feudalgesellschaft wie der tibetischen sei es für die Angehörigen eine Ehre. Die Familie der Auserwählten war wahrscheinlich arm und erfuhr jetzt, weil sie zum Hofstaat des Lama gehörte, größere Unterstützung. Trotzdem frage ich mich, was ist mit den jungen Mädchen? Wie geht es ihnen dabei?*
>
> *Ich habe mit einer Reihe westlicher Frauen gesprochen, die mit ihren Lamas geschlafen hatten. Manche mochten es – sie fühlten sich auserwählt. Andere fühlten sich ausgenutzt und wandten sich von der Praxis ab. Einige sagten, sie würden den Lama bemuttern. Aber keine beschrieb es als eine Unterweisung; sie konnten nichts Tantrisches finden. Der Sex war für den Lama, nicht für sie.*

Sexualität ist ein schwieriges Feld. Wir können weder eine alte Kultur an modernen westlichen Standards messen, noch können Lehrer aus anderen Kulturen erwarten, dass sich ihnen westliche Schülerinnen sexuell oder anderweitig zur Verfügung stellen. Langfristig gesehen ist auf diesem Gebiet noch viel Aufklärung nötig, andernfalls werden wir uns weiterhin gegenseitig Leid zufügen und schaden.

Aus Schwierigkeiten lernen

In der Arthussage tritt der junge Parzival der Ritterrunde bei, um den heiligen Gral zu suchen. Sein Mentor, Gournamond, belehrt ihn, er müsse zur Wahrung seiner Würde auf zwei Dinge achten: Erstens dürfe er sich weder verführen lassen noch andere verführen. Zweitens müsse er, wenn er die heilige Gralsburg erreicht habe, fragen: »Wem dient der Gral?« Unterwegs bewahrt sich Parzival seinen unbestechlichen Blick und nimmt Leid und Missstände wahr. Als er aber schließlich in der Gralsburg ankommt, erliegt er den Verlockungen des Hofes. Er trifft den verwundeten Fischerkönig und wird zu einem herrlichen Festessen eingeladen, das nichts zu wünschen übrig lässt. So vergisst er, die entscheidende Frage zu stellen.

Am nächsten Morgen ist das Königreich samt der Burg verschwunden und Parzival irrt viele Jahre umher, bis er durch Mühsale gereift ein zweites Mal zur Gralsburg findet. Dieses Mal bleibt er besonnen und fragt: »Wem dient der Gral?« Der Fischerkönig antwortet: »Dem Gralskönig.« (Der Gralskönig ist Gott.) Sobald sich der Fischerkönig an diese heilige Wahrheit erinnert, ist er geheilt, und im gleichen Augenblick kommen alle Missstände in seinem Königreich in Ordnung, alle Nöte sind überwunden und es herrschen Glück und Frieden im Reich.

Auf der Suche nach der Erleuchtung kommt ans Ziel, wer sowohl sein Empfinden als auch sein Erkennen in den Dienst eines höheren Gutes stellt. Solange man das nicht tut, können sich unerkannte Bedürfnisse mit der Suche vermischen und spirituelle Erfahrungen nur eine erweiterte Form von Egoismus hervorrufen. Ein Lehrer oder eine Lehrerin, die sich mit ihrer spirituellen Kraft übermäßig identifizieren, gehen unbewusst davon aus, dass *sie* im Mittelpunkt der Lehre stehen, statt die Lehre selbst. Man sollte vorsichtig sein, wenn sich der Hof eines Lehrers mehr um seine Person als um den Inhalt der Lehre kümmert. Als der Fischerkönig vergisst, wem er dient, macht sich seine Einseitigkeit überall schmerzlich bemerkbar und sein Reich zerfällt.

Die Wahrheit einfach anerkennen

Ein weises Herz ist sich der Allgemeingültigkeit seiner Inspirationen bewusst. Die Bodhisattva-Gelübde und das Gebet des heiligen Franziskus halten uns dazu an, unseren Dienst stets dem Wohl aller Wesen zu widmen. Ein weises Herz gibt auch zu, dass es seine Inspiration nicht erzwingen kann.

Vor einigen Jahren besuchte ich in Indonesien einige Schamanen und Heiler. Mein Übersetzer erzählte mir, sein Onkel sei viele Jahre ein berühmter Heiler gewesen, habe dann jedoch aufgehört. Als ich nach dem Grund fragte, erklärte er:

> *Mein Onkel war Reisbauer, als er sein Heilertalent entdeckte, das er nutzen konnte, wenn er sich meditativ in Trance versetzte. Er erkannte die Krankheiten intuitiv, und seine göttliche Eingebung sagte ihm auch, welche Kräuter er benutzen und wo er handauflegen solle. Zwanzig Jahre sprachen die Götter zu ihm, aber dann erschienen sie nicht mehr. Also sagte mein Onkel den Menschen, er könne nicht mehr heilen, und arbeitete wieder als Bauer.*

Diese Direktheit ist erstaunlich. In unserer Kultur ist kaum vorstellbar, dass ein Therapeut, Arzt oder spiritueller Lehrer offen zugibt: »Die Götter sprechen heute nicht mit mir«, wenn er einmal einen schlechten Tag hat. Und doch weiß jeder, dass dies vorkommt.

Ethische Grundsätze und Integrität

Jede vernünftige Religion erkennt an, dass Aufrichtigkeit, Tugendhaftigkeit und Redlichkeit das notwendige Fundament des Geisteslebens darstellen. Ob man sich an die buddhistischen Grundsätze hält oder an die hinduistischen Yamas und Niyamas oder an die moslemischen oder jüdisch-christlichen Gebote – das eigene Verhalten gestaltet die spirituelle Entfaltung. Es ist nicht nur so, dass man nach einem Tag voller Mordgedanken, Lügen und Stehlen schwer meditieren oder beten kann; hinzu kommt, dass man unmöglich Freiheit und tiefes Glück finden kann, solange man derart in seinem Zorn und seinem Begehren gefangen ist, dass man lügt, tötet, stiehlt oder betrügt.

Während Tugendhaftigkeit und Einfühlungsvermögen ganz natürlich aus der Achtsamkeit hervorgehen, ist es für das gute Funktionieren einer Gemeinschaft notwendig, dass man ethische Richtlinien verbindlich formuliert. Diese Richtlinien müssen für den Lehrer genauso gelten wie für die Schüler, denn wenn sich Meister über die Tugend stellen, dann werden sie wie der Fischerkönig zwangsläufig Missstände herbeiführen. Selbst die Zen- und die tantrischen Traditionen, die die Schüler ausdrücklich ermutigen, sich über Förmlichkeiten hinwegzusetzen, erkennen die Grundlagen tugendsamen Verhaltens an. Ansonsten wäre der Weg, den sie lehren, Lug und Trug.

Spirituelle Traditionen aus anderen Kulturen, die in den Westen hineingetragen werden, haben ihre ungeschriebenen Gesetze und Richtlinien, was das Verhalten des Lehrers betrifft. Die Grenzen, die dem Verhalten von Lehrern und Schülern gesetzt sind, sind normalerweise durch einen größeren gesellschaftlichen Rahmen vorgegeben, den die Praktikanten einhalten müssen.

Doch im Westen, in einer Kultur, in der sich so viel um Geld, Sex, Macht, Alkohol und Drogen dreht, erscheint die Einhaltung gewohnter Normen oft als überflüssig. Ausländische Lehrer können beispielsweise Amerika oder andere westliche Staaten als Länder ohne Regeln und die Populärkultur als Einladung zum Exzess missverstehen.

Um Schaden zu vermeiden, müssen spirituelle Gemeinschaften, so, wie der Buddha es seinen Mönchen geraten hat, klare ethische Richtlinien für alle Mitglieder formulieren, die Leiter mit eingeschlossen. Viele haben das getan. Wo dies noch nicht geschehen ist, sollten die Schüler auf einer Formulierung solcher Grundsätze bestehen. Wird eine spirituelle Gemeinschaft ohne einen schriftlich festgelegten Verhaltenskodex geführt, sind der Manipulation Tür und Tor geöffnet. Liebe und Mitgefühl, die Pfeiler aller großer Traditionen, stehen und fallen mit unserer Tugend.

Bittere Enttäuschungen und Übervorteilungen

Erinnern wir uns daran, dass Kritik der unterscheidenden Weisheit bedarf. Selbstvorwürfe und Schuldzuweisungen nützen nichts. Wenn man über Fehler nachdenkt, sollte dies so geschehen, dass man daraus lernt. Trotzdem lassen sich niemals alle Fehler aus der Welt schaffen, auch nicht durch noch so viele Warnungen. Enttäuschungen wird es immer geben und sind ein häufig aufkommendes Thema. Ungefähr die Hälfte meiner Interviewpartner sprach von bitteren Enttäuschungen auf spirituellem Gebiet. Doch Ernüchterungen, wie schmerzlich sie auch sein mögen, gehören notwendig zu unserem Weg. Sie holen uns aus unserer Naivität zur komplexen Wahrheit des Menschseins zurück. Wir werden in die Schatten eingeweiht, die das Licht wirft. Es kann Jahre dauern, bis man solche traurigen Lektionen spiritueller Ernüchterung verarbeitet hat.

Eine Frau, die in einem Yoga-Ashram lebte, wurde aus ihrer Vertrauensseligkeit gerissen, als sie eine Fehlgeburt hatte. Todunglücklich fragte sie ihren Guru, ob nicht die harten körperlichen Anforderungen des Sommercamps für ihre Fehlgeburt mit verantwortlich gewesen sein könnten. Er war über diese Anzweiflung seiner Methode so erbost, dass er sie verärgert vor hunderten von Schülern und Schülerinnen aufstehen ließ und verkündete: »Erst macht sie die Beine für ihren Ehemann breit und dann unser Yoga für ihre Fehlgeburt verantwortlich. Vielleicht taugt sie einfach nicht als Mutter.« Das brachte ihr über Jahre naiv errichtetes Glaubensgebäude zum Einsturz. Sie verließ den Ashram. Ein langer Prozess der Trauer und Wut, des Nachdenkens und der inneren Arbeit führte sie schließlich zu der Erkenntnis, dass ihr schlimmster Fehler jener war, sich selbst entmündigt zu haben.

Auf der Konferenz amerikanischer buddhistischer Lehrer im Jahre 1993, an der 120 Zentrumsleiter teilnahmen, baten mehrere Lehrer um ein Forum, auf dem sie sich ungestört über Machtmissbrauch und andere Missstände unterhalten könnten. Es flossen jede Menge Tränen, als endlich einmal diese Tabuthemen diskutiert wurden. Einige hatten Jahre zu kämpfen gehabt, bis sie das ihnen Widerfahrene verkraftet hatten und vergeben konnten. Bei anderen war der Verabeitungsprozess noch in vollem Gange. Doch sind nicht die an den Lehrern erkannten Fehler das Schlimmste. Bitter ist vor allem die Tatsache, dass man sich selbst getäuscht hat. Man muss einsehen, dass man sich über seinen eigenen Schatten hinweggesetzt und aller Offensichtlichkeit zum Trotz so getan hat, als gäbe es ihn nicht. Unser auf uneingestandenen Bedürfnissen beruhender Idealismus machte uns unvernünftig.

Wenn dann die Erörterung der Wahrheit ansteht, ist man auf spirituelle Freunde und die Stärke der Praxis angewiesen, damit man sich aussprechen und Abstand finden kann. Wir müssen eigene Autorität entfalten und zu unserer wahren Herzensgröße finden. »Seid euch selbst ein Licht, seid euch selbst eine Zuflucht«, waren die letzten Worte des Buddha. Kein Lehrer, keine äußere Autorität kann uns die Wahrheit ersetzen oder nehmen, die in uns wohnt. Am Ende werden wir erkennen, dass allein unser Herz die reine Wahrheit und das untrügliche Einfühlungsvermögen birgt, nach denen wir so lange gesucht haben.

Die Enttäuschung selbst ist unsere Lehrerin. Wir sollten sie hoch achten, weil sie uns zum Erwachen bringt. Sie verlangt, dass wir uns in der unterscheidenden Weisheit üben, dass wir offen reden, unsere Ideale und Fehler kritisch beleuchten und uns um Vergebung bemühen. Und was gäbe es Lehrreicheres als das?

Als 1994 die von Yogi Amrit Desai geleitete Kripalu-Yoga-Gemeinschaft auseinander fiel, geschah dies aufgrund der Enttäuschung der Schüler. Es waren nämlich nicht nur seine heimlichen Affären öffentlich bekannt geworden, sondern auch, dass er seit zwanzig Jahren große Geldsummen veruntreut hatte. Da Yogi Amrit Desai andererseits ein kreativer, guter Lehrer war, konnten die Schüler nun die Dinge, die sie bei ihm gelernt hatten – Nachforschen, Gelassenheit und Mitgefühl –, zur Bewältigung ihrer schwierigen Lage anwenden. Nach Monaten ausführlicher Diskussionen und Beratungen bat man den Meister, zu gehen, und nun waren die Schüler in ihrer Verwirrung und Verzweiflung sich selbst überlassen. Nach einigen Jahren hatte sich die Yoga-Gemeinschaft, gereift durch die Krise, unter gesunden Voraussetzungen neu organisiert. Und auch der Meister behauptet, viel aus der Sache gelernt zu haben.

Der Zen-Meister Dogen sagte, dass das Leben eines Zen-Meisters darin bestehe, Fehler zu machen – das heißt, es bietet ihm ständig Gelegenheit, dazuzulernen. In der Manipulation und dem Machtmissbrauch überhaupt begegnen wir der Tatsache menschlicher Schwächen. Ob man nun eine schwierige Gemeinschaft verlässt oder in ihr bleibt, niemand kommt daran vorbei, Weisheit und Mitgefühl aufrichtig zu üben.

Doch hüte man sich beim Lüften der getragenen Wäsche vor vorschnellen Urteilen. Die unpersönlichen Kräfte des Idealismus und der Selbstüberschätzung – der Inflation –, die Abgründe der Angst und Illusion, die Subtilität der Selbsttäuschung und des Ehrgeizes wurden vom Menschen geschaffen. Die griechischen Dramen, die indischen Veden, die afrikanischen Stammesmythen, die Zen-Koans setzen sich allesamt mit diesen das menschliche Schicksal seit alters her prägenden Kollektivkräften auseinander. Wer an ein spirituelles Leben ohne Schattenseiten glaubt und sich wünscht, dass Mara niemals zu Besuch kommt, vertritt den Standpunkt, es gäbe einen Himmel, an dem die Sonne immer im Zenit steht.

In Indien sagt man, dass auch ein neunzigjähriger Heiliger noch Fehler machen kann. Unsere Anfälligkeit bleibt, solange wir leben. Der große Zen-Meister Hui Neng erinnert an die menschliche Wankelmütigkeit: »Ein Sünder und ein Weiser unterscheiden sich nicht in ihrer Buddha-Natur. ... Ein erleuchteter Gedanke und man ist ein Buddha, ein dummer Einfall und man ist wieder ein gewöhnlicher Mensch.«

Die Mühe, die man mit der schmutzigen Wäsche spiritueller Praxis hat, sollte man am besten als eine Möglichkeit der Wahrheitsfindung verstehen. Genauso wie Erleuchtung in Täuschung untergehen kann, so kann auch immer der befreiende Augenblick der Selbsterkenntnis auftauchen. Ganz gleich, in welchem Irrtum wir gefangen sind – ganz plötzlich kann uns die Erkenntnis der Wahrheit kommen und aus der Enttäuschung Heilung erwachsen. Aus unseren Irrtümern und Schwächen lernen wir am meisten. Wenn wir in einem aufrichtigen Gespräch oder in aller Stille Bilanz ziehen – und sei es auf dem Sterbebett –, erwartet uns Befreiung. Wer Leid und Enttäuschungen bei sich selbst und anderen zugibt und achtsam damit umgeht, findet zum großen Wesen des Mitgefühls.

4

Die gründliche Wäsche

11

Das Mandala des Erwachens: Was lasse ich aus?

Wer einmal in das Dharma eingetreten ist, prüft ständig sein Gewissen und sieht: Da bin ich frei und da bin ich noch unfrei, da sind noch Fesseln, die gelöst werden müssen.
Buddha

Pater Theophane, ein betagter Trappist, erzählt eine wunderbare Klostergeschichte, in der der Ich-Erzähler die Früchte seines Exerzitiums schildert: »Ich wusste um die vielen interessanten Einblicke, aber ich wollte mich nicht mehr mit kleinen Antworten zufrieden geben, ich wollte die ganze Wahrheit wissen. So bat ich meinen Schutzengel, dass er mich direkt ins Haus Gottes führe.

Ich setzte mich und wartete geduldig auf die große Antwort. Ich saß da und schwieg den ganzen Tag bis tief in die Nacht. Ich sah Ihn. Ich glaube, wir sahen uns tief in die Augen. Dann, spät in der Nacht, war mir, als hörte ich eine Stimme: ›Übersiehst du nicht etwas?‹ Ich sah mich um. Wieder hörte ich eine Stimme: ›Übersiehst du nicht etwas?‹ Bildete ich mir das nur ein? Bald flüsterte und raunte es überall um mich herum: ›Übersiehst du auch nichts? Übersiehst du auch nichts?‹

War ich verrückt geworden? Irgendwie schaffte ich es aufzustehen und zur Tür zu gehen. Ich brauchte den Halt eines menschlichen Gesichts, einer menschlichen Stimme. Also ging ich den Korridor entlang und klopfte an eine der Mönchszellen:

›Was ist los?‹, meldete sich eine verschlafene Stimme.

›Was übersehe ich denn?‹

›Mich‹, kam die Antwort.

Ich ging zur nächsten Tür.

›Was ist los?‹

›Was übersehe ich denn?‹

›Mich.‹

Eine dritte Zelle, eine vierte, immer die gleiche Antwort.

Ich dachte: ›Sie denken alle nur an sich.‹ Empört verließ ich das Klostergebäude. Da ging gerade die Sonne auf. Ich hatte noch nie mit der Sonne gesprochen, aber jetzt hörte ich mich flehentlich fragen: ›Was übersehe ich denn?‹

Auch die Sonne antwortete: ›Mich.‹ Das gab mir den Rest. Ich warf mich auf den Boden. Und die Erde sagte: ›Mich auch.‹«

Pater Theophanes Erzählung spielt auf die Anforderungen reifer Spiritualität, an: Wer sein Herz öffnet, darf nichts auf der Welt ausschließen. Befreiung und Erleuchtung werden allein im Hier und Jetzt gefunden. Wenn wir Gott lieben wollen, müssen wir auch alle seine Geschöpfe lieben lernen – uns selbst mit all unseren Fehlern und Komplexen eingeschlossen. Diese geistige Umarmung bildet ein Mandala oder einen Erwachenskreis, in dem sich uns alle Aspekte des gegenwärtigen Lebens erschließen.

Das Mandala der Ganzheit

Ein Mandala ist eine bildliche, oft ins Detail gehende Darstellung des allgemeinen Daseinskreislaufs. Es verkörpert die ganze Welt. Übertragen auf den Weg zu reifer Spiritualität bedeutet dies, dass sie sich zum Ziel setzt, die Ganzheit des Lebens zu verwirklichen.

Es gibt zwei Grundsätze bei der Realisierung dieser Einheit. Erstens: Jede irdische Erfahrung muss in das spirituelle Leben mit eingeschlossen werden, damit sich die Freiheit voll entfalten kann. Kein Lebensbereich darf von der Bewusstwerdung ausgeschlossen werden. Die buddhistischen Ältesten sprechen von vier grundsätzlichen Bereichen der Achtsamkeit: Körper, Gefühle,

Denken und innere Haltung. Darüber hinaus ist sie, nach ihrer Lehre, auf die Familie, die Gemeinde, den Lebensunterhalt und die Beziehung zur Welt im Ganzen auszudehnen. Nur wenn auf alle diese Dinge geachtet wird, lässt sich Erleuchtung verwirklichen. Diese Bereiche werden in den folgenden Kapiteln eingehender behandelt werden.

Die zweite Grundregel für die Realisierung der Einheit besagt: Das Bewusstsein, das man auf einem Gebiet entwickelt hat, überträgt sich nicht automatisch auf andere Lebensbereiche. Olympiasportler beispielsweise, wie körperbewusst sie auch sein mögen, können emotional unreif und intellektuell ungeschult sein. Umgekehrt können brillante Intellektuelle unter Gefühlskälte leiden. Andere Menschen wiederum, die ihr Gefühlsleben entwickelt haben und Experten in zwischenmenschlichen Beziehungen sind, wissen oft nichts von den Gedankenmustern und Überzeugungen, die sie begrenzen.

Im spirituellen Leben ist das nicht anders. Meditationsmeister, die sich mit außergewöhnlichen Bewusstseinszuständen auskennen, können auf emotionalem, zwischenmenschlichem Gebiet Schwierigkeiten haben. Fromme, sich für Gott aufopfernde Nonnen oder Mönche können eine problematische, ja selbst kaputte Beziehung zu ihrer Familie – oder zu ihrem eigenen Körper – haben. Und Yogis und Gurus, die über eine unglaubliche Körperbeherrschung verfügen und ihre Atmung und Gedanken unter Kontrolle haben, können blind übernommene Überzeugungen und Meinungen vertreten, die sich negativ auf ihre Anhänger auswirken. Die meisten Mönche, Nonnen, Meditationsmeister und spirituellen Schüler entdecken nach einiger Zeit Lebensbereiche, denen sie bisher keine Aufmerksamkeit geschenkt haben. Für viele Lehrer hat die spirituelle Ausbildung selbst zur Vernachlässigung oder Verdrängung ihrer grundlegenden menschlichen Bedürfnisse geführt. Das dadurch hervorgerufene unnötige Leid kann von Gesundheitsproblemen physischer bis seelischer Art reichen und verschwindet erst, wenn sämtliche Lebensbereiche in die Praxis integriert sind. Solange irgendein Gebiet gering geachtet wird, bringt dies Leid, Konflikt und Begrenzung mit sich. Wie Gandhi sagt: »Man kann nicht auf einem Gebiet das Richtige tun, solange man auf allen anderen Gebieten gänzlich falsch handelt. Das Leben ist ein unteilbares Ganzes.«

Sieht man einmal auf die im spirituellen Leben häufig ausgeklammerten Bereiche, entdeckt man, dass diese Geringschätzung oft aus Angst oder aus blinder Überzeugung heraus geschieht. Vielleicht ist da die Auffassung, dass der Körper oder Geselligkeit oder Zukunftspläne oder Geld oder Sexualität oder die Familie oder die Gesellschaft oder die Politik »unspirituell« sind, gefährliche, trügerische Fallen. Diese Angst errichtet eine Mauer, isoliert uns vom prallen Leben, trennt die Welt in zwei Bereiche, von denen einer als nicht heilig angesehen wird. Doch langfristig gesehen befriedigen uns unsere sektionierten Erkenntnisse nicht, sie greifen ständig zu kurz, gleichen Bonsaibäumen, die zwar wunderschön sind, aber gestutzt.

Tatsache ist, dass diese innere Aufteilung rückgängig gemacht werden muss. Wie die Erzählung von Pater Theophane zeigt, führt nur das ehrliche Befassen mit dem Gefürchteten oder Nichtbeachteten zur Befreiung. Und wenn man nicht selbst hinsieht, dann wird das Unbeachtete, Geringgeschätzte uns heimsuchen. Die verlorenen Anteile werden sich zurückmelden, immer lauter an die Tür klopfen, wenn wir ihr Rufen überhören. Am Ende bekommen wir ihr Rufen dann auch zu spüren: als Scheidung oder Depression, Krankheit oder ein sonderbares Versagen. Wenn wir aber allen Wesensanteilen Gehör schenken und sie willkommen heißen, werden wir entdecken, dass sie wertvollen Humus für unseren Garten bilden und dass unser Glück gedeiht.

Alles ist miteinander verbunden, und ein wacher Geist weiß darum genauso wie um den Rhythmus seiner Atmung. Alles bildet eine heilige Einheit und hat einen wahren Kern. Wir brauchen weder die Energien dieser Welt noch die irgendeiner anderen zu fürchten. Was wir fürchten müssen, sind unsere Konfusionen, unsere Verstrickungen. Für Zen-Meister Rinzai ist weise, wer »ins Feuer kann, ohne zu verbrennen, ins Wasser, ohne zu ertrinken, sich in den drei tiefsten Höllen zu bewegen vermag, als sei er auf dem Jahrmarkt, und unter Geistern und Tieren nicht angegriffen wird«. Kein Daseinsbereich ist von unserer Praxis ausgeschlossen.

Meditationsmeisterin Vimala Thakar sagt: »Wie könnte ich einen Lebensbereich ausschließen, die ich doch das Leben liebe?« So hilft ihre Gruppe im Sinne Gandhis in Indien in den ärmsten Dörfern Gujarats, Brunnen zu graben, Bewässerungsanlagen zu installieren und Feldfrüchte anzubauen. Und im Sinne ihres Freundes und Lehrers Krishnamurti hält sie weltweit kontemplative Retreats ab. In ihrer spirituellen Praxis ist die Politik ebensowenig ausgeklammert wie Meditation und Gebet, wird Gerechtigkeit nicht von Mitgefühl getrennt und Lebensführung und Geldverdienen sind ein und dieselbe Angelegenheit.

Die Sprache reifer Spiritualität

Am Anfang des spirituellen Weges ist oft von der Überwindung von Hindernissen die Rede, von notwendigen Kämpfen, von der Beseitigung von Schmutz und vom Eifer der Gottessuche. Doch auch wenn diese Begriffe zunächst sehr dienlich sind, führt ihr unreflektierter Gebrauch im Laufe der Zeit zu einer Vereinseitigung, in der die Dinge gegeneinander ausgespielt werden: Weltlichkeit gegen Freiheit, Selbstbestimmung gegen die Gnade Gottes, Sünde gegen Erlösung. Dann ist die Sprache zu einem Werkzeug des Dualismus geworden.

Mit dem Erwachen der Vernunft gelingt es dem Herzen jedoch mehr und mehr, das Paradox seiner Liebe zu verstehen. Wie Walt Whitman schreibt: »Ich bin weit, in mir hat vieles Platz.« Das reife Herz erfährt eine tiefere Vollkommenheit, die den weltlichen Dingen nicht entgegensteht, sondern sie umfasst. Dann dreht sich unser spirituelles Leben mehr um Anteilnahme und Herzensgüte als um Schlachten, die gegen die Sünde und das Ego zu schlagen sind. Unsere Heldentaten entspringen nun einer furchtlosen, bedingungslosen Liebe zur gesamten Schöpfung.

Wir können uns der »ganzen Katastrophe« stellen, wie Alexis Sorbas es nannte.

In der buddhistischen Psychologie wird dieser Reifungsprozess anhand der Metapher eines giftigen Baumes erklärt, der das Leiden der Welt darstellt. Wenn man in seiner Umgebung einen giftigen Baum entdeckt, möchte man ihn als Erstes fällen – damit er keinen weiteren Schaden anrichten kann. Im Anfangsstadium der Praxis ist die Sprache konfliktbezogen: Man fürchtet Vergiftung und Schmutz und möchte das Übel mit der Wurzel ausreißen.

Doch mit wachsendem Verständnis erkennt man, dass auch dieser Baum einen Teil des Lebens darstellt. Also nimmt man von seiner Zerstörung Abstand, zäunt ihn lieber ein und warnt die anderen vor seiner Giftigkeit, damit sie keinen Schaden erleiden. Jetzt wandelt sich die Sprache der Angst zu einer der Anteilnahme und des Respekts. Inneren und äußeren Schwierigkeiten wird nun Verständnis entgegengebracht. Das ist die zweite Phase der Praxis.

Schließlich führt die wachsende Einsicht zu der Erkenntnis, dass gerade die Probleme und Gifte unsere besten Lehrer sind. Daraufhin sucht man den giftigen Baum auf, um seine Früchte medizinisch zu nutzen. Die weltlichen Kräfte werden zur Überwindung des weltlichen Leidens herangezogen. Leidenschaft, Begehren, Zorn und Verwirrung werden in Eifer, Stärke und Klarheit umgewandelt, die das Erwachen bringen. Man begreift, dass gerade aus der Konfrontation mit dem weltlichen Leiden höchste Einsicht und Unabhängigkeit hervorgehen. Die so genannten Gifte werden nun zu den Verbündeten der Praxis.

Aus der wachsenden Unabhängigkeit des Herzens erwächst auch der Mut, die Lehren, die man als Ganzes angenommen hat, zu hinterfragen und differenzierter zu verstehen. Der Glaube an die Ideale wird nun durch ein aus der eigenen Erfahrung gewonnenes Wissen ersetzt. Man findet zur unmittelbaren Anschauung dessen, was frei erhält. Endlich begreift man wirklich selbst.

Geistige Reife befreit vom einseitigen Sprechen. Man teilt nicht mehr alles in Gut und Böse, Richtig oder Falsch ein. Die

Welt ist nicht mehr länger der Kampfplatz zwischen Schwarz und Weiß, zwischen reinem Jenseits und unreinem Diesseits; der giftige Baum muss nicht mehr unbedingt gefällt werden. Unsere Auffassung des Heiligen lässt Komplexität, Paradoxie, Ironie und Humor zu. Das freie Herz vermag die Welt zu verstehen, statt gegen sie anzukämpfen, es vermag die Früchte des giftigen Baums zu nützen und muss ihn nicht vernichten.

Mit wachsender geistiger Klarheit wird die Sprache der Nichtanhaftung und des Verzichts auf neue Weise verstanden. »Anhaftung ist die Ursache des Leidens«, heißt es in der klassischen buddhistischen Lehre. »Eher geht ein Kamel durch ein Nadelöhr, als dass ein Reicher in das Reich Gottes gelangt«, verkündete Jesus. Anhaftung und Gier verursachen tatsächlich Leid. Aber eine reife Lehre ist differenzierter, erkennt an, dass es gesunde und ungesunde Bindungen gibt. Eine Mutter muss ihre tiefe natürliche Zuneigung zu ihrem Kind zulassen und zeigen, oder aber das Kind erleidet großen Schaden. Und es ist durchaus gesund, wenn ein Arbeitgeber dauerhaft am Wohlergehen seiner Angestellten interessiert ist.

Indem man unterscheiden lernt, was eine ungesunde Bindung ist und was nicht, wird man sich über den tieferen Sinn einer Verpflichtung bewusst. Kluges Engagement – ob in einer Beziehung, in der Tugend, im Gebet und in der Meditation oder gegenüber Gott und einem frommen Pfad – ist mehr ein Ausdruck unserer inneren Freiheit als eine Einschränkung. Verzicht befreit weniger deshalb, weil man Dinge aufgibt (und zwar tatsächlich), sondern weil man durch die Rücknahme seiner Ansprüche Angst, Zorn und Illusionen loswird.

Genauso werden Nichtanhaften und unterscheidende Weisheit miteinander vereint. Zur unterscheidenden Weisheit gehört es, dass man Grenzen setzt, Ja und Nein sagt, für die Gerechtigkeit eintritt und praktische Nächstenliebe übt. Sie wird zu einem selbstlosen und furchtlosen Ausdruck klugen Nichtanhaftens. Durch die unterscheidende Weisheit handelt man ohne Gier oder Aggression, es geht schlicht darum, die Wahrheit zu sagen und allen Wesen zu nützen.

Mit wachsender spiritueller Reife wird auch das leidenschaftliche Begehren in einem neuen Licht gesehen. Wie Willliam Blake schrieb: »Nicht die Menschen gelangen in den Himmel, die sich leidenschaftslos geben bzw. alle ihre Leidenschaften unterbinden, sondern diejenigen, die ein echtes Verständnis für ihre Leidenschaften entwickelt haben.« Statt das Begehren pauschal zu verdammen, geht man klug und einfühlsam mit ihm um. Bei genauem Hinsehen aufs Welttheater zeigt sich, dass es neben zügellosen auch vernünftige Ausdrucksweisen gibt. Erstere verursachen Leid, aber Zweitere, wie die natürlichen Bedürfnisse nach familiärer Liebe, Nahrung und Schutz, sind gesund. Die Wissbegierde und das Verlangen, Gott zu dienen, können dem Erwachen förderlich sein. Man beginnt die Glut der Leidenschaft als eine menschliche Energie zu schätzen, die sowohl dem Ausleben zwanghafter Gier als auch der Integration und Selbstverwirklichung dienen kann.

Dem reifen Geist sind Leidenschaften also keine gefürchteten Todsünden mehr. Vielmehr sind sie ihm zur Medizin des Erwachens geworden. Ihn fesselt die Welt nicht, auch wenn er sich in ihr engagiert. Seine Lebenskraft fließt frei, wo immer er ist. Alle Triebe belehren nun und erleuchten. Selbst Sokrates, der ein sehr vernünftiges, schlichtes Leben führte, ging leidenschaftlich gern auf den Markt. Als ihn seine Schüler darauf ansprachen, antwortete er: »Ich gehe mir gerne die Dinge anschauen, ohne die ich glücklich bin.« Er verachtete nicht den Reichtum der Athener, sondern konnte sich vergnügt darin bewegen.

Ein reifer Charakter weiß auch mit den Kräften der Wut und des Hasses umzugehen. Er weiß zwischen ihren leidvollen Formen und gesunden Regungen zu unterscheiden. Abneigung und Aufregung sind wichtige Kräfte. Wenn der buddhistische Weise Shantideva also warnt: »Ein einziger Zornesausbruch macht das Verdienst von tausend Weltaltern zunichte«, nimmt man dies nicht allzu wörtlich. Auch die starke Erregung hat ihren Wert. Selbst der Dalai Lama, ein leidenschaftlicher Verfechter der Gewaltlosigkeit und unermüdlicher Warner vor den Gefahren des Zorns, versäumt nicht einzuräumen: »Es gibt auch eine positive Form des Zorns, die von Mitgefühl und Verantwortungsbewusstsein getragen ist. Sie ermöglicht schnelles, effektives Handeln.« Solange man sich vor seiner Erregung fürchtet, setzt man den dualistischen Kampf fort, um dessen Überwindung es letzten Endes geht. Also ist auch in diesen Energiesektor Klarheit zu bringen.

Der mittlere Weg

Wie wir gesehen haben, führt der erweiterte Wortschatz des Herzens zu mehr Flexibilität und Einfühlsamkeit. Dogmatische Strenge und religiöser Übereifer verschwinden zugunsten eines Mittelwegs, auf dem Achtsamkeit zählt.

Mein Lehrer Ajahn Chah bewies diese Flexibilität und Achtsamkeit, da er sich nicht davor scheute, je nach Situation völlig widersprüchliche Dinge zu sagen und zu lehren. Als ihm dies einmal von einem frustrierten Schüler (mir) zum Vorwurf gemacht wurde, lachte er und sagte: »Das ist so: Ich kenne den Weg gut, aber es kann neblig oder dunkel sein. Wenn ich sehe, dass jemand auf diesem Weg rechter Hand fast schon in den Graben fällt oder dort auf einen Abweg gerät, rufe ich: ›Geh nach links.‹ Ähnlich, wenn ich jemand zur Linken fast schon in den Graben fallen oder auf einen Abweg geraten sehe, rufe ich: ›Geh nach rechts.‹ Mehr tue ich beim Unterrichten nicht. Wann immer die Gefahr der Verstrickung besteht, sage ich: ›Lass auch das los.‹«

Der Mittelweg schließt Gegensätze ein. Er verläuft zwischen ihnen, lässt beide Wahrheiten zu. So erkennt man einerseits das unvermeidliche Leid des menschlichen Lebens, seine zahlreichen Verluste, kulminierend in Krankheit, Alter und Tod. Und trotzdem vermag man zu sehen, dass es auch einen Segen darstellt – Glück und Freude birgt und göttliche Schönheit. Auch das Leid hat eine positive Seite, da es zu Hingabe, Mitgefühl und Bescheidenheit führt.

Das Erwachen leert die Schubladen, in die man seine Erfahrungen eingeteilt hat. Alle Ichbilder lösen sich in der Weisheit des Herzens auf – ob man sich nun für einen Sünder oder ein Kind Gottes, ein beflecktes Wesen oder einen Buddha hält. Ja, ein reifes Herz weiß um die Dimension des Egoismus und der Sünde. Aber es ist sich auch der umfassenderen Wirklichkeit des Menschseins bewusst, der ursprünglichen Einheit und grundlegenden Güte, die unsere göttliche Natur, unsere Buddha-Natur ist.

Dadurch vermag es die spirituellen Lehren der Selbstaufopferung und Demut richtig umzusetzen und zwischen der Aufgabe narzisstischen Verhaltens und Selbstzerstörung zu unterscheiden. Denn oft ist im Gegenteil auch eine Selbstermutigung nötig. So sagt der Buddha in der *Samutta Nikaya*: »Selbst wenn du alle Winkel des Universums aufsuchst, wirst du doch keinem einzigen Wesen begegnen, das mehr Herzensgüte verdient hätte als du selbst.« Manchmal ist das Loslassen des Ichs erforderlich. Und manchmal stellen der Selbsthass und die eigenen Minderwertigkeitskomplexe das Problem dar, so dass die Befreiung des Herzens nur durch eine Selbstachtung herbeigeführt werden kann, die man sich bisher verweigert hat.

Das weise Herz bringt für die eigene Unvollkommenheit Verständnis auf. In den USA wurde an der Standford-Universität eine Studie über »lädierte Heiler« durchgeführt, in der unpersönlich arbeitende, nichts von sich preisgebende Psychologen mit jenen verglichen wurden, die ihren Patienten hin und wieder eigene Schwierigkeiten und Wunden mitteilten. Letztere hatten mehr Heilerfolge zu verzeichnen.

Das weise Herz ist in Frieden mit allem, was ist. Weder bekampft es die Welt, noch verliert es sich in ihr. Es ruht in sich. Es übt sich in den ganzheitlichen Tugenden des Verstehens, der Bescheidenheit und Geduld. Körper, Rede und Geist fließen wie das Tao »entsprechend den Jahreszeiten«. Man wird die Liebe, nach der man gesucht hat. Und durch diese Liebe erkennt man sich selbst.

Der Zen-Lehrer Edward Espe Brown hat eine Reihe vom Zen inspirierter Kochbücher geschrieben, das erste mit dem Titel

The Tassajara Bread Book (dt. Titel: *Das Tassajara-Brotbuch*. 4. Aufl. 1979). Die Kochkunst dient ihm als Ausgangspunkt philosophischer Überlegungen.

»Als ich in Tassajara mit dem Kochen anfing, hatte ich ein Problem. Meine Kekse mißlangen immer. Egal, ob ich mich exakt an ein Rezept hielt oder Variationen wagte, meine Erwartungen wurden immer enttäuscht. Die Kekse waren einfach nichts.

In meiner Jugend hatte ich zwei Sorten Kekse gebacken – die einen von ›Bisquick‹, die anderen von ›Pillsbury‹ (Namen von Fertigprodukten, Anm.d.Ü.). Bei den Bisquicks mußte man Milch dazuschütten und den Teig löffelweise auf ein Blech tropfen lassen – ausrollen war überflüssig. Die Kekse von Pillsbury waren in einer Kartonrolle verpackt, die sich spiralförmig abschälen ließ. Man riß sie an einem Ende auf, und schon konnte man die vorgeformten Kekse auf ein Blech legen und backen. Ich liebte diese Pillsbury-Kekse über alles. So mußten Kekse schmecken. Meinen dagegen fehlte etwas. Ist es nicht erstaunlich, wie viele Vorstellungen man übernimmt, von Keksen und vom Leben überhaupt? Wozu das Vergleichen? Fertigkekse von Pillsbury unübertroffen? Bei meinen Freunden kamen meine selbstgebackenen Kekse gut an, manch einer vergaß sogar seine guten Vorsätze, aber mir schmeckten sie einfach nicht so gut.

Eines Tages ging mir ein Licht auf. ›Mißlungen‹ verglichen womit? Ach du liebe Güte, ich hatte ständig Pillsbury-Kekse nachzubacken versucht! Dann kam der exquisite Augenblick, in dem ich meine Kekse kostete, ohne sie mit irgendeinem versteckten Standard zu vergleichen. Sie waren mürb, schmeckten nach Mehl, Butter, sonnig, erdig, echt. Ihr unvergleichlicher Geschmack übertraf jede Erinnerung.

Diese Aha-Erlebnisse sind einfach herrlich, wenn du erkennst, daß du etwas gut gemacht hast und etwas in deinem Leben gelungen ist. Die Unzufriedenheit resultierte nur aus dem Vergleich mit einem praktisch verpackten Fertigprodukt. Es war einfach frustrierend, ständig einen Keks – ein Leben – ohne Abwasch, ohne Nachdenken, ohne Spannung, ohne Aufregung vor

Augen zu haben. Wie viel reicher war die Erfahrung der Gegenwart an sich – ihr ungeahnter, unergründlicher Geschmack.

Auch im Zen bemüht man sich mitunter jahrelang um ein perfektes Erscheinungsbild, man versucht Fehler und Unsicherheiten zu verbergen, weil man den Bisquick-Zenschüler vor Augen hat: ruhig, freudestrahlend, energiegeladen, tiefgründig. Man möchte, wie es so schön heißt, ›perfekt sein‹. Wer hätte solche Versuche nicht schon hinter sich? Der perfekte Ehemann, die perfekte Mutter, perfekt nachgebackene Pillsbury-Kekse.

Zum Kuckuck damit, sage ich. Nimm den Kaffeeduft wahr, der dir gerade in die Nase steigt. Wie wäre es mit ein paar guten hausgemachten Keksen von heute?«

Wenn wir im Mandala der Integrität unseren Platz einnehmen, finden wir zur Gegenwärtigkeit. Daraus erwachsen Freude, Leichtigkeit, Einfachheit und Mut und das, was T.S. Eliot die Freiheit »des Sichkümmerns und Sichnichtkümmerns« nennt. Die folgenden Kapitel illustrieren die Entfaltung dieser Gegenwärtigkeit, die Heimkehr zu uns selbst.

12

Dieser ganze Körper, der Buddha

Dieser menschliche Leib birgt alle Lehren, alle Leiden,
die Ursache des Leidens und das Ende des Leidens.
Buddha

Es hilft auch sich klarzumachen, dass dieser Körper hier,
so, wie er gerade dasitzt ... mit all seinen Schmerzen und Freuden ...
genau das ist, was wir brauchen, um ganz Mensch,
ganz wach, ganz lebendig zu sein.
Pema Chödrön

Vor der Erleuchtung hat man in seinem Körper zu leben und nach der Erleuchtung auch. Zen-Meister Dainan Katagiri sagt: »Worauf es in der spirituellen Praxis ankommt, ist, dass man vor seinem Körper nicht zu fliehen versucht, sondern ihn vollständig wahrnimmt.« Er richtet diese Worte sowohl an diejenigen, welche am Anfang ihres Weges stehen, als auch an jene, die schon ein gewisses Maß an Verwirklichung erreicht haben. Ganz gleich, wie weit man auf dem Weg des Erwachens gekommen ist, der Körper muss mit einbezogen werden.

Allerdings gibt es sowohl in den östlichen als auch in den westlichen religiösen Traditionen Strömungen, die diese Wahrheit missachten und das körperliche Ich herunterspielen und verdrängen. Man fürchtet und schmäht den Körper und seine Bedürfnisse. In einem burmesischen Kloster, in dem ich praktizierte, sprachen sich einige Meister gegen das Yoga sowie gegen sämtliche gymnastische Übungen aus. Sie empfahlen ihren Schülern, sich nur intensiv der Meditation zu widmen und »alles

Sorgen um den Körper aufzugeben«. Viele Schüler hielten sich monate- und jahrelang an diesen Rat – wie hätten sie ihren Lehrern auch misstrauen sollen? –, bis überhand nehmende Gesundheitsprobleme ein Einlenken erzwangen.

Lehrern, die den Körper fürchten oder eine leibfeindliche Lebensweise befürworten, begegnet man im Hinduismus, Islam, Judentum und Christentum gleichermaßen. Eine ältere Nonne beschreibt den Stellenwert des Körpers in ihrer Gemeinschaft:

> *Von Anfang an war klar, dass ich mich meines weiblichen Körpers schämen und alles Leibliche ignorieren muss. Stattdessen hielt man uns im Kloster zur Verehrung von Heiligen an, die ihre sündigen Körper geopfert hatten und als Märtyrer gestorben waren. Es war eine zugeknöpfte Spiritualität, die meine Scham zum Äußersten trieb.*

Ein altes chinesisches Märchen handelt von diesem körperlichen Beziehungsverlust: Es war einmal ein Witwer mit zwei bezaubernden Töchtern. Als die älteste starb, hatte er nur noch einen Menschen, seine jüngste Tochter Sen-jo. Sobald sie im heiratsfähigen Alter war, hielten viele Männer um ihre Hand an, denn sie war sehr schön. Unter diesen Verehrern suchte der Vater einen vernünftigen, wohlhabenden Ehemann für sie aus. Aber leider war Sen-jo schon lange in Ochu verliebt. Die beiden waren von Kindesbeinen an Freunde gewesen. Und als Sen-jos Vater einmal lachend erklärte, dass sie wirklich gut zusammenpassten und später heiraten sollten, nahmen sich die beiden dies zu Herzen. Sie sahen sich als verlobt an und ihre Liebe zueinander wuchs.

Als Sen-jo erfuhr, dass sie jemand anderem versprochen worden war, fiel sie vor Schreck beinahe in Ohnmacht. Und Ochu wusste sich in seinem Kummer nicht anders zu helfen, als auf und davon zu laufen. Um Mitternacht band er sein kleines Boot vom Dorfsteg los und begann zu rudern. Da sah er jemand aus dem Gebüsch huschen und den Fluss entlanglaufen. Es war Sen-jo. Er legte an, sie fielen sich in die Arme, Tränen flossen und Sen-jo stieg mit ins Boot. Zusammen fuhren sie flussabwärts zu einem weit entfernten Dorf.

Sie heirateten und lebten dort fünf Jahre, bauten Feldfrüchte an und zogen zwei Kinder groß. Doch Sen-jo machte sich um ihren Vater Sorgen. Ihre unverarbeitete Vergangenheit verfolgte sie. Die Scham über ihre Flucht schmälerte ihr Glück. Als sie sich Ochu anvertraute, gestand er, dass auch er Heimweh hatte. Da beschlossen sie, nach Hause zurückzukehren und die Familie um Vergebung zu bitten. Sie mieteten sich ein größeres Boot, fuhren mit den Kindern flußaufwärts und erreichten in der Morgendämmerung das Dorf.

Als Ochu das Haus von Sen-jos Vater aufsuchte, um um Vergebung zu bitten, wurde er eisig empfangen. Der Vater konnte nicht glauben, dass seine Tochter im Boot saß. »Seit du fortgegangen bist, liegt meine Tochter krank im Bett und kann vor Schwäche kein Wort hervorbringen.« Ochu war völlig überrascht. »Aber sie sitzt im Boot, Vater, mit zwei goldigen Enkelkindern«, beteuerte er. »Komm zum Steg und sieh selbst!« Da schickte der Vater einen Diener, und als dieser ganz aufgeregt zurückkam und sagte: »Ja, es stimmt«, ging der verwirrte Mann zu seiner kranken Tochter und erzählte ihr alles.

Da kam die kranke Sen-jo zu Kräften, stand wortlos auf, verließ das Haus und ging, gefolgt von ihrem Vater, zum Steg hinunter. Als sie bei der anderen Sen-jo mit ihren Kindern ankam, umarmten sich die beiden und verschmolzen. Später sagt die mit sich selbst versöhnte Sen-jo noch, dass sie in beiden Leben ständig das Gefühl gehabt habe, sie lebe in einem Traum.

Was besagt dieses Märchen mit seiner traurigen Geschichte eines entzweiten Lebens? Sen-jo musste große Wesensanteile abspalten, um überhaupt überleben zu können, und beide Hälften litten entsprechend. Doch ist die Situation nicht hoffnungslos, denn Sen-jos mutige Heimkehr inspiriert den Hörer des Märchens, es ihr gleichzutun. Wie viele Menschen leben nicht wie Sen-jo in einer Traumwelt, abgeschnitten von ganzen Lebensbereichen, vom Körper, von der Vergangenheit?

Das ist nicht immer so gewesen. Man wird als Ganzheit gezeugt, ist vor der Geburt eins mit der Mutter und dem eigenen Körper. Doch dann geht diese Einheit durch einen jahrelangen Sozialisationsprozess Stück für Stück verloren, denn es mangelt im modernen Familienleben meist in entscheidenden Punkten an Anerkennung und Unterstützung, weil die Familie gesellschaftlichen Erwartungen gerecht zu werden versucht, wobei unvermeidlich Frustrationen, Ängste und Schuldgefühle eine Rolle spielen. In der Folge beginnt man sich von seinem Körper und seinen ureigenen Empfindungen abzuspalten. Dies geschieht oft unbewusst, im Dunkeln der Seele, so wie Sen-jo um Mitternacht Ochus Boot folgt. Dann kann man seine Gespaltenheit, obwohl man sie irgendwie spürt, nicht klar benennen.

James Joyce brachte dieses Dilemma auf den Punkt, als er über einen Charakter schrieb: »Mr. Duffy lebte in einiger Entfernung zu seinem Körper.« Joan Tollifson, eine Zen-Lehrerin, schildert, wie schwierig allein schon das Anerkennen der körperlichen Realität sein kann. Sie wurde mit einem fehlenden Unterarm geboren. Sie erinnert sich, wie sie in der Kindheit von anderen Kindern entsetzt angestarrt wurde. »Einige Leute lobten mich, dass ich meine Schnürsenkel wirklich gut zugebunden habe, und, noch verletzender, manche Leute taten so, als merkten sie nichts.« Wenn sie mit anderen Kindern im Aufzug fuhr und sie fragten, wie denn das passiert sei, zischten die Eltern gleich: »Schsch. Darüber spricht man nicht.«

Dann fand Joan zur Meditation. Sie versuchte jahrelang, eine perfekte Zen-Schülerin zu sein, auch wenn einhändig nur ein halbes kreisförmiges Mudra zustande kam. Selbst jetzt hatte sie sich noch immer nicht wirklich angeschaut. »Ich war fünfundzwanzig Jahre alt, als ich mir meinen Arm zum ersten Mal wirklich ansah.« So lange dauerte es, bis sie genügend Mut hatte, dieser Tatsache ins Auge zu sehen. »Und wenn man es schließlich tut«, schreibt sie, »überkommt dich keine körperliche Abneigung, sondern das Entsetzen läuft im Kopf ab.«

Auch wenn der genaue Blick auf die eigenen Arme und Beine, auf Haare, Gesicht, Haut, Bauch, Brust und Genitalien schmerzen kann, sind die Folgen des Nichthinsehens schlimmer. Man verliert dadurch den Bezug zu sich selbst und zur Erde, den direkten Draht zum Menschsein. Man verlernt die Sprache des Instinkts und beraubt sich damit seiner Intuition. Selbst nach jahrelanger spiritueller Praxis kann man Sen-jo vor ihrer Heimkehr gleichen, können sich die abgespaltenen und unbeachteten Selbstanteile der Zufriedenheit und dem Glück in den Weg stellen.

Ein buddhistischer Abt beschreibt, wie es ihm nach seiner Krebsoperation und Strahlentherapie ergangen ist:

> *Als ich schließlich wieder in meine Gemeinschaft zurückkehrte und mich mit anderen Augen umsah, erkannte ich, dass es da langjährige Schüler gab, die die Praxis auf die leichte Schulter nahmen. Andere wiederum praktizierten überhaupt nicht, sondern waren einfach unselbständig und brauchten einen Platz, wo sie leben konnten. Damals verstand ich mein Bodhisattva-Gelübde noch so, dass ich für alle bedingungslos da zu sein hätte. Der Bodhisattva in mir wollte, dass alle blieben; aber mein Körper, der knapp dem Tod entronnen war, ließ das nicht zu. Ich warf die Hälfte der Schüler hinaus. Ich war schließlich gezwungen, auf meinen Körper zu hören.*

Die Entfremdung vom eigenen Körper stellt nicht nur ein privates Problem dar; es ist ein Phänomen der uns von uns selbst immer stärker ablenkenden modernen Konsumgesellschaft. Die Schriftstellerin Adrienne Rich analysiert, weshalb man heute unter solcher Geschäftigkeit leidet: »Ein Problem wird bis heute hartnäckig unter den Tisch gekehrt, nämlich, wie man in einem versehrten Körper in einer Gesellschaft leben soll, in der alles Leid zur Kleinigkeit heruntergespielt wird. Es ist unendlich wichtig, dass man sich ohne Hysterie der körperlichen Leiden annimmt, individuell wie global.«

Ein westlicher tibetischer Lama erzählt, wie es ihm diesbezüglich ergangen ist:

Ich habe sowohl an mir als auch an anderen sehr oft krankhafte Unbeteiligtheit festgestellt. Langjährige Retreat-Erfahrungen ließen mich viele Dingen begreifen, doch ordnete ich mich auch einer alten buddhistischen Kultur unter, in der Dinge ignoriert und verdrängt werden. Ich bin erstaunlich vielen Meditationslehrern, Lamas und Vipassana-Lehrern mit gesundheitlichen Problemen begegnet. Man könnte hier entsprechend Buddhas erster edlen Wahrheit einwenden, dass Krankheit etwas Natürliches ist. Aber die meisten dieser Lehrer hatten ihren Körper jahrelang vernachlässigt.

Und ich? Ich pflegte stolz auf meine Unerschütterlichkeit zu sein, fühlte mich über jeden Stress erhaben. Ich ließ keine Aufregung zu, geriet nie in Rage. Aber wie stand es um meinen Körper? In welche Organe stopfte ich all das hinein, zu meinem eigenen Schaden? Jetzt, fünfundzwanzig Jahre später, beginne ich auf meinen Körper zu hören, respektiere mein Ruhebedürfnis und auch meinen Bewegungsdrang. Ich bin dabei, die Weisheit des Körpers wieder zu entdecken, die ich so lange verdrängt hatte.

Alice Miller, deren Lebenswerk der Wiedererschließung authentischen Seins gewidmet ist, kann die Schlüsselfunktion des Körpers gar nicht oft genug betonen: »Die Wahrheit über unsere Kindheit ist in unserem Körper gespeichert, und obwohl wir diese Wahrheit unterdrücken können, lässt sie sich nicht ändern. Man kann sich intellektuell etwas vormachen, seine Gefühle manipulieren, die Begriffe verdrehen und den Körper medikamentös austricksen. Aber eines Tages wird dieser die Rechnung präsentieren. Denn der Körper ist so unbestechlich wie ein Kind, das freimütig weder Kompromisse noch Entschuldigungen gelten lässt. Er wird uns so lange quälen, bis wir der Wahrheit nicht mehr ausweichen.«

Wenn wir ganz werden wollen, müssen wir auch den Körper samt seinen Schmerzen und Begrenzungen annehmen. Das erkannte auch eine ältere Buddhistin, deren Eltern Holocaust-Opfer waren, und die sagte: »Ich war in ein Trauma hineingeboren und entdeckte, dass ich mein ganzes Leben lang ständig die Luft anhielt.« Dies bestätigte sich auch für eine Yogalehrerin, die ihren Körper zwanghaft in Form brachte, bis sie merkte, »dass ich vor dem Alt- und Gebrechlichwerden, vor dem Verlust meines guten Aussehens schreckliche Angst hatte. Ich versuchte, mit dem Yoga mein Leben anzuhalten.«

Eine Rabbinerin war seit langem auf ihrem Weg unterwegs, bevor sie die Notwendigkeit der körperlichen Integration erkannte.

> *Frauen haben solche Angst vor ihrem Körper. Ich glaube, kein Mann kennt das. In meiner spirituellen Praxis habe ich mich mit tiefen Verletzungen in diesem Bereich auseinander gesetzt. In den höchsten Weisheitslehren des Judentums werden die Sexualität und der Körper als heilig und ihr Missbrauch als Verunglimpfung des Göttlichen angesehen. Nachdem ich nun schon viele Jahre Rabbinerin und am Gesunden bin, habe ich mit Yoga und jüdischem Tanz begonnen. Ich begreife langsam, dass die körperliche Energie die Kraft Gottes ist. Wir müssen sie achten. Alles entsteht durch sie.*

Verkörperte Erleuchtung

Erleuchtung muss sich hier und jetzt in diesem irdischen Leib verwirklichen, oder sie ist nicht echt. In unserem Körper und seinem Bewusstsein liegen die Ursache und das Ende des Leidens begründet. Erst wenn die Einsicht dem eigenen Körper entspringt, führt sie zu einem Leben der Freiheit.

Verkörperte Erleuchtung erfordert keine besonderen psychophysikalischen Leistungen, weder die Beherrschung des yogischen Feuers noch den Vollzug sexueller Tantras oder die Entwicklung eines Regenbogenkörpers. Zwar können manche tibetische Lamas in sechstausend Meter Höhe nackt im Schnee sitzen und genügend Körperwärme entwickeln, um im Umkreis von zwei Metern den Schnee zum Schmelzen zu bringen. Und katholische Heilige können Stigmata und wunderbare Heilkräfte entwickeln. »Aber diese Kräfte sind eigentlich kein Wunder«, sagte der Buddha. »Das Erwachen zur Wahrheit ist das Wunder.« Verkörperte Erleuchtung bedeutet, dass man in seinem Leib, so, wie er ist, hier und heute klug und vernünftig lebt.

Die westliche buddhistische Meditationsmeisterin und Nonne Pema Chödrön nennt diese Einsicht »Die Weisheit des Nichtentkommens«: »Gut ist auch, sich klarzumachen, dass das Dasitzen in der Meditation, das Verrichten alltäglicher Dinge, wie Arbeiten, Spazierengehen, mit anderen sprechen, Essen, auf die Toilette gehen, genau das ist, was wir brauchen, um ganz wach, ganz lebendig, ganz Mensch zu sein. Es hilft auch, sich bewusst zu machen, dass dieser Körper, so, wie er gerade in diesem Raum dasitzt, dieser ganze Körper, der vielleicht schmerzt, und dieses Bewusstsein, das wir in diesem Augenblick haben, gerade das sind, was wir brauchen, um ganz wach, ganz lebendig, ganz Mensch zu sein. Darüber hinaus sind auch die Gefühle, die wir gerade haben, die negative oder positive Gestimmtheit, genau das, was wir brauchen. Es ist so, als suchten wir nach etwas, das uns ein gutes, anständiges, völlig erfülltes, schwungvolles, inspiriertes Leben ermöglicht, und fänden es genau hier.«

Erleuchtung verwirklicht sich nicht in einem Ideal, sondern erwächst aus der wunderbaren Realität unserer menschlichen Gestalt, mit all ihren Freuden und Leiden. Kein Meister kann sich dieser Tatsache entziehen, noch bringt die Erleuchtung die Verletztlichkeit des menschlichen Körpers zum Verschwinden. Der Buddha hatte mit Krankheiten und Rückenschmerzen zu tun. Weise, wie Ramana Maharshi, der Karmapa und Suzuki Roshi, starben trotz ihrer großen inneren geistigen Reife an Krebs. Ihr Beispiel zeigt uns, dass man in diesem menschlichen Körper, so, wie er ist, durch Krankheit und Gesundheit, durch Freude und Schmerz Erleuchtung finden muss.

Wie sollen wir mit diesem Leib umgehen, den Freuden und Schmerzen? Ein verkörpertes Erwachen verleugnet weder den Körper noch verachtet es ihn, noch klammert es sich an ihn und gibt sich bedenkenlos dem Vergnügen hin. Eine solche Bewusstwerdung erschließt das gegebene Leben, erwächst aus der Wertschätzung »dieser kostbaren menschlichen Gestalt«, wie die Tibeter sagen. Der tibetische Meister Tsong Khapa lehrte: »Dieser menschliche Körper ist mehr wert als der kostbarste Edelstein. Achte deinen Körper; du hast ihn nur dieses eine Mal ... eine schöne Sache, die vergeht.« Solche Achtsamkeit lässt leibliches Glück zu. Galway Kinnell beschrieb dieses Glück in *Der heilige Franziskus und das Schwein.*

> Der Keim
> steht für alles Leben
> nicht nur für pflanzliches,
> denn jedes Wesen kommt zur Blüte,
> ist sich selbst ein Segen;
> vielleicht muss ein wenig an seine Schönheit
> erinnert werden
> durch aufmunternde Worte oder eine
> zärtliche Berührung,
> ein Handauflegen,
> dass es wieder zu sich findet
> und voll erblüht;
> so wie der heilige Franziskus
> einem Schwein eine Wohltat erwies,
> als er ihm gut zuredend die runzlige Stirn streichelte
> und es sich rundum
> vom erdigen Russel uber den schlammigen Bauch
> bis zum zierlichen Ringelschwanz
> seines Daseins erfreute.

Ein älterer Lehrer und Pater schildert, wie glücklich er darüber ist, dass er endlich zur Wertschätzung seines Körpers gefunden hat:

Ich stamme aus einer armen weißen Familie, in der gegen das harte Leben harte Sachen getrunken wurden. Die Männer behandelten ihren Körper wie Zugmaschinen, die man zwar benutzte, aber von denen man keine weitere Notiz nahm. In der Kirche kam es noch schlimmer. Ich hasste den Umgang mit meinem Körper. Ich lebte von Kaffee und dann nur noch von Scotch. Durch den seelsorgerischen Kontakt zur einfachen Landbevölkerung erfuhr ich, dass es neben all dem seelischen Leid auch unglaublich viele gequälte Leiber gab. Meine Liebe zu diesen Menschen änderte allmählich meinen Glauben und ließ mich all diesen dogmatischen Mist über den Körper und die Sünde überwinden. Man braucht nicht so hart zu sein. Mir fiel ein, dass uns Christus zur Feindesliebe auffordert. Ich hatte Gewaltlosigkeit geschworen und das schloss auch meinen Körper mit ein. Mein Motto wurde: »Quäl dich nicht selbst, weite den Schmerz nicht aus.« Ich begann, das auch anderen zu raten. Es entwickelte sich daraus eine Praxis der Dankbarkeit. Wenn ich früh aufstehe, kümmere ich mich heute als Erstes um meinen Körper. Es ist eigentlich eine unglaublich einfache Sache.

Zu einem weisen Leben gehört die Wertschätzung des Körpers notwendig dazu. Eine spirituelle Lehrerin beschreibt, welche Krise sie, lange nach ihrer ersten Erleuchtungserfahrung, aufgrund einer schweren Krebserkrankung durchmachte:

Es wurde ein großer Unterleibstumor entfernt und mit ihm alles, woran ich in meinem Leben naiv gehangen hatte. Ich kündigte meine Arbeit und gab keine spirituellen Belehrungen mehr. Ich unterzog mich allen möglichen Therapien, von der Akupunktur bis zur Tiefenpsychologie, um das an mir umzustellen, was zu jenem Krebs geführt hatte. Ich wurde meinem Körper gegenüber demütig. Das ist nun fünfzehn Jahre her, und aus heutiger Sicht war es der größte Wendepunkt in meinem Leben, das größte Erwachen über-

haupt. Ich hatte meinen Körper bis dahin nur zur Praxis eingesetzt. Jetzt hatte ich in ihm zu wohnen, ihn zu respektieren, ihn mit all meiner weiblichen Kraft und verständnisvollen Fürsorge zu lieben, die bisher ausschließlich meiner spirituellen Praxis gegolten hatten. Meinem Körper die Treue zu halten war nun meine Übung, und es lohnte sich. Meine anfänglichen Begriffe von Vollkommenheit und Glück reichten nicht an die Lebensfreude heran, die ich nun erfuhr. Ich liebe mein Leben auf ganz neue Weise. Es bietet so viel Freiheit.

Keinen Teil auslassen

Wie wir gesehen haben, ist eine der größten Herausforderungen des verkörperten Erwachens der sexuelle Bereich. Religiöse Traditionen warnen häufig vor den Gefahren sinnlicher Verstrickung, und es ist wahr, dass man sich mit seinem Körper und dessen Freuden übermäßig identifizieren kann. Unsere Kultur nützt dies bis zum Äußersten aus. Aber in spirituellen Kreisen ist die entgegengesetzte Gefahr der Abneigung, Angst und Verdrängung meist wesentlich größer. Es bleibt also, wie der Buddha rät, ein Mittelweg einzuschlagen. »Die Ehrgeizigen bitte etwas lockerer und die Genießer bitte etwas mehr anstrengen«, korrigierte eine Yogalehrerin ihre Schüler bei einer schwierigen Dehnübung.

Jung schreibt von der notwendigen Vermittlung zwischen animalischem Leib und höchster Geistigkeit durch den Eros (aus: C.G: Jung, *Über die Psychologie des Unbewussten, II. Die Erostheorie,* Absatz 32, Anm.d.Ü.): »Die Erotik ist eine Fragwürdigkeit und wird es immer sein, was auch irgendeine zukünftige Gesetzgebung dazu zu sagen haben wird. Sie gehört einerseits zu der ursprünglichen Tiernatur des Menschen, welche so lange bestehen wird, als der Mensch einen animalischen Körper hat. Andererseits aber ist sie den höchsten Formen des Geistes verwandt.

Sie blüht aber nur, wenn Geist und Trieb im richtigen Einklang stehen. Fehlt ihr der eine oder andere Aspekt, so ist ein Schaden entstanden oder doch wenigstens eine unbalancierte Einseitigkeit, welche leicht ins Krankhafte abgleitet. Zu viel Tier entstellt den Kulturmenschen, zu viel Kultur schafft kranke Tiere.«

Spiritueller Fanatismus verdammt die Sexualität ganz einfach. Weisere Formen bezeichnen den Missbrauch der Sexualität als Ursache des Leidens. Die zehn Gebote ermahnen uns, nicht ehezubrechen. Die buddhistischen Grundsätze appellieren daran, kein Leid durch sexuelles Fehlverhalten zu verursachen. Aber der Versuch, niemandem zu schaden, kann sich in übertriebener Form leicht zur Angst vor dem Körper und der Sexualität überhaupt auswachsen. Dagegen sagte mir ein Sufi-Meister, in seiner Tradition würde gelehrt, dass »Meister umso erotischer werden, je erleuchteter sie sind«. Er bezog dies nicht nur auf deren Liebesleben, sondern auf ihre Sinnlichkeit überhaupt, ihre größere Wachheit und Lebendigkeit. Jack Engler, ein buddhistischer Lehrer und Harvard-Psychologe, sprach einmal über sein Noviziat bei dem bekannten Trappisten Thomas Merton. »Thomas Merton«, bemerkte er, »war der sinnlichste Mann, dem ich je begegnet bin.«

Anfang der 1980er-Jahre befragte ich dreiundfünfzig Zen-Meister, Lamas, Swamis und deren ältere Schüler über ihr Sexualleben, um zu erfahren, inwieweit dieses bewusst ins spirituelle Leben integriert wird. Hier folgt ein Ausschnitt aus dem für das *Yoga-Journal* geschriebenen Artikel: »Die sexuellen Gewohnheiten variierten, wie unter anderen sozialen Gruppen auch. Da gab es Heterosexuelle, Bisexuelle, Homosexuelle, Fetischisten, Exhibitionisten, Monogamisten und Polygamisten. Es gab Lehrer, die zölibatär lebten und glücklich damit waren, und andere, die zölibatär lebten und darunter litten; es gab solche, die verheiratet waren und monogam lebten, und andere, die viele heimliche Affären hatten; es gab Lehrer, die promiskuitiv lebten und es verheimlichten, und andere, die es nicht verheimlichten; es gab Lehrer, die verantwortlich mit sexuellen Beziehungen umgingen und sie bewusst in ihr spirituelles Leben einbanden; und es gab bei weitem mehr Lehrer, die keineswegs erleuchteter oder bewusster mit ihrer Sexualität umgingen als andere um sie herum.«

So, wie respektvoll gelebte Sexualität zwischenmenschliche Nähe und Verbundenheit schaffen kann, so kann dies auch ein vernünftig gelebtes Zölibat. In beiden Lebensformen lassen sich Liebe und Achtsamkeit üben. Die verkörperte Erleuchtung führt dazu, dass man sich seines Körpers bewusst wird und ihn achtet, ohne sich in den Extremen der Genusssucht oder Selbstverleugnung zu verlieren. Im hinduistischen und buddhistischen Tantra ist die Sexualität ein hoch geachteter Weg des Erwachens; in der jüdischen Tradition und der Sufi-Tradition wird sie sogar als göttlich gefeiert. Sinnlichkeit und Eros werden transformiert, wenn man sie achtet. Und genauso lässt sich eine sexuell enthaltsame Lebensweise transformieren, wenn sie ganzheitlich verwirklicht wird. Die entscheidende Lebenswirklichkeit kann auf beiden Wegen erfahren werden.

Dieser kostbare menschliche Leib ist eine verehrungswürdige Schatzkammer des Lebens und des Erwachens. Das Herz, die Ohren, die Gliedmaßen, die Brust, die Füße und Hände, die Atmung, die Haut, das Haar und die Genitalien, die Leber, die Lungen, das Blut, die winzigsten Zellen und die Lebenskraft – alles ist heilig.

Der Schriftsteller Eduardo Galeano formulierte es so:

> Die Kirche sagt: Der Körper ist sündig.
> Die Wissenschaft sagt: Der Körper ist eine Maschine.
> Die Werbung sagt: Der Körper ist ein Geschäft.
> Der Körper sagt: Ich bin ein Fest.

Bei richtiger Pflege erwacht im kostbaren menschlichen Leib die Liebe zum Leben überhaupt. Der Impuls, zu sorgen, zu pflegen, zu heilen, Liebe und Offenheit zu verkörpern, nimmt zu. Die in uns getrennten Welten vereinigen sich zu einem Ganzen.

Bevor er mit achtzig Jahren in den Ruhestand trat, sprach Robert Aitken Roshi auf einem seiner letzten Vorträge vor hundert buddhistischen Lehrern von seiner fünfzigjährigen Zen-Praxis, die er während des Zweiten Weltkriegs in japanischer Kriegsgefangenschaft begonnen hatte. Zum Schluss wurde er gefragt, ob er nicht ein Koan stellen und es freundlicherweise beantworten könne.

Er erzählte uns diese Geschichte: Als er 1951 in New York unter Meister Nyogen Sensaki praktizierte, hielt dieser einmal eine elegante Schale hoch, auf der vom Rand bis zur Mitte eine Spirale verlief. Er fragte: »Verläuft diese Spirale von außen nach innen oder von innen nach außen?« Das war das Koan und wir dachten längere Zeit über seine Lösung nach. Dann kam der Augenblick der Antwort. Aitken Roshi erhob sich etwas zittrig von seinem Kissen, breitete wie ein großer zarter Vogel die Arme aus und stellte mit seinem ganzen Körper eine Schale dar. Zuerst drehte er sich in die eine Richtung, so, als verliefe die Spirale nach innen. Dann drehte er sich in die andere Richtung, so, als verliefe sie nach außen. Sein ganzes inneres und äußeres Wesen wurde zur Schale. Das war seine Antwort.

Die Weisheit des Neugeborenwerdens

Im Mai 1998 hatten wir im »Spirit Rock Meditation Center« eine große Benefizveranstaltung für die medizinische Versorgung von Ram Dass, der im Jahr zuvor einen größeren Schlaganfall erlitten hatte. Nach fast einjähriger Rehabilitation konnte Ram Dass zumindest wieder stockend sprechen, und er rang noch nach Worten. Am Ende des Tages wurde er im Rollstuhl auf die Bühne gefahren, um eine kleine Ansprache zu halten. Nachdem er angemerkt hatte, es sei doch etwas seltsam, bei der eigenen Benefizveranstaltung aufzutreten, was großes Gelächter hervorrief, sprach er von seinem Dilemma und der Frage der Identität:

Als Karma-Yogi ging ich viele Jahre den Weg des Dienens. Ich schrieb Bücher über die praktische Nächstenliebe und das Dienenlernen. Nun ist es umgekehrt. Jetzt bin ich auf die Hilfe anderer angewiesen, beim Aufstehen, beim Zubettgehen; ich werde gefüttert und mir wird der Hintern gewaschen. Ich kann euch sagen, es ist wesentlich härter, sich helfen zu lassen, als der Helfer zu sein!

Aber das ist nur eine andere Phase. Ich habe das Gefühl, schon oft gestorben und wieder geboren worden zu sein. In den 1960er Jahren war ich Professor in Harvard, und als das vorbei war, setzte ich mich mit Tim Leary für Psychedelika ein. In den 1970er-Jahren war das dann vorbei und ich kehrte als der Guru Baba Ram Dass aus Indien zurück. In den 1980er-Jahren drehte sich mein Leben ums Dienen – ich war Gründungsmitglied der Seva Foundation, baute Krankenhäuser und arbeitete mit Flüchtlingen und Gefängnisinsassen zusammen.

Während all dieser Jahre spielte ich Cello und Golf und fuhr meinen Flitzer. Seit jenem Schlaganfall steht nun der Wagen in der Garage, das Cello und die Golfschläger befinden sich im Schrank. Wenn ich mich jetzt immer noch für den Typen halten würde, der gerne Cello spielt oder Auto fährt oder in Indien arbeitet, könnte mich das nur unglücklich machen. Aber ich bin eben nicht mehr derselbe. Denn mein Schlaganfall glich sozusagen einem Tod, und nun habe ich ein neues Leben in einem behinderten Körper. Dies ist jetzt meine Wirklichkeit. Nur die Gegenwart zählt. Sie gibt den Lehrplan vor.

Das ist die Weisheit des Neugeborenwerdens. Durch sie sind wir wach und offen für alles, was der Augenblick bringt. Wir wagen das Leben, ohne Angst, uns in ihm zu verlieren. Der indische Mystiker und Dichter Kabir schreibt:

»Stürz dich ins Abenteuer des Lebens, solange du kannst ... Die ›Erlösung‹ findet vor dem Tod statt.«

Um sich sicher ins Abenteuer des Lebens stürzen zu können, muss man begriffen haben, dass Heiligkeit, Gott oder das Nirwana nichts sind, was außerhalb der Erfahrung liegt, sondern ihr Wesen ausmachen. Wir sind das, was wir suchen. Die Herz-Sutra verweist auf diese Wahrheit in dem Satz »Form ist nichts als Leere«, während der christliche Mystiker Simon davon spricht, dass »wir im Leib Christi erwachen, wenn Christus in unserem Leib erwacht«.

Die entscheidende Einsicht in diese Unvoreingenommenheit kam dem Buddha, nachdem er seinen Körper jahrelang bekämpft hatte. Er wanderte sechs Jahre durch Indien, fastete und unterzog sich härtesten asketischen Übungen, um alle körperlichen Begierden und Ängste zu besiegen. Schließlich brach er völlig erschöpft zusammen und war dem Tod nah. Da sah er sich plötzlich wieder als kleiner Junge unter einem blühenden Apfelbaum im Garten seines Vaters sitzen. Und er erinnerte sich an das völlig unerwartete, wunderbare Gefühl völliger Verbundenheit, daran, wie sein Herz inmitten aller Dinge zu Hause war. Nun erkannte er, dass seine gesamte spirituelle Befreiungssuche fehlgeleitet war, ein fruchtloser Kampf gegen den Körper und die Welt.

Durch diese Einsicht fand er den mittleren Weg, ein waches Einvernehmen, das weder die Welt bekämpft, noch sich in ihr verliert und verstrickt. Er nahm das Leben an, so, wie es ist, mit all seinem Leiden und all seiner Schönheit, und wartete geduldig. Da kam eine junge Frau vorbei. Als sie den ausgemergelten Weisen sah, gab sie ihm eine Schale von der Reismilch zu trinken, die sie bei sich hatte. Der Buddha trank dankbar und war nun geistig und leiblich erfrischt. Dann setzte er seine Meditation unter anderen Vorzeichen fort.

Eine moderne Version dieser Geschichte ereignete sich im Untergeschoss des »University of Massachusetts Medical Center«, als Dr. Jon Kabat-Zinn sein auf Achtsamkeit aufbauendes Stressreduktionsprogramm startete. Er bat die Ärzte des medizinischen Zentrums darum, ihm jene Patienten zu schicken, denen sie trotz modernster Diagnoseverfahren und Operationstechniken nicht mehr weiterhelfen konnten. Er wollte ihnen, wie er mir später sagte, »die stärkste Medizin bieten, die es gibt – die Wahrheit«. Also wurden Krebs- und Schmerzpatienten, Patienten mit degenerierten Gelenkerkrankungen und solche mit Rückenproblemen zu ihm geschickt; Menschen, die alle mittlerweile verzweifelt gegen ihren Körper ankämpften.

Dr. Kabat-Zinn brachte ihnen eine Tiefenwahrnehmung bei, bei der man einfach das annimmt, was im Körper vorgeht, statt in der Krankheit einen Feind zu sehen, der zu vernichten ist. Durch diese Aufmerksamkeit und Wachsamkeit stellten sich erstaunliche Erfolge ein. Einige wurden von ihrem Stress und Schmerz befreit und wieder ganz gesund. Andere lernten mit ihrem Körper auf neue, mitfühlende Art umzugehen, was ihr Leben veränderte, obwohl keine vollständige Heilung eintrat. Seine Methode wird mittlerweile landesweit in hunderten von Kliniken gelehrt.

Mut zum Leben

Die Früchte ganz gelebter Weisheit und aufrichtigen Mitgefühls fallen einem nicht einfach in den Schoß. Im Alter von 63 Jahren musste mein Lehrer Ajahn Chah in die Klinik, wegen eines Wasserkopfs, eines Schlaganfalls, wegen Herzproblemen und Diabetes. Er war neun Monate im Krankenhaus, litt unter großen Schmerzen und konnte lange nicht sprechen. Nach seiner Entlassung erholte er sich so weit, dass er wieder im beschränkten Umfang lehren konnte. Ich besuchte ihn in einem Tempel nahe Bangkok und sah, wie viel älter und schwächer er nach dieser Tortur aussah. Ich verbeugte mich respektvoll. Während unseres Gesprächs erinnerte ich mich dann daran, wie oft er uns im Laufe der Jahre an die Unvermeidlichkeit von Alter, Krankheit und Tod ermahnt hatte, und merkte an, dass nun ihm das offensichtlich widerfahren würde. Ajahn Chah sah mich durchdringend an und sagte: »Sag das nicht so leichtfertig!«

Spirituelle Hingabe macht uns gegen körperliche Beschwerden nicht immun. Jeder spirituelle Meister muss sich genauso mit Müdigkeit, Krankheit und dem Tod auseinander setzen wie andere Menschen auch. Was eine hingebungsvolle Praxis jedoch geben kann, sind die Werkzeuge des Mitgefühls und der Achtsamkeit, durch die das Herz mit seinem Schicksal umzugehen lernt.

Alles im Leben ist ein fruchtbarer Boden für die Praxis. Rachel Naomi Remen, eine Ärztin und Heilerin, spricht von der Krankheit als einer Möglichkeit und Einladung, seine Beziehung zum Leben zu vertiefen. Sie sagt, Krankheiten sind dazu da, uns aufzuwecken; sie erinnern an die augenblicklich wichtigen Dinge. Der springende Punkt bei der spirituellen Praxis ist, nicht darauf zu warten, bis uns eine Krankheit oder der Tod ereilt, sondern von vornherein für die Gesunderhaltung von Körper, Seele und Geist nach besten Kräften einzustehen.

Wenn man diesen Mut nicht aufbringt und nicht auf seinen Körper hört, dann wird uns das Leben eines Besseren belehren. Wie Marcel Proust feststellt: »Die Krankheit ist der respektabelste Arzt. Gute Vorsätze werden viele gefasst; dem Schmerz gehorcht man.«

Ein Rabbi, der sich jahrelang pausenlos beruflich engagierte, brach schließlich vor Überarbeitung zusammen. Er war ein Jahr schwer krank und gelobte in seinen Gebeten, auf seinen Körper künftig Rücksicht zu nehmen, wenn er je genesen sollte:

> *Es war zunächst nicht leicht. Ich hatte meinen Körper so lange ignoriert. Aber man steht durch ihn in enger Verbindung mit Gott. Er ist unser direkter Draht. Es wurde mein neues Morgengebet, die Erfahrung der gottgegebenen Sinne zu preisen. Ich mache jetzt Morgengymnastik – aber das allein machte den Unterschied nicht aus. Es ist die allmorgendliche Entschlossenheit, körperlich ganz präsent zu sein, die lebendige Kraft des Universums durch meinen Körper zu spüren. Das war mein neues Gebet, und im Laufe der*

Monate ging es mir immer besser; durch diese Entschlossenheit wurde mein Leben schöner und glücklicher.

Die volle Anerkennung der Besonderheiten unserer Inkarnation bringt Segen. Ein Zen-Meister erklärt:

> *Mein Zen-Unterricht soll die Menschen ermutigen, sich wirklich ins Abenteuer des Lebens zu stürzen. Man sollte dem Leben gegenüber offen sein, die Praxis leben, sie von Herzen angehen. Das Leben in diesem Körper zu respektieren heißt, die eigene Verkörperung zu lieben und zu segnen. Besonders viel Segen brauchen die Wunden und die Dunkelheit, in der man sich befindet. Es dauert, bis man gelernt hat, seine Verwundungen zu akzeptieren. Sobald man jedoch seinen Körper schätzt, wird man feststellen, dass er gerade richtig für einen ist. Tatsächlich sind die Schmerzen und Freuden, die man erfährt, die allerbesten Lehrmeister.*

Hört man auf seinen Körper, wächst die Instinktsicherheit. Man spürt, ob der Körper nach Bewegung oder nach Ruhe verlangt, kann meditieren und tanzen, geht auf sein Bedürfnis nach dem Alleinsein und auf seine Sinnlichkeit ein, steht zu seinen Freuden und Grenzen. An die Stelle der Angst vor dem Körper und dessen seltsamer Verletzlichkeit tritt die Rücksichtnahme. Und wird im Mandala des Erwachens der Körper mit eingeschlossen statt ausgeklammert, können unsere Talente sich voll entfalten und das Herz doch frei bleiben.

Rabbi Nachman aus Bratislava führt dies seinen Schülern plastisch vor Augen: »Willst du dir das Leben nicht zur Hölle machen, dann tanze abends, wenn du von der Arbeit nach Hause kommst, mit dem Küchenhandtuch, und solltest du fürchten, deine Familie damit aufzuwecken, dann zieh die Schuhe aus.«

Wer Mut zum Leben hat, wartet nicht, bis die Schreckgespenster der Krankheit und des Todes auf sich aufmerksam machen.

Lasst uns die körperliche Existenz lieber annehmen. Lasst uns falsche Ideale aufgeben zugunsten der tatsächlichen Gegenwart. Mehr haben wir nicht. Nur sie zählt. In einer Zen-Geschichte bittet ein Schüler seinen Meister aus tiefstem Herzen, ihn über die Erleuchtung aufzuklären. Der Meister antwortet, während er auf zwei nahe gelegene Bambushaine deutet: »Sieh dir den Bambus zur Linken an, ist er nicht hoch gewachsen? Und der zur Rechten, ist er nicht niedrig? Das ist ihre Natur.« Der Schüler war erleuchtet. Die Annahme der Wahrheit führt zum Erwachen. Können auch wir unsere gegenwärtige Natur annehmen?

Das Wäschewaschen im Körper

Hakuin Zenji schrieb in seinem alten Zazen-Lied: »Alle Wesen sind Buddha-Naturen, wie Eis im Prinzip Wasser ist. Wie traurig, dass die Menschen das Naheliegende ignorieren und die Wahrheit in der Ferne suchen. Das ist so, als verlange jemand mitten im Wasser nach Wasser. ... Nun, was sollte jetzt fehlen? Das Nirwana liegt direkt vor uns; das reine Lotusland ist hier; dieser ganze Körper ist der Buddha.«

Für Hakuin ist gelebte Achtsamkeit der Schlüssel zum Nirwana. Die Wesensganzheit erwächst aus der in jedem Augenblick verwirklichten vollen Aufmerksamkeit. Alle äußeren Religionsformen – die Tempel, die Lehrer, die Übungen – rufen uns nur zu dieser ewigen Gegenwart auf, laden uns ein, hier und jetzt das Herz zu öffnen.

In einer chinesische Fabel beobachtet ein junger Mann einen Weisen am Dorfbrunnen. Als er sieht, wie der alte Mann seinen Holzeimer an einem Seil hinablässt und damit das Wasser langsam Hand für Hand hochholt, verschwindet er und kommt mit einem Flaschenzug zurück. Er geht zu dem alten Mann und erklärt ihm, wie man solch eine Vorrichtung benützt. »Hier, du legst dein Seil über die Rolle und holst das Wasser hoch, indem du an dieser Kurbel drehst.« Der alte Mann lehnt ab: »Wenn ich ein solche Vorrichtung verwende, werde ich mir klug vorkommen. Dadurch werde ich nicht mehr ganz bei der Sache sein. Bald wird sich mein Handgelenk wie von selbst drehen. Wenn ich nicht mehr mit meiner ganzen Aufmerksamkeit bei der Sache bin, wird mir die Arbeit langweilig werden. Wenn ich den Spaß an der Arbeit verliere, wie glaubst du, wird mir das Wasser schmecken?«

Das Wasser steht für unseren Geist. Im Zen heißt es, dass der Tautropfen im Gras den Vollmond am Himmel widerspiegelt. Jede Kleinigkeit, jeder Augenblick ist Teil und Widerspiegelung des Ganzen. Das wache Herz lernt aus allem – egal, ob man gerade ein Kind zu Bett bringt, Rechnungen bezahlt, einem Geschäftspartner zuhört, den Tankwart bezahlt, einen Brief schreibt oder ein Memo tippt, sich zu einem Geschäftsessen trifft, eine Arbeit plant, den Garten gießt. Es ist seltsam, dass man diese Wahrheit so leicht vergisst.

Ein sechsjähriges Mädchen fragte seine Mutter, was sie denn in der Universität mache, in die sie jeden Tag fuhr. »Ich arbeite im Fachbereich Kunst. Ich bringe den Menschen das Zeichnen und Malen bei«, antwortete die Mutter. Erstaunt fragte das Mädchen zurück: »Kann man das denn vergessen?«

Achtsamkeit in unserem alltäglichen Tun hilft uns aus dieser Vergesslichkeit heraus. Ein westlicher Lama erinnert sich, dass ihm nach der Rückkehr von einem dreijährigen Retreat in Tibet schlichte körperliche Arbeiten dabei halfen, achtsam und bodenständig zu bleiben:

> *Es war extrem schwer, inmitten all dieser komplexen Anforderungen des westlichen Lebens, die zum Großteil überflüssig waren, meine Achtsamkeit zu bewahren. In den ersten fünf Jahren fiel es mir sehr schwer, schlicht da zu sein, während die Menschen um mich herum anscheinend nur eilige Anschaffungen im Sinn hatten. Ich war zunächst sehr unsicher, ja kam mir fast verrückt vor. Ich fürchtete, dass ich vergessen könnte, was ich gelernt hatte, also ver-*

legte ich mich auf körperliche Arbeiten, in denen ich meine Praxis stabilisierte. Ich erledigte viele Putzarbeiten, spezialisierte mich auf das Wäschewaschen, Staubwischen, Geschirrwaschen. Damit wollte sowieso keiner etwas zu tun haben. Jeder war froh, dass ihm jemand das Saubermachen abnahm.

Ich rezitierte still für mich ein Mantra des Mitgefühls, wenn ich abwusch oder den Boden wischte. Und ich betete während des Putzens, dass auch die Augen und Herzen aller Wesen klar und rein würden. So verstrich die Zeit unbemerkt, als wäre ich einfach ein Teil der Erde, die sich im Frühjahr erneuert. Es war wunderbar, so zu arbeiten. Die einfachen körperlichen Tätigkeiten erlauben einem, ganz da zu sein und die Welt als etwas Heiliges zu erleben.

Die Hindus und Sufis lehren, dass man alles für die lebendige Liebe tun kann. Durch gelebte Achtsamkeit legt man jede Wäsche so zusammen, als wären es die Gewänder Jesu oder Buddhas, man serviert eine Mahlzeit nicht nur für sich selbst oder seine Familie, sondern für das heilige Ganze. Wenn der Körper in das Mandala der Praxis mit einbezogen ist, spricht jede Kleinigkeit zu Herz und Verstand. Eine Dominikanerin nennt dies »Theologie der Menschwerdung«:

Mit sechzig Jahren bin ich zu den einfachen Dingen zurückgekehrt, die ich in der Jugend gelernt habe. Wenn ich Schülerarbeiten korrigiere, bete ich für jeden Schüler. Oder ich bete den Rosenkranz, wenn ich mir um einen Patienten Sorgen mache. Beten, Bitten, Danken. Ich versuche alles mit Freude zu tun, selbst Dinge, die mir schwer fallen, wie Dienen angesichts von Unrecht. Das ist, was jetzt ansteht. Das ist die Wahrheit. Mein Leben ist eines der Verbundenheit geworden, der kleinen Epiphanien gut gelebter Augenblicke. Ich hoffe nicht mehr auf den großen Moment, wodurch sich das Ego nur groß vorkommt. Es ist entweder hier und jetzt oder man hat es verpasst.

Es gibt so viele einfache Praktiken, die zum Körper, zum Herzen, zu diesem Moment zurückführen: ein Gebet bei jedem Gang durch eine Tür, ein kurzes Insichgehen vor jeder Mahlzeit, ein bewusstes Durchatmen, bevor man ans Telefon geht. Selbst vor dem Fernsehen lässt sich ein geeignetes Gebet erfinden, wie Zen-Meister Thich Nhat Hanh sagt: »Wenn ich die Abendnachrichten anschaue, nehme ich daran persönlichen Anteil. Ich atme tief durch und schließe alle in mein Mitgefühl ein.« Indem man sich seine Atmung bewusst macht, bringt man alles wieder in Relation zum Körper.

Als ein Zen-Schüler zu seinem Meister sagte: »Nun fehlen nur noch ein paar Details«, rief der Meister aus: »Aber es gibt nur Details.« Gelebte Achtsamkeit bedeutet, dass man sich allem der Reihe nach ganz zuwendet. Gandhi nannte es »Gesegnete Eintönigkeit« und verglich den Tagesablauf mit den Umlaufbahnen von Sonne und Mond, dem stillen Kreislauf der Sterne und Jahreszeiten. Im Zen wird es mit dem Brotbacken verglichen: Man backt immer wieder Brot, und jeder Laib Brot hat seinen eigenen Geschmack.

Claude Monet lebte fünfunddreißig Jahre in Giverny, wo er jahraus, jahrein täglich immer wieder die Seerosen im Garten malte. Jeden Tag unvoreingenommen angehen – darin besteht der Anfänger-Geist.

Dieses einfache Dasein im Dienst am Nächsten stand auch im Mittelpunkt von Mutter Teresas Arbeit: »Ich fühle mich nicht für die Menge verantwortlich; ich sehe auf den Einzelnen. Man kann sich immer nur einem Menschen ganz zuwenden – erst diesem, dann diesem, dann diesem. So beginnt es. Ich begann mit der Betreuung *eines* Menschen. Hätte ich mich nicht um diesen einen Menschen gekümmert, dann wäre meine Hilfe auch keinen zweiundvierzigtausend zugute gekommen. Meine Arbeit ist nicht mehr als ein Tropfen im Meer. Es ist zwar nur ein Tropfen, aber dieser Tropfen zählt. Dasselbe gilt für einen selbst, für die Familie, für die Kirche, für die Gemeinde. Fang einfach an – eines nach dem anderen.«

Mystiker, Lehrer und Schüler weisen immer wieder darauf hin, dass man sich der Heiligkeit des Alltags bewusst werden soll. Wie Thomas Merton sagt: »Das Leben ist im Grunde einfach: Dadurch dass die Welt völlig transparent ist, scheint das Göttliche die ganze Zeit durch sie hindurch. Das ist kein nettes Märchen. Es ist wahr.«

In einer Geschichte aus dem mittleren Osten wird ein Mann zu Unrecht ins Gefängnis gesperrt. Sein Freund besucht ihn und bringt einen Gebetsteppich mit. Der Gefangene geht wütend in seine Zelle zurück. Er hat auf eine Metallsäge oder ein Messer gehofft und jetzt nur diesen Teppich erhalten. Aber da er den Teppich nun einmal hat, beschließt er, ihn auch zu benutzen. Täglich verbeugt er sich auf dem Teppich zum Gebet und lernt so dessen Muster genau kennen. Und eines Tages entdeckt er schließlich den Plan des Türschlosses darin. Er kann die Zelle öffnen und entkommen.

Die Freiheit des Herzens finden wir nicht durch einen Blick nach oben – sie liegt farbig gewebt zu unseren Füßen.

13

Wache Gefühle, alltägliches Reifen

Mönche, seid euch eurer angenehmen, unbestimmten und unangenehmen Gefühle gewahr; man muss sich seiner gegenwärtigen Gefühle bewusst sein.
Satipatthana Sutra

Als ein Schüler fragte: »Du lehrst, man solle beim Sitzen nichts weiter tun als sitzen, beim Essen nichts weiter tun als essen; könnte ein Zen-Meister nicht auch auf diese Weise zornig sein?« Suzuki Roshi antwortete: »Du meinst, dass er sich wie durch ein Gewitter klärt? Ach, ich wünschte, ich könnte das.«
Shunryu Suzuki Roshi

Ich würde es ja gern tun, nur heute habe ich leider Kopfschmerzen.
Tweedledum

Wie sieht es mit dem Gefühlsleben nach dem Einsetzen des Erwachens aus? Einige Traditionen heben die Unerschütterlichkeit des erleuchteten Herzens hervor. In der *Anguttara Nikaya* sagt der Buddha: »Fest wie ein Felsen im Wind bleibt das Herz eines wahrlich Erleuchteten. Es lässt sich weder durch Sinneseindrücke noch durch Beziehungen irgendwelcher Art zum Überfließen bringen.« Ich selbst wurde dies vielfach gelehrt. Als ich jedoch einmal in der Meditation weinte, sagte Dipama Barua, die als Meditationsmeisterin zu Gast war, solches Trauern sei für Yogis überflüssig. »Meditationslehrer weinen nicht«, erklärte sie mir. Doch mein erster Meditationsmeister Ajahn Chah hatte genau das Gegenteil gesagt: »Tränen gehören zur Meditation dazu. Wer noch nicht bitterlich geweint hat, hat noch nicht begonnen zu meditieren.«

Manchmal bezeichnet der Buddha Trauer als überflüssiges Anhaften. Doch andere Male heißt es in den buddhistischen Texten, dass ihm daran gelegen sei, seine Zuhörer zu Tränen zu rühren, »damit sie seine Lehren offener und aufmerksamer verfolgen können«.

Emotionen werden von den einzelnen Schulen unterschiedlich gewertet. In einigen Traditionen heißt es, die Muster der Gier, des Hasses, der Täuschung und der Angst würden durch Bewusstmachung aufgelöst; andere lehren, sie würden bleiben, es sei aber ein weiser Umgang mit ihnen möglich. Jede Weisheitstradition erlaubt jedoch tief reichende geistige Befreiungen. Dieser unzerstörbare Geist muss inmitten der emotionalen Stürme des Lebens gefunden und seine unerschütterliche Liebe erkannt werden.

Das verletzliche, empfindsame Herz

Vor einigen Jahren organisierten einige Bekannte für den *Gyuto-Tantric-Chor* einen Auftritt im San-Quentin-Gefängnis; dabei sollten nicht nur die tibetischen Mönche mit ihren tiefen Obertongesängen, sondern auch der *San-Quentin-Gospel-Chor* auftreten. Doch als der Veranstaltungstag näher rückte, wurde den Organisatoren bewusst, dass eine kulturelle Brücke geschlagen werden musste.

Die Mitglieder des San-Quentin-Gospel-Chors waren alle Afroamerikaner, viele von ihnen bärenstarke Männer, die Bodybuilding betrieben. Während ihres Gefängnisaufenthalts hatten sie ein neues Leben begonnen und sich Jesus zugewandt, und ihre Lieder legten Zeugnis von ihrem Leiden und dem Licht ab, das durch das Evangelium in ihrem Herzen entzündet worden war. Die Organisatoren fürchteten, dass die tibetischen Mönche diesen neu erweckten Christen als bloße Fremde und Heiden erscheinen könnten. Als die »heidnischen Mönche« ankamen, fiel der Kontrast allein schon äußerlich ins Auge. Die zierlichen asiatischen Männer in rötlich braunen Hemden wirkten neben den Afroamerikanern wie Zwerge. Die Frage war, wie sich die Kluft überbrücken ließ.

Einem der Hauptsponsoren der Veranstaltung gelang durch seine inspirierte Einführung der Brückenschlag: »Fast alle tibetischen Männer, die heute hier zu Gast sind, haben harte Gefängnisjahre hinter sich. Dafür, dass sie ihrem Glauben treu blieben, wurden sie von der kommunistischen chinesischen Armee nicht nur eingesperrt, sondern auch gefoltert. Sie wurden aus irgendwelchen Gründen entlassen oder konnten aus dem Gefängnis fliehen. Dann überquerten sie den Himalaya, das höchste Gebirge der Welt, um weiteren Verfolgungen zu entkommen. Manche banden sich Lumpen um die Füße, weil sie keine Schuhe hatten. Heute leben sie im Exil. Sie befinden sich fern ihrer Heimat, ihrem Volk und ihrer Familien und wissen nicht, ob sie jemals zurückkehren können. Was sie in dieser harten Zeit aufrechterhielt, waren ihre Gebete und Lieder, von denen sie heute einige vortragen werden.«

Nach dieser Schilderung wurden zwischen dem Gospelchor und den tibetischen Mönchen nun Blicke getauscht, in denen sich jeweils volles Verständnis für das harte Schicksal der anderen spiegelte. Jede Gruppe sang dann von Herzen ihre Lieder, und als das Konzert vorbei war, gingen die Chormitglieder aufeinander zu und umarmten sich wie Brüder, die sich lange vermisst hatten.

Die Männer brachten mit den Liedern ihre Emotionen zum Ausdruck. Durch ihren Gesang teilten sie ihren Lebensmut mit, ihre Hoffnungen und ihre Sehnsucht nach Freiheit und Erlösung. Gefühle sind Lebensausdruck und Kommunikationsmittel. Unser Empfindungsvermögen ist ein großes Geschenk. Die Kunst besteht darin, weder seine Gefühle zu unterdrücken, noch sich ihnen zu unterwerfen, sondern sie zu verstehen.

Der Buddha lehrte, man solle sich seines gesamten Gefühlsspektrums bewusst werden – von den angenehmen über die unbestimmten bis hin zu den unangenehmen Empfindungen. Darüber hinaus sagte er, man könne »durch die Bewusstmachung des gesamten Gefühlsspektrums« und »das Beachten der momentanen Empfindungen« in dessen Mitte Frieden und Freiheit finden. Aber der Bewusstmachungsprozess ist mehr als eine Erleuchtungserfahrung. Eine buddhistische Lehrerin erinnert sich an ihre Lehrzeit bei einem Zen-Meister:

> *Ich übte mit einem Koan, und es gab Zeiten, da ging ich im Gespräch überhaupt nicht auf diesen Koan ein. Ich musste über meine Gefühle sprechen, weil sie in meiner Praxis eine so große Rolle spielten. Manchmal war es Freude, aber häufiger handelte es sich um Gefühlsprobleme mit meinen Eltern oder meinem Lebenspartner. Er ließ mich dann geduldig ausweinen und pflegte zu sagen: »Es ist wirklich hart, ich weiß. Mir geht es mit meiner Familie manchmal genauso.« Seine Offenherzigkeit löste unglaublich viele Knoten in mir. Diese Verständnisbereitschaft hatte etwas so Menschliches an sich.*

1974 begegnete ich erstmals dem buddhistischen Lehrer und Psychiater Robert Hall. Als wichtiger Schützling von Fritz Perls hatte er in den 1960er-Jahren das »Gestalt Institute« in San Francisco mitbegründet. Später entwickelte er die Lomi-Schule, eine der ersten, in der kombiniert auf spiritueller, emotionaler und körperlicher Ebene gearbeitet wurde. Ich erinnere mich, dass ich ihm damals als frisch gebackener Psychologe erzählte, ich fände die Probleme meiner Patienten anhand ihrer Krankengeschichte mittlerweile leicht heraus, selbst wenn sie nicht akut waren, täte mich aber immer noch schwer damit, sie zu einer Einstellungsänderung zu bringen. »Oh, das tue ich nicht«, sagte Robert. »Nein?«, fragte ich skeptisch. »Nein,« fuhr er fort,

»ich ermutige sie, zu ihren Gefühlen zu stehen. Das führt die Heilung herbei.«

Solange man nicht zu seinen eigenen Gefühlen stehen kann, macht man – individuell und kollektiv – andere für seine Probleme verantwortlich. Wie James Baldwin schrieb: »Ich glaube, die Menschen halten deshalb so hartnäckig an ihrem Hass fest, weil sie spüren, dass sie ohne diesen Hass selbst mit ihrem Schmerz fertig werden müssten.« Mit der Praxis geht es nur dann voran, wenn man seine eigenen Empfindungen zulässt.

Um einen Eindruck von der großen Vielfalt der Gefühle zu vermitteln, lese ich bei Retreats manchmal aus einer Liste von fünfhundert Empfindungen vor. Hier ein kleiner Ausschnitt: Man kann liebevoll, ehrgeizig, ambivalent, belustigt, feindselig, aufgeregt, teilnahmslos, wohlwollend, streitsüchtig, selig, untröstlich, ruhig, fröhlich, klaustrophobisch, mitfühlend, gesammelt, besorgt, neugierig, entzückt, deprimiert, entmutigt, getrieben, quirlig, ängstlich, schockiert, gehässig, geehrt, demütig, leicht erregbar, froh, unersättlich, dankbar, ernst, gierig, eifersüchtig, jovial, heiter, überdrüssig, zufrieden, prüde, traurig, verwirrt, schläfrig, nüchtern, gelassen, einfühlsam sein – und so weiter.

Das wache Herz bringt für alle Aspekte des Gefühlslebens Verständnis auf. Wer anfängt, den Rhythmus und die Bandbreite der Empfindungen zu akzeptieren, verneigt sich vor »den zehntausend Freuden und zehntausend Leiden« des Tao. Indem die Taoisten die inneren und äußeren Umstände nahmen, wie sie waren, »bekämpften sie das Leben nicht. Sie akzeptierten es, wie es war. ... Sie versuchten dem Tao kein eigenmächtiges Glück abzutrotzen.«

Herz und Verstand

Das Mantra des universellen Mitgefühls »Om Mani Padme Hum« wird mit »Juwel im Lotus« übersetzt. Eine seiner vielen symbolischen Bedeutungen ist, dass Mitgefühl entsteht, wenn das Juwel der Achtsamkeit im Lotus des Herzens weilt. Wenn der achtsame Geist seine diamantene Klarheit auf das empfindsame Herz richtet, führt das zur vollen Befreiung.

In der buddhistischen Psychologie werden Herz und Verstand oft mit einem Wort bezeichnet – »citta«. Der Erleuchtungsgeist ist mehrdimensional. Er umfasst alle Gedanken, Empfindungen, Reaktionen, ist Intuition, Temperament und Bewusstsein. Wenn man im Westen vom Geist spricht, meint man damit meist nur das rationale Denken. Unter diesem Aspekt ist der Geist nur ein endloser Strom von Gedanken, Ideen und Geschichten. Obwohl die Ratio ihren praktischen Wert hat, kann sie die Welt auch zersplittern; Begriffe lassen sich leicht verabsolutieren, zu einem »wir« und »sie«, gut und böse, zu einer bestimmten Vergangenheit und Zukunft. Auch unsere Gedanken kreieren gern Probleme. Wie Mark Twain schrieb: »Mein Leben ist voller schrecklicher Missgeschicke ... von denen die meisten nie stattfanden.« Oder in den Worten eines meiner Lehrer, Sri Nisargadatta: »Der Verstand schafft den Abgrund, das Herz überbrückt ihn.«

Auch Empfindungen gelten in der buddhistischen Psychologie neben den Gedanken und Impulsen als natürlicher Aspekt des verstehenden Herzens. Zunächst stellt man fest, dass jede Erfahrung entweder von einer angenehmen oder unbestimmten oder unangenehmen Empfindung begleitet wird. Wenn man auf diese Empfindungen achtet, ohne sich an die angenehmen Seiten zu klammern und die unangenehmen zu verdammen, wird deutlich, wie aus diesem Grundempfinden die gesamte Bandbreite der Gefühle hervorgeht.

Manchmal werden Gefühle für gefährlich gehalten. Aber die Emotionen selbst sind nicht das Problem; problematisch wird es, wenn sie nicht beachtet oder falsch gedeutet werden. Ignoriert man schmerzliche Gefühle, können sie zu irgendeiner Sucht oder Gehässigkeit führen oder Benommenheit hervorrufen; und letztlich verliert man dadurch nicht nur jeden Bezug zu seinen Gefühlen, sondern beraubt sich auch der Möglichkeit der Intuition. Wie die moderne Mystikerin Simone Weil schrieb:

»Nicht der Zweifel, ob es Brot für sie gibt, schadet der Seele, sondern dass sie sich einredet, sie hätte keinen Hunger.«

Die erste Frau, mit der ich nach meiner Mönchszeit zusammenzog, war eine ehemalige Collegekameradin, die seit kurzem in Harvard lehrte. Ich war innerlich noch ein Mönch geblieben, der keinerlei Vorlieben und Abneigungen kannte und alles annahm, was in seine Bettelschale gelegt wurde. Wenn sie mich fragte, was ich zu Abend essen möchte oder welchen Film ich gerne anschauen würde, antwortete ich: »Das, was du möchtest, Schatz.« Wenn sie wissen wollte, ob ich einen Ausflug machen oder lieber zu Hause bleiben wolle, erklärte ich mich mit beidem einverstanden. Es machte sie verrückt. Für sie war das keine Gelassenheit, sondern schlichtweg eine Angst vor persönlichem Engagement.

Ich hatte keinen Bezug zu meinen Gefühlen und sie erinnerte mich daran, dass das schon vor meiner Klosterzeit für mich typisch gewesen sei. Es stimmte. Ich wusste nicht, was ich fühlte. Sie gab mir ein kleines Notizbuch und schlug vor, ich solle täglich zehn Dinge aufschreiben, die ich mochte oder nicht mochte, so lange, bis ich meine eigenen Gefühle bewusst wahrnehmen konnte. Die Wiederentdeckung meiner Gefühle war ein langwieriger und lebensverändernder Prozess.

Gefühle und Temperament

Die Bewusstmachung eigener Gefühle bedeutet, dass man sie spürt – nicht mehr und nicht weniger. Man braucht die Gefühle nicht zu verändern – sie ändern sich sowieso ständig von selbst. Ebenso wenig geht es um eine Umstrukturierung des Temperaments. Ob man nun intuitiv oder philosophisch, sanguinisch oder melancholisch veranlagt ist, daran wird sich kaum etwas ändern. Unsere Kompetenz mag sich erweitern, aber unsere Persönlichkeit, unser Temperament wird sicher bleiben. Ein buddhistischer Lehrer sagte, er hätte sich von der Erleuchtung eine

»Persönlichkeitsveränderung« erwartet, dann aber erstaunt festgestellt, dass es sich eigentlich um eine »unpersönliche Transformation« handelt. Die Transformation besteht in der Öffnung des Herzens und nicht in der Veränderung der Person.

Dieser Lehrer fuhr fort:

> *Die spirituelle Transformation der letzten Jahrzehnte verlief ganz anders, als ich es mir vorgestellt hatte. Ich bin immer noch genauso schrullig, habe die gleichen Eigenarten und Blessuren, so dass ich im äußerlichen Auftreten kein völlig gewandelter hehrer Weiser geworden bin, wie ich mir das zuerst vorgestellt hatte. Aber innerlich hat sich vieles getan. Durch die jahrelange Beschäftigung mit meinen Gefühlen, familiären Prägungen und meinem Temperament gehe ich verständiger mit ihnen um. Die Verbissenheit, das Leben verstehen zu wollen, hat sich gewandelt, ich bin liebevoller geworden. Ließ sich mein Leben zuvor mit einer voll gestellten Garage vergleichen, in der ich laufend an irgendetwas anstieß und entsprechend schimpfte, bin ich nun in eine Flugzeughalle mit offenen Toren umgezogen. Dort stehen dieselben alten Sachen, doch sie beengen mich weniger. Ich bin derselbe geblieben, habe jetzt jedoch mehr Bewegungsfreiheit, kann sogar fliegen.*

Wie wir bereits gesehen haben, ist es ein Irrtum zu glauben, man könne seinem Karma entkommen, dessen, der wir sind. Ich erkannte dies vor zwanzig Jahren besonders deutlich, als ich zum ersten Mal in der Schweiz ein großes Retreat leitete. Die Teilnehmer kamen aus ganz Europa und in Einzelgesprächen versuchte ich, auf jeden Schüler individuell einzugehen. Bezüglich der Länder und Kulturen bemühte ich mich um größtmögliche Unvoreingenommenheit. Doch am Ende des Retreats stellte ich erschrocken fest, dass mir von fast allen deutschen Schülern Kämpfe geschildert wurden, die sie gegen sich selbst führten, und dabei als besonderes Problem Selbsthass genannt hatten, während die französischen Schüler von existentiellen Zweifeln und Motivationsproblemen geplagt waren. Bei den italienischen Schülern standen in der Meditation und im Gespräch die Gefühle im Vordergrund; sie hatten lebhaft gestikulierend geschildert, wie schmerzlich und schwierig und doch wunderbar schön ihre Erfahrung gewesen war – jeder Einzelne von ihnen. Alle Teilnehmer waren auf ihre Art einmalig, und doch auch kulturell geprägt.

Emotionale Bewusstwerdung bedeutet also nicht, dass man ein anderer Mensch wird. Es gibt introvertierte und extrovertierte, heitere und hitzige Naturen. Dzongsar Khyentsie Rinpoche sagt sogar: »Wenn ein Meister ein großer Lehrer ist, heißt das nicht unbedingt, dass er ein großer Mensch ist. Vielleicht ist er oder sie aufbrausend, umständlich oder sehr fordernd.« Als Ram Dass nach langjähriger spiritueller Disziplin gefragt wurde, ob er sich verändert habe, lachte er und antwortete, nein. Vielmehr sei er ein »Kenner seiner Neurosen« geworden.

So wie das Geschlecht, die Haarfarbe und die Körpergröße, ist einem das Temperament lebenslänglich gegeben. In der Kindheit erlittene psychische Schäden können zwar therapeutisch behoben werden, aber die eigene Wesensart bleibt. Nach der buddhistischen Psychologie bleiben die Veranlagungen nach dem Erwachen bestehen, aber sie werden durch Besonnenheit veredelt. Es gibt verlangende Naturen oder zur Unlust neigende oder Träumer-Naturen. Durch Achtsamkeit lässt sich mit diesen Veranlagungen jedoch eine Liebe zur Schönheit, zur Klarheit und zur Größe zum Ausdruck bringen. Auch der Humor wird nicht ausgeschlossen. Als der jetzige oberste Rinzai-Zen-Meister im Westen, Joshu Sasaki Roshi, gefragt wurde, warum er hier lehre, antwortete er: »Ich bin nicht als Lehrer nach Amerika gekommen. Ich möchte selbst Spaß haben und die Menschen hier herzlich zum Lachen bringen.«

Man hat uns auf vielerlei Weise Angst vor unseren Gefühlen gemacht, und entsprechend viele Missverständnisse halten uns in dieser Angst gefangen. Die seelischen Erschütterungen, Furcht und Beurteilungen, denen man in der Kindheit ausgesetzt war, und die anerzogene Scham können schrecklich einengen. So hält man manchmal ein spirituelles Innehalten für die beste Lösung – nur nicht zu viel fühlen, sich nicht aufregen, nicht wütend werden, sonst gerät die Erleuchtung durcheinander. Dadurch jedoch schleichen sich Passivität und falsche Zurückhaltung in die spirituelle Praxis ein, auf Kosten der eigenen Lebendigkeit.

Selbst aufrichtig Übende können einen nur äußeren Anstand mit gelebter innerer Freiheit verwechseln. Man glaubt dann insgeheim, dass Gefühle und Bedürfnisse, sobald sie zugelassen werden, unweigerlich zu Zügellosigkeit, Trägheit und Aggression führen, deren man nicht mehr Herr wird. Das heißt, man verwechselt seine wahre Natur mit den Gefühlen eines unzulänglichen Ich. Denn obwohl es sich bei Emotionen tatsächlich um gewaltige Kräfte handelt, befreit man sich nicht dadurch aus ihrer Herrschaft, dass man sich vor ihnen fürchtet und sie unterdrückt – ihre Bewusstmachung ist die Lösung.

Solange man seine Emotionen für etwas ausschließlich Zerstörerisches hält, hat man sich noch nicht wirklich mit ihnen auseinander gesetzt. Man glaubt dann, ihre Bewusstmachung würde bedeuten, sie ausleben zu müssen. Das ist nicht der Fall. Aber bevor man wirklich seinen Weg gehen kann, muss man sich aus seinen emotionalen Verstrickungen und Zwängen lösen. Wir müssen unsere Identifizierung mit dem »Angstkörper« durchschauen und erkennen, wie die Verletzungen und Frustrationen aus der Kindheit zustande kamen, auf welche Weise Wut, Gier, Stolz, sexuelles Verlangen und Bedürfnisse in uns konditioniert wurden. Erst wenn man diese Gefühlskomplexe wahrnimmt, so, wie sie kommen und gehen, kann man sich die Frage stellen: »Bin ich das wirklich?« Wenn wir unseren Gefühlen furchtlos begegnen, erscheinen sie durch dieses Zulassen in einem anderen Licht. Plötzlich versteht man die Einsamkeit, das Gebrochensein, die Boshaftigkeit und Verwirrung in ihrem eigentlichen Zusammenhang.

Weinender Buddha, zorniger Buddha

Wir verschließen unser Herz nicht nur vor der Welt, sondern auch vor uns selbst. Manche Menschen fürchten sich vor ihrer Traurigkeit, andere vor ihrer Freude; andere vor ihrer Schwäche, andere vor der eigenen Stärke. Es gibt einen Cartoon, bei dem zwei Generäle im Pentagon über den Flur gehen, wobei der eine dem anderen zuflüstert: »Heute Nacht hatte ich einen schlimmen Alptraum. Ich träumte, die Sanftmütigen übernähmen die Herrschaft.«

Im Gegensatz zum Pentagon ist das erwachte Herz offen. Es lässt alle Seiten des Lebens zu, die traurigen und die schönen. Lama Chogyam Trungpa sagte: »Nur ein offenes, empfindsames Herz kann die Welt verändern.« Wenn eine Gesellschaft nicht mehr trauern kann, weder über ihre Gefallenen noch darüber, dass die Jugend in den Ghettos verkommt, die Urwälder gerodet und menschliche Werte missachtet werden, wenn sie auf das Rassismusproblem nur noch mit riesigen Gefängnissen antwortet, beraubt sie sich jedweder Hoffnung. Denn wo nicht getrauert wird, kann man auch nicht mehr aus den vergangenen Fehlern lernen und sie für eine echte Erneuerung nutzen.

In Japan beispielsweise ist der Bodhisattva Jizo eine Manifestation der Herzensgüte. Wie der heilige Christophorus ist er der Schutzpatron der Wanderer und Kinder und spendet auch den Trauernden Trost. Die Zen-Lehrerin Yvonne Rand hat eine Jizo-Zeremonie adaptiert, die für Eltern von »Wasserbabys« gedacht ist – Kindern aus Fehlgeburten oder Abtreibungen –, selbst wenn dieser Verlust schon lange her ist. Die Eltern nähen für diese verstorbenen Kinder kleine Gewänder und bekleiden damit in einer Zeremonie die Kinderstatue des Jizo im Tempelgarten. Dabei fließen enorm viele, bislang zurückgehaltene Tränen, die den Eltern oft erst bewusst machen, wie viel Trauer sich in ihrem Herzen gestaut hat.

Ähnlich ist das »Vietnam-Veterans-Memorial« zu einem Forum öffentlicher Trauer über die Verluste dieses Krieges geworden. Es ist einer der wenigen Orte, an denen man in Amerika Männer öffentlich weinen sehen kann. Dort werden täglich an die tausend Besucher gezählt, und die hinterlegten Notizen, Gebete und Gedichte werden gesammelt und vom Smithsonian-Institut aufbewahrt. Es sind bereits mehrere Bücher herausgegeben worden. In einem befinden sich die folgenden Notizen, die deutlich machen, dass ein Bewusstmachen der Tatsachen der erste Schritt zur Heilung ist:

»Dein Name steht auf einer schwarzen Gedenktafel in D.C. Viele Menschen gehen täglich daran vorbei. Man merkt, wer zu den Veteranen gehört. ... Wir stehen einfach da, schauen und weinen, ohne uns darum zu kümmern, ob jemand zusieht.

Als ich deinen Namen las, wurde ich wütend, obwohl ich wusste, dass du aufgeführt sein würdest. Ich hatte mir so lange deine Rückkehr gewünscht. Ich gäbe mein Leben dafür, wenn es dich zurückbringen könnte. Ich habe den Kummer über deinen Tod so lange mit mir herumgetragen, aber jetzt kann ich loslassen. Ich glaube, nun ist ein neues Leben möglich. ...«

Asiatische buddhistische Tempel stehen voller friedlicher Buddha-Figuren, aber es gibt auch weinende Buddhas und zornige Bodhisattvas, Gestalten mit flammenden Schwertern, die allesamt Ausdruck bewusster emotionaler Kräfte sind. Selbst Meister wie Thich Nhat Hanh und der Dalai Lama geben gelegentliche Wut zu. Als 1991 die US-Bombardierung des Irak in ihm Erinnerungen an die schrecklichen Ereignisse in Vietnam wachrief, war Thich Nhat Hanh zunächst so wütend, dass er seine Vortragsreise in die USA absagte. Er schrieb, dass er mehrere Tage gebraucht habe, um sich zu beruhigen und durch bewusstes Atmen die Wut in Trauer und starke Anteilnahme zu transformieren. Erst dann konnte er nach Amerika reisen, um dort den Kern des Problems engagiert zu erörtern.

Der Dalai Lama hat geschrieben: »Angesichts großen Unrechts kann ich wütend werden, aber dann denke ich nach einer Weile: ›Das nützt nichts‹, so dass sich der Ärger langsam in Aufklärungsbereitschaft wandelt.« Er erkennt in seinen Lehren an, dass energisches Handeln notwendig ist, doch die zornigen Buddhas schwingen das Schwert nicht im Hass, sondern aus großem Mitgefühl.

Sowohl im Kollektiven als auch im Individuellen gibt es Situationen, in denen das Schwert kunstvoll benutzt werden muss. Ich erlebte einmal, wie ein koreanischer Zen-Meister einem langjährigen Schüler gegenüber energisch wurde, der sich in eine Schülerin verliebte, die erst kürzlich der Gemeinschaft beigetreten war. Die Schülerin hatte mit ihm ein Verhältnis angefangen, beendete dieses aber nach knapp einem Jahr wegen eines anderen Mannes. Der Zen-Meister hatte mehrere Monate für den Kummer seines Schülers Verständnis aufgebracht. Dann war er neun Monate zu Unterweisungen in Korea und Europa unterwegs. Nach seiner Rückkehr erkundigte sich der Meister bei den versammelten Schülern nach deren jeweiligem Befinden.

Als ihm besagter Schüler mitteilte, dass er noch immer nicht über den Verlust hinweggekommen sei, griff der Zen-Meister in die Tasche, holte als Geschenk eine wunderschön geschnitzte Gebetskette hervor und legte sie dem hocherfreuten Schüler sorgfältig in dessen geöffnete Hände, die er selbst mit einer Hand hielt. Dann hob er plötzlich seine andere Hand und gab dem Schüler eine kräftige Ohrfeige, wobei er ihn anschrie: »Gib sie endlich auf!«

Dann verbeugte sich der Meister und ging. Wir alle standen ganz schockiert da. Aber bald merkte man, dass die Ohrfeige ihre positive Wirkung bei dem Schüler zeigte. Er ließ fortan los und kümmerte sich wieder um das, was anstand.

Ein starkes Herz kann die gesamte Bandbreite menschlicher Empfindungen umfassen, ohne sich in Gefühlen zu verstricken oder zu verlieren. Wenn man seine Gefühle als vorübergehende, unpersönliche Kräfte achtet, kann man gelassen mit ihnen umgehen, ohne von ihnen überwältigt oder verängstigt zu werden. Wilhelm Reich machte einmal eine Patientin darauf aufmerksam, dass sie sich gegen die Wahrnehmung ihrer Gefühle sträubte, und sagte: »Sie tragen eine Maske.« Die Frau antwortete: »Sie tragen doch auch eine Maske, Dr. Reich.« Darauf er: »Ja, das stimmt, aber die Maske hat mich nicht in ihrer Gewalt!«

Morrie Schwartz, der Sozialpsychologie nach Brandeis lehrte, ist der Held des Bestsellers *Tuesdays with Morrie* (dt. Titel: *Dienstags bei Morrie,* Goldmann 1998), in dem die Gespräche kurz vor seinem Tod mit Freund Mitch Albom dokumentiert sind. Morrie Schwartz litt an einer Amyotrophischen Lateralsklerose. Einmal sagte er zu seinem letzten Schüler: »Was ich jetzt tue«, und fuhr mit geschlossenen Augen fort, »ich versuche mich vom Erleben zu lösen.«

»Du ziehst dich zurück?«

»Ja, ich ziehe mich zurück. ... Die Buddhisten sagen: ›Hafte an nichts, denn alles ist vergänglich‹, weißt du.«

»Moment, sagte ich. Hast du nicht ständig davon gesprochen, man solle sich seinem Leben stellen und die Emotionen annehmen, die angenehmen wie die unangenehmen? Wie soll das gehen, wenn du dich zurückziehst?«

»Dieser Rückzug heißt nicht, daß ich mich gegen meine Erfahrung wehre. Im Gegenteil, ich nehme sie bis ins Kleinste an. Erst dann kann man loslassen.«

»Das verstehe ich nicht.«

»Nimm einmal irgendein Gefühl – die Liebe zu einer Frau oder die Trauer um einen geliebten Menschen oder die Qualen einer unheilbaren Krankheit, das, was ich gerade durchmache. Wenn man sich gegen diese Erfahrungen wehrt – weil man Angst vor der ganzen Wahrheit hat –, kommt man niemals von ihnen los, man bleibt ein Gefangener seiner Angst. Sie hält dich beschäftigt, damit du den Schmerz nicht wahrnimmst, die Trauer vergißt und der Verletzlichkeit aus dem Weg gehst, die die Liebe mit sich bringt.

Aber wenn du auf diese Empfindungen eingehst, ganz in sie eintauchst, inklusive Kopf, lernst du sie durch und durch kennen. Du weißt dann, was Schmerz ist. Du weißt, was Liebe ist. Du weißt, was Trauer ist. Und nur dann kannst du sagen: ›Gut, ich kenne dieses Gefühl. Ich stehe zu ihm. Es ist in Ordnung, wenn ich es einen Augenblick loslasse‹ ...

Du magst das für die Rede eines Sterbenden halten, aber das gilt allgemein. Wer Sterben lernt, lernt zu leben.«

Geistiges Reifen bedeutet, dass man die Vollkommenheit der Unvollkommenheit erkennt. Der Begründer des Zen, Seng-Tsan, lehrt, Erleuchtung dämmere erst, wenn man seine »Angst vor der Unvollkommenheit« überwunden hat. Man bleibt sich treu, liebt die Welt auf seine unvollkommene Weise: lernt seinem Körper, seinen Empfindungen, dem Leben selbst zu vertrauen, so wie es sich entfaltet. Man bemüht sich nicht mehr, jemand anderes zu sein, greift nicht mehr nach einem vorgestellten Glück.

Wie der tibetische Weise Gendun Rinpoche schreibt: »Weil man nach dem Glück sucht, übersieht man es. Es ist so, als versuche man einen Regenbogen einzufangen, oder als jage ein Hund seinen Schwanz. Obwohl Frieden und Glück nichts Greifbares sind und sich auch nicht an einem bestimmten Ort befinden, sind sie stets da und können jeden Augenblick verwirklicht werden.

Wer das Unfassliche fassen will, müht sich vergeblich ab. Sobald du diese geballte Faust des Habenwollens öffnest und entspannst, gibt es unendlich viel Freiraum – einladend und wohltuend.

Nutze diese Weite, Freiheit und Muße. Suche nach nichts anderem. Begib dich nicht in den unwegsamen Dschungel, um nach dem großen erleuchteten Elefanten Ausschau zu halten, der bereits zu Hause vor deinem eigenen Herzen wartet.«

Robert Fulghum, der Autor von *All I Really Need to Know I Learned in Kindergarden* (dt. Titel: *Alles, was Du wirklich wissen mußt, hast Du schon als Kind gelernt*, Goldmann, 2. Aufl. 1991), beschreibt das Ende einer harten Praxisphase in den 1960er-Jahren im bekannten Rinzai-Tempel in Kyoto. Er hatte ein letztes Gespräch mit dem Abt, Zen-Meister Kohara Roshi. Statt nur auf die Meditation oder Koan-Praxis einzugehen, betonte der Meister, man brauche nichts zu werden. Dann sprach er über sein eigenes Leben, über den Stress, den die Leitung eines so großen alten Tempels mit sich brachte, über die wenig begabten jungen Priester, über die Schwierigkeiten der Geldbeschaffung und die Probleme »mit meiner Frau und meinen Kindern, die nicht« – er lächelte – »so ›heilig‹ sind wie ich«. »Manchmal würde ich mir am liebsten ein Häuschen auf Hawaii kaufen und nur noch Golf spielen«, fuhr er fort und lächelte wieder.

»Das war schon vor meiner ›Erleuchtung‹ so und ist jetzt genauso.« Nach einer angemessenen Pause, in der Fulghum das Gesagte verdauen konnte, schickte ihn der Meister nach Hause, wo Fulghum sich vorkam wie ein Verdurstender, der nach etwas Trinkbarem sucht, »und dabei knietief im Fluß stand«, so der Autor.

Ohne Einsicht in die alltägliche Vollkommenheit des Lebens können einem übernommene Ideale mehr schaden als nützen. Es ist so wie mit dem Eskimo, der den Missionar fragte: »Wenn ich von Gott und der Sünde nichts wüsste, käme ich dann auch in die Hölle?« »Solange du nichts davon gewusst hättest, nein«, sagte der Priester. »Warum hast du mir dann davon erzählt?«, fragte der Eskimo ernst zurück.

Statt sein eigenes Leben zu verwirklichen, verrennt man sich in Ideale, möchte »gut dastehen«, so wie Edward Espe Brown (siehe Kapitel 11), der Pillsbury-Kekse nachbacken wollte.

Eine Frau, die seit dreißig Jahren tibetischen Buddhismus praktiziert, schreibt:

Trotz meiner jahrelangen spirituellen Praxis kannte ich mich selbst wenig. Meist versuchte ich die Erwartungen anderer zu erfüllen. Mein eigentliches Wesen war verschüttet. Ich wuchs in einer statusorientierten Familie auf. Äußerlichkeiten waren sehr wichtig. So war ich von klein auf dazu erzogen worden, mich anzupassen. Dieses Verhalten setzte ich auf spirituellem Gebiet fort, ich wollte alles richtig machen, jemand Besonderes sein. Ich übernahm für die Lamas all die Laufarbeiten, organisierte zahllose Retreats und Benefizveranstaltungen und betreute sie während ihrer Touren im Westen rundum. Stets war ich die Gastgeberin.

So ging das über zehn Jahre lang. Es war eine sehr bewegte und interessante Zeit. Je mehr ich mit dem Reichtum des tibetischen Buddhismus in Verbindung kam, desto klarer wurde mir, dass ich ein selbstentfremdetes Leben führte. Ich wurde immer enttäuschter und trauriger, nicht über die Tibeter, sondern über mich selbst. Meine Hilfsbereitschaft war ungebrochen, aber ich wurde krank. Dann fuhr ich für jeweils immer längere Zeit fort zum Meditieren. Zunächst hatte ich Schuldgefühle, aber ich liebte die Einsamkeit. Ich entdeckte, dass ich eigentlich introvertiert und künstlerisch veranlagt bin.

Als ich dann von einer langen Asienreise zurückkehrte, erkannte ich, dass ich mich nach einem schlichten Leben sehnte. Ich begann, konsequent Nein zu sagen. Ich konnte einfach nicht mehr. Ich zog aufs Land, wo ich mich um meine Tiere und meinen Garten kümmerte und Klavier spielte. Jetzt unterstütze ich in aller Stille zwei Klöster, statt herumzulaufen und jemand Besonderes sein zu wollen. Mir liegt der direkte Umgang mit der Erde. Das war mir lange unklar. Ich wusste nicht, wer ich war.

Alltägliche Vollkommenheit bedeutet, dass man sich selbst treu ist. Wünscht man sich die Stiefmütterchen im Garten größer als die Narzissen, oder die Rosen ohne Dornen? Ist man der Meinung, Kinder sollten sich nach unseren eigenen Idealvorstellungen verhalten, ob im Kindergarten oder anderswo, oder sieht man ein, dass die Schönheit der Menschen wie die der Gärten gerade in der Vielfalt liegt? Unsere spirituelle Aufgabe ist es nicht, Vollkommenheit vorzuschreiben, sondern zur Vollkommenheit in uns zu erwachen.

Wie ein hoher Lama sagte:

Die Vollkommenheit muss hier irgendwo sein, nur wo? Ist es die nächste Erfahrung oder die übernächste? Meine eigentliche Praxis ist das Geduldüben, dass ich nichts Spezielles oder Ungewöhnliches erwarte. Sobald ich ins

Kämpfen und Erwarten komme, ist klar, dass ich von der großen Vollkommenheit abgekommen bin.

Am schwersten fällt mir nach wie vor die Einsicht, dass sich kein endgültiger Vollkommenheitszustand erreichen lässt. Alles bleibt ungewiss, wandelt sich. Das zu lernen dauert – man muss sich immer wieder in seiner alltäglichen Vollkommenheit üben.

Alltägliche Vollkommenheit hat mit Bescheidenheit zu tun. Man muss seine Begabungen und Eigenheiten bewusst annehmen. Doch wer hätte nicht schon gegen sein Menschsein aufbegehrt? Statt an einem hochmütigen, d.h. inflationierten, übermenschlichen Vollkommenheitsideal festzuhalten, sollte man sich der Schönheit des Normalen öffnen und ihr wohlwollend Raum geben. Man lädt das Herz ein, auf der Veranda des Alltags zur Ruhe zu kommen, und lässt es das unvermeidliche Kommen und Gehen der Gefühle und Ereignisse, der Erfolge und Misserfolge erfahren.

Ein Sufi-Meister drückt dies folgendermaßen aus:

Mein Leben ist schwer und ich leide noch viel, aber ich rege mich nicht mehr darüber auf. Es ist nebensächlich, gehört zum Leben dazu. Ich bin mitfühlend, so weit es geht, tue, was ich kann. Trotzdem ist mir klar, dass die Dinge nun einmal so sind, wie sie sind, und dass nur ein friedliches Herz wirklich zu helfen vermag. Mein Ziel ist: inmitten von allem die Ruhe zu bewahren.

Jenseits von Lob und Tadel

Im Tao te king heißt es, dass wir mit dem Anerkennen des Guten auch das Schlechte anerkennen. Was wir richtig machen, machen wir auch falsch. Doch statt sich durch Urteilen zu erschöpfen, kann man »das Herz mäßigen«. Das ist die Freiheit des Tao.

Du möchtest die Welt verbessern?
Ich habe erlebt, dass das misslingt.
Wer sich an ihr zu schaffen macht, verdirbt sie.
Wer sie wie einen Gegenstand behandelt, verliert sie.
Der Berufene sieht die Dinge, wie sie sind,
ohne sie unter Kontrolle bringen zu wollen.
Er lässt sie ihren Weg gehen, meidet
das Zusehr, das Zuviel, das Zugroß.
(nach Stephen Mitchell)

Im Bewusstsein alltäglicher Vollkommenheit erscheinen Lob und Tadel, Erfolg und Misserfolg, Stolz und Selbstkritik als sekundäre Angelegenheiten. Eine unglaubliche Erleichterung tritt ein, sobald man zur ursprünglichen Erfahrung jenseits von Lob und Tadel zurückkehrt. Viele Dinge werden möglich. Wir gewinnen Handlungsspielraum.

Dazu ein Beispiel. In Indien finanzieren die Dorfbewohner in Gebieten, in denen die Ärzte knapp sind, manchmal einem ihrer Jugendlichen gemeinsam eine Arztausbildung. In einer einfachen Kleinstadt in den Bergen kann man folgendes Schild an einer Arztpraxis lesen: »Dr. V.S. Krishna, M.D. Studium der Medizin in Kalkutta, durchgefallen«. Dr. Krishna hatte also an der medizinischen Fakultät in Kalkutta das Examen nicht bestanden. Trotzdem hatte er in seiner Heimatstadt eine Praxis eröffnet. Er bekannte sich zu seinem fehlenden akademischen Grad und bot die medizinische Hilfe an, die er verstand. Seine Praxis war gut besucht.

Vielleicht gleichen wir alle ein wenig Dr. Krishna – wir alle erleben Erfolge und Misserfolge. Wenn wir uns von Gefühlen der Scham oder des Stolzes vereinnahmen lassen, schranken wir uns und unseren Handlungsspielraum unnötig ein.

Die meisten spirituellen Lehrer haben erkannt, dass es ein langer Prozess ist, von Lob und Tadel unabhängig zu werden. Es beginnt mit Augenblicken. Durch Übung werden es dann Stunden und Tage, in denen man sich nichts vormacht. Man lernt, die Meinungen kommen und gehen zu lassen, ohne sich mit ihnen zu identifizieren. Man erkennt, dass das Leben wesentlich vielschichtiger und wunderbarer ist, als man geglaubt hat. Das Leben wird ruhiger und entspannter, wenn man sich nicht ständig vorhält, wie es sein sollte. Man wird weniger erpressbar. Wie der Mann, der von seiner Möbelfirma dieses Schreiben erhielt:

Sehr geehrter Herr Jones,
Was würden Ihre Nachbarn denken, wenn wir Ihre Möbel wieder abholen müssten, die Sie noch nicht abbezahlt haben?

Die Firma bekam folgende Antwort:

Sehr geehrte Herren,
ich habe mit meinen Nachbarn gesprochen. Ihnen ist eine Firma, die derart üble Tricks anwendet, zutiefst unsympathisch.

Mit freundlichen Grüßen
Mr. Jones

Unabhängigkeit von Lob und Tadel bedeutet nicht, dass man keine Fehler mehr macht. Ruth Denison gehört mit ihren sechsundsiebzig Jahren zu den angesehensten Lehrern der Einsichtsmeditation im Westen. Ihr Ehemann, ebenfalls ein langjähriger Dharma-Schüler, hat seit einigen Jahren Alzheimer. Es kam so weit, dass er nachts herumirrte und manchmal das Haus verließ. Monatelang fuhr Ruth regelmäßig vom Retreat-Zentrum heim und wieder zurück, was vier Stunden Fahrtzeit bedeutete, um auf ihn aufzupassen. Einmal kam es zu einem größeren Brand, weil er den Herd nicht ausgeschaltet hatte.

Damals war Ruth nach Portland/Oregon zu einem Vortrag und der Leitung eines Retreats eingeladen. Erschöpft betrat sie nach ihrer Ankunft den Raum, in dem sich 150 Schüler versammelt hatten. Sie begann ihren Vortrag mit einer kurzen Atemmeditation und bat die Anwesenden, auf die augenblickliche körperliche Erfahrung zu achten. Dann sprach sie von der

Achtsamkeit. Dabei erzählte sie, dass ihr an Alzheimer erkrankter Mann kürzlich einen Brand verursacht hatte.

Als sie ihre Ausführungen über die Achtsamkeit eine Weile fortgesetzt hatte, flocht sie ein: »Mein Mann, der Alzheimer hat, verursachte unlängst einen Brand«, und erzählte die ganze Geschichte noch einmal. Schließlich passierte ihr das noch ein zweites Mal. Im Raum wurde es unruhig, es kam Entrüstung über diese Frau auf, die selbst erste Anzeichen von Alzheimer aufzuweisen schien.

Mehrere Leute standen auf, um zu gehen. Kurz bevor sie die Tür erreicht hatten, rief Ruth ihnen zu: »Warten Sie! Wohin wollen Sie gehen? Bitte vergegenwärtigen Sie sich einmal kurz Ihre eigenen Erwartungen. Was führte Sie heute Abend hierher?« Es wurde ganz still, als sie dastanden und nachdachten. Dann fuhr sie fort: »Heute Abend haben Sie die einmalige Gelegenheit, eine alte Dharma-Lehrerin in ihrer Vergesslichkeit zu erleben. Ich weiß nicht einmal mehr, was ich eben gesagt habe.« Sie nahmen wieder Platz, und Ruth setzte ihre Ausführungen fort: »Achtsam sein, was auch geschieht. Darin besteht die Praxis.«

Glücklicherweise war Ruths Gedächtnisverlust nur auf eine Übermüdung zurückzuführen gewesen. Sobald sie sich ausgeruht hatte, kamen ihr Gedächtnis und ihre Energie mit voller Kraft zurück. Aber an jenem Abend hatte sie wirkliche Geistesgegenwart bewiesen – die Fähigkeit, offen und achtsam mit der eigenen Befindlichkeit umzugehen, und sei es Vergesslichkeit.

Exzentrisch werden

Wenn man frei empfindet und den Mut hat, nicht nur nach den Meinungen anderer zu gehen, weitet sich diese Unabhängigkeit auf jeden Aspekt des Charakters aus. Ruth Denison könnte man für eine exzentrische alte Dame halten. Ähnliches ließe sich von den spirituellen Lehrern überhaupt sagen. Sie sind im Grunde lauter Exzentriker. Einige sind einzelgängerisch, andere Gesellschaftslöwen. Manche gehören zum spirituellen Jetset, zur Dharma-Hautevolee, wieder andere sind Dharma-Narren. Einige sind langsam und bedächtig, andere feurig und leidenschaftlich. Es gibt keinen allgemein gültigen Typ. Exzentrik bedeutet Einmaligkeit: Man hat die Freiheit, ganz man selbst zu sein. Und auch wenn dieser Mut zu sich selbst sich äußerlich scheinbar wenig bemerkbar macht, innerlich bewirkt er viel.

Der Maler Georges Braque ermahnte seinen Freundeskreis: »Wir dürfen nicht nachlassen, echte Exzentriker zu sein.« Ein Zen-Meister sagte, es sei der Höhepunkt und die Frucht des Zen-Trainings, »dass man sich im Leben selbst treu bleibt«. »Einerseits diszipliniert man sich im Zen, damit man nicht in der Gier, im Hass oder in der Unwissenheit gefangen bleibt. Das ist die Reinigungsphase des Loslassens. Doch wenn man an nichts mehr festhält, ganz losgelassen hat, kehrt man zu sich selbst zurück, um authentisch zu leben.«

Ajahn Sumedho, ein Abendländer, der in Thailand und im Westen ein halbes Dutzend Klöster gegründet hat, erinnert sich an seine Anfangszeit als Abt:

> *Ich war mir meiner Sache unsicher, wusste nicht, wie ich mich verhalten sollte. So orientierte ich mich einfach an meinem Lehrer, den ich sehr bewunderte, und versuchte das Kloster ganz in seinem Sinne zu führen. Das gelang jedoch nicht; es war eine Katastrophe, weil ich einfach nicht er bin. Damals erkannte ich, dass er im Grunde deshalb von allen bewundert wurde, weil er er selbst war. Ich begriff, dass ich ich selbst sein musste.*

Weil spirituelle Lehrer oft charismatisch sind und Traditionen Anforderungen stellen, ist der spirituelle Weg anfangs oft von Imitation geprägt. Das ist zunächst ganz natürlich. Aber es kann zur Zwangsjacke werden. Wer sich von »spiritueller« Ruhe und Unerschütterlichkeit angezogen fühlt, imitiert diese vielleicht durch ausdruckslose Höflichkeit. Oder wenn der Meister hemmungslos trinkt, können seine Schüler ebenso zu Alkoholikern werden, weil sie seine Ungezügeltheit nachahmen. Das alles sind Formen eines spirituellen Materialismus.

Leider kann es auf spirituellem Gebiet genauso eng und beschränkt zugehen wie anderswo in der Welt; es scheint, dass es in fast jeder religiösen oder spirituellen Gruppe einen unbewussten »Gruppenzwang« gibt. Schwester Claire, eine hochbetagte katholische Nonne, hat in trauriger Erinnerung, dass während ihres Noviziats »die Kirche mein Innenleben überhaupt nicht interessierte, sondern nur ein äußerlich tadelloser Glaubensgehorsam«. Und von einer hinduistischen Gruppe, in der jeder glaubte, den »allerbesten« Weg gefunden zu haben, sagte ein ehemaliger Anhänger: »Wir versuchten so sehr Hindus zu sein, dass wir nicht mehr wir selber waren.« Wie E.E. Cummings schrieb: »Niemand anderes zu sein als man selbst, in einer Welt, die alles daran setzt, dich zu jemand anderem zu machen, ist die schwerste Aufgabe überhaupt und bedeutet unablässige Anstrengung.«

Auch wenn persönliche Unabhängigkeit darauf beruht, dass man niemanden nachahmt, bedeutet dies keineswegs, dass man seine unbewussten Ängste und Wunschvorstellungen auslebt. So wie Ram Dass zum Kenner seiner Neurosen wurde, weiß man über seine Stärken und Schwächen Bescheid, ohne jedoch in Maßlosigkeit oder Selbstmitleid zu verfallen. Wer sich seiner Gefühle bewusst ist, ohne von ihnen mitgerissen zu werden, kann wählen; wie die Umstände auch sein mögen, er kann gemäß der eigenen Einsicht handeln. Wirkliche Unabhängigkeit spiegelt die Fülle des Lebens wider.

Man findet diese Vernunftperspektive in den bedeutsamsten Menschheitserzählungen wieder, vom Ramayana bis Shakespeare, von den Jataka-Sagen bis zur Bibel. In dieser Freiheit der Vernunft liegt eine unvergleichliche Freude. Trudy Dixon, die *Zen Mind, Beginner's Mind* herausgebracht hat, charakterisiert die Unabhängigkeit ihres Lehrer Suzuki Roshi folgendermaßen: »Er verkörpert Schwung, Dynamik, Offenheit, Klarheit, Schlichtheit, Gelassenheit, Heiterkeit, unglaubliche Weitsicht ... aber im

Grunde sind es nicht die außergewöhnlichen Eigenschaften dieses Lehrers, die beeindrucken und tief bewegen, es ist seine vollkommene Natürlichkeit. Weil er ganz er selbst ist, ist er für seine Schüler ein Spiegel. ... In seiner Gegenwart erkennt man sein wahres Gesicht, und das Außergewöhnliche, das man wahrnimmt, ist die eigene wahre Natur.«

Daseinsfreude

Japans beliebtester Zen-Dichter Ryokan war wegen seiner spontanen Weisheit bekannt. Wie der heilige Franziskus liebte er die einfachen Dinge, war er ein Freund der Kinder und der Natur. In seinen Gedichten schreibt er offen von seiner Melancholie und Einsamkeit während der langen Wintermonate, von seiner Herzensfreude im Frühjahr, wenn die Bäume in Blüte stehen, von seinem Kummer und Schmerz und von seinem großen Vertrauen, das er gefunden hat. Seine Gefühle kommen und gehen wie die Jahreszeiten. Wenn ihn jemand zur Erleuchtung befragt, lädt er ihn zum Tee ein. Wenn er ins Dorf geht, um Nahrung zu erbitten und Belehrungen zu geben, spielt er schließlich mit den Kindern. Er ist glücklich, weil er mit sich völlig eins ist.

> Für heute genug Almosen erbeten, an der Kreuzung.
> Ich gehe an der Pagode vorbei,
> plaudere mit den Kindern.
> Letztes Jahr ein närrischer Mönch.
> In diesem Jahr wieder!
> *(nach John Stevens)*

Die emotionale Weisheit ist herzlich einfach. Sobald man seine Gefühle akzeptiert, tritt eine bemerkenswerte Veränderung ein. Weisheit und Güte entspringen nun spontan und ungehindert. Die Kontrolle, die man einst über andere ausgeübt hat, wird zur Eigenverantwortung; wo man sich einst verteidigen zu müssen glaubte, bringt einen tiefes Verständnis zum Lachen. Dadurch, dass man seinen Bedürfnissen und seiner Begrenztheit Raum gibt, wird man sich einer bislang verborgenen Ganzheit bewusst. Sobald man einmal seine Angst loslässt, sprudeln Glück und Liebe wie Quellwasser hervor und erfrischen auf natürliche Weise unser ganzes Sein.

Ajahn Jumnien, einer meiner Lehrer aus den Urwäldern der Malaien-Halbinsel, strahlt diese Weisheit aus, wenn er nach Amerika kommt, um zu unterrichten. Dieses orange gewandete Energiebündel, voll glänzender Laune und Gutmütigkeit, spricht nur ein paar Worte Englisch. Wenn er ohne Übersetzer ist, sind seine Lehren sehr einfach. »Leer, leer!«, sagt er dann. »Glücklich, glücklich!« Er breitet die Arme aus, so, als würde er die ganze Welt umarmen, und sagt wieder: »Leer, leer! Glücklich, glücklich!« Er weiß, dass alles wie ein Traum entsteht und vergeht, sich wandelt, dass die Dinge nicht besessen werden können. In diesem Bewusstsein der Wahrheit bewegt er sich in der Welt und ist glücklich.

Eine spirituelle Lehrerin erzählt die Geschichte einer afroamerikanischen Frau, die an ihrem Jahreskurs teilgenommen hatte. Das Leben dieser Frau war von Armut, Rassismus, Missbrauch und Krankheit traumatisch geprägt. Sie hatte einen Elternteil verloren, eine leidvolle Ehe hinter sich und war nun allein erziehende Mutter von zwei Kindern. Ihr ganzes Leid kam während der Gruppentreffen heraus – wie sie sich jahrelang für ihre Ausbildung und für Gerechtigkeit eingesetzt und langsam ihren Weg erkämpft hatte. Auch die anderen Teilnehmer schilderten offen ihre Schwierigkeiten, ihre schmerzlichen Kämpfe, die sie zu bestehen hatten. Auf dem letzten Treffen verkündete jene Frau schließlich: »Nach all dem Leid und all den Schwierigkeiten, die ich durchgemacht habe, werde ich jetzt etwas ganz Neues tun. Ich werde glücklich sein.«

Wenn man einmal begriffen hat, dass das Herz im Grunde frei ist, kann einen nichts mehr von seinem Glück abhalten – wo auch immer wir sind.

14

Das Familienkarma akzeptieren

Nirgends hat ein Prophet so wenig Ansehen
wie in seiner Heimat und in seiner Familie.
Jesus im Matthäus-Evangelium

Man mag so viele Gemeinschaften und Gruppen gründen,
wie man will, die Familie tritt immer auf den Plan.
Margaret Mead

Wenn man für die Armen und Kranken betet oder die Praxis der Herzenswärme und Einsichtsmeditationen für tausende von Lebewesen durchführt, ist das eine Sache. Etwas ganz anderes hingegen ist es, wenn man dasselbe für die eigene Familie und die nächste Umgebung tut.

Selbst der Buddha und Jesus begegneten Schwierigkeiten, als sie, nachdem sie zu lehren begonnen hatten, nach Hause zurückkehrten. Jesu Sendung wurde von seiner Familie verkannt. Als später seine Mutter und seine Brüder zu dem Haus kamen, in dem er predigte, ließ Jesus sie nicht eintreten und sagte, während er auf seine Jünger wies: »Meine Mutter und meine Brüder sind alle, die den Willen Gottes tun.«

Ähnlich wurde auch Buddha von seinem Vater ein unschicklicher Bettler gescholten, als er nach seiner Erleuchtung nach Hause zurückkehrte. Sein Vater und seine Stiefmutter verlangten, dass er sein Mönchtum aufgebe, die Kleider wechsle und zu seinen fürstlichen Pflichten zurückkehre. Als der Buddha versuchte, seine Familie zu belehren, taten sie seine Kenntnisse als wertlos ab. Er musste erst ein Wunder bewirken – in der Luft schwebend Feuer und Wasser spucken –, um sie zu überzeugen, dass er etwas Wertvolles gelernt hatte.

Wie Jesus warnt auch Zen-Meister Basho: »Du kannst die Wahrheit nicht in deiner Heimatstadt lehren. Sie kennen dich nur bei deinen Kindheitsnamen.« Doch gerade deshalb sollte man immer wieder nach Hause zurückkehren. Wo ließe sich die Tauglichkeit der eigenen Praxis, das Mandala der Ganzheit besser bewähren als in der Nachbarschaft und in der eigenen Familie? Denn hier wird man unabhängig von spirituellen Idealen, Image und Ruf gesehen. Wenn ich wütend oder gedankenlos war, zu schnell aß oder mich aufregte, hat meine Tochter Caroline mir gegenüber öfters als einmal angemerkt: »Vati, ich dachte du lehrst Achtsamkeit!«, oder »Schau dich an. Und du willst ein Meditationsmeister sein, Vati.« Manchmal, wenn ich sehr gestresst bin, sagt sie einfach: »Vati, ich glaube, du solltest meditieren.«

Wie ein Zen-Meister sagt:

> *Als spiritueller Lehrer kann man sich leicht in der Rolle des erleuchteten Helfers verfangen: Man erteilt weise Ratschläge und entzieht sich darüber normalen menschlichen Beziehungen. Da man hauptsächlich mit Schülern zusammen ist, läuft man Gefahr, sich zu isolieren und ein heiliges Monster zu werden. Man braucht das Gegengewicht normaler zwischenmenschlicher Kontakte – Freunde, Familie und Verwandte. Vor allem die Familie sorgt bestens dafür.*

Die Ehefrau eines bekannten Raja-Yoga-Lehrers stellte scherzhaft fest: »Mein Mann kam von seinem letzten Indienaufenthalt in wunderbarer Verfassung zurück. Er war sechs Monate lang erleuchtet, bis er seine Mutter wieder traf.« Eine andere angesehene Raja-Yoga-Lehrerin berief sich immer wieder auf die Worte ihres Gurus: »Du bist nicht der Körper, du bist nicht das Denken.« Jahrelang lehrte sie diese Wahrheiten und schrieb darüber. Sie wollte im Alter auf keinen Fall irgendjemandem zur Last fallen. Nach einer Reihe von Schlaganfällen rief sie, wieder im Krankenhaus, ihre Kinder zu sich. Sie wollte ihr Leben beenden. »Ich bin nicht der Körper«, erinnerte sie die Anwesenden und nahm mit ihrer Hilfe eine Überdosis Morphium.

Einige Tage später wachte sie aus ihrem Koma auf, und als sie aus dem Krankenhaus entlassen wurde und wieder zu Hause war, herrschte natürlich ein großes Durcheinander in der Familie. War schon die Beihilfe zur versuchten Selbsttötung eine harte Sache gewesen, brachen durch diesen unerwarteten Gang der Dinge nun vollends die Dämme lange zurückgehaltenen Grolls. Ihre Lehre des »Du bist nicht der Körper, du bist nicht das Denken« hatte sie all die Jahre über zu keiner besonders guten Mutter gemacht. Sie verbrachte ihr letztes Jahr mit Wiedergutmachungen und lernte, sowohl für die Familie da zu sein als auch die familiäre Pflege anzunehmen.

Familienprobleme sind in unserer Kultur etwas Normales, und oft fühlen sich gerade familiär schwer Geschädigte zu spirituellen Gemeinschaften hingezogen. Man möchte endlich von den quälenden Problemen loskommen, die familiären Wunden ausheilen. Das trifft nicht nur auf die Schüler zu. Die meisten westlichen spirituellen Lehrer, Meditationslehrer, Mönche, Nonnen und Geistliche tragen ebenfalls an schweren familiären Wunden. Auch sie hatten zunächst gehofft, dass spirituelle Disziplin und Abstand sie von den schmerzlichen Familienangelegenheiten befreien könnten.

Aber ein chinesischer Chan-Meister warnt:

> *Unabhängigkeit und Nichtanhaften haben nichts mit Davonlaufen zu tun. Wer sich die Freiheit weit weg von seiner Familie und seinen Kindern erträumt, möchte im Grunde vor seinem eigenen Schatten davonlaufen. Eine solche Weltentsagung ist falsche Leerheit. Nirgendwo ist es leerer als zu Hause. Die Erleuchtung muss hier beginnen.*

Dem familiären Hintergrund und den dazugehörigen Wunden können wir nicht entkommen. Auch unsere spirituellen Ideale können wir unserer Familie nicht aufzwingen. Eine junge Frau, die ernsthaft zur buddhistischen Praxis gefunden hatte, kehrte ins Elternhaus zurück. Sie stieß sich zunächst sehr am christlichen Fundamentalismus ihrer Eltern, bis sie endlich damit klarkam. In einem Brief schrieb sie an ihr Kloster: »Meine Eltern können mich als Buddhistin nicht leiden, aber als Buddha lieben sie mich.« Das ist unsere Aufgabe: angesichts des Familienkarmas zur Buddha-Natur zu erwachen.

Als mein Vater aufgrund einer Herzinsuffizienz im Sterben lag, fuhr ich zu ihm in die medizinische Fakultät der Universität Pennsylvania. Da er Biophysiker gewesen war und an medizinischen Fakultäten gelehrt hatte, kannte er sich mit den Anzeigen der Herzüberwachungsgeräte bestens aus. Er hatte furchtbare Angst vor dem Sterben und fürchtete insbesondere, er könne im Schlaf sterben, wenn die Krankenschwestern nicht da sind. Also wagte er nicht zu schlafen. Er schreckte alle drei Minuten hoch, um am Monitor zu sehen, ob das Herz noch funktionierte. So ging das Nacht für Nacht.

Mein Vater war ein brillanter Mann, aber auch aufbrausend in seinem Temperament. Alle in seinem Umfeld hielten ihn für einen paranoiden, schwierigen Menschen. Jetzt, da er tagelang nicht mehr richtig geschlafen hatte, war er noch unleidlicher. Trotzdem war ich im Laufe der Jahre mit ihm ins Reine gekommen und liebte ihn.

Ich saß bei ihm und wir unterhielten uns. Da er sehr beunruhigt und besorgt war, ermutigte ich ihn zu einer Meditation. Wir begannen zur Beruhigung mit einem bewussten Atmen und dann leitete ich ihn zu einer Meditation der Herzenswärme an, mit Konzentration auf die Enkelkinder. Es war zwecklos. Fünfzehn Minuten Meditationspraxis konnten keine seit fünfundsiebzig Jahren gepflegte Paranoia ungeschehen machen.

Als ich ihn fragte, was seiner Meinung nach nach dem Tod komme, antwortete er: »Nichts.« Als Wissenschaftler glaubte er an nichts Außerkörperliches: Der Tod war das Ende. Ich merkte an, dass die Mehrheit der Menschen an ein Leben nach dem Tod glaube, worauf auch die Nahtodforschung hinweise. Ich erzählte ihm von meinen eigenen außerkörperlichen Erlebnissen und

Rückerinnerungen an frühere Leben, und ich erklärte die Stadien des Sterbens, die er wahrscheinlich durchmachen würde. Er reagierte skeptisch. »Du wirst schon sehen«, sagte ich und fügte hinzu: »Wenn es stimmt, denk daran, ich habe es dir gesagt.« Er lachte.

Als am späten Abend die meisten Besucher schon gegangen waren, sagte ich zu meinem Vater, ich sei müde und wolle gehen. »Geh nicht!«, bat er. Ich blieb eine weitere Stunde neben ihm sitzen, während er wiederholt einschlief und wieder aufschreckte. »Ich kann nicht schlafen. Bitte geh nicht.« Ich willigte gern ein; das Sitzen habe ich gelernt. Elf Uhr, zwölf Uhr, eins, zwei und so weiter – ich saß mehrere Nächte bei ihm. Es gab nicht viel zu sagen. Ich hielt seine Hand. Er hatte Angst. Er wollte nichts mehr von Meditation wissen. Er wollte nicht einmal mehr reden. Wichtig war, dass ich dasaß, keine Angst hatte, seine Angst und seinen Kummer nicht ablehnte und einfach seine Hand hielt. Er starb an einem der folgenden Tage. Ich war froh, dass ich ihm in dieser kritischen Zeit beistehen konnte.

Nach Möglichkeit zu helfen ist vielleicht das Beste, was man tun kann: da zu sein und sich und den anderen achten, zeigen, dass man auf das Leben vertraut. Im spirituellen Leben geht es weniger um einen Wissenserwerb als um das Liebenlernen.

Bei den meisten von uns stehen im spirituellen Leben zum Großteil familiäre Bereinigungen an. Dass ich schließlich unbefangen neben meinem Vater sitzen konnte, war das Ergebnis jahrelanger Bewusstmachungsarbeit. Mein familiäres Leid war während meiner Jahre im Kloster kein Thema, ich konzentrierte mich darauf, leer, ruhig und einsichtig zu sein. Unterschwellig war es jedoch da. Es wartete auf mich und mein gesamtes Verhalten war davon unbewusst beeinflusst. Als ich dann heimkehrte und wieder intime Beziehungen einging, brachen die Kämpfe erneut aus. Wahrscheinlich hätten sie sich früher oder später auch dann wieder gemeldet, wenn ich Mönch geblieben wäre.

Es war hart, erkennen zu müssen, dass ich immer noch mit meinen Gefühlen kämpfte. Nur mit Hilfe sowohl der Meditation als auch der Therapie konnte ich zu den tieferen Schichten der Wut, der Angst, des Glaubens und des Kummers vordringen. Die therapeutische Hilfe war unverzichtbar, ich brauchte einen verständnisvollen Menschen, der mir half, mich den körperlich verankerten Bildern und Ängsten zu stellen – allem, dem ich allein nicht standhalten konnte. Ich sah, wie sehr die alten Muster mein Ichempfinden bestimmten. Meine Brüder und ich reagierten bei familiärem Leid stets depressiv, ängstlich und bedürftig oder wütend, zynisch und vorsichtig. Diese Reaktionen prägen uns bis heute, aber seit wir offen mit ihnen umgehen, hat ihre Macht über uns abgenommen.

Unsere Schwierigkeiten, einschließlich der Generationsprobleme, bleiben so lange im Mandala der Ganzheit eingebunden, bis das vergangene Leid transformiert werden kann. In seinem letzten Gedicht schrieb Lama Chogyam Trungpa über den Wert seiner Lehren und erinnerte seine Schüler daran: »Ich werde euch verfolgen.« Ähnlich können uns unsere familiären Muster selbst noch nach Jahren der spirituellen Praxis wieder einholen. Wir können die Lasten der Abhängigkeit, Angst, Selbstkritik, Minderwertigkeitsgefühle, Wut oder Depression als familiäres Erbe in uns tragen. Diese frühen Wunden bedürfen der Heilung – ob durch das therapeutische Gespräch oder durch die wachsende Einsicht auf dem spirituellen Weg. Wir müssen zu geistiger Unabhängigkeit finden und erkennen, dass wir nicht unsere Familiengeschichte sind.

Eine katholische Nonne erzählte mir:

Es gab viel Schmerz und Missbrauch in meiner familiären Vergangenheit. Die meisten großen Veränderungen in meinem spirituellen Leben drehten sich um die Schande. Ich wuchs in einer Alkoholikerfamilie auf, die mindestens bis zu meinem Großvater reichte, und das in der Familie vorherrschende Gefühl war die Scham. Wenn dieses Gefühl richtig aufbricht, hilft kein Beten und Praktizieren mehr; dann fühle ich mich einfach schrecklich. Bete ich, sagt dann zum Beispiel eine innere Stimme: »Es ist eine Schande mit dir; du lässt deine Talente verkümmern; was ist aus dir schon geworden?« Niemals genügen! Früher riss mich dieses entsetzliche Gefühl oft mit sich. Aber durch eine gute Therapie und sehr viel innere Arbeit habe ich es in den Griff bekommen. Jetzt weiß ich, dass diese Gefühlsschübe familiär bedingt sind. Ich sage mir dann: »Oh, wieder einmal diese Scham«, und kann sogar darüber lachen. Diese Erkenntnis hat mehr zu meiner inneren Heilung beigetragen als mein jahrelanges Bemühen um Heiligkeit.

Toleranz ermöglicht Nähe

Die traditionellen Lehren kümmern sich so sehr um die Liebe und ihre transformative Kraft, dass darüber leicht die wesentlich grundlegendere Kraft der Toleranz übersehen wird.

Auf die Ekstase des spirituellen Erwachens folgt der Alltag der fortgesetzten Praxis. Der Haushalt ist weiterzuführen. In dieser Folgezeit hält uns ein erhöhtes Maß an Toleranz aufrecht, das ein natürliches Ergebnis der Erleuchtungserfahrung ist. Und aus dieser erweiterten Toleranz gegenüber den Gegebenheiten kann das Herz Frieden mit sich schließen.

Die Menschen sind sehr verschieden: in ihren Rhythmen, ihrer Konstitution, ihrer Ästhetik, ihren Empfindungen, Ängsten, in der Art, wie sie sich bewegen und ausruhen, wie sie sprechen und lieben. Es gibt große Unterschiede der Rasse, der Kultur, der Gesellschaftsklasse und der Werte. Ohne Toleranz gibt es keine Basis für Beziehungen, keine Möglichkeit der Nähe. Ohne Toleranz kann das Familienleben unerträglich sein. Temperament und Persönlichkeit sind unglaublich variabel. Ohne Toleranz würden wir eine Gesellschaft des Dauerstreits, eine Welt des Sektierertums und der Stammessysteme, der Kriege und des Völkermords haben.

Man braucht diejenigen, die man toleriert, nicht zu mögen, geschweige denn zu lieben. Es ist so, dass sich selbst spirituelle

Lehrer nicht immer mögen, noch kommen sie alle gut miteinander aus. Viele angesehene Zen-Meister und Swamis, Ajahns und Scheiks, Lamas und Rabbis haben große Meinungsverschiedenheiten. Manche hegen eine starke gegenseitige Abneigung gegen ihre Lehrstile. Doch die Klugen unter ihnen verkörpern echte Toleranz, wissend, dass sie nicht alle Gründe des anderen kennen und dass dessen Persönlichkeit genauso zu respektieren ist wie die eigene.

Toleranz bedeutet nicht, dass man Schaden zulässt. So, wie man sich durch Distanzierung und Gleichgültigkeit vor seinen Gefühlen drücken kann, kann man auch *scheinbar* Toleranz üben, um nur nicht der Wahrheit ins Auge sehen oder seine Einstellung ändern zu müssen. Tolerant ist nicht, wer Mißstände ignoriert. Auch kann die Vermeidung weiteren Leids hartes Durchgreifen erfordern. Doch bleibt selbst dieses harte Durchgreifen von Mitgefühl und Verständnis getragen, sofern man tolerant ist.

Ich begriff das am Beispiel Ajahn Chahs, der sich Ajahn Som gegenüber sehr nachsichtig zeigte. Dieser war Abt einer klösterlichen Zweigstelle und vor seiner Ordination ein ziemlich harter Schlägertyp gewesen. Auch als Abt hatte er den Ruf, rau und schwierig zu sein, und oft beschwerten sich die Mönche über ihn, wenn sie von seinem Kloster zurückkamen. Eines Tages fragte ich Ajahn Chah, warum ein solcher Mensch Abt bleiben durfte. Ajahn Chah dachte eine Weile nach und sagte: »Er ist zwar ein schwieriger Mensch, aber immerhin baute er in jahrelanger harter Arbeit mitten im Urwald ein Höhlenkloster auf. Und er hat sich in spiritueller Hinsicht weiterentwickelt. Er wird wahrscheinlich niemals ein Mönch wie aus dem Bilderbuch werden, nähme Ajahn Chah ihm aber sein Kloster weg, dürfte er wieder auf der Straße landen. Ist es das, was du empfiehlst?«

Wir verurteilen einander so leicht. Manchmal sind wir umso leichter mit Kritik und Frustrationen bei der Hand, je näher wir einander stehen. Deshalb gehört die Familie mit zu den entscheidenden Bereichen der spirituellen Entwicklung.

Ein ehemaliger Swami erzählte mir:

Ich kehrte nach einem jahrelangen Yoga-Training in Indien nach Hause zurück, wo ich unterrichtete, heiratete und später die Leitung eines Tempels übernahm. Mein Samadhi (intensiver Zustand der Konzentration, Anm.d.Ü.) gab mir die nötige Kraft. Aber es verlor sich mit der Zeit durch meine Geschäftigkeit, um ehrlich zu sein. Ich versuchte es durch mehr Meditation zurückzuholen. Im Tempel gab es Streit. Und auch in der Ehe gab es Reibereien, die manchmal schrecklich eskalierten. Schließlich fragte ich mich sogar, ob das Praktizieren überhaupt je einen Wert gehabt hatte. Selbst die Meditation half nicht mehr weiter.

Eines Tages besuchte ich meine Familie und passte auf meinen kleinen Neffen auf. Es war ein harter Tag für den Swami und den Dreijährigen. Wir brachten das ganze Haus durcheinander. Er bekam einen Wutanfall. Schließlich nahm ich ihn in meine Arme, hielt ihn einfach eine Weile und sang eine Sanskritmelodie. Da erkannte ich, dass die Welt trotz allem umarmt werden wollte. Die Glückserfahrung des Samadhi kam sofort zurück, als ich mein Herz öffnete.

Echte Toleranz lässt sich am ehesten im häuslichen Umfeld lernen. Was mein eigenes Heim betrifft, so sind meine Frau Liana und ich gegensätzliche Temperamente, die beide aus schwierigen Familien stammen. Sie ist ruhig, eine Künstlerin und Schriftstellerin, mit einem großen Bedürfnis nach Einsamkeit, Ruhe und Innerlichkeit. Ich, der Meditierer, bin eher extrovertiert und in ein großes Netzwerk von Dharmafreunden, Kollegen und Gruppenmitgliedern eingebunden.

In unseren ersten Jahren träumte ich davon, auf dem Land ein großes Haus mit vielen Gästezimmern zu kaufen. Sie hingegen hatte natürlich etwas Kleineres im Sinn. Als ich protestierte, fragte sie: »Hast du nicht zehn Jahre in einem Meditationszentrum auf dem Land gelebt, mit einer großen Bücherei und einer riesigen Küche? Wenn du dir das wünschst, warum gehst du dann nicht einfach in dein Retreat-Zentrum zurück?«

Durch viel gegenseitiges Interesse und eine gute Therapie bestanden wir die stürmische Anfangszeit, heirateten und bekamen ein wunderbares Kind. Trotzdem gab es weiterhin Differenzen zwischen uns. Eines Tages spazierten wir mit unserem Babytöchterchen durch den Garten eines Zen-Zentrums. Liana hatte mir kürzlich Jean Shinoda Bolens *Goddesses in Every Woman* (dt. Titel: *Göttinnen in jeder Frau*) zu lesen gegeben, nachdem sie es selbst gelesen hatte, damit wir die verschiedenen Aspekte weiblicher Energie kennen lernten und über die Erziehung eines Mädchens sprechen konnten. Ich sagte ihr, dass ich die Lektüre genossen hatte, insbesondere die Kapitel, die die Stärke der Artemisfrauen und die aphroditische Anmut betrafen. Dann fügte ich hinzu, dass es eine Göttin gab, mit der ich wenig anfangen könne, Hestia, die keinen Tempel besitzt. Sie ist die Göttin des Herdes und des Heims, allgegenwärtig, aber unsichtbar.

Als ich das gesagt hatte, sah mich Liana bass erstaunt an, warf das Buch auf den Boden und brach in Tränen aus. »Das bin ich. Diese Göttin stellt mein Leben dar! Ich wusste, dass du mich noch nie richtig geliebt hast. Ich wusste es.« Und sie machte kehrt und ging.

Es dauerte eine Weile, bis ich mich wieder gesammelt und den Sinn ihrer Worte begriffen hatte. Ich musste zugeben, dass sie in gewisser Weise Recht hatte. Also ging ich zu ihr und konnte nur sagen: »Schatz, leider hast du Recht. Ich liebe dich, doch ohne es zu wissen, hatte ich bisher immer irgendwie gehofft, dass du anders bist.« Ich hatte die ganze Zeit über unbewusst die Hoffnung genährt, dass sie sich noch ändern würde. Und das fühlte sie natürlich. Erst nachdem ich gezwungen war, wirklich ihre Realitat zu sehen, statt meine eigenen Wunschvorstellungen, wuchs meine Liebe zu ihrem wahren Wesen. Wir richteten zusammen ein Haus für Hestia ein. Jetzt gehe ich außer Haus, um mit großen Gruppen zusammenzuarbeiten, und kehre in ein ruhiges und einfaches Familienleben zurück. Ich habe die familiäre Geborgenheit als solche schätzen gelernt und achte die Einsicht meiner Frau hoch.

Die Familie ist ein Spiegel. In unseren Ehepartnern, Lebensgefährten, Eltern und Kindern sehen wir unsere Bedürfnisse, Hoffnungen und Ängste in Großbuchstaben geschrieben. In intimen Beziehungen überschneidet sich unsere Schutzbedürftigkeit. Unsere Wunden liegen unbetäubt bloß. Man hat freien Zugriff aufeinander. Das erfordert Rücksichtnahme.

Deshalb genügt es innerhalb der Familie auch nicht, dass man sich nur seine Liebe eingesteht. Man muss Rücksicht aufeinander nehmen, und zwar mit Verstand. Im Familienkreis geht es um denselben Großmut wie im Gebet oder in der urteilsfreien Bewusstmachung innerer Zustände.

Eine katholische Ordensschwester resümiert, wohin sie die Jahre des Gebets geführt haben:

> *Mittlerweile wehre ich mich nicht mehr gegen die leidvolle Tatsache von Gut und Böse. Ich nehme das Leiden bewusst an, erlaube mir die Tränen in der Welt zu ertragen, ob in der Ferne oder in der Nähe. Ich versuche nicht mehr, möglichst viel Ärger, Leidenschaften und Streitigkeiten aus der Welt zu schaffen. Das ist Unsinn. Es richtet mehr Schaden an, als es nützt. Man erreicht schließlich einen Punkt, an dem man seine Unschuld erkennt. Ich bin ganz und gar der Gewaltlosigkeit verpflichtet. Unnötiges Leid und Quälereien mir selbst und anderen gegenüber zu vermeiden – das ist mein größtes Anliegen geworden.*

Toleranz und Unschuld nehmen zu, wenn man die außerordentlichen Eigenschaften seiner Mitmenschen sehen lernt. Jeder Mensch ist einzigartig, drückt sich auf seine Art so gut wie möglich aus – auch der, der schwierig ist.

Erzieherische Rücksicht

Ein rücksichtsvoller Umgang zwischen Erwachsenen ist auch die Basis einer vernünftigen Kindererziehung. Ein anderes Wort für diese Toleranz ist »Respekt«. Das zeigt die Geschichte eines Siebenjährigen, der mit seinen Eltern und deren Freunden essen ging. Die Kellnerin nahm seine Bestellung zuletzt auf. »Und was möchtest du?«, fragte sie. »Ich möchte einen Hotdog mit Pommes frites«, antwortete er, als sich auch schon seine Mutter einmischte: »Er bekommt den Fleischkäse mit Kartoffelbrei und Karotten, und ein Glas Milch zu trinken.« Bevor die Kellnerin ging, fragte sie den Jungen noch einmal: »Möchtest du Ketchup oder Senf zu deinem Hotdog?« Der Junge sah in die Runde und verkündete überglücklich: »Sie nimmt mich ernst!«

Kinder möchten respektiert werden. Selbst die ganz Kleinen wollen, dass man ihre Bedürfnisse und ihre Ängste ernst nimmt. Unsere Liebsten, unsere Eltern, unsere Kollegen, die Tiere und Pflanzen unserer Umgebung, alles gedeiht, wenn wir Rücksicht darauf nehmen. Respekt ist die Basis einer spirituell orientierten Erziehung. Ohne Achtsamkeit und Rücksicht wiederholen wir einfach das, was uns angetan wurde, handeln wir nach den uns anerzogenen Mustern. Ohne sie setzt sich die Kette der Verwundungen fort und werden wir die Scham, die Minderwertigkeitsgefühle, den Stress oder die Verlassenheit aus unserer eigenen Vergangenheit weitergeben.

Ohne eine spirituelle Perspektive kann sich die elterliche Liebe im Materialismus des modernen Lebens verlieren und von der Schnelllebigkeit und durch die von den Medien verbreiteten Normen des Stresses und der Gewalt mitgerissen werden. Wenn wir uns den Kindern nicht mit dem nötigen Respekt zuwenden, liefern wir sie in ihrer Abhängigkeit und Verletzlichkeit den modernen Zwängen aus – wir erlauben den Medien, unsere Kinder zu Mini-Erwachsenen zu machen. Wir vergessen dann, dass sie unseres Schutzes bedürfen, um zu ihrer Zeit unabhängig zu werden. Wenn wir unser Gefühl übergehen, werden wir ähnliche Fehler machen wie die Eltern jener Generation, die aufgrund populärwissenschaftlicher Ratschläge ihre Kinder nicht in den Arm nahmen, wenn sie weinten, obwohl ihnen ihr Instinkt durch jede Faser ihres Daseins zurief, sie aus dem Bett zu nehmen und zu trösten. Durch Respekt können wir unsere Kinder schützen und individuell fördern, bei gleichzeitig vernünftig gesetzten Grenzen. Erst wenn die Werte der Vernunft auch im Alltag gelebt werden, reicht unsere spirituelle Lehre über bloße Worte hinaus.

Dieser Respekt ist immer sinnvoll. Als Erwachsener kann man ihn in die elterliche Familie bringen, auch wenn er einem dort selbst verwehrt wird. Eine Frau, die in den Klöstern Thailands und Burmas zur buddhistischen Nonne ausgebildet worden war, sprach mit mir über die Schwierigkeiten, die es gab, wenn sie ihre Familie besuchte. Diese lebte in Detroit, in einem Viertel der Arbeiterklasse. Sie war über viel familiäres Leid hinweggekommen, doch wurde sie selbst nicht verstanden und schon gar nicht als kahlköpfige Nonne akzeptiert. Und wie sehr sie sich auch bemühte, sie über das Dharma (Lehre des Buddha, Anm.d.Ü.) zu belehren, es führte stets nur zum Streit und zu noch größerer Frustration. Die Familienabende bestanden normalerweise darin, dass man Bier trank und fernsah. Meist blieb sie eine Woche, bis sie es nicht mehr aushielt und abfuhr.

Ich machte ihr ein paar Vorschläge: »Wie wäre es, wenn du deine Eltern einmal nicht in Robe besuchen würdest und sie auch nicht belehrst. Sei einfach als ein Familienmitglied da und nimm sie so, wie sie sind. Vielleicht setzt du dich einmal zu ihnen, trinkst ein Bier und schaust dir eine Quizsendung mit an. Ach ja, und bleib nicht so lange – höchstens drei Tage.« Sie versuchte es. Als ich sie das nächste Mal sah, lächelte sie. Es funktionierte.

Ein Sufi-Meister sagt:

Das Zusammensein mit der Familie und mit engen Freunden unterscheidet sich von anderen Beziehungen. Auf jeden Fall hat es nichts mit der Lehrerrolle zu tun. In meiner Familie habe ich einfach da zu sein und auf Liebe und Offenheit zu setzen. Ich habe weder etwas voraus, noch bin ich etwas schuldig. Ich versuche sie zu akzeptieren, indem ich ich selbst bin und sie in ihrer Art toleriere. Unbestreitbar gibt es bei alldem auch ein Spannungspotiential zwischen Eltern, Kindern und Geschwistern, sei es nun positiv oder negativ. Es kommt sogar zu mehr Streitigkeiten, weil man sich so nahe ist. So versuche ich an einem Punkt herzlich zu sein, der von der Lebensgeschichte unabhängig ist.

Thomas Merton schrieb bezüglich dieser Toleranz gegenüber anderen, man lerne »die verborgene Schönheit ihres Herzens« zu sehen, jenseits all seiner Erwartungen. Wer die verborgene Herzensschönheit anderer erkennt, verbindet sich mit seiner wahren Natur; sieht den göttlichen Funken, der auch das eigene Leben erhellt.

Auf dem Prüfstand

In den Geboten der großen Religionen des mittleren Ostens, den jüdischen, christlichen und islamischen, heißt es: »Du sollst Vater und Mutter ehren.« In den indischen und chinesischen Traditionen wird manchmal noch mehr gefordert. »Und müsstest du deine Eltern auf dem Rücken tragen«, heißt es in einem Text, »wäre das wenig im Vergleich dazu, dass sie dir das Leben geschenkt haben.« Egal, in welcher Tradition man steht, diese Verpflichtung bleibt und ihre Erfüllung ist nicht immer einfach.

Älter werdende Eltern, unglückliche Teenager, Streitigkeiten zwischen Geschwistern, Geldprobleme, Krankheitsfälle in der Familie, Suchte – all das sind in die Praxis einzuschließende familiäre Belange. Solche Schwierigkeiten sind in unserer heutigen Leistungsgesellschaft noch belastender, in der alte Menschen in Altenheime abgeschoben werden und Teenager, die ihre Eltern kaum zu Gesicht bekommen, oft lebensgefährliche Mutproben anstellen. Hinter all diesen Problemen steht das menschliche Grundbedürfnis nach Gemeinschaft. Jemand sagte einmal: »Besser, man wird von der Polizei gesucht, als überhaupt nicht.« So oder so – die Familie ist der Ursprung zwischenmenschlichen Kontakts, der Liebe und Verantwortung umfasst.

Familiäre Pflichten hören niemals auf. Viele von uns befinden sich in der Situation, dass sie für ihre Eltern sorgen müssen, während diese an Alzheimer, an Krebs oder nach einem Schlaganfall langsam dahinsiechen. Viele andere haben mit schwierigen Teenagern zu tun oder mit psychischen Erkrankungen innerhalb der Familie oder mit Ehestreitigkeiten oder mit Scheidungen, seien davon nun Geschwister, die eigenen Kinder oder man selbst betroffen. Die familiären Härten stehen denen des klösterlichen Lebens in nichts nach, man muss hier genauso Verzicht, Geduld, Beständigkeit und Großzügigkeit üben.

Deshalb musste ich lachen, als mir ein Mönch mittleren Alters sagte, Mönche müssten Selbstdisziplin üben und Opfer bringen, während das Leben eines Laien von Genuss geprägt sei. Er fuhr fort: »Du kannst essen, wann du willst, dich anziehen, wie du willst, auf Partys gehen, verschiedene Geliebte haben, ein sorgenfreies Leben führen.« Ich fragte mich, wessen Leben er da wohl beschrieb. Im weiteren Gespräch kam heraus, dass er mit einundzwanzig ins Kloster eingetreten war, so dass er sich das Laienleben noch wie zu Teenagerzeiten vorstellte. Er wusste nicht, welche Pflichten die Ehe, die Arbeit, die Kindererziehung, die Staatsbürgerschaft mit sich brachten.

Gary Snyder, Zen-Lehrer, Dichter und Vater, schreibt: »Wir alle gehen bei der gleichen Meisterin in die Lehre – der Wirklichkeit. ... Es ist genauso schwer, die Kinder der Fahrgemeinschaft abzuholen und zum Bus zu fahren, als an einem kalten Morgen Sutras in der Meditationshalle zu singen. Eines ist nicht besser als das andere; beides kann recht langweilig sein; und beides bietet die Vorteile der Wiederholung. Es sind die positiven Folgen der Wiederholung, die unsere alltäglichen Verrichtungen zum Weg machen.«

Das Familienleben erfordert Herz und stellt unsere Kraft wie kaum etwas anderes auf die Probe. Eine Lehrerin erzählte mir:

Als junge Katholikin war ich von den Heiligen begeistert. Am liebsten hätte ich bei Mutter Teresa in Indien gearbeitet. Aber mein Leben verlief nicht so glanzvoll. Nach dem College unterrichtete ich in der Grundschule. Und dann hatte meine Mutter einen Schlaganfall und ich musste zwei Jahre lang beruflich pausieren und für sie sorgen: sie baden, ihre wund gelegenen Stellen pflegen, kochen, die Rechnungen bezahlen, den Haushalt führen. Manchmal wünschte ich mir das Ende dieser Verpflichtungen herbei, damit ich wieder zu meinem spirituellen Leben zurückkonnte. Dann wurde mir eines Tages bewusst, dass ich ja dasselbe tat wie Mutter Teresa, nur in den eigenen vier Wänden.

Zu Hause oder im Tempel – die Arbeit bleibt dieselbe. In einer traditionellen Erzählung findet der Buddha einen seiner Mönche krank und verwahrlost vor, weil die anderen Mönche mit ihrer Meditation beschäftigt sind. Der Buddha wusch und verpflegte den Mönch und rief dann die ganze Gemeinschaft zusammen, um sie zu rügen und zu belehren. »Wenn ihr nicht wie eine Familie füreinander sorgt, wer sollte es sonst tun? Mönche, wer seine Aufmerksamkeit dem Buddha schenkt, soll sich auch um die Kranken kümmern.« Fünfhundert Jahre später sagte Jesus zu seinen Jüngern: »Amen, ich sage euch: Was ihr für einen meiner geringsten Brüder getan habt, das habt ihr mir getan.« Das ist die Liebe, die sich bewusst ist, dass wir alle eine Familie sind, und alle weitere Liebe ergibt sich aus dieser.

Der jungsche Analytiker und Autor Robert Johnson erzählt, was ihm vor einigen Jahren auf seiner ersten Indienreise widerfuhr. Man hätte ihn zwar vor dem Chaos, dem Schmutz und der Armut gewarnt, sagte er, aber: »Niemand hat mich auf die unter den Indern so weit verbreitete Seelenruhe hingewiesen.« Er beschreibt, wie das Realitätsgefühl in Indien auf sublimere Ebenen des Leids und Zusammenlebens erweitert ist. Neben den enormen Schwierigkeiten, denen er begegnete, erlebte er auch die unmittelbare Freundschaftlichkeit der Inder. Seine Freunde zeigten ihm, wozu familiäre Zuneigung in der Lage ist:

»Wenn du mit einem Inder Freundschaft suchst, brauchst du nur seine Nähe aufzusuchen und zu warten – das funktioniert allerdings nur im gleichgeschlechtlichen Rahmen, niemals mit dem anderen Geschlecht. Wenn er dich irgendwie sympathisch findet, bleibt er. Er wird einfach da sein und nach einer scheinbar endlos langen Zeit wird irgendjemand etwas sagen oder tun und daraus entsteht wahrscheinlich eine Freundschaft, die so lange dauern wird, wie beide es wollen, vermutlich ein Leben lang.

So gewann ich in Indien erstaunlich schnell Freunde. Dann wurde ich krank. Ich lag in einem indischen Krankenhaus – ein Alptraum. Es hieß, es sei ein wirklich modernes, westliche Maßstäbe erfüllendes Krankenhaus. Sie hatten ein Fieberthermometer, das alle Patienten der Reihe nach benutzten. Ich weigerte mich und man sagte: ›Es ist sauber, es wird unter fließendem Wasser abgewaschen.‹ Irgendwie überlebten wir.

Das Interessante an der Geschichte war, dass ein indischer Freund, der mich als meinen Blutsbruder ansah – warum, werde ich nie erfahren, und es ist müßig, danach zu fragen –, nachts kam und unter meinem Bett schlief. Er sagte: ›Ich werde dich hier nicht allein lassen‹, also schlief jede Nacht jemand unter meinem Bett, entweder er oder irgendeine von ihm geschickte Vertretung. Hier in Amerika fände sich wohl niemand, der unter meinem Krankenhausbett schliefe; so etwas ist einfach ausgeschlossen. Einmal, als ich 40° C Fieber hatte und dahindämmerte, trat Amba Shankar – so hieß er – ans Fußende des Bettes und erzählte mir die Geschichte von Baba.

Baba hatte einen Freund, und dieser Freund war krank. Er schien im Sterben zu liegen. So besuchte Baba ihn und sagte: ›Ich möchte für dich sterben, du brauchst nur ein Wort zu sagen und ich gehe in den Tod, damit du leben kannst. Ich meine das völlig ernst, in aller Freundschaft.‹ Da war der Freund einverstanden, also ging Baba in den Tod und der Freund lebte.

Die Geschichte, die mir wie aus *1001 Nacht* vorkam, riss mich hoch, denn Amba Shankar fügte hinzu: ›Ein Wort von dir und ich gehe in den Tod, damit du wieder gesund wirst.‹ Ich war sprachlos. Derartige Dinge sind mir fremd. Schließlich schaffte ich es zu antworten: ›Amba, ich glaube nicht, dass ich im Sterben liege. Überstürze nichts, bitte; ich glaube, dass wir beide durchkommen.‹ Und so war es auch. Aber dieser Mann hatte mir etwas Unschätzbares geschenkt – sein Leben.«

Als ich Robert Johnsons Geschichte hörte, rührte mich selbst wieder die Sehnsucht nach einem Leben in solcher Verbundenheit: nach der Geborgenheit in der Gemeinschaft und der Treue solcher Herzensfreundschaft. Ich kannte die Realität dieser Verbundenheit ja aus eigener Erfahrung, da ich in Indien und Asien gelebt hatte und wusste, wie viel im modernen Leben davon verloren gegangen war.

Aber Familienbande lassen sich nie völlig zerschlagen. Zweifeln Sie nicht an ihrer Kraft. Die Liebe zwischen Eltern und Kindern, Brüdern und Schwestern sorgt für die erstaunlichsten Geschichten: zum Beispiel dass eine Mutter ein Auto von ihrem Kind weghebt oder ein behinderter Vater sich samt Rollstuhl in den Swimmingpool stürzt, um seinen kleinen Sohn vor dem Ertrinken zu retten, und dort dann stundenlang wartet.

Während der schrecklichen Militärdiktatur in den 1970er-Jahren »verschwanden« in Argentinien Zehntausende angeblicher Regimegegner, die gefoltert und getötet wurden. Sebastian Rotella beschreibt, wie verzweifelte Mütter jeder Gefahr zum Trotz zu protestieren begannen und als die Mütter der Plaza de Mayo berühmt wurden:

»Vor zwanzig Jahren versammelten sich die Mütter auf der Plaza vor dem Regierungspalast und boten der Diktaturbehörde die Stirn.

Die Mütter hatten die vergeblichen Vorsprachen satt – bei Militärkaplänen, die Armeestiefel zu ihren Talaren trugen, oder bei der ›Beanstandungsbehörde‹, wo die Diktatur keinerlei Informationen über Menschen zuließ, die seit Jahren systematisch entführt, gefoltert und getötet wurden.

Als die Frauen auf der Plaza zusammenstanden, wurden sie von der Polizei unfreundlich weitergeschickt. So drehten die vierzehn Mütter auf dem Platz langsam ihre Runden. Sie kamen immer wieder protestieren, trotzten Schlagstöcken, Polizeihunden und Militärspionen, die sich unter die Gruppe mischten und drei Anführerinnen töteten.

›Man sagt, die Mütter der Plaza de Mayo kennten keine Angst‹, sagte Maria Adela Antokolez, jetzt fünfundachtzig, die mit langsamen, zittrigen Schritten und enormer Würde die Runden geht, ›aber wir standen Todesängste aus. Wir lernten, trotz Angst zu gehen, trotz Angst zu leben. Wir sind verpflichtet, unsere Kinder zu finden.‹

Die Mütter marschieren immer noch jeden Donnerstagnachmittag, um Gerechtigkeit zu fordern. Das Ritual rührt die Zuschauer zu Tränen und Applaus. Die Frauen sind jetzt alt und gebrechlich. Gebeugt gehen sie Arm in Arm, mit ihren weißen Kopftüchern, die zum internationalen Symbol des Kampfs für die Menschenrechte geworden sind.

›Wir haben unsere Kinder bis heute nicht gefunden‹, sagte sie, ›aber wir haben auf der Plaza viel gelernt. Wir erzählten uns soundso oft unsere Geschichte, weinten zusammen. Es war unsere Akademie. Die Plaza bewahrte uns vor dem Irrenhaus.‹ Um 15 Uhr 25 gleicht die Plaza noch einer verlassenen Wüste. Fünf Minuten später sprießen die Mütter wie Blumen aus den U-Bahn-Stationen der Nebenstraßen. Die Leute kommen herbei und fragen: ›Wer seid ihr? Lehrerinnen, Pensionistinnen? Weshalb protestiert ihr?‹ Die Nachricht ging von Mund zu Mund. Als unser großer Schriftsteller Cortázar in Paris davon erfuhr, sagte er: ›Die Mütter sind unterwegs, das Militär hat schon verloren.‹«

Herzensgüte zeigen

Angesichts familiären und kommunalen Leids steht man vor der großen Aufgabe, gleichzeitig prinzipientreu und zugänglich zu bleiben. Das Herz, das sich verschließt, wird hart, ängstlich und gleichgültig. Angst und Groll machen gebieterisch und defensiv.

Wie kann man also offen bleiben, ohne dabei seine Stärke und sein Gerechtigkeitsempfinden zu verlieren?

Das Herz muss dafür auf neue Weise stark werden. Man lernt, sich dem Leiden der Welt positiv zuzuwenden durch Mitgefühl. Inmitten der unvermeidlichen Schmerzen, Konflikte und Enttäuschungen entdecken wir die Möglichkeit der Liebe. Wir entdecken, dass wir innehalten und den Blick auf unser Herz richten können. Auf die Stärke des Mitgefühls und der Empfindsamkeit können wir immer wieder zurückkommen.

Ein Sufi-Lehrer sagt über sein Gebet und seine Meditation:

> *Meine Hauptpraxis liegt im In-mich-Hineinhören, dem Innehalten der Quäker vergleichbar. Selbst wenn ich nicht ruhig bleiben kann, kann ich doch kurz innerlich Abstand finden und während des Dramas meinen Schmerz, meine Geschäftigkeit und Verwirrtheit von außen betrachten. Ich atme durch und zentriere mich. Bevor ich zur Familie oder vor den Schülern spreche, frage ich mich nach meinem wirklichen Anliegen und schließe dann die anderen in mein Herz ein. Das schafft eine große Verbundenheit.*

Wer tief in der Krise steckt, muss vielleicht von einem anderen Menschen an diese Wahrheit erinnert werden. Darauf beruhen echte spirituelle Freundschaft und gute Therapie. Ein Zen-Meister erzählt, wie er in den ersten Jahren eigenen Unterrichtens diese Hilfe brauchte. Er hatte bereits dreißig Jahre praktiziert, als er zum Roshi ernannt wurde. Monate später fühlte er sich wieder so unsicher und verloren wie Jahre zuvor in seiner Praxis:

> *Ich ging verzweifelt zu einem ranghöheren Zen-Meister meiner Schule. Ich hatte Angst, dass er mich wegen meiner Unsicherheit verurteilen würde. Stattdessen meinte er jedoch verständnisvoll, er habe völliges Vertrauen in mich. Er half mir, mit meiner Unsicherheit geduldig und umsichtig umzugehen. Ich wurde ruhiger und mein Unterricht war verwandelt.*

Wenn wir verwirrt oder in Leid verstrickt sind, halten wir uns selbst oft für »spirituell minderwertig«. Aber das erwachte Herz verurteilt nichts – weder die Familie, noch die Liebe, noch den Schmerz, noch die Verwirrung, noch die Leidenschaft, noch die Wut. »Die Verkennung dieser Wahrheit richtet viel Schaden an«, sagte ein katholischer Mönch:

> *Reife Spiritualität zeigt sich darin, dass man sich mit dem Schmerz, mit dem Übel auseinander setzt, sie ins Gebet einschließt. In Situationen großen Schmerzes ist man auf jemanden angewiesen, der das Leid bewusst wahrnehmen kann und so die Grundlage zu dessen Verarbeitung schafft. Dies kann mit großer Güte geschehen. Aber sie darf nicht vorgetäuscht sein. Wenn man jemand 99 Prozent Wohlwollen entgegenbringt und ein Prozent Ärger, wird nur der Ärger wahrgenommen werden, und eine Vermittlung ist unmöglich. Das Herz muss das Leid ganz zulassen, damit es transformiert werden kann.*

Im Zen wird die Verarbeitung eigener Unzulänglichkeit auch »Essen der Schande« genannt. Dies illustriert die Geschichte vom Koch, der den Mönchen von einer Schildkröte, die er früh am Morgen von einem Fischer geschenkt bekommen hatte, eine Suppe kochte. Als die Suppe in die Schalen der Mönche ausgeteilt wurde, rief der Roshi nach dem Koch. Der Schildkrötenkopf, der vor dem Servieren hätte entfernt werden müssen, schwamm in der Schale des Meisters. Der Koch verbeugte sich vor dem Meister, sah in die Schale, erkannte das Problem, pickte geschickt mit den Stäbchen den Schildkrötenkopf heraus und aß ihn. Dann verbeugte er sich vor dem Meister, der Meister verbeugte sich zurück und der Koch ging wieder in die Küche.

Das Essen der Schande erfordert Mitgefühl und Stärke. Etwa, wenn ein Elternteil bei einer Scheidung vor Gericht plötzlich einem Kompromiss zustimmt, der weit über das rechtlich erforderte Maß hinausgeht, damit den Kindern die Qualen eines fortgesetzten Prozesses erspart bleiben. »Es ist eine ungerechte

Lösung, aber ich möchte nicht weiter streiten«, sagte ein Vater, »lieber leide ich, als dass es die Kinder büßen müssen.«

Dass man sich des Leidens mehr und mehr bewusst wird, ist eine unvermeidliche Folge spirituellen Lebens. Man erkennt die menschlichen Nöte mit den Jahren immer deutlicher. Sie springen einem ins Auge. Durch ihre Wahrnehmung vertieft sich das Mitgefühl.

Egal, wie extrem die Umstände, es lässt sich ihnen einfühlsam begegnen. Als ich einmal mit dem Zug von Washington nach Philadelphia fuhr, saß ich neben einem Afroamerikaner, der für das Außenministerium in Indien gearbeitet, aber gekündigt hatte, um ein Rehabilitationsprogramm für jugendliche Straftäter im District of Columbia zu leiten. Die meisten Jugendlichen, mit denen er arbeitete, waren Gangmitglieder, die einen Mord verübt hatten. Ein vierzehnjähriger Junge, der an seinem Programm teilnahm, hatte einen unschuldigen Teenager erschossen, um sich in seiner Gang zu beweisen. Bei der Gerichtsverhandlung saß die Mutter des Opfers ganz still da, bis das Urteil verkündet worden war. Dann stand sie auf, fixierte den wegen Mordes Verurteilten und sagte ruhig: »Ich bringe dich um.« Der Junge kam für mehrere Jahre in die Jugendstrafanstalt.

Nach dem ersten Halbjahr ging die Mutter des ermordeten Kindes den Mörder besuchen. Er hatte vor seinem Gefängnisaufenthalt auf der Straße gelebt, und sie war die Einzige, die ihn besuchen kam. Sie unterhielten sich eine Weile und beim Verabschieden gab sie ihm etwas Geld für Zigaretten. Dann begann sie ihn in immer regelmäßigeren Abständen zu besuchen, brachte Essen und kleine Geschenke mit. Gegen Ende seiner dreijährigen Haftstrafe fragte sie ihn, was er nach der Entlassung tun würde. Er wusste es nicht recht, also schlug sie vor, sie könne ihm in der Firma eines Bekannten eine Arbeit vermitteln. Schließlich fragte sie, wo er wohnen würde, und da er keine Familie hatte, in die er zurückkehren konnte, bot sie ihm an, er könne vorübergehend das freie Zimmer in ihrer Wohnung benutzen.

Er wohnte acht Monate lang bei ihr, aß ihr Essen und arbeitete in der Firma. Eines Abends bat sie ihn zu einem Gespräch ins Wohnzimmer. Sie setzte sich ihm gegenüber und wartete eine Weile, bis sie begann: »Erinnerst du dich, wie ich im Gerichtssaal sagte, dass ich dich umbringen würde?« »Klar«, antwortete er, »ich werde diesen Moment nie vergessen.«

»Nun, ich habe Wort gehalten«, fuhr sie fort. »Ich wollte nicht, dass der Junge, der meinen Sohn grundlos umgebracht hatte, am Leben blieb. Er sollte sterben. Deshalb habe ich dich besucht und dir Dinge mitgebracht. Deshalb habe ich dir eine Arbeit besorgt und dich hier in meinem Haus wohnen lassen. Das hat dich verändert. Und jetzt gibt es diesen alten Jungen nicht mehr. Da es nun meinen Sohn und seinen Mörder nicht mehr gibt, möchte ich dich fragen, ob du hier bleiben möchtest. Es gibt hier genügend Platz, und sofern du einverstanden bist, würde ich dich adoptieren.« Sie wurde für den Mörder ihres Sohns zu jener Mutter, die er nie gehabt hatte.

Vergebung und Wohlwollen

Diese Geschichte erinnert an Nachiketas Reise (siehe Kapitel 3) und an die Vergebung, die er als ersten Segen vom Herrn des Todes erbat. Im Mandala der Ganzheit sind wir zur Praxis des Vergebens aufgefordert. Vor allem gegenüber der Familie und den uns Nahestehenden. Nur dann gelingt sie auch im Allgemeinen. Ob durch buddhistische Meditation oder durch das Finden »der Gnade Allahs« oder indem man »seine andere Wange hinhält«, wie Jesus lehrte – wir müssen lernen, uns selbst und anderen zu vergeben. Booker T. Washington fasste es lapidar zusammen: »Lass dich von niemandem so weit herunterziehen, dass du ihn hasst.« Vergebung besteht in der Fähigkeit des Herzens, sich von vergangenen Schmerzen durch einen Akt des Loslassens zu befreien.

Was das Loslassen und Lieben betrifft, gibt es so viel zu lernen. Die Entfaltung dieser Einsicht beginnt auf familiärem Gebiet. Ich habe zahllose Dankesgeschichten gehört wie »Kurz vor ihrem Tod habe ich meine Mutter schließlich doch angerufen und ihr gesagt, dass ich sie liebe« oder »Endlich habe ich mich nach all den schmerzlichen Jahren mit meinem Bruder versöhnt«. Vergebung aktiviert unsere Herzensgüte, die der Schmerz und die Angst so lange zurückhielten.

Heilung geschieht durch Achtsamkeit und Toleranz. Durch die achtsame Beendigung eines Streits zwischen nächsten Angehörigen reift die menschliche Natur, kann sich menschliche Einsicht schließlich auf alles Lebendige ausdehnen. Es kommt zur wahren Erkenntnis übergreifender Familienzugehörigkeit.

Ishi in Two Worlds ist der außergewöhnliche Bericht des letzten Yana-Indianers Kaliforniens, der mit den Anthropologen Theodora und Alfred Kroeber befreundet war. Ishi erzählt vom Leben seines Volkes, das nun untergegangen ist. Eine der bewegendsten Geschichten wurde jedoch im Buch ausgespart: Neben den traditionellen Gesängen und hervorragenden Naturkenntnissen, die Ishi den Kroebers überlieferte, gab es einen heiligen Gesang, den er geschworen hatte, an niemand außerhalb seines Volkes weiterzugeben. Es war das Lied, das den Sterbenden vorgesungen wurde, damit sie ins Land der Ahnen zurückfinden. Niemand sonst durfte wissen, wie man dorthin kam. Doch Ishi war am Ende seines Lebens der Letzte seines Stammes. Deshalb war er schließlich gezwungen, den Kroebers sein letztes Geheimnis anzuvertrauen, so dass sie ihn zu seinem Volk heimsingen konnten.

Wie isoliert oder defensiv man auch lebt – der Mensch braucht den Menschen als Familie, ist auf anderer Liebe und Gesang angewiesen, um seinen Weg zu finden.

15

Viele Geschwister: Das Geschenk der Gemeinschaft

Das Juwel der Gemeinschaft, die Sangha, ist dem Buddha und dem Dharma gleichzusetzen. ... Tatsächlich vollzieht sich heiliges Leben in spiritueller Freundschaft.
Buddha

Heilige sind nicht wegen ihrer Heiligkeit bedeutsam, sondern weil sie aufgrund ihrer Heiligkeit alle anderen achten.
Thomas Merton

Du sagst, dir fällt nichts Originelles ein? Mach dir darüber keine Sorgen. Töpfere eine Schale, aus der dein Bruder trinken kann.
Rumi

Die Geschichten von Jesus und Buddha, von Schamanen und Weisen beginnen zwar mit deren einsamer Suche, mit ihrem heiligen Verstehen des Dilemmas menschlicher Existenz in der Stille der Wüste oder des Waldes. Aber dann geht es weiter. Wer über das Ich hinausgeht und sich mit der Ewigkeit verbindet, kehrt spontan zur Gemeinschaft zurück. Das einsichtig gewordene Herz kommt im Zusammenleben mit anderen zur Reife.

Im Buddhismus findet der Praktizierende Unterstützung durch die drei Kostbarkeiten: Buddha, Dharma und Sangha. Der Buddha hilft, weil sein Erwachen für die Möglichkeit des Erwachens in jedem Wesen bürgt. Das Dharma, welches die ewige Wahrheit und die Lehren verkörpert, die zur Befreiung führen, ist die zweite Quelle der Unterstützung. Die dritte ebenso große Kostbarkeit, die Sangha, ist die Gemeinschaft der erwachten Wesen und aller, die das Dharma praktizieren.

»Sangha« bedeutet geistige Gemeinschaft und wird deshalb gewürdigt, weil es ohne sie keine Weitergabe der Lehren gäbe, die das Erwachen ermöglichen. Die Sangha überliefert die Lehren und erkennt an, dass wir nicht allein erwachen können. Die Welt des Gebets und der spirituellen Praxis wird durch die Lehrer, die spirituellen Freunde und die Gemeinschaft erhalten. Durch die Praxis beteiligen wir uns an der Förderung des Erwachens anderer. Jeder Augenblick der Achtsamkeit oder des Verstehens, den wir verwirklichen, überträgt sich auf unsere Familie, unsere Gemeinschaft, unsere Lebenswelt.

Im Judentum wird die Gemeinschaft der Heiligen in der Minjan verehrt, der Mindestzahl von zehn männlichen Betern, die für den Gemeindegottesdienst vorgeschrieben ist. Sie spiegelt sich auch in der heiligen Gemeinschaft der Sufis wieder, im Satsang des Hinduismus und im Christentum, »wo zwei oder drei in meinem Namen versammelt sind«. Echte Gemeinschaft ist für das spirituelle Leben zentral, ganz gleich, in welcher Form.

Aus der Isolation zur Gemeinschaft

Ein alter chassidischer Rabbi fragte seine Schüler, woran man den Zeitpunkt zwischen dem Ende der Nacht und dem Anfang des Tages erkennen könne, denn das sei die Zeit für bestimmte Gebete. »Ist er gekommen«, schlug ein Schüler vor, »sobald man erkennen kann, ob ein in der Ferne gesehenes Tier ein Schaf oder ein Hund ist?« »Nein«, antwortete der Rabbi. »Ist er gekommen, sobald man auf seiner Handfläche die Linien klar erkennt?« »Oder wenn man von einem Baum in einiger Entfernung sagen kann, ob es ein Feigen- oder ein Birnbaum ist?« »Nein«, antwortete der Rabbi jedes Mal. »Wann ist er dann gekommen?«, fragten die Schüler. »Er ist da, wenn du die Mitmenschen als deine Brüder und Schwestern erkennen kannst. Bis dahin ist es noch Nacht.«

Spirituelle Reife führt uns vom Verstehen der Transzendenz – der abstrakten Weisheit – zum Verstehen der Immanenz. Man erkennt, dass das Heilige immer präsent ist. Der natürliche spirituelle Reifungsprozess führt durch die mystische Einsamkeit hindurch wieder in irgendeine Form der Gemeinschaft zurück. So wie in den Zen-Geschichten der Ochsenhirte spontan zum Marktplatz zurückkehrt, nachdem er den heiligen Ochsen gesucht und gezähmt hat.

Diese unvermeidliche Rückkehr kann schwierig sein, besonders in der heutigen Zeit, in der ein echter Gemeinschaftsgeist in vieler Hinsicht verdrängt worden ist, sei es individuell oder kollektiv. Das moderne Leben ist von Vereinzelung geprägt, jeder eilt und geht seiner Wege. Und die individualistischen Kräfte hinterlassen ihre Spuren: Jeder hat sein Auto, seine Wohnung oder zumindest sein Zimmer; in den Büros arbeitet jeder am eigenen Computer, die Kinder werden vor dem Fernseher groß. Der moderne Individualismus bedingt nur zu oft »einen Verzicht auf Gemeinschaft und Kinder«, wie Maria Wright Edelman sagt. Wie kann man zu diesem Marktplatz zurückkehren, und zwar, wie das die Ochsenhirtengeschichte nahe legt, mit »segensreichen Händen«? Es ist nicht leicht.

Abendländer, die langjährige buddhistische oder hinduistische Retreats absolvieren, haben nach ihrer Rückkehr meistens gesellschaftliche Orientierungsprobleme. Sie sprechen oft von den Schwierigkeiten und Konflikten, die durch die Komplexität des modernen Lebens bedingt sind. Hier hilft spirituelle Freundschaft, um die Welten zu überbrücken. Aufrichtige Freundschaft ist eines der größten Geschenke, das man sich machen kann.

Ein Meditationslehrer beschreibt sie:

Nach einem fünfjährigen Retreat und einigen außergewöhnlichen Meditationserfahrungen kehrte ich nach Seattle zurück. Meine veränderte Lebenseinstellung isolierte mich zunächst. Aber die Stadt begeisterte mich trotz ihrer Hektik. Schließlich nahmen die Überbrückungsschwierigkeiten überhand. Irgendwie kam ich mir immer verrückter vor.

Ich brauchte dringend spirituelle Freunde. Als ich einige gefunden hatte, halfen sie mir durch die schwierigen Jahre. Ich kann es daher nicht genug betonen – spirituelle Freundschaft ist in Krisenzeiten unentbehrlich.

Im spirituellen Leben sind wir auf Herz und Verstand der anderen genauso angewiesen, wie wir die Hilfe anderer für unsere Lebenshaltung brauchen. Diese gegenseitige Unterstützung ist keine geringe Sache. Wie Adrienne Rich sagt: »Aufrichtiger Respekt kommt nicht von selbst, man muss ihn sich bewusst entgegenbringen.«

Die Sangha und spirituelle Freundschaft nehmen überraschende Formen an. In den letzten Jahren war ich einige Male bei Retreats für junge Männer aus Innenstädten zu Gast. Die meisten dieser Jugendlichen sind ehemalige Gangmitglieder, die aus einer Welt der Verzweiflung, des Rassismus, der Armut und der Gewalt einen Ausweg suchen. Immer steht am Anfang ihrer Umorientierung ein Freund, ein Mentor, ein Wohltäter. Immer hatte jemand, wenn auch nur für einen Moment, ihre Schönheit, ihre Möglichkeit gesehen. Es mag eine Großmutter gewesen sein, ein Aufseher in der Schule, ein Lehrer oder ein Onkel aus der Nachbarschaft. Die Erfahrung, dass man von jemandem wirklich wahrgenommen und respektiert wird, rührt an unser eigentliches Selbst. Man darf die Wichtigkeit des gegenseitigen Respekts nicht unterschätzen.

Es ist nicht nur die Jugend auf der Straße, die eine Unterstützung auf dem Weg braucht. Mehrere Klöster, die Retreat-Zentren unterhalten, berichteten, wie ausgehungert ihre Gäste nach spiritueller Freundschaft sind und wie darum die Mönche und Nonnen umso dankbarer für ihre Ordensgemeinschaft sind. Gemeinschaft ist ein Segen.

Ein westlicher Lama schildert diesen Aspekt der Praxis folgendermaßen:

Während des dreijährigen Retreats lebten wir in unseren winzigen Retreat-Räumlichkeiten so eng zusammen, als teilten wir uns in einem Krisengebiet eine Wohnung. So intensiv war es. Das enge Zusammenleben mit anderen schleift Kanten ab; du kannst dir nichts vormachen, weil die anderen dich klarer sehen, als du dir selbst zugestehst. Es war eine sehr spannende Zeit. Dieses Leben im Kollektiv war ebenso nützlich wie die anderen Meditationen. Es erfüllte die Lehren des Mitgefühls mit Leben.

Jetzt ist Kommunikation mein Hauptanliegen geworden: den lebendigen Geist in allem und jedem anzuerkennen, nicht nur in ausgeglichenen Menschen. Wenn man jemandem in die Augen sieht, leuchtet darin ein Licht; auch in jedem Tier, jedem Blatt, jeder Blume, jedem Tautropfen, in jedem Erdklumpen. Die Menschen sind in den Klöstern nicht mehr erleuchtet als in der Welt. Es ist überall dasselbe. Spiritualität besteht nicht nur aus Bergeseinsamkeit. Sie beruht im Erkennen des Heiligen hier und jetzt, in der Beachtung und Wertschätzung der Vollkommenheit der Gegenwart. Auch unsere Feinde lehren uns Bewusstseinsaspekte, wenn wir die Wahrheit annehmen.

Schwierigkeiten in der Gemeinschaft

So wichtig es für das menschliche Leben auch sein mag, das Zusammenleben mit anderen ist mit allerlei Problemen verbunden. Wenn wir intime Nähe zulassen und pflegen, treten mit unserer Zuneigung und Liebe auch unsere familiären Muster, unsere Ängste, unsere Bedürfnisse, unsere Grenzen zutage. Man kann im Gebet und in der Meditation Konflikte vermeiden, aber im Zusammenleben ist dieser Versuch aussichtslos – Konflikte sind hier unvermeidlich.

In einigen alten Berichten wird die Harmonie innerhalb spiritueller Gemeinschaften gerühmt als »süße gegenseitige Nachsicht«, als Eintracht »wie Milch und Wasser«. Häufiger aber werden in den alten Texten Probleme des Zusammenlebens behandelt. In vielen chassidischen Geschichten erfährt man beispielsweise von Streitigkeiten zwischen Gemeindemitgliedern und zwischen Lehrern und Schülern. Die frühen christlichen Berichte handeln von Streitigkeiten innerhalb der Gemeinde, und in den Briefen des Paulus wimmelt es von Ratschlägen, wie diese Probleme gelöst werden können.

Die ersten sieben Bände der buddhistischen Schriften, die ausschließlich von der Ordensgemeinschaft handeln, enthalten hunderte von Geschichten über Streitigkeiten, Verstöße und Probleme, die unter den Mönchen und Nonnen auftraten, sogar schon zu der Zeit, als der Buddha noch am Leben war. Es gab zum Beispiel einen eifersüchtigen Cousin des Buddhas, der einen Mordanschlag auf den Buddha verüben ließ. Und später zerstritten sich die starrsinnigen Mönche in Kosambi einmal derart, dass sie nicht einmal auf den Buddha hörten. Schließlich schlug der die Hände über dem Kopf zusammen und zog sich in die Einsamkeit des Waldes zurück, wo er ungestört mit den Tieren zusammenlebte, bis die Mönche ihren Streit selbst beigelegt hatten.

Eine hinduistische Lehrerin beschreibt ihre Abneigung vor zu viel Gemeinschaft:

> *Nach meinen Jahren in Indien wurde ich eine bekannte Leiterin von Yoga-Retreats. Ich flog von einer Stadt zur anderen. Immer wieder schlug man mir vor: »Gründen wir für ein Jahr eine Yoga-Gemeinschaft«, aber ich wich aus. Selbst als meine Freunde einen großen Ashram leiteten, hielt ich mich weiter an meine Lehrreisen. Schließlich wurde mir klar, dass ich einfach in keiner Gemeinschaft leben wollte, vor allen Dingen nicht mit mir in der Lehrerinnenrolle. Es bedeutete zu viel Verantwortung, zu viel Einschränkung. Ich glaube, es rief unglückliche familiäre Zeiten in mir wach. Das Zusammenleben, das ich bisher erlebt hatte, war nur schmerzlich und lähmend gewesen. Ich war noch nicht darüber hinweg.*

Wer sich eine spirituelle Gemeinschaft nur freundlich und hilfsbereit vorstellt, verlangt etwas, das er selbst nicht einlösen kann. Der Wunsch nach einem leidfreien Zusammenleben ist unrealistisch. Andererseits ist die Vermeidung enger Beziehungen ebenfalls leidvoll. In einer guten spirituellen Gemeinschaft nimmt man Schwierigkeiten hin und sucht einander trotzdem zu helfen. Manchmal ist man selbst derjenige, dessen Großmut Segen bringend ist. Manchmal aber auch derjenige, der der Gruppe Schwierigkeiten auflädt. Doch davon können die anderen lernen. Man spielt im Leben phasenweise abwechselnd beide Rollen.

Wer sich einer spirituellen Gemeinschaft anschließt, weil er vollkommenen Frieden sucht, wird unweigerlich enttäuscht. Sieht man aber die Möglichkeit, Stetigkeit, Geduld und Mitgefühl zu lernen und mit anderen zu reifen, ist das der fruchtbare Boden des Erwachens. Ein koreanischer Zen-Meister erklärte seinen Schülern dies einmal mit folgender Metapher: Die gemeinsame Praxis ist so, als schüttle man in einem Topf rohe Kartoffeln so lange, bis ihre Schalen abgerieben sind.

Im Zusammenleben werden wir einander zum Spiegel. Eine ältere Nonne erinnert sich:

In meiner zweiten Ordensgemeinschaft waren wir nur zwölf Nonnen. Ich mochte alle, bis auf zwei. Eine war langsam und die andere nur mit sich selbst beschäftigt. Nach einem Jahr beschwerte ich mich einmal bei einer Freundin während der Küchenarbeit über sie, und sie fragte zurück: »Sie sind doch ganz in Ordnung. Was regt dich an ihnen nur so auf?« Ich sagte: »Die eine ist langsam und die andere denkt zu viel an sich.« Und sie antwortete: »Nun, du solltest etwas langsamer werden und dich mehr um dich selbst kümmern!«

Unsere spirituelle Schulung geschah gemeinschaftlich. Wir hatten nicht viel Zeit für private Gebete und fast alle unsere individuellen Bedürfnisse wurden dem Gemeinschaftsleben geopfert. Es war für uns junge Frauen sehr hart, denn es bedeutete großen Verzicht, der großes Ver-

trauen erforderte. Es war kein christliches oder buddhistisches Einzeltraining, in dem man mit sich selbst ringt. Bei uns kam zuerst die Gemeinschaft, und Jahre später tauchte dann aus dieser Welt gemeinsamer Andacht und Hingabe das Individuelle auf. Wenn man sich ganz in diese Disziplin begab und die Schwierigkeiten als Gnade betrachtete, brachte das enormen Schwung. Es war ein Geschenk, sich in der Gemeinschaft auf ein großes Ziel zuzubewegen.

Es freut mich immer noch sehr, Ordensschwestern zu treffen, die diese Bewusstwerdung im Kollektiv mitgemacht haben. Man ist sich einfach herzlich zugetan. Zu einem wirklich erfüllten spirituellen Leben gehört, dass man miteinander auskommen lernt.

Man darf aus diesen Berichten nicht schließen, dass so etwas nur in einer klösterlichen Gemeinschaft möglich ist. Das Zusammenleben lässt sich überall lernen. Auch im familiären und beruflichen Zusammensein werden unsere Vorurteile, Ängste, Vorlieben widergespiegelt, erhalten wir genügend Gelegenheit, uns in Offenheit zu üben.

Ein Offizier, der sich in einem Stressabbaukurs mit Meditation befasste, erfuhr dies kürzlich im Supermarkt. Es war viel los an diesem Abend, und entsprechend lang waren die Schlangen vor den Kassen. Vor ihm stand eine Frau mit Kind, die eigentlich bei der Expresskasse hätte anstehen müssen, da sie nur einen Artikel zu bezahlen hatte. Der Offizier begann sich in gewohnter Ungeduld über sie zu ärgern. Es wurde noch schlimmer, als die Frau, bei der Kasse angelangt, das Baby zusammen mit der Angestellten herzte, ja dieser sogar das Kind in den Arm gab.

Der Gedanke uber das egoistische Verhalten dieser Frau brachte ihn in Rage, aber da er gerade aus seinem Kurs kam, merkte er, was er sich da selbst antat, und begann bewusst zu atmen. Er stellte sogar fest, dass es ein hübsches Baby war. Als er bei der Kassiererin angelangt war, hatte er sich genügend beruhigt, um sagen zu können: »Das war ein süßer Junge.« »Oh danke. Das war mein Sohn«, antwortete sie. »Wissen Sie, mein

Mann starb letztes Jahr bei einem Flugzeugunglück. Er war bei der Luftwaffe. Jetzt sorgt meine Mutter für den Kleinen und schaut mit ihm einmal am Tag vorbei, um mir eine Freude zu machen.«

Man verurteilt so schnell und weiß doch so wenig über die Hintergründe. Um zu wirklicher Offenheit zu finden, dürfen wir anderen nicht den Respekt versagen. Auch die nachlässigen, wütenden, lästigen, gehetzten, schwierigen Buddhas um uns herum sind große Lehrer, können uns Ausdauer, Gleichmut und Mitgefühl beibringen. Jeder ist Wasser für die Mühle des anderen.

Ein guter Freund von mir, der Psychiater und Bewusstseinsforscher Stanislav Grof, erzählt, wie er dies kurz nach seiner Ankunft in den Vereinigten Staaten erfahren durfte. Durch seine Arbeit an der Johns Hopkins Medical School lernte Stan einen Psychiater indianischer Herkunft kennen, der ihn und einige andere Mitarbeiter zu einer traditionellen Peyote-Zeremonie in Kansas einlud.

Dort angekommen, fuhren sie weit in die Prärie hinein, um den Ältesten zu treffen, der die Zeremonien für die Native American Church durchführte. Obwohl der Häuptling ihre Teilnahme genehmigt hatte, beschwerten sich die anderen Indianer, als sie die weißen Männer sahen, und es erforderte einige Überredungskunst, bis sie schließlich in deren Teilnahme einwilligten. Die Geschichte der Indianerfeindlichkeit, der enorme Verlust indianischer Kultur und der Völkermord durch die Weißen waren schmerzlich bewusst, aber weil die Johns-Hopkins-Ärzte einen weiten Weg gekommen waren, wollte man eine Ausnahme machen. Nur ein Mann blieb stur dagegen und ärgerte sich über diese weißen Männer, die seiner Ansicht nach nur den letzten indianischen Schatz, ihr spirituelles Gold »stehlen« wollten. Während der Zeremonie verschlimmerte sich durch den Peyote und das Trommeln sein Groll nur noch und er starrte die ganze Nacht über Stan schweigend an, der ihm im Kreis gegenübersaß. Auch am nächsten Morgen war trotz stundenlangen Gebets sein Unmut ungebrochen. Es schien, als würde die Zeremonie so enden, wie sie begonnen hatte – mit einem wütenden Protest.

Schließlich, in der letzten Runde des Dankaussprechens, dankte der indianische Psychiater den Stammesmitgliedern, dass sie diese weißen Heiler bereitwillig in ihre Mitte aufgenommen hatten, besonders Stan, der im Exil lebte, weil die Kommunisten ihn nicht in sein Heimatland Tschechoslowakei zurückließen. Plötzlich veränderte sich der Gesichtsausdruck des verärgerten Indianers. Er sprang auf, schritt über die Glut und fiel Stan in den Schoß und weinte. Minutenlang umarmte er Stan und die anderen, während er sich für seinen unangebrachten Hass entschuldigte.

Weinend gestand er seine Geschichte. Er war im Zweiten Weltkrieg Pilot der Luftwaffe gewesen und hatte in den letzten Kriegswochen, als die Nazis auf dem Rückzug waren, Pilsen mitbombardiert und -zerstört, eine der schönsten Städte der Tschechoslowakei, die ja nicht mit den Nazis verbündet, sondern von Deutschland besetzt worden war.

Nun hatte sich das Blatt gewendet. Stan und die Tschechen hatten nicht nur niemals indianisches Land besetzt, sondern er, ein Patowatame-Indiander, hatte sich an der Zerstörung von Stans Heimat beteiligt. Er war der Täter und Stan das Opfer. Diese Erkenntnis war zu viel für ihn. Er umarmte Stan immerfort, ihn um Verzeihung bittend, und entschuldigte sich für sein Verhalten während der Zeremonie. Dann hielt er inne, um zu sagen, was er gelernt hatte: »Ich weiß jetzt, dass es keine Hoffnung für die Welt gibt, wenn wir den Hass aufgrund von Taten fortsetzen, die unsere Ahnen begangen haben. Ich weiß jetzt, dass ihr nicht meine Feinde, sondern meine Brüder seid. Es geschah zur Zeit unserer Vorfahren. Wer weiß, vielleicht war ich damals einer von der anderen Seite. Wir alle sind Kinder des Großen Geistes. Unsere Mutter Erde ist in Schwierigkeiten und wenn wir jetzt nicht zusammenarbeiten, werden wir untergehen.«

Den Buddha im anderen erkennen

Laut buddhistischer Mythologie gibt es in jedem Zeitalter einen Buddha, der die Lehren entsprechend vermittelt. Maitreya, der Buddha der Liebe, ist der Zukunftsbuddha des gegenwärtigen Zeitalters. Zen-Meister Thich Nhat Hanh hat jedoch gesagt, dass dieser zukünftige Buddha vielleicht gar nicht in Gestalt eines einzelnen erwachten Individuums erscheint. Da unser Verständnis der wechselseitigen Verbundenheit wächst, sagt er: »Der nächste Buddha ist vielleicht die Sangha selbst.« Das heißt, dass wir selbst alle diejenigen sein werden, die gegenseitig für unser Erwachen sorgen.

In einer Zeitung in San Francisco gab es einen Cartoon, in dem ein Mann mit einem Schild durch die Straßen ging, auf dem stand: »Jesus ist unterwegs!«. Eine halben Wohnblock weiter trug ein asiatisch aussehender Mann ein Schild mit der Aufschrift herum: »Buddha hier und jetzt!«. Es ist ein Zeichen spiritueller Reife, wenn man in jedermann sowohl Buddhas als auch Jesu Gegenwart erkennt, den Mann mit dem ersten Schild inbegriffen.

Dem Buddha beziehungsweise Christus in allen Wesen zu begegnen ist eine traditionelle Disziplin. Rabbi Hillel bezeichnete folgenden schlichten Ausspruch als die Essenz aller heiligen Worte: »Liebe Gott in deinem Nachbarn.« Zen-Meister Dogen erläuterte dies so: »Erleuchtetsein bedeutet innige Verbundenheit mit allem.«

Damit sind wir wieder am Anfang dieses Buches angelangt; bei der Kunst des Verbeugens, der Anerkennung des Lebens, so, wie es ist. Die geschwisterliche Begegnung haben Schüler und Äbte, Lamas, Anfänger und Älteste gleichermaßen zu üben.

Die Dummheit der anderen, die Frustration, die Schande, der Konflikt, Kampf und Betrug – allem lässt sich begegnen. Sie tauchen auf wie Mara bei Buddha, um doch wieder Verständnis zu bewirken. »Es gibt nirgendwo anders Teufel«, sagte Mahatma Gandhi, »als in unserem Herzen. Hier ist die Schlacht zu schlagen.«

Als Ram Dass vor einigen Jahren in Oakland eine Reihe von Seminaren hielt, befassten sich die Teilnehmer auch mit der Frage, wie man dem Göttlichen im Mitmenschen begegnen könne. Nach einigen Wochen stand eine Frau auf und sagte, sie hätte mehrere Monate lang jeden Tag einem Obdachlosen Kleingeld in die Schale geworfen, durch den Kurs wäre ihr jedoch aufgefallen, dass sie ihn niemals direkt ansah. Sich dies vor Augen haltend, machte sie eine erstaunliche Entdeckung. »Ich hatte riesige Angst davor, dass ich ihn die nächste Woche schon auf meiner Wohnzimmercouch schlafen lassen würde, sobald ich ihm einmal in die Augen sehe.«

Zuerst hat man Angst. Wenn man offen auf den anderen zugeht, wie soll man nicht von dessen Leid überwältigt werden? Es bräche einem doch das Herz! Oder man fürchtet, alles aufgeben zu müssen, sich selbst inbegriffen. Aber das wird nicht verlangt. Gefordert ist unsere schlichte Aufmerksamkeit, ein Verständnis für die Freuden und Leiden unserer Geschwister. Wer dem Buddha in allen Wesen begegnet, weiß sich situationsangemessen zu verhalten.

Einfühlsames Zuhören

Einfühlsames Zuhören bewirkt viel. Diplomatie im Dienst des Friedens ist das Motto des *Compassionate Listening Project*, das Gene Knudson-Hoffman mit Partnern verschiedenen religiösen Hintergrunds – Buddhisten, Quäkern und Juden – gegründet hat. Die dem Weltfrieden verpflichtete Vereinigung schickt Teams zu den isoliertesten und umstrittensten politischen Führern und Gruppierungen auf der Welt. Sie haben Mohammed Gaddaffi in Libyen besucht, sich alle Seiten der Krieg führenden Parteien in Mittelamerika angehört, den fanatischsten Parteien in Asien und im mittleren Osten ein Ohr geliehen. Sie glauben, dass ein aufmerksames Anhören der Anliegen und Probleme anderer zur Lösung von Konflikten beiträgt.

Im Taoismus nennt man dies »mitfühlendes Zuhören, durch das man den Weg findet«. Dieses teilnahmsvolle Zuhören schließt unseren eigenen Existenzkampf ein. Man überfordert sich nur, wenn man sich nicht ins Verständnis mit einschließt. Durch kluge Anteilnahme erkennt man, was für andere und einen selbst richtig ist. Man entdeckt die erstaunliche Tatsache, dass einem nichts Menschliches fremd ist, dass man teilhat an allem Lebendigen. Das Herz wird durch diese echte Anteilnahme stark.

Mehrere Jahre nach den 1993er-Unruhen in Los Angeles tat ich mich mit Malidoma Somé, Luis Rodriguez und Michael Meade zusammen, um eine Reihe multikultureller Retreats zur Rassenproblematik zu veranstalten. Bei einem Retreat hatten sich neben den weißen Teilnehmern rund hundert Männer aus den Schwarzen- und Latinovierteln von Los Angeles angemeldet. Das Retreat umfasste Belehrungen, persönlichen Austausch, Diskussionen und Heilungszeremonien. Alle Retreats stützten sich auf traditionelle Gemeinschaftsregeln der buddhistischen Älteren sowie aus Westafrika und aus Amerika, um eine gemeinsame Verständnisgrundlage zu bieten. Es war eine hitzige und aufregende Woche.

Wohl mit der schwierigste Augenblick kam, als ein Weißer erzählte, wie sehr er um seine Familie gefürchtet hatte, als die Unruhen in Los Angeles bis auf drei Kilometer an sein Haus herankamen. Er hatte solche Angst, dass er zu seiner Verteidigung ein Gewehr kaufen ging, wie er sagte. Das ließ mehrere Afroamerikaner von ihren Plätzen aufspringen und lautstark protestieren: »Wen willst du erschießen? Das ist wieder einmal typisch! Schwarze erschießen!«, rief ein Mann. Ein anderer schrie: »Du brauchst gerade von Angst reden, Junge, wenn du es mit der Angst bekommen willst, schau in den Spiegel. Wer hat denn das Maschinengewehr und die Landminen erfunden. Schau dir die Besitzer der Waffenfabriken doch an. Schau dir an, wer die Nuklearwaffen entwickelt und dann gebraucht hat. Schau dir an, wer zwanzig Millionen Menschen als Sklaven in dieses Land verschleppt hat, wer die größten Kriege in den letzten tausend

Jahren geführt hat, wer die Welt kolonisiert hat. Wer das Fürchten lernen will, schau sich die Weißen an. Du solltest dieses Gewehr besser verkaufen, Mann!«

Mehrere Weiße standen auf, wiesen zur Verteidigung des Gewehrbesitzers ihrerseits lautstark auf das Recht zur Notwehr hin. Andere Schwarze argumentierten noch lauter dazwischen. Die Spannung wuchs. Wir fragten uns, ob wir einen Ausbruch von Handgreiflichkeiten verhindern konnten.

Schließlich stand der buddhistische Lehrer Ralph Steele, ein 1,98 m großer Afroamerikaner, auf. Er sprach im leichten Gullah-Dialekt seiner Heimat South Carolina:

Ich lebe in New Mexico auf dem Land, wo jeder ein Gewehr für die Jagd und zur Verteidigung hat, aber ich selbst besitze keines. Als ich in Vietnam Soldat war, erlebte ich genügend Schießereien mit. Bei unseren Patrouillen durch die Dörfer wurde täglich jemand erschossen, manchmal dein bester Freund. Wenn wir in neues Gebiet vordrangen und sich irgendetwas bewegte, begannen immer einige Männer aus Angst zu schießen. Später kam es sogar so weit, dass Frauen und Kinder erschossen wurden. Es gab einige Männer unter uns, die andere Männer sogar gerne erschossen, selbst Frauen und Kinder. Wir wussten nicht, was wir mit diesen Männern tun sollten. So sah zwei Jahre lang mein Leben aus.

Niemand will ein Gewehr. Egal, wer man ist, niemand wünscht sich die Erinnerungen, die Alpträume, die einen nach dem Gebrauch eines Gewehrs heimsuchen. Ja es ist so, dass man dann am liebsten überhaupt nie ein Gewehr in der Hand gehabt hätte. Man wird diese Bilder ein Leben lang nicht los.

Daraufhin sah sich Ralph schweigend im Saal um. Alle anderen setzten sich wieder. Er hatte ohne Wut oder Verbitterung gesprochen, aus einer Anteilnahme heraus, die größer war als alle im Raum liegende Wut und Angst.

Durch einfühlsames Zuhören und ehrlich geäußertes Mitgefühl lässt sich enorm viel bewirken. Frustration, Scham, Gier, Wut und Enttäuschung gibt es in jeder menschlichen Beziehung und Gemeinschaft. Wer immer man ist, wie erleuchtet man auch immer sein mag, sie treten in irgendeiner Form auf. Dann hilft Gemeinschaftssinn weiter. Thich Nhat Hanh erinnert an den kollektiven Aspekt der Weisheit, indem er die Sangha als den Buddha hervorhebt. Wenn man sich allein oder als Gemeinschaft verrannt und den Faden der Intuition verloren hat, können einem durch echte spirituelle Freundschaft wieder die Augen geöffnet werden.

Darin liegt auch die Stärke der Rabbi-Tischrunde, der Anonymen-Alkoholiker-Treffen, der Sufi-Versammlungen, der Wahrheitsfindung oder der buddhistischen Räte. Wir in unserer Gemeinschaft stützen uns auf die Ratstradition der buddhistischen Älteren. Bei diesen regelmäßigen Beratungen benützen wir auch den Redestab der amerikanischen Eingeborenen. Doch beginnen wir die Treffen zunächst mit einem lockeren, spontanen Austausch. Wenn es dann zur Diskussion der schwierigen Themen kommt, wie Differenzen zwischen Lehrern, Personalentscheidungen oder neue Vorhaben, verwenden wir den Redestab. Wer ihn in der Hand hält, dem wird zugehört, ohne dass er unterbrochen wird, bis er den Stab weiterreicht. So kann sich jeder wirklich aussprechen. Dieses respektvolle Zuhören ist heilsam, konsensstiftend und bringt Neuorientierung. Und fest steht, dass unser intensiver kollektiver Erfahrungsaustausch in den vergangenen Jahren mehr bewirkte, als wir im Einzelnen je zustande gebracht hätten.

Spirituelle Freundschaft kann selbst auf Distanz bestehen bleiben. Der jungsche Analytiker James Hillman berichtet von einem chinesischen Dissidenten, Liu Qing, der elf Jahre in dem berüchtigten Weinan-Gefängnis Nr. 2 verbrachte. Liu musste täglich zehn Stunden bewegungslos auf einem 20 cm hohen Hocker sitzen. Wenn er sich rührte oder mit anderen Gefangenen sprach, wurde er geschlagen. Dieser Tortur hätte er entkommen können, wenn er per Unterschrift seine Überzeugungen für falsch erklärt hätte. Trotz aller Qualen verweigerte er seine Unterschrift. Als er später gefragt wurde, wie er das durchstehen konnte, antwortete Liu, er hätte das seinen Freunden und seiner Familie nicht antun können, deren Gesichter er stets vor sich sah. Er war ihnen so verbunden, dass er sie unmöglich enttäuschen konnte.

Gyari 14 heißt eine Gruppe junger tibetischer Nonnen zwischen vierzehn und einundzwanzig Jahren, die von der rotchinesischen Armee festgenommen wurden, weil sie öffentlich Gebete und Mantren rezitiert hatten. Doch selbst durch Folter ließen sie sich nicht vom Rezitieren ihrer Gebete abbringen. Als aufkam, dass sie ein Tonband mit ihren im Gefängnis gesungenen Gebeten hinausgeschmuggelt hatten, wurde ihre Haftstrafe verdoppelt, und trotzdem hielten sie an ihrer Praxis fest. Sie schrieben: »Wir sind dankbar, dass uns so viele Menschen von außen helfen, und werden es nie vergessen.« Noch bemerkenswerter ist, dass sie nicht für sich selbst beten, sondern für die Menschen ihres Landes und für ihre Folterer. In dem Dokumentarfilm *A Prayer for the Enemy*, der ihren Widerstand zum Thema hat, wird ein hinausgeschmuggelter Brief gezeigt, in dem es heißt: »Wir sind entsetzlichen Torturen ausgesetzt. Was sollen, was können wir tun? Wir beten für den Feind.«

Auch in unserem eigenen Land, in unseren Städten, Krankenhäusern und Gefängnissen gibt es so viele Menschen, die unserer Fürbitte bedürfen: Kranke und Gesunde, Häftlinge und Gefängniswärter. Die Gebete dieser jungen Nonnen schließen sich mit unseren zusammen. Wir geben gemeinsam unseren Segen; wir vertrauen gemeinsam auf Heilung jenseits allen Leids; wir erweitern den Kreis unseres Herzens.

Die innere Einstellung

Die Bewusstwerdung der eigenen Absichten ist ein Schlüssel der echten Praxis. Egal, in welcher Situation man sich gerade befindet, die innere Einstellung entscheidet über unsere Verhaltensweisen. Sie bedingt, laut buddhistischer Psychologie, das karmische Muster. Das Karma, als Ursache-Wirkungs-Geflecht des Handelns, ist das Ergebnis unserer bewusst oder unbewusst verfolgten Absichten. Wohlwollende Intentionen bedingen ein anderes Karma als gierige oder aggressive. Wenn man sich seiner Absichten nicht bewusst ist, handelt man aus Gewohnheit oder Angst. Aber wenn man auf seine Absichten blickt, sie sich bewusst macht, ist erkenntlich, ob sie zum Angstkörper gehören oder der eigenen Besonnenheit entspringen.

Jede Tradition bietet Gebete und Meditationen zur Optimierung der inneren Einstellung. Manche Intentionen sind allgemein. »Mögen die Worte aus meinem Mund und meine Herzensgüte dir dienen, oh Herr.« »Möge jede Tat ein Gebet sein.« »Möge mein Herz Wohlwollen und Vergebung üben.« »Ich gelobe allen Wesen, denen ich begegne, in Gedanken, Wort oder Tat Aufklärung zu bringen.« Die jüdische Tradition kennt hunderte von Gebeten für den Alltag, zur Aufrechterhaltung einer dankbaren, freundlichen Gesinnung.

Absichten können auch Zeiträume oder Situationen betreffen. »Möge ich heute, wenn es Ärger gibt, mich auf meinen Atem konzentrieren und die Fassung bewahren.« »Möge ich alle, denen ich bei der Arbeit begegne, freundlich behandeln.« »Möge ich mir diese Woche für eine positive Gestaltung des Familienlebens Zeit nehmen.«

In Krisenzeiten erweist diese beständige Herzensausrichtung ihre Nützlichkeit. Denn dann kann man sich zur Besinnung rufen, bevor man etwa bei familiären Auseinandersetzungen oder bei Streitigkeiten in der Gemeinde spricht und handelt. Selbst die einfachsten Worte können entsprechend unserer Absicht ganz verschiedene Dinge bewirken. Die Frage »Wie bitte?« kann arrogant und vorwurfsvoll klingen oder aber ehrliches

Interesse signalisieren. Unsere Herzen gleichen Seismographen, die unsere Absichtsschwingungen messen.

Man achte einmal im Gespräch darauf. Spricht man aus einem unterschwelligen Gefühl der Besserwisserei heraus oder hört man wirklich interessiert zu? Gute Absichten helfen beim Abbau von Blockaden, die einer aufrichtigen Offenheit im Wege stehen. Durch Achtsamkeit haben wir die Kraft, trotz aller Schwierigkeiten unsere Liebe aufrechtzuerhalten.

Statt eine schwierige Situation noch zu verschlimmern, kann man einander zum Guten animieren. Trotz aller Ungerechtigkeit und allen Schmerzes können wir auf die verborgene Schönheit der anderen schauen. Die spirituelle Praxis kann so einfach sein: mit wachem Blick nach bester Absicht handeln. Das führt oft zu erstaunlichen Ergebnissen. Nelson Mandela formulierte es so: »Wer die Menschen für besser hält, als sie sind, ermöglicht ihnen oft, sich besser als gewöhnlich zu verhalten.«

Unterschätzen Sie nicht die transformative Kraft einer solchen Aufmerksamkeit. Als Ananda, der Begleiter und enge Freund des Buddha, einer jungen Kastenlosen am Dorfbrunnen begegnete, bat er sie freundlich um etwas zu trinken. Aber sie schämte sich, der Bitte nachzukommen, damit seine Heiligkeit nicht durch sie verunreinigt werde. Ananda antwortete: »Ich erbitte Wasser und keine Kaste.« Durch diese freundliche Geste veränderte sich ihr Leben. Sie begleitete Ananda freudig ins Kloster, wo der Buddha sie segnete und bat, sich an Anandas Freundlichkeit ein Beispiel zu nehmen, damit durch diese schlichte Übung »ihre Taten wie Kronjuwelen erstrahlen«.

Wir haben unsere Herzensgüte im Kleinen zu erweisen. Aus der alltäglichen Einstellung erwächst menschliche Größe. Im gegenseitigen Respekt erfüllt sich der Weg.

Die Gemeinschaft dient dem Göttlichen

Mutter Teresa sah »Christus in den Armen und Kranken«. Der Dichter Rumi sehnt sich nach dem Göttlichen: »In jeder Einzelheit will ich nur dich sehen.« Und wenn er daran erinnert, dass es nichts außer Gott gibt, lacht er und sagt: »Warum eine Tür zwischen uns öffnen wollen, wo doch die ganze Wand eine Illusion ist?« Mit jedem Atemzug, jedem Bissen Nahrung, jedem geäußerten Wort drücken wir unsere existentielle Verbundenheit mit allem Leben aus. Die moderne Technik macht dies auf neue Weise sichtbar, vom Fernsehen bis zum Internet. Der israelische Premierminister Yitzak Shamir witzelte: »Das Fernsehen macht Diktaturen unmöglich und Demokratien unerträglich.« Wir sitzen alle im gleichen Boot.

Ein westlicher Lama erinnert sich:

Das Training bei meinem Guru in Indien, einem hoch angesehenen Rinpoche, flößte mir großen Respekt vor der Schule ein, deren Meister er repräsentierte. Diese Männer hatten über Jahrhunderte die Essenz buddhistischer Erkenntnis überliefert, bevor er sie aus Tibet herausbrachte. Einige Tage vor meiner Abreise war ich in der Haltung mitfühlenden Gebens und Nehmens die fünf Kilometer zu seinem Dorf unterwegs, als ich plötzlich die Lehre dieser Schule in einem umfassenderen Sinn begriff. Zu ihr gehörten nicht nur die hohen Lamas, sondern auch die engagierten Teefrauen, die an ihren Straßenständen die Pilger mit Erfrischungen versorgten. Auch die alten Hirten und tibetischen Händler, die den Lama besuchten und unterstützten. Die Wäscherin, die unten am Fluss Wäsche schlug, sein Koch in der Küche, die Kräuter in seinem Garten. Alle Welt diente meinem Lama und er diente ihr.

Die Mandalas unseres Daseins schwimmen in einem Meer von Buddhas, die den Blicken der Liebe und Weisheit zugänglich sind.

Als mein Freund und Kollege Gil Fronsdal als junger Mann nach Marokko reiste, machte er einen Abstecher in die Sahara. Dort wurden er und sein Begleiter von einem Beduinenstamm gastfreundlich aufgenommen, wie das bei arabischen Nomaden üblich ist. Sie wurden drei Tage lang mit Festmählern und solcher Freundlichkeit verwöhnt, dass Gil sagte: »Ich bin mir vorgekommen wie ein König.« Entsprechend herzlich bedankten sie sich beim Abschiednehmen, doch Gil fuhr fort: »Wieder zu Hause, wurde ich mir meines Missverständnisses bewusst. Sie waren die eigentlichen Könige gewesen, denn sie hatten uns gegenüber eine königliche Großzügigkeit bewiesen.«

Man dient dem Göttlichen, dem Geliebten, indem man den Buddha, den Christus in seinen Mitmenschen würdigt. Einer meiner Lehrer, Ajahn Jumnien, definiert so seine Rolle als Abt. Er bemüht sich, in jedem, der in seinen Tempel kommt, den Buddha zu sehen. Die meisten thailändischen Männer verbringen einige Zeit ihres Lebens im Kloster, und er empfängt jeden Anwärter mit Hochachtung. Als ein lokaler Boxchampion in seinem Tempel um Aufnahme bat, fragte Ajahn Jumnien, ob er nicht sein Bodyguard sein möchte. »Ich brauchte eigentlich keinen Bodyguard, aber er ging dieser Aufgabe so würdevoll nach, dass er ein guter Mönch wurde.« Ein anderer Mann brüstete sich bei seiner Ankunft als Bauunternehmer. Ajahn Jumnien lächelte und sagte: »Ausgezeichnet. Wir brauchen seit längerem einen neuen Meditationssaal. Machen Sie sich an die Arbeit.« Unser Verantwortungsbewusstsein wächst, wenn wir geachtet und anerkannt werden.

Ram Dass besuchte vor Jahren seinen Guru Neem Karoli Baba und fragte ihn: »Wie finde ich am besten Erleuchtung?« Sein Guru antwortete: »Liebe die Menschen.« Als er sich nach dem direktesten Erleuchtungsweg erkundigte, erwiderte sein Guru: »Hilf den Menschen. Liebe und fördere sie. Sei dem Göttlichen in jeder Form nützlich.« Der indische Mystiker Kabir sagt: »Ich ruhe nicht eher, ... bis ich dir mit jedem Atemzug diene.«

Das erwachte Herz dient. Aber wem dienen wir? Uns selbst. Als Gandhi einmal gefragt wurde, wie er sich so unermüdlich für Indien einsetzen konnte, antwortete er: »Wer sich für andere nützlich macht, nützt sich selbst. Die Upanishaden nennen das ›Gott nährt Gott‹«.

Eine spirituelle Gemeinschaft sollte mehr als sich selbst zum Ziel haben. Denn wollen die Mitglieder hauptsächlich der eigenen Isolation und Einsamkeit entrinnen und ihre Bedürfnisse befriedigt bekommen, gleichen sie einer Gruppe hilfsbedürftiger Kinder, und ihre Gemeinschaft ist zum Scheitern verurteilt. Ist man jedoch um das Allgemeinwohl beziehungsweise um das Heilige und Göttliche bemüht, stehen die Chancen für ein Gedeihen an Weisheit gut.

Auf diesen Punkt verweist ein Sufi-Meister:

> *Als wir unsere Gemeinschaft gründeten, zeigte sich, dass viele Leute nur Geselligkeit suchten oder politische und finanzielle Vorteile. Doch durften diese Bedürfnisse nicht zum Hauptzweck der Gemeinschaft werden. Wir kamen zusammen, um zu beten und Gott zu dienen, um uns wirklich geistig weiterzuentwickeln und etwas Allgemeingültiges auszudrücken. Wir wollten jeden Aspekt des Lebens heiligen, bis in den Alltag hinein.*

Die früheren Generationen taten das auf eine Art, die heute großenteils vergessen ist. In unserer Geschichte gibt es viele Beispiele kommunalen Zusammenhalts, man baute gemeinsam Scheunen, teilte sein Saatgut und Nahrungsmittel bei Hungersnöten, ging in die Kirche und war um wirkliche Freundschaft bemüht.

Zwar ist bei Naturkatastrophen nach wie vor die gegenseitige Hilfe bemerkenswert groß, und über alle Klassen- und Rassenunterschiede hinweg, wie sich das immer wieder beispielsweise bei Überschwemmungen zeigt. Sobald aber der Alltag eingekehrt ist, bleibt jedem nur die wehmütige Erinnerung an einen gelebten Gemeinschaftsgeist (der in manchen Ländern wie den USA durch vergangene Pionier- und Immigrantenzeiten besonders verinnerlicht wurde), der uns mahnt, füreinander da zu sein. Wenn wir uns gegenseitig helfen, bewahrheiten wir unsere heilige Verbundenheit. Gelebter Gemeinschaftsgeist lässt uns das allgegenwärtige Göttliche in den Augen der Mitmenschen erkennen, ruft die vergessene Einheit ins Gedächtnis.

Eine ältere buddhistische Hospizmitarbeiterin sagt, sie fühle sich den von ihr betreuten sterbenden Patienten näher als den meisten anderen Menschen, denen sie begegnet:

> *Zunächst dachte ich, sie seien wegen ihres nahen Todes einfach offener. Später wurde mir klar, dass es hauptsächlich an meinen Meditationen der Herzenswärme lag, die ich für sie mehrmals täglich durchführte. Wenn du immer wieder für jemanden betest und bewusstes Wohlwollen übst, verändert dich das. Du wirst zur Liebe, die du schenkst.*

Wir alle helfen einander in vielfacher Hinsicht. Ob wir an einer Kreuzung bei Rot anhalten, den Einkauf bezahlen, Hallo sagen, das Geschirr abwaschen, den Müll hinaustragen, wir wirken am Gemeinwohl mit. Wir können in jeder Alltagsrolle – als Händler, Gärtner, Künstlerin, Heilerin, Bauarbeiter, Lehrerin, Sekretär oder Verkäufer – zu befreiendem Mitgefühl erwachen und Gemeinschaftsgeist entwickeln.

> *»Wichtige Werke«, sagt der indische Meister Meher Baba, »sind nicht nur Heldentaten, große Gesten und riesige Schenkungen. Nützliches tut auch, wer seine Liebe in kleinen Dingen ausdrückt. Auch Selbstverständlichkeiten wie ein ermutigendes Wort, ein aufmunterndes Lächeln oder ein tröstender Blick im richtigen Augenblick sind große Hilfen, selbst wenn das zunächst nicht so den Anschein erweckt. Für sich genommen erscheint alles klein, aber das Leben setzt sich eben aus vielen Kleinigkeiten zusammen. Würden diese allesamt ignoriert, wäre das Leben nicht nur entsetzlich, sondern unerträglich.«*

Echtes Helfenkönnen erfordert Besonnenheit

Um zu wissen, was gut ist, und um richtig helfen zu können, braucht man Muße zum Nachdenken. Jede große Tradition schließt eine Form von Ruhetag ein. Im Westen erfreuen wir uns des jüdischen Sabbats und christlichen Sonntags. Die Moslems haben den Freitag als Feiertag, und die Hindus und Buddhisten erneuern ihr Gelöbnis der Genügsamkeit jeweils an den Vollmond-, Neumond- und Viertelmondtagen. In meiner Jugend gab es in Massachusetts noch die Sonntagsruhe. Heute hingegen, eine Generation später, haben wir Rund-um-die-Uhr-Supermärkte, Rund-um-die-Uhr-Banken, sieben Tage in der Woche. In unserer Konsumgesellschaft ist der permanente Hochbetrieb zwingend und damit ihr Zusammenbruch vorgezeichnet.

Echte Hilfe für andere und sich selbst erwächst aus einer anderen Haltung – aus nachdenklichen Augenblicken, Momenten des Gebets und der Gnade. Wer einmal auf die eigene Atmung und den eigenen Herzschlag achtet, stellt fest, dass es kleine Zwischenpausen gibt. Damit das Herz ein Leben lang schlagen kann, braucht es nach jeder Kontraktion eine kurze Entspannungszeit. Spirituelles Reifen erfordert ebenfalls solche Entspannungsphasen, einen Ruhetag, an dem man zur Geschäftigkeit des Alltags Abstand nimmt und sich zeitlosen Fragen widmet.

Wir sind der Tempel, den wir suchen. Wir müssen ihn nur nützen. Das kann mit einem Ruhetag oder einer täglichen Meditations- und Gebetszeit beginnen. Vielleicht steht auch an, dass man endlich bei der Arbeit Pausen macht. Es kann auch eine Neuüberdenkung des Lebensstils bedeuten, eine freiwillige Einschränkung des Konsums, mehr Hinwendung zur Natur, die Teilnahme an Retreats. Oder dass man die Fernsehnachrichten aus- und Mozart einschaltet. Oder dass man in Konfliktsituationen durchatmet und sich seines Grundanliegens bewusst wird. In diesen Augenblicken gepflegter Ruhe erinnert sich das Herz an seine eigentliche Aufgabe auf Erden.

Ein christlicher Mystiklehrer erinnert sich:

Ich hatte viele Jahre im Schutz eines kleinen Ordens gelebt. Dann empfand ich die dringende Notwendigkeit, der Gesellschaft auf direkte Weise zu dienen. Ich gestaltete den Übergang fließend, arbeitete in einem Aids-Hospiz und einem Beratungszentrum und kehrte einmal im Monat in den Orden zurück. Welche Ruhe dort herrschte. Alles war dort ein heiliger Akt, selbst das Anstehen beim Essenholen. Der Alltag birgt das Geheimnis der Gnade. Ich erkannte, dass es nicht nur auf das Gebet oder die Meditation an sich ankam, sondern auch auf das Schweigen, das Innehalten und Atemholen, auf das Gewahrwerden, dass der ganze Planet und alles auf ihm heilig ist. Mit ihrer Schönheit möchte ich jeden erfreuen, dem ich begegne. Also pflege ich regelmäßig die Ruhe. Solange ich dieser Einsicht treu bleibe, werde ich einst auf ein erfülltes Leben zurückblicken können.

In stillen Momenten wird uns bewusst, wie wir am besten lieben und helfen können. Aus dem Quell des Schweigens wird wahre Gemeinschaft geboren.

16

Achtsam mit allem, was ist

Wir haben nur einen einzigen Auftrag: Wir sollen Eingeborene des Herzens und uns hier und jetzt unseres Lebens bewusst werden; wir sind ganz konkret dem Kontinent verpflichtet, auf dem wir leben, seinen Bergen und Flüssen, seinen Pflanzen und Tieren. Wir sind ganz konkret ... einem Milliarden Jahre alten Tatbestand verpflichtet. Wir haben den tatsächlichen Pflichten der Erdenbürgerschaft nachzukommen.
Gary Snyder

Jeden Morgen bin ich hin und her gerissen zwischen dem Wunsch, die Welt zu retten, und der Lust, sie zu genießen.
E.B. White

Das Mandala des Erwachens offenbart den Zusammenhang des Lebens, so dass wir uns unseres einzigartigen Lebensatems in Verbindung mit allem Lebendigen bewusst werden. In Indien spricht man von »Indras Juwelennetz«, dessen Knoten die einzelnen Wesen sind, die als Diamanten vorgestellt jeweils alle anderen Diamanten und deren gegenseitige Verbundenheit widerspiegeln. Die Erkenntnis der verflochtenen Natur wird zur unleugbaren Realität und bringt Pflichten und Freuden mit sich. Häuptling Seattle sagte: »Was ist der Mensch ohne Tiere? Ohne die Tiere würden die Menschen vor Einsamkeit sterben.«

Ähnlich könnte man fragen, wo man ohne die Erde laufen und tanzen könnte? Und ohne Berge, wo bliebe der Schnee liegen, wo könnte der Schneeleopard sich seines Lebens freuen? Wir müssen der ganzen Erde und allen ihren Wesen gegenüber Großherzigkeit üben.

Von Bäumen und Flüssen lernen

Nachdem der Buddha den Morgenstern geschaut hatte und unter dem Bodhibaum erwacht war, begann er zu lehren. Er zog es vor, unter den Bäumen des Wildparks von Sarnath nahe der Stadt Benares zu unterrichten, die zehn Kilometer entfernt lag. Moses führte sein Volk in die Wüste, suchte keine Städte, sondern ein Land mit Milch und Honig auf. Jesus zog sich ebenfalls in die Wüste zurück, und obwohl er in den Städten lehrte, hielt er sich oft auf dem Land auf, am Seeufer, in den Olivenhainen, den Gärten und Feldern. Er benutzt Worte aus dem ländlichen Umfeld, spricht von Hirten und Fischern, Löwen, Lämmern und Lilien. Die Natur ist in allen spirituellen Traditionen ein wesentlicher Faktor, sei es als Zufluchtsort oder als heilige Manifestation des göttlichen Gesetzes.

Katholische und buddhistische Kontemplative üben bis heute in den Bergen und Wäldern. Ajahn Buddhadasa, der ein großes Waldkloster gegründet hat, heißt die Natur unsere Lehrerin: »Unsere Körperteile und -organe, Arme, Hände, Lungen, Nieren, tragen gemeinsam zum Überleben bei. Die Menschen, die Tiere, die Bäume und die Erde sind miteinander verflochten, bilden eine Kooperative. Auch die Sonne, der Mond, die Planeten und die Sterne sind eine riesige Kooperative. Der Blick über das Eigeninteresse hinaus erschließt eine natürliche Ökologie der durchgeistigten Natur, lässt uns frisch, offen, freudig unsere organische Verbundenheit mit allen Dingen erfahren.«

Die Sorge um das ökologische Gleichgewicht ist keine Erfindung der Neuzeit. Eine buddhistische indische Volksweisheit lautet, man solle in seinem Leben alle fünf Jahre einen Baum pflanzen, und einer der weisesten Herrscher der Weltgeschichte, der indische König Ashoka, baute auf dem Grundsatz gegenseitiger Abhängigkeit ein großes Königreich auf.

Eines Tages, als er bei der Eroberung Südindiens über eine besonders verlustreiche Schlacht trauerte, sah Ashoka einen einfachen Mönch in aller Seelenruhe über das blutgetränkte Schlachtfeld gehen. Beim Anblick dieses Mannes dachte der König: »Ich habe alles und bin weniger glücklich und zufrieden als dieser Mann, der nichts besitzt.« Ashoka wurde der Schüler dieses Mönchs und festigte aufgrund seines Dharmaverständnisses Rechtschaffenheit und Tugend im ganzen Land. Statt Krieg zu führen, kümmerte sich die Armee nun um die Aufrechterhaltung des Friedens. Religiöse Toleranz, moralische Verantwortung und Verzicht kamen zu Ehren. Der Vegetarismus wurde gefördert, Brunnen wurden gegraben, Wälder erhalten und Gesetze zur Gesunderhaltung von Mensch und Umwelt erlassen. Die zweitausend Jahre alten Steinsäulen mit den Erlassen Ashokas sind noch heute überall in Indien zu finden.

Leider bedarf die Weisheit so wie die Umwelt der stetigen Pflege, wenn sie gedeihen soll. Nach Ashoka nahmen die Mönche und Nonnen Asiens eine passive Haltung gegenüber ihrer Umwelt an und machten sich über wechselseitige Abhängigkeiten in der Natur wenig Gedanken. In den tropischen Dörfern und Waldklöstern Südostasiens warf man den Abfall einfach auf den Boden. Das funktionierte, solange einheimische Verpackungsmittel Bananenblätter waren, wurde aber zum Alptraum, als Plastikartikel aufkamen. Trotzdem konzentrierten sich die Meister weiterhin fast ausschließlich auf den subjektiven Geist, statt ihre Schüler zu mehr Verantwortung gegenüber der sie umgebenden Natur zu ermahnen.

Aber dann nahm die Rodung der Urwälder in Thailand, Laos und Burma derart überhand, dass die Mönche zu Aktivisten werden mussten, um die letzten unberührten Urwaldgebiete vor den Holzfällern zu schützen. Sie machten sich auf und ordinierten die alten Bäume feierlich als Äbte des Waldes, wobei sie ihnen Roben umbanden. Ähnlich ist im Westen eine christliche Ökobewegung im Wachsen begriffen. Angespornt vom Beispiel lateinamerikanischer Nonnen und Priester, beginnt man in den Kirchen weltweit die Intakthaltung der Natur als göttlichen Auftrag zu predigen.

Die Schwestern eines Klosters beschreiben dieses wachsende Anliegen:

Jahrzehnte hatten wir uns von den weltlichen Problemen bewusst abgeschirmt. Und auch jetzt kümmern wir uns nicht um Politik oder um das, was man allgemein Nachrichten nennt.

Aber wir fingen 1978 mit dem Recyceln an. 1983 hörten wir auf, Pestizide zu verwenden. Jetzt haben wir fast nur noch biodynamische Nahrungsmittel. Und wir benützen unsere Autos und den Transporter so wenig wie möglich. Die Sorge um die Erde ist allmählich in unsere Arbeit und in unser Gebet eingeflossen. Das geben wir an unsere Besucher weiter. Wir haben Schwestern, die in Lateinamerika zu Aktivistinnen geworden sind. In unsere Gebete zu Gott schlossen wir immer auch andere ein, aber jetzt betrachten wir bei allem, was wir tun, die vom Aussterben bedrohten Arten, den Regenwald und die armen Bauern als Teil von uns selbst.

Mensch und Umwelt sind keine getrennten Dinge. Wir müssen ihre wechselseitige Abhängigkeit erkennen, uns fragen, inwiefern möglicherweise der eigene Lebensstil zum Treibhauseffekt und zur Verschmutzung unserer Flüsse beiträgt, und auch an die Herkunft unserer Nahrung denken. Wenn wir im Supermarkt einkaufen, können wir uns die Regenwolken vergegenwärtigen, die uns diese Nahrung ermöglichten, und den feuchten Boden, auf dem sie gewachsen ist, und die tausendfältigen menschlichen Mühen, die es kostete, bis sie endlich auf unserem Tisch stehen.

Die Dichterin Alison Luterman schreibt: »Erdbeeren sind zu empfindlich, als dass sie maschinell geerntet werden könnten. Vollkommen reif überstehen sie nicht einmal das Pflücken von menschlicher Hand. ... Jede Erdbeere, die du jemals gegessen hast – jede einzelne Frucht –, wurde von jemandem gepflückt. Hinter jeder Scheibe Toast mit Marmelade stehen die Knie, der schmerzende Rücken, die Hüften irgendeiner Frau, die sich ein Tuch ums Handgelenk gebunden hat, um sich damit den Schweiß abzuwischen.«

Unser spirituelles Leben mag anfänglich auf Selbstverwirklichung und vernünftige menschliche Beziehungen konzentriert sein. Doch muss unsere Selbstlosigkeit uns auch zur Einheit mit den Bergen führen.

Ein Yogalehrer berichtet:

Als ich in den 1970er-Jahren in Indien lebte, lehrte einer meiner Gurus in einer lauten, schmutzigen Stadt. Er belehrte uns über innere Reinheit, erwähnte aber nie die umliegenden Missstände. Mein zweiter Guru hatte einen Ashram auf dem Land, wo wir mit Yoga-, Meditations- und Atemtechniken die Welt zu transzendieren versuchten. Auch er ließ die Umwelt außen vor. Ich war geschockt, wie wenig Umweltbewusstsein in der Yogabewegung herrschte. Wir glaubten, es genüge, sich vegetarisch zu ernähren. Jetzt halte ich meine Yoga-Retreats an Plätzen ab, wo die Natur noch intakt ist, und versuche zu vermitteln, dass ein reiner Geist von der Sauberkeit unserer Flüsse und unserer Luft abhängt. Wir müssen unbedingt auf den Erhalt der Natur achten und ein Welt-Yoga üben, bei dem wir mit der Erde Fühlung aufnehmen.

Joanna Macy, eine visionäre buddhistische Lehrerin und Aktivistin, weist darauf hin, dass sich unsere Umweltprobleme nur durch einen grundlegenden Einstellungswandel lösen lassen. Es ist eine »große Umkehr des Denkens« nötig: »Selbst unseren Wissenschaftlern ist klar, dass es keine technischen Mittel, keine Computerrevolution, keine Wunderpille gibt, die uns vor der Bevölkerungsexplosion, der Abholzung, der Klimakatastrophe, der Umweltverschmutzung und dem massenweisen Aussterben von Pflanzen- und Tierarten retten könnten. Wir müssen andere Dinge wollen, andere Vergnügungen suchen, andere Ziele verfolgen als jene, die uns und unsere Weltwirtschaft bisher antrieben.«

Mit wachsender geistiger Reife werden die oberflächlichen Werte der Verbraucher immer durchschaubarer. Habenwollen und Besitzgier weichen einem Streben nach Integrität und dem innigen Wunsch, in Einklang mit der Schöpfung zu leben. Das Bedürfnis nach einem schlichteren Leben erwächst dann aus der Liebe zu sich selbst und aus dem zunehmenden Verantwortungsbewusstsein gegenüber allem Leben auf der Erde. Aber diese Umkehr geschieht nicht automatisch. Wir müssen uns im Mandala des Erwachens alle unsere Konditionierungen und Gewohnheiten bewusst machen.

Eine Lehrerin schildert ihre diesbezüglichen alltäglichen Anstrengungen:

> *Das viele Leid in der Welt lässt mir nach wie vor keine Ruhe. Es vergeht kein Tag, an dem ich nicht erschrocken feststelle, dass noch immens viel getan werden muss. Ich gebe nun schon seit dreißig Jahren Kontemplationsunterricht, und meiner Ansicht nach hängt alles von unserem inneren Erwachen ab, von der Möglichkeit, unsere Selbstsucht zum Wohl der Allgemeinheit zu überwinden. Aber manchmal scheint es so langsam voranzugehen. Nicht dass ich die ganze Welt verändern wollte. Ich habe in Indien und Nepal in den armseligsten Vierteln auch verwirklichte Schönheit und Freiheit erlebt. Natürlich sah ich und sehe immer noch, dass es Millionen armer, kranker, hungernder Menschen gibt und unzählige Bedürftige. Ich helfe, so weit ich kann. Ich versuche schlicht zu leben. Jeden Tag frage ich mich: Unterstützt du die richtigen Dinge, triffst du die richtigen Entscheidungen? Tust du genug?*

Die Vereinigten Staaten sind leider die weltweit größten Waffenhersteller und -lieferer. Und es ist bekannt, dass für Waffen jährlich weltweit Billionen Dollars ausgegeben werden, während sich mit nur einem Zehntel dieser Summe alle Kinder und Hungernden auf dieser Erde ernähren ließen. Uns alle betrifft auch die zunehmende Grundwasserverseuchung, wie wir wissen – und die Tatsache, dass man in der Muttermilch von Mohawk-Indianerinnen im Staat New York PCB (Polychlorierte Biphenyle) festgestellt hat, bestärkt den Verdacht, dass unsere Körper langsam zur Mülldeponie verkommen. Was können wir dagegen tun?

Für ein spirituelles Leben braucht man nicht der Welt zu entsagen, um im Kloster Askese zu betreiben, und auch nicht aufs Land ziehen und Bauer werden. Spirituelle Werte lassen sich genauso in der Politik, der Medizin, der Justiz, an der Wall Street und bei der Polizei verwirklichen – in jedem Lebensbereich. Die buddhistische Geschichte über den Bodhisattva Vimilakirti zeigt, wie ein erleuchtetes Wesen ganz bewusst ein reicher Geschäftsmann wird, um in der Welt des Handels Gutes zu tun. Später lehrt er als Krankenhauspatient die Ärzte Mitgefühl, und schließlich besucht er sogar die Bars und Bordelle, um dort den Menschen die Lehren nahe zu bringen. Er schloss keinen Bereich des menschlichen Lebens von seinem Mitgefühl aus.

Allen Segen zu bringen, indem man sich voll ins Leben stürzt, ist ein edles Anliegen, aber man kann sich auch leicht etwas vormachen, wenn man sagt, man folge Vimilakirtis Beispiel. Die Reichtümer, die wir in der modernen Gesellschaft genießen, haben ihren Preis, und der beinhaltet die Ausbeutung anderer Kulturen, die wirtschaftliche Kolonisierung eines Großteils der Welt, das Aussterben von Pflanzen- und Tierarten durch Umweltzerstörung. Wir tragen mit jeder Autofahrt zur Umweltverschmutzung und zum globalen Temperaturanstieg bei. Bei jeder Flugreise wird Kerosin verbraucht, das durch die Machtpolitik im Mittleren Osten und die Zerstörung der Karibu-Flugreviere in Alaska garantiert ist. Und unser Importbedarf an möglichst billigen Nahrungsmitteln hat beispielsweise in Guatemala und Brasilien für Böden und Bauern schreckliche Konsequenzen.

Das altgriechische Wort für Erwachen heißt »alethe«. Nicht das Böse oder die Unwissenheit ist das Gegenteil des Erwachens, sondern »lethe« = Schlaf (eigentlich Vergesslichkeit, Anm.d.Ü.). Auch noch nach einer anfänglichen Erleuchtungserfahrung können wir den Folgen unserer modernen Lebensweise gegenüber schlafen. Leider sind wechselseitige Abhängigkeit und ökologische Zusammenhänge bei den meisten traditionellen spirituellen Ausbildungen kein expliziter Lehrstoff. Damit wir unser äußeres

Leben mit unseren inneren Werten in Einklang bringen können, müssen wir uns die versteckten Kosten unserer Handlungen bewusst machen.

Rechtschaffenheit beruht nicht nur auf einer inneren moralischen Bestandsaufnahme, zu ihr gehört auch, dass man sein äußeres Leben auf »Ungereimtheiten« hin abklopft. Der buddhistische achtfache Pfad umfasst: Rechtes Denken, Rechtes Handeln, Rechtes Sprechen, Rechten Lebensunterhalt. Steht unsere Lebensweise mit unserem neu gewonnenen, tieferen Verständnis der Verbundenheit in Einklang? Unsere Arbeit, unser Wohnen, unsere Finanzen, unser Reisen, unser Konsumniveau, unser politisches und soziales Engagement? Was fordert unsere Sorge um die Erde, unsere Erkenntnis der wechselseitigen Abhängigkeit im persönlichen Leben von uns? Was könnten wir ändern, nicht aus Schuldgefühlen heraus, sondern aus Liebe? Unsere Transformation beginnt mit diesen Fragen.

Sich in die Lage der Tiere und Flüsse versetzen

Manchmal muss man auch den menschlichen Standpunkt aufgeben, von sich selbst absehen, um sich der Verbundenheit mit anderen Wesen bewusst zu werden. Der Umweltaktivist John Seed hat dazu eine Gruppenmeditation entwickelt, die er »Rat aller Wesen« nennt. Diese Beratungen werden rund um die Welt abgehalten. Treffpunkt sind Plätze, an denen die Natur noch intakt ist. Die Teilnehmer werden dabei gebeten, sich einen ganzen Tag lang vor Ort mit einem bestimmten Fleckchen Erde, einem bestimmten Berg oder Fluss oder einer bestimmten Pflanzen- oder Tierart, einem Reiher, einer Kiefer, einem Bison oder einer Ringeltaube intuitiv auseinander zu setzen. Nachdem dieses innere Gespräch stattgefunden hat, stellen die Teilnehmer Masken oder Kostüme her, um ihre Gesprächspartner aus der Natur darstellen zu können, und halten schließlich Rat ab.

Jeder spricht im Namen seiner besonderen Spezies oder Örtlichkeit. »Ich bin ein Seetaucher und spreche für die Wasservögel.« »Ich bin ein Bergbach und spreche für die Flüsse auf der Erde.« Nachdem sich alle so vorgestellt haben, werden die Anliegen im Einzelnen diskutiert. Einige aus der Gruppe werden in der Rolle menschlicher Zuhörer in die Mitte gebeten.

»Als Wildgans habe ich vorzubringen, dass meine langen Züge schwierig geworden sind, weil die Feuchtgebiete weniger werden. Und die Schalen meiner Eier sind dünn und brüchig geworden; sie zerbrechen, bevor meine Jungen schlüpfen. Ich fürchte, dass sich Gift in meinen Knochen abgelagert hat.« Der Rat hört sich das aufmerksam an.

»Ihr Menschen, ich spreche als Lebensbringer Fluss. Seht nur, wie schmutzig ich bin ... mit euren Abwässern und Giften habt ihr mich zu einem Krankheits- und Todesbringer gemacht.« Der Rat hört aufmerksam zu.

Nachdem alle anderen Arten zu Wort gekommen sind, sprechen die Menschen. Gewöhnlich bringen sie ihr großes Bedauern zum Ausdruck und ihre Angst vor dem überhand nehmenden Auswüchsen menschlicher Gier. Die verlauteten Nöte der Erde haben sie aufgerüttelt und ihre Sorge um das Schicksal aller Arten entfacht.

Schließlich werden die Menschen ermuntert, die weite Welt der Natur um Rat zu fragen. Die nichtmenschlichen Wesen stellen ihr Wissen und ihre Kräfte zur Verfügung: der Berg Friedfertigkeit, der Falke Weitblick, der Koyote spielerische Kreativität, die Wildblume ihren Duft zur Erinnerung an die Schönheit der Natur, die alte Kiefer Ausdauer.

Wie in diesem Rat können wir überall von der Natur lernen. Die Pflanzen, Tiere und Flusstäler vermitteln uns wichtige Einsichten, lehren uns das Dharma. Der große Zen-Meister Dogen sagte einmal: »Jeder Bambus birgt alle Buddhas.« Doch wenn wir diesen Bambus-Buddha gedankenlos von seinem Herkunftsland in unseren Garten verfrachten, kann er für die Nachbarschaft bald zur Plage werden, wenn wir wegen seiner Schönheit seine Zähigkeit übersehen.

Ob man nun Bambusse exportiert oder Flüsse staut – zum vernünftigen Umgang mit der Natur gehört, dass man ihre Kräfte und ihre Integrität respektiert und sich nicht anmaßt, man könne mit ihr machen, was man will. Die Mönche, die in den Teakwäldern leben, lieben die Schönheit und den Schatten ihres grünen Baldachins, aber sie nehmen sich auch vor der Stärke des Tigers, dem Gift der Kobra und dem Malariafieber in Acht, die zur Wildnis gehören. All ihre Aspekte sind für sie lehrreich.

Gräser und Bäume als Lehrer

Die oben geschilderte Tradition der Ältesten des Waldes rät uns zur Naturnähe. Es erfrischt den Geist, wenn wir nach dem Regen spazieren gehen und es nach Lorbeer duftet, wenn wir im Frühling den Quittenbaum, im Herbst den Feuerahorn, im Dämmerlicht den Farbton der Rose, auf der Nachbarveranda die Knospen treibende Lilie, in der Gebirgsabendstille das Rascheln des Kleingetiers bewundern. Sooft wir in die freie Natur gehen und die Schönheit wahrnehmen, welche uns geschenkt ist durch unsere in unvorstellbare Zeiträume eingebundene Geburt, regeneriert sich unsere Seele. Auf diese Weise wächst unser Interesse an der Umwelt nicht aufgrund einer Pflicht, sondern aus Liebe. In uns entstehen Dankbarkeit und Verehrung gegenüber der Natur als Ganzer.

Wenn wir die Erde pflegen, nehmen wir teil an ihrem Erwachen. So schrieb Ralph Waldo Emerson: »Wirklich erfolgreich ist, wer Schönheit zulässt und in anderen das Beste sieht; wer die Welt ein wenig besser zurücklässt, sei es durch ein gesundes Kind, einen kleinen Garten, eine soziale Leistung, vielleicht weil man jemandem das Leben erleichtert hat.« Wenn wir uns um die Natur kümmern, kommt das auch dem Menschen zugute.

Das in den USA gestartete *Prison-Garden-Projekt* von Cathy Sneed hat gezeigt, wie positiv sich die Anerkennung unserer Verbundenheit mit allem Leben auswirken kann. Betroffen von der Seelenfeindlichkeit in den Gefängnissen, begann sie 1984 mit ihrem Projekt, bei dem Strafgefangenen das Anlegen eines kleinen Gartens ermöglicht werden sollte. In der San Franciscoer Strafvollzugsanstalt wurden die Männer eingeladen, auf einem dafür ausgewiesenen Gefängnisgelände Gemüse anzubauen. Durch Spendengelder konnte sie ihnen Setzlinge und Mulch, Dünger und einfache Gartengeräte zur Verfügung stellen.

Die Möglichkeit, einen Garten anzulegen, für sein Gedeihen verantwortlich zu sein und mit Insekten und Trockenheit fertig zu werden, trug bei diesen Männern ebenfalls Früchte: In ihnen erwachte eine geradezu mütterliche Fürsorglichkeit. (Cathy erzählt, einer der Obermachos hätte einmal gesagt: »Tritt nicht auf meine Babys.«) Die Gefängnisdirektoren staunten über die Veränderung. Denn bald drehte sich das Leben der neuen Gärtner fast nur noch um ihr kleines Stückchen Land. Und nachdem einige dieser Männer entlassen wurden, machten sich ein paar von ihnen tatsächlich absichtlich geringfügig strafbar, nur damit sie zu ihrem Garten zurückkonnten.

Das veranlasste Cathy selbstverständlich zu einem weiteren Schritt: zur Gründung eines Gartenprojekts für Exgefangene und mehrerer Gemeindegärten für soziale Außenseiter um San Francisco herum. So erwies sich das Gartenprojekt selbst als eine Art Garten, in dem Menschen gediehen. Weil man diesen Menschen die Gelegenheit gab, die Erde für sich persönlich zu nutzen, wuchs auch ihr Bedürfnis, für die Erde da zu sein. Mit den Gärten erblühten auch die Herzen der Gärtner.

Die Natur lehrt uns einen Zeitbegriff, der auf verschiedenen Zyklen und Rhythmen beruht, statt nur auf einem linearen Planen. Einige Insekten leben nur einen Tag. Manche Pflanzen blühen nur alle hundert Jahre. Das Mandala des Erwachens schließt all diese unterschiedlichen Zeitrahmen mit ein und fordert uns auf, sie in unserer Praxis zu berücksichtigen. Wir werden zu Hütern des Lebenskreislaufs. Die Ältesten der amerikanischen Eingeborenen lehren, dass wir »bis zur siebten Generation« vorausplanen sollen. Der Anthropologe und Systemtheoretiker Gregory Bateson erläutert diese Form von Weitblick anschaulich anhand des New College der Universität Oxford, einer großen Halle, die zu Beginn des 17. Jahrhunderts gebaut worden ist. Die riesigen Eichenbalken, die das Dach dieser großen Halle tragen, haben einen Durchmesser von 1,20 m. Vor nicht allzu langer Zeit stellten die Hausmeister jedoch fest, dass die Balken durch Holzschwamm ernste Schäden aufwiesen. Das Problem war nun, dass man nicht wusste, wo heutzutage Balken dieses Durchmessers zu bekommen waren.

Einer der Hausmeister erwähnte dieses Problem schließlich in einem Gespräch mit dem Förster der Universität. Der grinste und sagte: »Wir haben uns schon gefragt, wann es endlich so weit ist. Der Erbauer der Halle rechnete bereits mit dem Hausschwamm. Deshalb ließ er einen Eichenhain anlegen, um für Ersatz zu sorgen. Diese Bäume sind jetzt dreihundertfünfzig Jahre alt – und haben genau die richtige Größe für die Balken.«

Durch aufrichtige Aufmerksamkeit wird diese Form von Weitblick zur Lebensart. Unsere kleinen Schritte rechtschaffenen Tuns fügen sich so in einen großen Zusammenhang. Wir relativieren uns gegenüber einem unermesslichen Ganzen. Erst wenn wir nicht mehr nur an uns selbst denken, wird uns im Maß unseres wachsenden Mitgefühls leichter ums Herz.

Im Interesse aller Wesen handeln

Ein Bodhisattva ist in der buddhistischen Tradition ein Wesen, das sich dem Wohl der ganzen Welt widmet und allem Lebendigen mitfühlend zum Erwachen verhilft, egal, wie lange dies dauert. Dieses Gelöbnis kommt in dem Versprechen zum Ausdruck, erst ins Nirwana einzugehen, wenn auch der letzte Grashalm darin Eingang gefunden hat. Weltweit sprechen Übende vor jeder Meditation das Bodhisattva-Gelöbnis, um sich diese Absicht in Erinnerung zu rufen. Es fängt folgendermaßen an: »Die Zahl der Lebewesen ist grenzenlos. Ich gelobe zu helfen, bis alle befreit sind. Unwissenheit und Gier sind maßlos; ich gelobe ihre völlige Tilgung und Umwandlung.«

Durch Ewigkeiten hindurch unzähligen Wesen zum Erwachen und zum Mitgefühl verhelfen zu wollen ist eine überwältigende Aufgabe. Jeder Übende, der das gelobt, steht vor dem Problem der Umsetzung dieses Gelöbnisses im Alltag. Heißt es, dass ich, dieses »kleine Licht«, zur Rettung aller Wesen durchs Universum reisen muss? Woran misst sich mein Erfolg; wie soll ich anfangen?

Ganz einfach, denn das Bodhisattva-Gelöbnis bedeutet keine Leistung, sondern eine Richtung, eine Absichtserklärung. Egal, welche Umstände eintreten, ob Geburt oder Tod, Freud oder Leid, ich engagiere mich körperlich, sprachlich und gedanklich in Richtung Mitgefühl und Erwachen. Ich will fortwährend Freundlichkeit und Befreiung für mich und alle Lebewesen säen.

Das Bodhisattva-Gelöbnis ist kein Maßstab, sondern ein Kompass, ein Richtungsanzeiger für das Herz. Es ist der Leitfaden vernünftigen Handelns, die Grundeinstellung, aus der alles andere folgt. Daraus erwächst unser Erbe. Martin Luther King jr. sagte einmal: »Ich möchte, dass man von mir einmal sagt, ich hätte der Menschheit in Liebe zu dienen versucht. ... mein Leben soll einen Sinn gehabt haben.«

Inmitten all des Unglücks, das das tibetische Volk seit Jahrzehnten heimsucht, hat der Dalai Lama oft von der großen Stütze gesprochen, die für ihn dieses Gelöbnis darstellt. Als politischer und spiritueller Führer und weltweites Vorbild der Friedfertigkeit hat er schwierige Entscheidungen für sein Land und sein Volk zu treffen. Er gibt zu, dass er nicht immer die besten Entscheidungen getroffen und manchmal Fehler gemacht hat. »Das Einzige, dessen ich mir wirklich sicher bin«, erklärt er, »ist meine ehrliche Motivation.« Sein Herzensanliegen ist es, in allem, was er tut, Mitgefühl und Befreiung zu fördern. Auf dieser Absicht fußt sein ganzes Tun. Aus solchen Samen erwächst etwas Wunderbares.

Da kein Wesen von der Erleuchtung ausgeschlossen ist, ist es auch niemals dafür zu spät. Wir können jederzeit mit der Aussaat beginnen. Unsere gute Absicht schafft Perspektive, der Zeitdruck und das Gefühl, für alles zuständig zu sein, lassen nach. Wir sind nicht mehr die Kontrolleure. Wir sind die Säer und Säerinnen. Auch wenn wir die Veränderung, für die wir uns einsetzen, vielleicht nur zum Teil miterleben – wenn die Samen unserer Taten tauglich sind, werden sie für alle Wesen gute Frucht tragen. Wir haben uns verantwortlich und kreativ um unsere Absicht zu kümmern. Dann werden wir die richtigen Fragen stellen und echte Hilfe leisten, weil wir mit Weitblick unser Anliegen umsetzen – so, wie sich ein Bauer vorausschauend um seinen Obstgarten kümmert und die Eltern um ihr Kind.

Es ist der Weitblick des Ältesten und Weisen. Er entwickelt sich ganz von selbst, wenn man sich aufrichtig um ein spirituelles Leben bemüht. Ein Meditationslehrer erzählt:

> *Es ist so, als wäre meine spirituelle Praxis ein langsames Pferd. Am Anfang war ich sehr ambitioniert, versuchte zu galoppieren, übte hier und in Asien ausgiebig. Ich war auf Erleuchtung aus. Und ich erlebte tatsächlich Ekstasen, Glücksmomente, mystische Zustände, hatte unglaubliche Einsichten und all das. Aber es zeigte mir nur, was ich zu tun hatte. Um dauerhaftes Glück zu finden, musste ich mit meinem Pferd langsamer werden, mich auf den Boden der Tatsachen stellen und im Alltag meine Werte leben. Nachdem ich weiter sehr viel Zeit mit Meditation verbracht und an mir selbst gearbeitet hatte, machte ich eine Hundertachtziggradwendung zur Erde hin. Ich erkannte, dass die Wälder, Meere, Pandas und das Plankton, die Biosphäre, genauso von mir abhingen wie ich von ihnen. Ich wurde im Umweltschutz aktiv. Ich hielt Vorträge, schrieb, ging mit gutem Beispiel voran. Wir hatten einigen Erfolg, aber dann musste ich mein Pferd erneut eine langsamere Gangart einlegen lassen, weil sich mein Ehrgeiz auf andere Art zurückgemeldet hatte.*

Entsagung bedeutet für mich jetzt nicht mehr nur Askese im Kloster. Wir sind hier, um Menschlichkeit zu erlernen. Wichtig ist die Überwindung der selbstsüchtigen Gesinnung, die Aufgabe der Gier und des Ehrgeizes. Uns ist die Welt nicht untertan. Wir müssen Geduld üben und in der Situation, in der wir uns befinden, reinen Herzens handeln. Das ist es, was zählt.

Angemessenes Tun und Lassen

In der Natur finden wir viele Beispiele angemessenen Tuns und Lassens. Bäume tragen Früchte und ruhen im Winter; Ottern, Bären und Forellen schlafen und wachen; Tag und Nacht und Sommer und Winter wechseln sich ab. Wir fürchten nicht selten, unsere Bodhisattva-Absicht zu verlieren, wenn wir sie nicht ständig darzustellen versuchen. Aber die größere Seinsgemeinschaft lehrt uns, dass es ohne die eisigen Ruhemonate des Winters keine Äpfel gibt. Ausruhen, Nichtstun, Zuhören sind im Vernunft-Mandala des Lebens genauso wichtig und wesentlich wie das Tun.

Thomas Merton warnt uns: »Wenn man sich in einer Vielzahl widersprüchlicher Vorhaben verliert, sich zu viele Aufgaben stellt, zu viele Projekte fördert, jedem in allem helfen will, bleibt man dem Diktat unserer Zeit unterworfen.«

Manchmal ist die Teilnahme an einer Demonstration fällig, manchmal Ruhe und Meditation. Beides kann zur rechten Zeit den nötigen Ausgleich zwischen Innen und Außen voranbringen. Kluges Verhalten bedarf eines von Gelassenheit getragenen Mitgefühls, bedarf der Fähigkeit, die Dinge so zu nehmen, wie sie sind. Auch wenn wir für das Leid in der Welt offen sind, darf unsere Betroffenheit nicht so weit gehen, dass wir uns für die Beseitigung aller Missstände in der Welt verantwortlich fühlen. Wir haben bei unseren Leisten zu bleiben. Sonst werden wir hochtrabend und fanatisch in unserem Bestreben, die Welt zu retten.

Mitgefühl und Gleichmut beginnen sich die Waage zu halten, wenn wir uns ganz der Gegenwart zuwenden. Dazu gehört im Grunde nicht viel. Achtsamkeit und Mitgefühl ereignen sich stets im Augenblick, in einer konkreten Situation nach der anderen, einzelnen Menschen gegenüber. Wollen wir sie anders verwirklichen, geraten wir in den Sog unserer aktuellen Probleme: Dann beginnen uns das Leid und die Ungerechtigkeit dieser Welt zu überwältigen und seien es nur familiäre Schwierigkeiten oder Missstände in der Gemeinde.

Mitgefühl lässt sich nur im Hier und Jetzt verwirklichen, innerhalb eines konkreten Zusammenhangs. Selbst bei globalen Zusammenhängen ist das so. Herzensgüte wächst in kleinen Schritten. Ob man sich um eine kränkelnde Nachbarin kümmert oder eine Kampagne zur weltweiten Bannung der Landminen in die Wege leitet oder eine ebensolche zur Verhinderung der Abholzung des Regenwaldes – bei der Übung des Großmuts wie bei der Atmung lässt sich nichts überspringen, alles hängt von der täglichen Kleinarbeit ab. Sie bringt die Wahrheit zum Vorschein.

Ein Meditationslehrer berichtet:

> *Nach dreißigjähriger Meditationspraxis erscheinen mir selbst fünfzig Praxisjahre kurz. Meine Perspektive hat sich erweitert – auf viele Leben. Ich habe ein klares Ziel vor Augen, strebe nach vollkommener Erleuchtung. Zeit ist dabei kein Problem. Es gibt die Möglichkeit der Befreiung, allein darauf kommt es an. Das haben wir zu lehren. Auf diese Möglichkeit, diese Wahrheit muss sich all unser Tun gründen.*

Jedes Gebet, jeder bewusste Beitrag trägt zur Heilung des Ganzen bei. Gandhi sagte: »Ich glaube an die Einheit alles Lebendigen. Deshalb bin ich der Auffassung, dass die spirituellen Fortschritte oder Rückschritte jedes Einzelnen auch die Welt betreffen und ihr genauso wie ihm nützen beziehungsweise schaden.«

Menschliches Tun erschöpft sich keineswegs nur in großen Gesten. Auch Kleinigkeiten zählen, wie die folgende Geschichte zeigt. Nach einem ungewöhnlich heftigen Frühjahrssturm an der mexikanischen Küste machte sich ein alter Mann daran, am Strand die unzähligen an Land gespülten Seesterne einzeln ins Meer zurückzuwerfen. Das sah ein Strandbesucher und ging zu ihm. »Was tun Sie da?« »Ich versuche diesen Seesternen zu helfen«, antwortete der alte Mann. »Aber es wurden Zehntausende von ihnen an Land gespült. Da lohnt es sich nicht, eine Hand voll zurückzuwerfen«, wandte der andere ein. »Für diese Hand voll schon«, erwiderte der alte Mann, während er einen weiteren Seestern ins Meer warf.

Bei der Wahrheit bleiben

Das Streben nach eigener Vernunft ist wohl die radikalste Politik. Wenn wir dem Leid ein Ende machen und durch die Überwindung von Gier, Hass, Rassismus und Ausbeutung ein ganzheitliches Leben auf Erden verwirklichen wollen, dann müssen wir das Übel an seiner Wurzel, nämlich unserem menschlichen Bewusstsein anpacken. Die Welt wird sich niemals allein durch Politik und Wirtschaft in Ordnung bringen lassen. Wir haben gesehen, dass die Revolutionäre der einen zu den Unterdrückern der anderen Generation werden können, dass politische Macht nicht selten Gier und Illusionen hervorbringt. Wir müssen uns der Kräfte der Ignoranz, der Gier und des Hasses in uns selbst stellen und lernen, sie friedlich zu überwinden. Wenn uns das nicht gelingt, wie wollen wir es von anderen erwarten?

Natürlich hat es auf Erden unter den Menschen immer schon Gewinn und Verlust, Freud und Leid, Großzügigkeit und Gier, Hässlichkeit und Schönheit gegeben. Doch das entbindet uns nicht von unserer aktuellen Aufgabe. Ganz gleich, wie viel Verdrängung um uns herrscht, unsere Vernunft mahnt unsere Verantwortung an, fordert uns zur Verringerung des Übels auf.

Unsere Gebete und Meditationen sorgen für Mut und Ausdauer. Und wir reagieren spontan. Uns wird immer klarer, dass wir unter keinen Umständen zu Gewalttaten beitragen dürfen. William Faulkner schrieb diesbezüglich: »Es gibt Dinge, die man immer unerträglich finden muss, die man niemals dulden darf. Das sind Unrecht, Gewalttätigkeit, Scham und Schande. Egal, wie jung oder alt man ist. Weder für Ruhm noch Geld. Auch nicht für eine Abbildung in der Zeitung oder für Aktiengewinne. Hier gibt es nur eins, sich standhaft zu weigern.«

Manchmal ist mutiges Bezeugen das Beste, das man zu einer positiven Veränderung der Umstände beitragen kann. Die buddhistische Lehrerin und Aktivistin Joanna Macy berichtet von ihrer Vermittlungsarbeit in einer der in unmittelbarer Nähe zum Atomkraftwerk von Tschernobyl gelegenen Städte und der dortigen Verzweiflung. Vor dem Reaktorunfall war das Gebiet um Tschernobyl wegen seiner herrlichen Wälder und Berge bekannt. Jahrhundertelang erholten sich die Einheimischen in den Bergen, picknickten, sammelten Pilze, fischten, jagten und schnitten Brennholz. Jetzt waren die Fenster und Türen ihrer Wohnungen und Arbeitsplätze mit Klebeband versiegelt und sie durften nicht in die freie Natur, oder andernfalls riskierten sie, radioaktiv verseucht zu werden. Vom Wald waren ihnen nur noch die Bilder an der Wand geblieben.

Bei einer Gemeindeversammlung fragte Joanna die Anwesenden ostentativ, wann sie wieder in ihre Wälder dürften. Ein Mann antwortete: »Das werden weder meine Urenkel noch *deren* Urenkel erleben!« Es würde Jahrhunderte dauern. Allgemeines Schweigen.

Dann stand eine Frau auf und fragte Joanna ärgerlich, warum sie und ihr Team ihnen das Unglück noch extra unter die Nase reiben mussten. Joanna äußerte sich nicht dazu. Schließlich ergriff ein alter Mann das Wort: »Wenigstens können wir nun unseren Kindern erzählen, dass wir die Wahrheit gesagt haben.« Nach weiterem Schweigen sagte eine andere Frau: »Diese Besucher haben sich aus einem wichtigen Grund mit uns versammelt:

um Zeugnis von unserem Leid abzulegen. Wenn sie jetzt in ihre Heimat zurückkehren, werden sie von uns berichten. Sie tragen zur Bekanntmachung des Geschehenen bei. Man muss mit allen Mitteln zu verhindern suchen, dass eine derartige Katastrophe noch einmal irgendwo auf der Welt passiert, noch einmal Kinder derart leiden.« Aus diesen Worten sprach durch alle Bitterkeit hindurch das Mitgefühl eines Bodhisattvas.

Eine mir persönlich bekannte, angesehene Psychologin kümmert sich als Mitarbeiterin der UNO um neu angekommene Flüchtlinge, die politisches Asyl suchen. Die Berichte von den Folterungen, die ihr Flüchtlinge aus Afghanistan, Uganda, Haiti, Guatemala, Burundi, Bosnien und so vielen anderen Ländern mit Diktaturen mitteilen, verfolgen sie manchmal bis tief in die Nacht und lassen sie keinen Schlaf finden. Es ist für einen Menschen zu viel.

Sie erzählte mir, dass sie an ihrem Arbeitsplatz einen großen Altar aufgebaut habe, mit Bildern von Kwan Yin, der Göttin des Mitgefühls, Jesus, Maria und Buddha, da so viel Leid für einen allein unerträglich sei. Später stellte sie Bilder von haitischen Gottheiten, eine arabische Schriftrolle mit einer Koranstelle über die Barmherzigkeit und Bilder von gütigen Gottheiten aus Afrika und Lateinamerika dazu. Und immer stehen ein paar Blumen und eine Frucht darauf. Sie betet jeden Tag zu den Göttern und Ahnen jeder Tradition. Sie bittet um ihre Unterstützung, dass sie mit ihrer Barmherzigkeit ihr und jenen beistehen, die in ihrer Not zu ihr kommen.

Sie hat jetzt nicht mehr das Gefühl, die ganze Last allein tragen zu müssen. Der Altar erinnert sie nicht nur täglich an ihre Hingabe, sondern auch an ihre grundsätzliche Verbundenheit mit den großen Kräften des Mitgefühls. Die Erkenntnis wechselseitiger Abhängigkeit bringt nicht nur Verantwortung, sondern auch Gemeinschaft und Trost mit sich. Wir sind bei unserer Transformationsarbeit nicht allein. Die großen Kräfte des Lebens arbeiten mit.

Mit zunehmender Einsicht wachsen auch unsere Ehrfurcht und Dankbarkeit. Wir können unser Streben nach Einsicht durch einen Altar zum Ausdruck bringen. Wenn man sich regelmäßig einem Altar zuwendet, ist das an sich schon ein Akt der Hingabe. Jede Verneigung lässt uns der Tatsache eingedenk sein, dass wir nicht allein sind. Wir transzendieren unser kleines Ich, sooft wir uns in der Meditation oder im Gebet, beim Rezitieren oder im Gottesdienst die Allgemeingültigkeit des Erwachens bewusst machen. Als Bodhisattvas müssen wir manchmal entschieden handeln, um weiteres Leid zu verhindern. Andere Male ist die einzige Möglichkeit die, Zeugnis abzulegen; und wie überall im Leben gelingt manches und manches misslingt.

Eine Geschichte über den historischen Buddha handelt von den Feindseligkeiten zwischen den Nachbarstaaten Magadha und dem Reich der Shakyas, des Adelsgeschlechts, aus dem der Buddha stammte. Als die Shakyas erkannten, dass der König von Magadha einen Angriff auf ihre Hauptstadt Kapilavatthu plante, baten sie den Buddha inständig, Friedensverhandlungen aufzunehmen. Der Buddha war einverstanden. Doch trotz seiner großzügigen Angebote wollte der König von Magadha nichts vom Frieden wissen. Sein Eroberungswille war nicht zu bremsen, er entschied sich für den Angriff.

Der Buddha zog sich unterdessen zurück und meditierte neben der Straße, die nach Kapilavatthu führte, unter einem abgestorbenen Baum. Schließlich kam der König von Magadha mit seiner Armee die Straße entlang und sah den Buddha in der gleißenden Sonne unter dem toten Baum sitzen. Da fragte er ihn: »Warum sitzt du unter diesem verdorrten Baum?« Der Buddha antwortete dem König: »Mir ist dieser tote Baum ans Herz gewachsen, weil er in meiner geliebten Heimat steht.« Diese Worte saßen. Der König erkannte, wie sehr die Shakyas an ihrer Heimat hingen, und kehrte mit seiner Armee in sein Land zurück. Später zog derselbe König jedoch wieder los, und dieses Mal zerstörte seine Armee Kapilavatthu. Der Buddha war dabei Zeuge.

Oft lässt sich eine Situation retten, indem man selbst die nötige Ruhe aufbringt. Doch selbst wenn das nicht gelingt, lässt sich Mitgefühl aufrechterhalten. Wir können so wie Martin Luther King jr. für die Wahrheit eintreten. »Für mich ist das Eintreten für die Wahrheit das Größte auf der Welt. Das ist der Zweck des Lebens und nicht, dass man sein Vergnügen hat. Das Leben ist nicht dazu da, dass man sich vergnügt und Unangenehmes meidet. Es ist dazu da, dass wir den Willen Gottes erfüllen, unter welchen Umständen auch immer.«

Wenn wir in unserem Leben für die Wahrheit eintreten, sind wir nicht erpressbar. Ein westlicher Fotograf erzählte mir, dass er dies an einer alten tibetischen Nonne gesehen hat, die von der chinesischen Armee fünfzehn Jahre lang eingesperrt und gefoltert worden war. Sie war nach ihrer Entlassung nach Indien geflohen, und er wollte für seine Fotoserie über tibetische Älteste von ihr Porträtaufnahmen machen. Beim Einstellen seiner Kamera sah er sie Gebete murmeln. Auf seine Frage, wie sie die qualvolle Gefangenschaft habe durchstehen können, antwortete sie, sie hätte niemals aufgehört, um Erbarmen für alle Lebewesen zu bitten, egal, was ihr widerfuhr. Immer wenn sie gefoltert wurde, betete sie für ihre Folterer. Immer wenn diese ihre Lippenbewegung sahen, banden sie ihren Mund mit Klebeband zu. Und immer wenn sie das Klebeband in Bewegung sahen, wickelten sie noch mehr Klebeband um ihren Mund, aber ihre Gebete hörten nicht auf. Auch nicht, als sie wieder frei war. Egal, was geschah, die Nonne betete für das Wohl aller Wesen. Darin bestand ihre wahre Befreiung, dass nichts sie von ihrer Frömmigkeit abhalten konnte.

Ein Geschenk an unsere Erde

Vor dem Erwachen hat man Freude daran, sich der Dinge zu bedienen; nach der Gnade des Erwachens freut man sich über das Dienenkönnen. Unsere Kreativität und unser Können wachsen mit zunehmender Einsicht. Und das Schöne daran ist, niemand ist davon ausgeschlossen. In der traditionellen Kultur Balis gibt es kein Wort für »Künstler«, keine Extragruppe »kreativer«

Leute, keine Einteilung der Menschen in jene, die etwas zu geben haben, und jene, die nichts zu geben haben. Jeder Mensch hat seine ganz besonderen Gaben und dient damit dem Göttlichen. Musik, Tanz, Malerei, Lieder, Geschichten, mystische Trance und Gebet haben den gleichen religiösen Wert wie Küchen-, Feld- und Hausarbeit. Das gesamte Dasein ist heilig und mit dem Göttlichen verbunden.

Wir alle haben der Erde etwas zu geben und bringen uns ständig dem Leben dar. Oft unterschätzen wir unsere kleinen Beiträge, übersehen ihren Wert für das große lebendige Ganze. Mit zunehmender Einsicht verstehen wir besser, wie sich alle unsere Handlungen auf das Ganze auswirken.

Unsere Einstellung macht einen Unterschied, wie folgende, oft zu hörende Parabel zeigt: Ein Mann besuchte einen großen Steinbruch in Europa, in dem die Arbeiter für die Türme eines nahe gelegenen Gebäudes nach jahrhundertealter Tradition Quader brachen. Er fragte einen Arbeiter, was er da mache. Dieser antwortete müde: »Ich muss Blöcke heraushauen und fortschaffen.« Ein anderer antwortete ihm: »Was ich hier mache? Ich bin Steinhauer, um meine Familie zu ernähren, ich habe Frau und Kinder zu Hause.« Der dritte, der dieselbe Arbeit verrichtete wie die beiden anderen, antwortete: »Ich baue eine große Kathedrale.« Wenn wir erkennen können, dass die Erde unsere Kathedrale ist, finden wir schließlich an all unserem Tun Freude. Alle drei Steinhauer trugen zu einem großen Werk bei; sie unterschieden sich nur darin, dass einer von ihnen sich dessen bewusst war.

Ob wir öffentlich auftreten oder still unsere Arbeit tun, ob wir ein Jahr lang meditieren oder zwei Jahre im Wipfel eines Mammutbaums leben – was eine junge Frau namens Julia »Butterfly« Hill tat, um die Abholzung der alten Mammutbäume in Humboldt County zu verhindern –, wir müssen unsere Stimme einbringen, unseren Beitrag leisten. Vielleicht geben wir eine gute Kindergärtnerin ab oder eine gute Anwältin, einen guten Händler oder einen guten Musiker, eine Computerspezialistin oder einen Gärtner. Es kommt nicht darauf an, welchen Stein wir zum

Gebäude beitragen, sondern dass wir dabei mit unserer einzigartigen Stimme im Chor des Lebens mitsingen.

Denn wenn wir unseren Beitrag für die Kathedrale vergessen und unsere einmalige Stimme und Begabung ungenützt lassen, wird unser Leben trist. Uns schwinden die Lebensgeister. Selbst bei den einfachsten Arbeiten haben wir die Wahl, geistig zu lernen oder nicht. Ich habe an der Golden Gate Bridge Mautkassierer erlebt, die mich in der Art, wie sie jeden Autofahrer in San Francisco willkommen hießen, an den heiligen Franziskus erinnerten. Wir brauchen mit unseren Talenten kein großes Aufsehen zu erregen. Nicht jeder, der Gedichte verfasst, muss gleich zehn Bände davon veröffentlichen und den National Book Award erhalten. Der asiatische Bauer, der durch die Bebauung seines kleinen Fleckchens Land gerade seine Familie durchbringt, kann trotzdem beim Pflügen ein Lied auf den Lippen haben, sich inspiriert in der Moschee ans Gebet machen, durch seinen Humor das Dorfleben bereichern. Auch er verändert die Welt.

Ein Meditationslehrer nennt die Auswirkung einzelner kleiner Beiträge »Trimmruder-Effekt«. Ein Schiff beispielsweise bedient sich häufig aktiver Ruderhilfen, um seine Manövrierfähigkeit zu verbessern. Durch diese Ruderhilfen kann es seinen Kurs leichter verändern. Wie mit Trimmrudern vermögen wir durch unsere bewussten Handlungen, wie klein sie auch immer sein mögen, den Lebenskurs zu ändern. Es kommt einzig darauf an, das Leben dazu zu nutzen, dass es sich weg vom Leid und hin zum Mitgefühl bewegt.

Unsere Talente sind der Segen der Ahnen, der Götter, der kreativen Intelligenz des Lebens. Wenn wir offen für sie sind, werden sie sich selbst zu Wort melden. Wir brauchen nur genau hinzuhören. Wenn wir unsere lauten Konsumansprüche zurücknehmen, werden wir ganz leise vernehmen, was wir zu tun haben. Diese innere Stimme wird uns sagen, ob wir ein Gartenprojekt starten, einen Brief an Amnesty International schreiben, ein weinendes Kind trösten oder welchen anderen Stein wir zur großen Kathedrale beitragen sollen, auch wenn wir nie ihre Vollendung erleben mögen.

Ein Ausspruch der Ojibwa-Indianer ruft in Erinnerung: »Auch wenn ich mir manchmal selbst Leid tue, werde ich doch von den großen Winden getragen.« Wann immer wir erwachen, fühlen wir uns von diesen großen Winden, dem heiligen Geist, dem Tao, dem Dharma, dem heiligen Fluss des Lebens getragen. Wir begreifen, dass wir auf diese Erde gehören. Egal, wer wir sind, wir sind die richtige Person; wo auch immer wir uns befinden, es ist der richtige Ort, aufzuwachen und zu dienen.

Diese Erkenntnis ist erleichternd und stimmt zugleich dankbar. Uns wird so viel Gutes zuteil: der Wechsel der Jahreszeiten, die Nahrung der Erde, der dunkle, sternenübersäte Himmel, die Wärme der Freundschaft, wir können schöpferisch tätig sein und Mitgefühl üben. Wir sollten den Segen des Lebens auf dieser wunderschönen Erde erkennen, sie schützen, feiern und unsere Glück bringenden Begabungen nutzen.

> Das solltest du tun: die Erde, die Sonne und die Tiere lieben,
> Reichtümer gering achten, jedem, der darum bittet,
> ein Almosen geben,
> dich der Dummen und Verrückten annehmen,
> deine Arbeit und dein Einkommen dem Allgemeinwohl widmen,
> Tyrannen hassen, nicht über Gott streiten,
> Geduld und Nachsicht mit den Menschen haben ...
> alles nachprüfen, was du in der Schule, Kirche oder aus
> irgendeinem Buch erfahren hast,
> loslassen, was dich verletzt,
> und aus dir wird ein großer Gesang.
> *(Walt Whitman)*

17

Das Lachen des Weisen

Da alles weiter nichts ist,
als es ist,
kann man ruhig in Gelächter ausbrechen.
Long Chen Pa

Am Ende all unseres Suchens werden wir wieder an
unserem Ausgangspunkt angelangt sein
und ihn erstmals erkennen.
T.S. Eliot

Mein Freund James Baraz erzählt von seiner Indienreise, auf der er den Guru H.W.L. Poonja besuchte. Poonja war für seine humorvolle Art bekannt, mit der er seinen Schülern Einsichten vermittelte. James hatte zwanzig Jahre Meditationspraxis hinter sich und war ein beliebter buddhistischer Lehrer. Er wollte das spirituelle Leben noch mehr ergründen und fuhr deshalb nach Indien. Nachdem James einige Tage an den Gesprächen mit dem Meister teilgenommen hatte, meldete er sich zu Wort. Er kenne wohl Achtsamkeit, Mitgefühl und Weisheit, aber von Gnade habe er im buddhistischen Kontext bislang noch nie etwas erfahren. Deshalb wäre er jetzt ganz perplex. Wie könne er wissen, ob er die Gnade des Gurus empfange, und wie solle er danach suchen? Die versammelten Schüler hörten aufmerksam zu.

Der Meister betrachtete James genau und lachte belustigt über die Frage. »Du lehrst in einer ernsthaft an Spiritualität interessierten Gemeinschaft, hast eine gesunde Familie im wunderschönen Kalifornien und bist hier in Indien unter eifrigen Weggenossen und -genossinnen. Du sitzt hier, sprichst mit dem

Meister und fragst nach Gnade?« Er lachte wieder: »Du steckst bis zum Hals in Gnade!«

Wir alle stecken bis zum Hals in Gnade. Ganz gleich, wer wir sind, wir leben auf unerklärliche Weise, haben Teil an der Wärme der Sonne, dem glitzernden Frost, dem Süßwasser des Regens. Welche Umstände auch herrschen, wir sind fähig zu erwachen. Wir brauchen uns nur der Gegenwart zu öffnen, um den großen Frieden der Unvoreingenommenheit zu erfahren, die Liebe zu den Dingen, so, wie sie sind. Dieses einfache Gegenwartsbewusstsein führt zur Gewissheit. Wir erfahren in der Annahme des Lebensstroms Erleuchtung und Gnade. Sie sind keine übernatürliche Leistung, sondern lebendige Weisheit.

Wie Suzuki Roshi sagt: »Wenn wir die ewige Wahrheit des ›Alles ist Wandlung‹ erkennen und unsere Teilhabe daran, befinden wir uns im Nirwana.« Durch diese Erkenntnis entwickeln wir ein Gefühl für die Schönheit und Tragik des Lebens. Wenn Stärke gefordert ist, ist sie da; wenn Flexibilität und Hingabe gefordert sind, sind sie auch da. Wir werden zu wahren Lebenskünstlern.

Staunen lernen

Im großen Mysterium der Gegenwart
lässt sich nichts besitzen,
wozu dann all die Konkurrenz,
wenn wir doch irgendwann durchs gleiche Tor gehen?
(Rumi, nach der Übersetzung von Moyne und Barks)

Das Geheimnis des Lebens spricht aus der sternenklaren Nacht, der rau-schaligen Orange, deren Duft an unserer Hand hängen bleibt, dem unergründlichen Blick des oder der Geliebten. Keine Schöpfungsgeschichte, kein religiöses System kann diesen Reichtum in seiner ganzen Fülle beschreiben oder erklären. Das Leben ist so voller Geheimnisse, dass niemand weiß, was in einer Stunde sein wird. Vom Standpunkt des Geheimnisses aus gibt es keinen vorgeschriebenen Weg. In Wirklichkeit existiert überhaupt kein Weg, denn dieser verlangt nach den Koordinaten des Raums und der Zeit. Raum und Zeit aber sind selbst ein Rätsel – die Vergangenheit ist bereits vorbei, die Zukunft nur vorgestellt, und die Gegenwart verrinnt fortwährend. Bewusstwerdung beruht nicht auf sturem Festhalten, sondern auf der Liebe zu dem, was ist. Hat man das einmal begriffen, lässt die Habgier allmählich nach. Aus unserem geheimnisvollen Dasein ergibt sich ein Tanz.

Die hinduistischen Weisen nennen diesen Tanz »Lila«, den ewigen Tanz des Lebens. Die christlichen und jüdischen Mystiker sprechen vom Geist Gottes, einem göttlichen Spiel, während die Buddhisten Geburt und Tod als Wellen auf dem Ozean des Bewusstseins beschreiben, die sich für kurze Zeit bilden und wieder wie ein Traum vergehen.

Jede Einsicht in diese unzerstörbare Wahrheit, jede Begegnung mit dieser zeitlosen Wirklichkeit ist heilsam. Sie kann uns anrühren, wo immer wir im Melodram unseres Lebens feststecken, sei es in der Angst, der Sehnsucht, der Liebe, der Eifersucht, der Wut oder dem Erfolg. Dann werden wir plötzlich eine Stimme sagen hören: »Was für eine Falle«, und erleichtert lachen.

Ram Dass spielte darauf an, als er nach seinem schweren Schlaganfall wieder zu Hause war. Ich erkundigte mich telefonisch nach seinem Befinden. Er konnte erst langsam und unbeholfen sprechen. »Mich hatte es ganz schön erwischt«, antwortete er und sagte außerdem, dass er sich in den schwersten Wochen auf seine Gebete und seinen Guru gestützt hatte. Dann dankte er stockend für das schöne Ramana-Maharshi-Porträtfoto, das ich ihm bei meinem Besuch in der Rehaklinik zur Inspiration dagelassen hatte, weil Ramana meist durch Schweigen lehrte. Er versprach mir dafür ein Foto von seinem Guru Neem Karoli Baba. Schließlich fügte er hinzu: »Es ist ... wie ... mit Baseballkarten ... Ich gebe dir eine ... Neem Karoli Baba ... und ... eine Mickey Mantle ... für eine ... Ramana Maharshi ... und eine Ted Williams.« Er lachte herzlich und ich schloss mich erleichtert an, denn in diesem Moment wusste ich, dass es Ram Dass trotz seiner Behinderungen gut ging.

Der Weise Hermes Trismegistos spricht diese ewige Wahrheit lebendigen Menschseins in einer Meditation an: »Vergegenwärtige dir Folgendes: Zuerst warst du noch nicht empfangen, dann im Mutterleib, dann jung, dann alt, und nach deinem Tod wieder in der Welt jenseits des Grabes. Jetzt versuche dir das alles auf einmal vor Augen zu halten, alle Zeiten und Orte, und erweitere dies auf alles Zeitliche und Räumliche, und du hast einen ersten Begriff vom göttlichen Spiel.«

Das folgende Gedicht erinnert in moderner Form daran.

Das Leben rückwärts

Das Leben ist hart.
Es beansprucht eine Menge Zeit, alle deine Wochenenden.
Und was ist schließlich der Lohn?
Der Tod.
Wäre das Leben umgekehrt nicht besser?
Dann stürbe man zuerst und
hätte so schon einmal den Tod hinter sich.
Es folgten zwanzig Jahre im Altenheim.
Ist man daraus entlassen worden,
weil man zu jung geworden ist,
bekäme man eine goldene Uhr
und ginge zur Arbeit.
Nach vierzig Jahren Arbeitsleben wäre man
schließlich jung genug für den Ruhestand.
Man ginge dann aufs College,
feierte Partys, bis man die
Hochschulreife hätte.
Man würde ein Kind, bräuchte sich
um nichts mehr zu kümmern als
ums Spiel, und ginge als kleiner Säugling
in den Mutterleib zurück, wo man seine
letzten neun Monate schwimmend verbrächte.
Bis man in jemandes Auge als Funke verginge.

Die Religion versucht das Geheimnis unseres weltlichen Daseins zu erklären; und in der Meditation und dem Gebet versuchen wir, uns ihm zu öffnen. Die Weisheit feiert dieses Geheimnis, und das Mitgefühl liebt es ohne Einschränkung – als Strahlen in den Augen jedes Menschen.

Als ich in der achten Klasse war, fragte der Lehrer in der Naturwissenschaftsstunde uns Schüler einmal: »Wenn unser riesiges Sonnensystem, von der Sonne bis zum fernsten Planeten Pluto, die Größe dieses Baseballs hier hätte, wie groß wäre der Rest der Galaxie?« »So groß wie ein Berg?«, fragte ein Schüler. »So groß wie diese Stadt?«, ein anderer. »Nein«, antwortete der Lehrer, »verglichen mit diesem Baseball in meiner Hand wäre unsere Galaxie größer als das ganze Land.« Durch neueste Teleskope lassen sich größenordnungsmäßig mittlerweile um die hundert Milliarden solcher Galaxien ausmachen, und wir wissen nicht, was sich jenseits davon befindet.

Das Geheimnis des Lebens umgibt uns in Gestalt von Millionen verschiedener Käferarten, im Wunder der Sprache, durch die meine Gedanken in Worte gefasst werden können und deren Schwingungsmuster auf Ihr Ohr treffen und innere Bilder wachrufen. Und das Bewusstsein, das diese Erkenntnis ermöglicht, ist letztlich selbst ein Rätsel. Niemand kann es wirklich erklären, weder als wissenschaftliche Tatsache noch als meditativen Erfahrungswert.

»Alles ist geistesbedingt«, beginnt der Buddha. Und Rabindranath Tagore sagte diesbezüglich: »Gewöhnlich halten wir den Geist für einen Spiegel, der die äußere Welt genau wiedergibt, und vergessen dabei, dass der Geist selbst der Uranfang der Schöpfung ist.«

Wie sonst ließen sich die Ergebnisse der Doppelblindstudien erklären, die Randolf Byrd am Medizinischen Zentrum der Universität Kalifornien durchgeführt hat. Patienten, für die gebetet wurde, ohne dass sie es wussten, genasen schneller als Patienten, für die nicht gebetet wurde. Das Bewusstsein ist die Quelle der Erfahrung, das Spiel des Geheimnisses selbst. Und im spirituellen Leben erfahren wir diese Wahrheit direkt.

Der buddhistische Lehrer und Hospizleiter Rodney Smith erinnert sich an den Morgen, an dem zwei erwachsene Söhne ihrem sterbenskranken Vater einen Besuch abstatteten. Sie hatten kurz zuvor erfahren, dass der jüngste Bruder des Vaters bei einem Autounfall ums Leben gekommen war. Sollten sie ihrem Vater das mitteilen? Nach einiger Überlegung beschlossen sie, es nicht zu tun, um ihn nicht zu beunruhigen. Sie gingen in sein Zimmer und erkundigten sich nach seinem Befinden. Es dauerte nicht lange, da fragte der Vater: »Habt ihr nichts mitzuteilen?« »Wie meinst du das?«, fragten sie zurück. »Dass mein Bruder gestorben ist.« Sie waren verdutzt. »Wie hast du das erfahren?« »Oh, ich habe den ganzen Morgen mit ihm gesprochen.« Sie verbrachten mit dem Vater noch eine Weile in großer Verbundenheit, und kurz darauf starb er.

Solche Geschichten können als Beweis für ein Leben nach dem Tod angesehen werden. Aber wir dürfen das Geheimnis des Todes nicht so leicht wegerklären. Unsere Vorstellungen von einem christlichen Himmel, die hinduistische Wiedergeburtslehre oder die genau geschilderten Bewusstseinszustände im *Tibetischen Totenbuch* können uns zu der Annahme verleiten, wir wüssten über den Tod Bescheid. Doch der Sterbevorgang bleibt ein Geheimnis.

Stephen Levine, der im Therapie- und Hospizwesen seit Jahren wegbereitend tätig ist, erzählt von einem Jungen, der unheilbar an Krebs erkrankt war. Als er dem Tod näher und näher kam, begann er sich zwischen den Welten zu bewegen. Mehrere Male setzte seine Atmung aus. Nach einem dieser Nahtoderfahrungen sah er Stephen mit leuchtenden Augen an und schilderte ihm ein helles Licht und einen Tunnel, auf den er zugegangen sei. Dies war für Stephen nichts Neues. Aber was der Junge dann beinahe ehrfurchtsvoll sagte, klang doch erstaunlich: »Dann bin ich Raphael begegnet, er wollte mir helfen.« Es war nicht der Erzengel Raphael, sondern die Teenager-Variante »Ninja-Turtle«, einer von vier damals beliebten Comic-Helden in Schildkrötengestalt, die dem Jungen viel bedeuteten. Er war gekommen, um ihn ins Jenseits zu führen.

Heißt das, dass uns beim Sterben nur unsere eigenen Vorstellungen begleiten? Oder bedeutet es, dass unser wartendes Licht durch alles spricht, das wir lieb gewonnen haben? Wir wissen es nicht. Der Tod bleibt ein Geheimnis. Als ein Zen-Meister gefragt wurde, was beim Sterben geschehe, antwortete er: »Ich weiß es nicht.« »Sie sind doch Zen-Meister?«, hakte der Frager nach. »Ja«, erwiderte er, »aber kein toter.«

Thoreau begriff diese Einfachheit auf seine typisch amerikanische Art. Als ihn jemand fragte, wie er sich das Leben nach dem Tod vorstelle, antwortete er: »Eine Welt nach der anderen.«

Die Weisheit des Nichtwissens

Weisheit beruht nicht auf Wissen, sondern auf Lebenserfahrung. Die christlichen Mystiker rieten den Suchenden, sich das eigene Nichtwissen einzugestehen. Klug ist nicht, wer vorgibt, alles zu wissen – sondern, wer den Mut hat, die Wahrheit des Nichtwissens zu ertragen. Weisheit entwickelt sich im Maß zugelassenen Staunens, also dann, wenn das Herz unvoreingenommen wahrnimmt. Aus dieser einfachen Haltung entspringen Mitgefühl, Verantwortung und liebende Tat.

Ein hinduistischer Lehrer sagt, er habe im Laufe der Jahre immer mehr der Liebe als dem Wissen vertraut:

> *Meine Wissbegierde hält sich mittlerweile sehr in Grenzen. Wir können nur so wenig wissen – angesichts all der Wunder in der Welt. Ich schätze jetzt das Einfache, glaube an die Liebe.*

Wenn mein Lehrer Ajahn Chah etwas gefragt wurde oder man ihm Pläne und Ideen vortrug, entgegnete er oft mit einem Lächeln: »Mai neh«, was ungefähr heißt: »Wer weiß?« Er lebte die Weisheit der Ungewissheit, die Wahrheit der Veränderung ohne Wenn und Aber vor.

Ein Sufi-Meister erzählte mir:

Das Überraschendste am spirituellen Öffnungsprozess ist, dass er ins Ungewisse führt. Auch nach meinem jahrelangen Studium der heiligen Schriften weiß ich nie, was mich als Nächstes erwartet. Es können tief greifende Veränderungen sein; sich neue unvorhergesehene Möglichkeiten auftun. Ich habe gelernt, dass die Erfahrung stets alle Erwartungen übertrifft. Das zu erkennen ist echte Weisheit.

Wir wissen eigentlich nichts. Weder der Papst noch der Oberrabbi von Jerusalem und auch nicht Ihre Mutter können vorhersehen, was morgen sein wird. Ebenso wenig wir. Man weiß es einfach nicht.

Der koreanische Zen-Meister Seung Sahn leitet seine Schüler zum »Weiß-nicht« an, wie er es nennt. Er pflegt sie immer wieder zu fragen: »Wer bist du? Wo ist der Sitz deines Geistes? Woher kommst du?« Und jedes Mal antworten die Schüler: »Ich weiß es nicht.« Worauf er antwortet: »Jetzt verweile in diesem Weiß-nicht!« Bleib dabei, vertrau darauf. Ob mystisches Nichtwissen oder taoistisches Loslassen, das Eingestehen des eigenen Nichtwissens ist der Nährboden der Weisheit.

Es ist eine Wohltat, wenn man sich mit jemandem unterhält, der nicht alles weiß, sondern mit aufrichtigem Interesse zuhört. Das liegt nicht zuletzt an der Wärme, Bescheidenheit und Präsenz, die solchen Menschen eigen ist. Der Dritte Zen-Patriarch formulierte es so: »Wer die Wahrheit erfahren möchte, braucht nur aufzuhören, sich seinen Meinungen zu verschreiben.« In der ältesten buddhistischen Schrift, der *Sutta Nipata*, beendet der Buddha seine Rede mit einem Seitenhieb auf jene Meinungsverfechter: »Als mir die Gefahr der Ansichten und Meinungen bewusst wurde, ohne dass ich einer verfallen wäre, fand ich inneren Frieden und Befreiung. Ein freier Mensch hält an keinem Standpunkt fest und streitet nicht über Meinungen. Für einen Weisen gibt es kein Höher, Niedriger oder Gleich, keine Punkte, an denen sein Geist festhält. Aber diejenigen, die auf Ansichten und Meinungen aus sind, treiben sich in der Welt herum, nur um andere Menschen zu ärgern.«

Das verstand ich lange Zeit nicht. Als ich nach meiner Zeit im Kloster Retreats zu leiten begann, hatte ich viele Ideen. Zunächst konzentrierte ich mich auf die theoretische Erklärung buddhistischer Grundsätze, dass Gier, Hass und Irrtum überwunden und Achtsamkeit und Einsicht entwickelt werden mussten. Die Retreat-Teilnehmer sollten ihre Begierdemuster erkennen und dadurch von Gier, Wut, Hass und Verwirrung loskommen. Ich hoffte, meine Schüler auf theoretischem Weg zu einer Veränderung zu bewegen. Mit zunehmender Erfahrung sah ich dann mehr und mehr ein, dass es anders einfacher ging.

Hinter all dem Wünschen und Habenwollen, hinter all der Wissbegier verbirgt sich das, was wir »den Angstkörper« genannt haben. Die Wurzel allen Leidens ist unser Kleinmut, unsere Daseinsangst, unser mangelndes Vertrauen auf den Lebensquell. Wir sträuben uns gegen den Wandel. In unserem Kleinmut wollen wir alles unter Kontrolle halten. Wir ziehen gegen das Unvorhersehbare in den Krieg und dabei ist uns jedes Mittel recht. Aber das Unvorhersehbare lässt sich nicht aus der Welt schaffen. Wir wissen nie, was geschehen wird. Mit Weisheit jedoch können wir unser Nichtwissen zugeben und gewinnen dadurch Vertrauen.

Wir verweilen bei dem, was der weise Buddhist Jocelyn King lachend »den festen Boden der Leerheit« nannte. Chogyam Trungpa spricht hier von einer Öffnung des Ego-Gebietes und vom Vertrauen auf die Grundlosigkeit. Der heilige Johannes vom Kreuz beschrieb es so: »Wer sich des Weges sicher sein will, muss die Augen schließen und im Dunkeln gehen.«

Terry Dobson war einer der führenden Kampfsportler im Westen. Als er in Tokio Aikido lernte, ging er auch bei einem japanischen Tischler in die Lehre. Ein ganzes Jahr lang wurde Terry nur dazu angehalten, die Werkstatt zu kehren, das Werkzeug zu schärfen und zuzuschauen. Als er dann schließlich ein erstes Stück Holz zur Bearbeitung erhielt, wurden ihm die Augen verbunden. Monatelang durfte er die Hölzer nur mit Hilfe seines Tastsinns hobeln, schmirgeln und vierkantig zuschneiden. Diese Monate geduldigen Lernens kamen ihm auch bei seiner Aikidoausbildung zugute. Es war eine der wichtigsten Erfahrungen, die er während seines Japanaufenthalts machte.

Weisheit ist keine Information, sondern Gegenwärtigkeit, ein intuitives, verständiges Erschließen des Daseins. Dadurch fällt der Angstkörper ab und unser Herz findet Frieden. So wie die Liebe bedarf die Weisheit keiner Erklärung. Wie das Tao bringt sie Harmonie und Leichtigkeit. Nun verstehen wir, dass der beliebte Zen-Dichter Ryokan seinem Gast auf die Frage nach der Erleuchtung beziehungsweise der Natur von Gut und Böse mit folgenden Worten antworten konnte: »Ich habe nicht mehr als meine stille Klause zu bieten.«

Weisheitsübungen

Wir sahen beim Mandala der Ganzheit, dass sich das erwachte Herz allen Lebensbereichen bereitwillig öffnet. Was wird dabei aus unserer Gebets-, Kontemplations- und Hingabepraxis, aus unseren täglichen Yoga-, Rezitations- und Meditationsübungen? Sie werden oft noch hingebungsvoller und sorgfältiger fortgesetzt, bleiben wichtige Elemente des spirituellen Lebens. Dennoch ändert sich unsere Praxis im Laufe der Jahre grundlegend:

Mit zunehmender Reife nehmen unser Ehrgeiz, Idealismus und Verlangen, jemand anderes zu werden, bei diesen Übungen ab. Es ist, als hätte sich der Wind gedreht, so dass die – sich noch am selben Ort befindliche – Wetterfahne in eine andere Richtung zeigt: zurück zum Augenblick. Wir greifen nicht mehr nach den Sternen, wollen nicht mehr in eine andere Welt, haben in dieser Welt unser spirituelles Ziel gefunden. Wir sind zu Hause. Und zu Hause kehren wir den Boden, kochen nahrhafte Mahlzeiten und widmen uns unseren Gästen. Was könnten wir nach der Erkenntnis der ewigen Lebenswahrheiten besseres tun, als mit unserer Praxis fortzufahren?

Wenn das Verbeugen unsere Praxis war, werden wir uns weiter verbeugen in wachsender Ehrfurcht vor dem Leben. Wenn das Gebet unsere Praxis war, werden wir immer inniger für uns und alle Wesen beten. Wenn die Meditation oder der heilige Tanz unsere Praxis war, wird das Sitzen oder Tanzen zum immer differenzierteren Ausdruck unseres erwachten Herzens.

Natürlich brauchen wir auch die Fortsetzung unserer Praxis. Denn wir können weiterhin vom Weg abkommen, uns verstricken und im schwierigen modernen Leben straucheln. Unsere fortgesetzte Praxis reinigt uns, stabilisiert uns, erinnert uns an das, was wirklich zählt. Unsere tägliche Praxis hilft uns, ausgeglichen zu bleiben, unseren Körper zu achten, unser Herz zu öffnen und unsere Liebe zu läutern. Unsere Praxis wird zu einer Art Hausputz. Wir reinigen unsere Wohnung nicht nur ein einziges Mal und dann nie wieder. Das Putzen gehört zu den laufenden Arbeiten, und es ist eine Freude, in einem sauberen Haus zu wohnen und Gäste damit zu beehren. Aber wir selbst sind nicht das Haus, und keine noch so ehrgeizige Putzaktion wird unser Wesen ändern. Unsere Praxis ist bereits Ausdruck unseres Erwachens und nicht nur die Vorbereitung darauf.

Eine ältere Nonne sagt:

> *Am meisten bewundere ich an älteren Schwestern die Gutherzigkeit. Sie helfen, arbeiten, beten und lehren wie in ihrer Jugend, doch hat sich die Art ihrer Begeisterung geändert. Damals hatten wir einen brennenden Ehrgeiz, wir wollten tugendsam und gottgefällig sein und erwarteten uns von unserer Frömmigkeit etwas Besonderes. Jetzt beten wir, weil wir das Gebet schätzen gelernt haben; wir unterrichten oder arbeiten aus einer natürlichen Liebe und Güte heraus. Wir geben einfach Gottes Freude weiter.*

Frank Ostaseski, langjähriger Leiter des Zen-Hospiz-Zentrums von San Francisco, erzählt Folgendes über sein intuitives Vorgehen:

»Am Vortag seines Todes hielt ich bei John Nachtwache, als er in ein Koma fiel. Sein Gesicht war verzerrt, sein Kopf in den Nacken geworfen, die Halsmuskulatur verkrampft. Er konnte kaum atmen. Es war eindeutig eine weitere Phase im Sterbeprozess, aber mir schien sie unnatürlich zu sein. Ein bekannter Lehrer mit Erfahrung in diesen Dingen sagte mir, sein Geist versuche den Körper zu verlassen, und um ihm den Weg zu weisen, solle ich meine Hand auf Johns Kopf legen. Ein Arzt riet mir, ich solle die Morphiumdosis erhöhen, damit er entspannter atme. Ein Physiotherapeut riet mir, ich solle bestimmte Akupressurpunkte an seinen Füßen drücken, um die Verkrampfung zu lösen. Ich versuchte alles, aber nichts half.

Da hatte ich plötzlich das Bedürfnis, John in die Arme zu nehmen. Also stieg ich ins Bett und schloss ihn in die Arme. Ich erinnere mich, dass ich John vor und zurück wiegte und dabei anfing, Wiegenlieder zu singen. Keine bekannten Kinderlieder, sondern ich sang einfach vor mich hin. Ich dachte nicht weiter über die Töne und Worte nach, die ich hervorbrachte – es waren einfach ›liebevolle Laute‹, wie ich es nenne. So wie man ein Kind tröstet, wenn es krank ist oder sich fürchtet.

Während ich leise in Johns Ohr sang und seine Stirn küsste, wussten meine Hände, was sie zu tun hatten, ohne dass ich eine Absicht verfolgt hätte. Ich strich mit den Fingerspitzen zart über seinen Hals und sein Gesicht und führte schließlich mit den flachen Händen eine kreisförmige Massage um sein Herz aus. Ich verlor jegliches Gefühl für die Zeit. Ich merkte, wie er sich mit seinem knochigen Gestell immer entspannter bei mir anlehnte. Schließlich löste sich seine Nackenverspannung und die Kopfhaltung wurde normal. Er öffnete die Augen. Er sah erleichtert aus.

Später fragte ich mich, ob ich das Richtige getan hatte, ob ich nicht doch besser den Rat des Lehrers befolgt hätte. Hatte ich John aus einem Nahtodzustand herausgeholt? Seinen Sterbeprozess unterbrochen? Ich weiß es nicht genau. Ich weiß lediglich, dass wir nur unverkrampft frei sein können.«

Kindliche Weisheit

Die spirituelle Reise hat uns durch viele Abenteuer hindurch dorthin zurückgeführt, wo wir eben sind. Rumi und Nietzsche beschreiben diese Reise mit Hilfe dreier Metaphern: Sie sprechen vom Kamel, vom Löwen und vom Kind. Diese Etappen sind ganz einfach Aspekte des sich entfaltenden Bewusstseins; als solche sind sie ständig in uns. Doch ist es durchaus hilfreich, diese Aspekte im Sinne eines Werdegang zu betrachten.

Das Kamel steht für unsere anfängliche Hingabe, für unsere Bereitschaft, niederzuknien, unsere Lasten mit Würde zu tragen und mitten durch die Trostlosigkeit in ferne Länder zu ziehen. In den Kamelstadien des Erwachens dienen wir dem Geist durch Demut, Gebet, Wiederholung und schlichte Arbeit. Da wir keiner Schwierigkeit aus dem Weg gehen, wird unser Selbstvertrauen bodenständig. Unsere Hingabe bringt Heilung; geduldig nährt unser Herz das Mitgefühl. Wir finden zu schlichter Größe.

Wenn wir erkannt haben, dass sich das Herz jeder Situation stellen kann, den Freuden und Leiden des Daseins so, wie sie sind, erwachen wir zur Unabhängigkeit. Dann erhebt ein goldener Löwe sein Gebrüll. Aus seinem Maul ertönt die unerschrockene Stimme der Wahrheit, der Freimut der Befreitseins. Uns gehört das Königreich. In diesem zweiten Stadium sind wir keine Suchenden mehr; wir haben jenseits unseres kleinen Ich zur Gewissheit der Gnade gefunden, zu einem zeitlosen Ganzen.

Es heißt, dass der Buddha mit Löwengebrüll sprach. Ein Löwe brüllt mit seinem ganzen Körper, und selbst im Zoo bringt er mit seiner Stimme alle anderen Tiere zum Verstummen. Auch nach vielleicht zwanzigjähriger Gefangenschaft liegt darin noch die Botschaft: »Ich bin nichts für den Zoo.« Der Löwe strahlt königliche Erhabenheit aus. Seine Majestät zeigt sich in allem, was er tut.

Schließlich weicht der Löwe dem kindlichen Geist, einem Zustand ursprünglicher Unschuld. Dem Kind ist alles neu. Es ist in der Wirklichkeit des Augenblicks zu Hause, freut sich, antwortet, vergibt und lässt andere an seiner Lebensfreude teilhaben.

Durch das Kind lernen wir wieder das Staunen und liebevolle Beobachten des Lebens um uns herum. Der Buddha erklärt: »Diese Welt und das sie wahrnehmende reine Herz leuchten.« Wenn wir den Blick der Unschuld in uns zulassen, wird alles Dasein heilig.

Thomas Merton beschrieb den unvergleichlichen Augenblick, als er auf diese Weise zu sehen begann: »Plötzlich war mir, als sähe ich ihre verborgene Herzensschönheit, die Tiefe ihres Herzens, wo weder Sünde noch Begierde hinreichen, den Kern der Wirklichkeit, die Person, die jeder vor Gott ist. Wenn die Menschen sich doch nur so sehen könnten, wie sie wirklich sind. Wenn uns das gelänge, gäbe es keinen Krieg, keinen Hass, keine Grausamkeit, keine Gier mehr ... Ich glaube, das Problem wäre dann, dass wir alle voreinander niederknien und uns anbeten würden.«

Die Unschuld der kindlichen Weisheit wird in jeder Tradition gepriesen. Die Hindus bekennen sich durch die Geschichten über Gott Krishna zum kindlichen Aspekt Gottes, der sich als heiliges Kind flötenspielend bei den Kuhhirtinnen und Blumen aufhält. Im Christentum wird zur Wintersonnenwende die Geburt des Christkinds gefeiert und das kleine Jesuskind in den Armen seiner Mutter dargestellt. Der Mystiker Angelus Silesius lehrt: »Wenn du in deinem Herzen eine Krippe bereitest, wird Gott wieder als Kind auf dieser Erde geboren werden.« In Thailand und Laos werden in den Klöstern jedes Jahr die Mönche von den buddhistischen Anhängern mit Wasser begossen und damit symbolisch als neugeborenes Buddha-Baby gebadet.

Ajahn Chah sagte, diese Unschuld ergebe sich einfach aus einem Verweilen im ursprünglichen Bewusstsein. Diese geistige Klarheit sei immer anwesend – als Stille zwischen den Gedanken; unser reines ursprüngliches Bewusstsein nimmt ausnahmslos an Freud und Leid teil, ist unvoreingenommenes Erfahren, das nichts ausklammert. Ein Zen-Koan spielt auf diesen ursprünglichen Geist an: »Wie sahst du vor der Geburt deiner Eltern aus?«

Den Augenblick sehen

Im unschuldigen Herzen kann nichts wiederholt werden. Als der griechische Philosoph Heraklit sagte, wir könnten niemals zweimal in denselben Fluss steigen, meinte er auch, dass wir niemals zweimal dieselbe Begegnung haben können, dass das Wort »Brot« niemals jenem Stück Brot gleichkommt, das wir gerade mit Butter bestrichen zum Mund führen. Rumi kostet diese Unwiederholbarkeit aus.

> Wie gut die Luft heute riecht, Herr,
> als wäre sie ein süßer Atem des Göttlichen.
> Ein Segen wie frische Kleider über den Garten geworfen.
> Die Gebete der Bäume, der Lobpreis der Vögel.
> Kostenlose Medizin für alle.

Es lässt sich nicht vorhersagen, was uns zum Staunen veranlassen wird. Vor Jahren lebte ich mit einer meiner ersten Partnerinnen und ihren beiden kleinen Kindern, Seth und Chani, zusammen. Die Kinder waren drei und fünf Jahre alt, als der Zirkus *Ringling Brothers* in die Stadt kam. Zur Belohnung besuchte ich mit ihnen eine Vorstellung. Wir saßen in der Zirkusloge, zweite Reihe, Mitte.

Die Kindern mochten die Clowns und Tiger. Doch die meisten Nummern – die Hochseilakrobaten, Jongleure, Schlangenmenschen, dressierten Pferde – waren zu weit weg, um die Aufmerksamkeit kleiner Kinder zu erwecken.

Dann aber kamen die Elefanten mit ihren Reiterinnen in Paillettenkostümen und Federbuschen in die Manege. Nach zwei Runden blieben sie in Formation stehen, während der Zirkusdirektor sprach. Plötzlich fing der Elefant direkt vor uns an zu pinkeln; ein riesiger Strahl prasselte in den Sand und bildete eine große Pfütze. Die Kinder machten große Augen. Und dann begann der Elefant auch noch zu kacken. Bowlingkugelgroß plumpste es zu Boden, *plopp, plopp, klatsch*. Ihr Staunen wuchs von Mal zu Mal.

Als wir wieder zu Hause waren und noch Wochen später erzählten die Kinder von ihrem Zirkusbesuch. Und worauf sie dauernd zu sprechen kamen, war das Erlebnis mit dem Elefanten. Für sie war dies die spannendste Zirkusnummer gewesen.

Das Leben an sich ist erstaunlich, jeder Moment in ihm. Und dieses Geheimnis wird im Zen an sich gewürdigt – jedes Ding zu seiner Zeit. Wie Kodo Rishi lehrt: »Du isst nicht, um zu kacken, du kackst nicht, um Dünger zu produzieren.« In diesem Sinn meditieren oder beten wir auch nicht, um eine besondere Wirklichkeit zu erschaffen. Essen, Gehen, Sprechen, Sehen, Atmen, die Notdurft verrichten – alles ist für sich genommen ein Wunder.

Dieses unschuldige Herz, unsere Buddha-Natur, das Kindliche, das Heilige in uns lässt sich nicht erniedrigen oder verlieren. Es wird nicht geboren und stirbt nicht. Wer mit diesen Augen sieht, »dem verschleiert keine Sehnsucht mehr den Blick«, heißt es im Tao. Wenn wir unsere Unvoreingenommenheit zulassen, finden wir unser wahres Zuhause. Unbeschwert genießen wir die einfachen Wunder des Alltags.

Zen-Meister Dogen ermahnt uns:

»Schon ein einziger Tag ist Freude genug. Selbst wenn man nur einen Tag lang lebt und an ihm erweckt werden kann, ist dieser eine Tag einem langen verschlafenen Leben weit überlegen. ... Wenn man diesen Tag in einem hundertjährigen Leben verpasst, wer weiß, wann man jemals wieder eine solche Chance erhält?«

Sich der Weisheit erfreuen

In der Altstadt von Kyoto liegen die exquisitesten Klöster Japans. Viele Menschen pilgern dorthin, um die Steingärten zu besichtigen, sich in den Tempeln zu verbeugen oder bei den alten Heiligtümern Tee zu trinken. Als der berühmte Zen-Dichter Basho einmal dort zu Besuch war, hielt er diese Zeilen fest:

Höre auch in Kyoto
den Kuckuck rufen.
Ach, schönes Kyoto.

Unser religiöses Verlangen führt zur Rückkehr ins Hier und Jetzt, »wo wir erstmals unseren Platz erkennen«. Dort finden wir zu unserer wahren Natur. Sri Nisargadatta pflegte lachend zu fragen: »Warum habt ihr kein Vertrauen? Ihr seid auf dem Nachhauseweg.« Er fuhr fort: »Es ist falsch, sich von der Welt völlig abkehren zu wollen. Man braucht der Welt nicht zu entsagen – nur der Habgier und der Angst; und die Vergnügen, auf die man verzichtet, sind viel geringer als die Freude am Göttlichen.«

Im *I Ging* heißt es: »Eine Umwälzung hat das Volk zu erfreuen.« Das Bemühen um Bewusstwerdung ist ein revolutionärer Akt, er verändert die Welt. Man kann trotz allen Leids seinen Frohsinn bewahren, lehrt Mahaghosananda aus Kambodscha. Er erklärt, dass das Ziel der buddhistischen Praxis ein wohlwollendes, mitfühlendes Herz ist. Wenn wir unglücklich bleiben, was soll dann unsere ganze Praxis? Nur mit völliger Unvoreingenommenheit können wir für alles Verständnis aufbringen und erkennen, dass alle Erscheinungen einmalige Ereignisse sind. Wir können in ihrer unsterblichen Quelle weilen, der zeitlosen Gnade, aus der alles entsteht und in die alles zurückkehrt.

Dieses heilige Wissen wird von den Tibetern ins Ohr von Sterbenden geflüstert. »Erinnere dich an das klare Licht, das reine, klare Licht, aus dem alles im Universum stammt, in das alles zurückkehrt, die wahre Natur deines Geistes. Es ist dein wahres Wesen; dein Zuhause.«

Es ist die besungene Einheit und Einzigkeit Gottes im Judentum, der in der christlichen Liebe verehrte Heilige Geist, das ewige Brahma bei den Hindus und das Wesen des Tao.

Wenn du dich dem Einen verschließt,
stürzt du in Verwirrung und Leid.
Wenn du dich dem Einen öffnest,

wirst du von selbst tolerant, gelassen, frohgemut,
wie eine liebevolle Großmutter,
wie ein würdiger König.
Vertieft ins Wunder des Tao,
meisterst du dein Leben,
und wenn der Tod kommt,
bist du bereit.
(nach Stephen Mitchell)

Wenn wir dieser Wahrheit Ausdruck geben, wird unser Leben zum Segen. Aus allem erwachsen Mitgefühl, Verständnis und Unabhängigkeit. Unsere Liebe beginnt zu sprießen wie das Grün aus Mauerritzen. Wir werden alten chinesischen Teekannen vergleichbar. In China sagt man von solchen Teekannen, die als Familienerbstücke oft hundert und mehr Jahre in Gebrauch sind, dass man keinen Tee mehr hineingeben muss. Man gießt einfach Wasser hinein und die Kanne macht den Tee von allein.

Wir werden wie diese Teekannen zur Quelle. Wenn wir unsere Angst und unseren Ehrgeiz aufgeben, kehren wir wahrhaft heim. Wir werden gänzlich, wer wir sind, fühlen uns rundum wohl in unserer Aufrichtigkeit. Die Freude der Geistesfreiheit erfüllt unsere Tage.

Ein Bekannter, der an den Kalachakra-Unterweisungen des Dalai Lama im Madison Square Garden teilnahm, erzählte mir einen Vorfall, der hierher passt. Da die »Lehren über das Rad der Zeit« zu den höchsten des Vajrayana gehören, waren sie in ein komplexes Ehrfurcht gebietendes Ritual eingebettet. Es wurden Sand-Mandalas aufgeschüttet, und man hatte einen eleganten, mit Teppichen und Seidenbrokat geschmückten Thron aufgestellt. Nachdem die mehreren tausend Teilnehmer Platz genommen hatten, stimmte eine Gruppe farbenfroh gekleideter Lamas und Mönche heilige Gesänge an, begleitet von tibetischen Glocken, Zimbeln und Alphörnern.

Dann traf der Dalai Lama ein, ging auf dem roten Teppich zum Thron hinüber und stieg die Stufen hinauf. Um den Dharmasitz komfortabel zu gestalten, hatten die Organisatoren ihn mit Matratzen gepolstert. Als sich der Dalai Lama niederließ, federte er. Er strahlte. Er federte wieder und strahlte noch mehr. Dann wippte der Dalai Lama vor tausenden von Schülern wie ein glückliches Kind auf dem Thron, bevor er die höchsten Lehren über das Rad der Zeit und die Erschaffung der Welt erteilte.

Am Ende dieses Buches möchte ich noch einige Segenswünsche aussprechen:

Verehrt sei die Ganzheit, die deine wahre Natur ist. Möge deine Reise dich nach Hause führen. Mögest du in der Gnade natürlichen Mitgefühls und eines befreiten Herzens verweilen. Ob in guten oder schlechten Zeiten, in der Ekstase oder im Alltag, mögest du dich stets der Weisheit erfreuen. Mögen alle, die dieses Buch lesen, Befreiung und Glückseligkeit finden. Möge deine Liebe allen Wesen zugute kommen. Und mögest du zwischendurch auch ans Wippen denken.

Was mich angeht,
ich kenne nur Wunder.

WALT WHITMAN

ANHANG

Danksagungen

Zu allererst möchte ich mich bei den fast hundert Zen-Meistern, Meditationslehrern, Lamas, Nonnen, Mönchen, Priestern, Rabbis, Swamis und ihren langjährigen Schülern zutiefst bedanken, deren persönliche Berichte hier in diesem Buch erscheinen. Die Geschichten sind allesamt wahr, auch wenn Privates leicht abgewandelt wurde. Weil ich versprochen habe, die Interviews vertraulich zu behandeln (damit ein ungezwungenes Gespräch möglich war), kann ich hier keinen der Gesprächspartner und -partnerinnen namentlich erwähnen, doch ihr eigenes Engagement auf dem spirituellen Weg scheint durch ihre Worte hindurch. Euch allen, ihr lieben und teuren Freunde, besten Dank.

Als Nächstes möchte ich Evelyn Sweeney meinen herzlichsten Dank aussprechen, die im Alter von achtzig Jahren an diesen Seiten mitgearbeitet hat. Drei Jahre lang schrieb sie fleißig mit, tippte und redigierte mit unglaublicher Sorgfalt. Ohne Evelyns unermüdlichen Einsatz würden Sie dieses Buch nicht in Händen halten.

Jane Hirshfield ist die Lektorin der amerikanischen Ausgabe und die Zusammenarbeit mit ihr ist ein wahrer Segen gewesen. Sie ist eine Poetin des Herzens und eine Meisterin ihres Fachs. Ihr Scharfsinn und ihre Liebe zum Weg schmücken diese Seiten. Gassho.

Toni Burbank, meine wunderbare, ehemalige Lektorin bei Bantam, stand mir stets großzügig mit Rat und Tat zur Seite. Man hat in der heutigen Verlagswelt selten die Ehre, einer so erfahrenen und weisen Mentorin zu begegnen.

Erwähnen möchte ich auch, wie viel ich im Laufe der Jahre von meinen Lehrerkollegen gelernt habe; dies sind zunächst alle sechzehn Mitglieder des Spirit Rock Teacher Council: Ajahn Amaro, Guy Armstrong, James Baraz, Sylvia Boorstein, Eugene Cash, Deborah Chamberlin-Taylor, Sally Clough, Howard Cohn, Anna Douglas, Gil Fronsdal, Robert Hall, Phillip Moffitt, Wes Nisker, Mary Orr, John Travis und Julie Wester; darüber hinaus meine langjährigen Kollegen Stan und Christina Grof, Michael Meade, Malidoma Somé und Luis Rodriguez, Joseph Goldstein und Sharon Salzberg, Ram Dass und Stephen Levine sowie ein wachsender Kreis von freundschaftlich verbundenen Lehrern aus jeder Schule.

Und ganz besonders möchte ich meiner geliebten Frau Liana und meiner wunderbaren Tochter Caroline danken, deren Liebe und Weisheit mir immer wieder Kraft geben.

Jack Kornfield
Spirit Rock Center, 2000

Quellennachweis

Den nachfolgenden Verlagen und Autoren sei für die freundliche Genehmigung, Material aus ihren Werken zu entlehnen, gedankt (Angaben aus der amerikanischen Originalausgabe, in der Reihenfolge der Kapitel; Anm.d.Ü.):

Open Secret: Versions of Rumi, übersetzt von Coleman Barks. Mit freundlicher Genehmigung des Threshold Books Verlags, Aptos, Kalifornien.

Herzlicher Dank an Robert Bly und Michael Meade für die mündlichen Versionen, die für die Geschichten von Baba Yaga und der Prinzession Aris herangezogen wurden, und an Coleman Barks für die Kamel-, Löwe- und Kind-Metapher aus seinem Buch der Rumi-Übersetzungen mit dem Titel *Feeling the Shoulder of the Lion*, Threshold Books, Aptos, Kalifornien, 1991.

New and Selected Poems von Mary Oliver. © 1992 by Mary Oliver. Mit Genehmigung des Beacon Press Verlags, Boston.

The Gold Cell von Sharon Olds. © 1987 by Sharon Olds. Mit Genehmigung des Alfred A. Knopf Verlags/Random House, Inc.

Selected Poems of Rainer Maria Rilke, herausgegeben und übersetzt von Robert Bly. © 1981 by Robert Bly. Mit Genehmigung von HarperCollins Publishers, Inc.

Teachings of the Buddha von Jack Kornfield. Ausschnitte aus der »Feuerpredigt« aus dem Mahavagga, Seite 42 (dt. Ausgabe *Die Lehren Buddhas*, Droemer Knaur, München 1996, S. 63 f.); aus »The Eye of Wisdom« aus der Sutra der zweiundvierzig Verse, S. 132; aus »Song of Zazen«, S. 205

(dt. Ausgabe S. 181 ff.). Mit Genehmigung von Shambhala Publications, Inc., Boston.

Gedichte von Simon, dem Theologen, und Angelus Silesius aus *The Enlightened Heart* von Stephen Mitchell. © 1989 by Stephen Mitchell. Mit Genehmigung von HarperCollins Publishers, Inc.

Die Zeilen von Emily Dickinson sind mit Genehmigung der Verleger und des Trustees of Amherst College aus *The Poems of Emily Dickinson* entlehnt, Herausgeber Ralph W. Franklin, Cambridgs, Mass.: The Belknap Press of Harvard University Press. © 1951, 1955, 1979, 1998 by the President and Fellows of Harvard College.

Returning to the Source von Wilson Van Dusen. Mit Genehmigung des Real People Press Verlags.

Die Zeilen »Ich lag auf dem Bug …« sind aus *Long Day's Journey into Night* von Eugene O'Neill entlehnt. © 1956. Erschienen bei Yale University Press.

One Robe, One Bowl: The Zen Poetry of Ryokan, übersetzt von John Stevens, mit Genehmigung von Weatherhill, Inc., New York.

Heart of the Enlightened von Anthony de Mello. © 1989 by The Center for Spiritual Exchange. Mit Genehmigung des Doubleday Verlags/Random House, Inc.

The Kabir Book von Robert Bly. © 1971, 1977 by Robert Bly. Mit Genehmigung des Beacon Press Verlags.

Auszug aus »The Continuing Adventures of Bhagawan Das« von Linda Johnson. Erschienen in *Yoga International*, November/Dezember 1995.

The Selected Poetry of Rainer Maria Rilke, herausgegeben und übersetzt von Stephen Mitchell. © 1982 by Stephen Mitchell. Mit Genehmigung von Random House, Inc.

Herzlichen Dank an Ajahn Sumedho aus dem Amaravati-Kloster in England für den Abschnitt aus der *Cittaviveka*.

Die Geschichte von Milarepa und den Dämonen ist entlehnt aus *The Jewel in the Lotus* von Stephen Batchelor. Mit Genehmigung des Autors.

Herzlichen Dank an Wendy Johnson vom Green Gulch Zen Center für »Sitting Together Under a Dead Tree«.
»Shakespeare in Cyberspace«, von Robert H. Bell und William R. Kenan jr. Erschienen im *Williams Alumni Review*. Mit Genehmigung des Autors.
The Experience of No Self von Bernadette Roberts. © 1982. Mit Genehmigung des Autors.
Auszüge aus dem *Tao Te Ching*, übersetzt von Stephen Mitchell. © 1988 by Stephen Mitchell. Mit Genehmigung von HarperCollins Publishers, Inc.
Tales of a Magic Monastery von Theophane the Monk. © 1981 by Theophane the Monk. Mit Genehmigung der Crossroad Publishing Company.
Tomato Blessings and Radish Teachings von Edward Espe Brown. © 1997. Mit Genehmigung des Autors. (Dt. Titel *Das Lächeln der Radischen*, Deutscher Taschenbuch Verlag, München 1998).
Auszug aus »Little Gidding« in *Four Quartets* von T.S. Eliot. © 1942 by T.S. Eliot und erneuert 1970 by Esme Valerie Eliot. Mit Genehmigung von Harcourt, Inc.
Same-Sex Love and the Path to Wholeness by Robert H. Hopcke. © 1993. Mit Genehmigung von Shambhala Publications, Inc., Boston.
The Wisdom of No Escape von Pema Chödrön. © 1991. Mit Genehmigung von Shambhala Publications, Inc. Boston.
»Saint Francis and the Sow« aus *Three Books* by Galway Kinnell. © 1993 by Glaway Kinnell. Mit Genehmigung der Houghton Mifflin Co. Zuerst erschienen in *Mortal Acts, Mortal Words* (1980). Alle Rechte vorbehalten.
Walking Words. © 1993 by Eduardo Galeano. Übersetzung © by Mark Fried. Erschienen bei W.W. Norton Literary Services, New York. Alle Rechte vorbehalten.
It Was on Fire When I Lay Down on It by Robert Fulghum. © 1988, 1989 by Robert Fulghum. Mit Genehmigung des Villard Books Verlag/Random House, Inc.

»Mother of th Plaza de Mayo« von Sebastian Rotella. © 1997, *Los Angeles Times*. Mit freundlicher Genehmigung.

Die Zeilen »Erdbeeren sind zu empfindlich ...« sind zitiert aus »What We Came For« von Alison Luterman, erschienen im *Sun Magazine*. Mit freundlicher Genehmigung der Autorin.

Coming Back to Life: Practices to Reconnect Our Lives, Our World von Joanna Macy und Molly Young Brown, 1988, New Society Publishers, Gabriola Is., BC VOR 1X0, Kanada.

»Das Leben rückwärts« wurde mir ohne Quellenangabe von einem Studenten bei einem Retreat gegeben. Trotz gewissenhafter Recherchen gelang es uns nicht, den Autor ausfindig zu machen. Sollte er oder sie irgendjemandem bekannt sein, benachrichtigen Sie bitte Jack Kornfield, damit eine Quellenangabe erfolgen kann.

Der Gesprächsausschnitt mit Frank Ostaseski, dem Gründer des Zen Hospice Projects, wurde mit freundlicher Genehmigung des Autors zitiert.

Natural Great Perfection, herausgegeben von Lama Surya Das. © 1995, Snow Lion Publications. Mit Genehmigung des Autors.

Herzlichen Dank an Sarah Wellinghoff für die Erstellung der Quellenangaben.

Index

Der mühelose Weg zur Meditation

128 Seiten. ISBN 978-3-442-33733-0
Mit 6 geführten Meditationen auf CD

In humorvoller, mitfühlender Weise führt Jack Kornfield in die Meditation ein. Durch die praktische Kombination aus Buch und Meditations-CD lernen wir Schritt für Schritt, innere Klarheit und Gelassenheit zu entwickeln.

arkana